Lebensart *genießen*

im Fichtelgebirge

Titel: Musenkopf der Luisenburg-Festspiele in Schokolade. Gestaltung: Eva Hagen, ADM Service
(Verwendung mit Genehmigung der Luisenburg-Festspiele, Intendant: Michael Lerchenberg).

Lebensart *genießen*

im Fichtelgebirge

Herausgegeben
von Oliver van Essenberg

Essen Trinken Ausgehen
Ausstattung Design Architektur
Kunst Kultur Natur

Inhalt

Das Fichtelgebirge ist eine faszinierende Region.
Eine mehrere 100 Millionen Jahre alte Gebirgsland-
schaft mit einer mystischen, ursprünglichen Atmosphäre. Die Begegnung mit ihr versetzte Besucher
schon immer in Staunen. Der Schriftsteller August
Strindberg (1849-1912) nannte das Fichtelgebirge gar
„die geologisch, geographisch und ethnologisch wichtigste Landschaft Deutschlands …; seine Zirbeldrüse,
sein Mittelpunkt und seine große Wasserscheide.“
Dies ist nicht als bloße Lobhudelei zu sehen, auch
wenn man über den Superlativ „die wichtigste Landschaft“ sicher diskutieren kann. Strindberg wusste
schon, warum er das schrieb: Das Fichtelgebirge war
das „Ruhrgebiet des Mittelalters“. Der Abbau von
Bodenschätzen begründete lange Zeit den Wohlstand
der Region. Wegen seiner Lage in der Mitte Europas
war das Fichtelgebirge zugleich eine Durchgangs-
region für Wanderungsbewegungen aus allen
Himmelsrichtungen, bis der Eiserne Vorhang es in
eine Randlange versetzte – Das ist Geschichte.
Das Fichtelgebirge hat sich trotz des allgemeinen
Wandels, der diese Gegend noch etwas rauer gemacht
hat, als sie von Natur aus ist, einen ganz eigenen
Charme bewahrt. Er erschließt sich nicht jedem und,
abgesehen von der reizvollen Natur, nicht immer
sofort. Hier pulsiert nicht das mondäne Leben. Der
Pulsschlag ist hier ein anderer. Aber wer sich Zeit
für das Kennenlernen und Entdecken nimmt, sieht
anderes und mehr als in jeder Großstadt.
Handwerk, Industrie, Natur und Kultur prägen nach
wie vor die Lebensart der Region und tragen ganz
wesentlich dazu bei, dass wir diese Lebensart genießen können. Superlative sind erlaubt, auch in kultu-
reller Hinsicht. Nannte August Strindberg Richard
Wagners Bayreuth, das deutsche „Olympia“, und das
Fichtelgebirge noch in einem Atemzug, sind heute
die Luisenburg Festspiele mit der vielleicht schönsten
Naturbühne weltweit das kulturelle Aushängeschild
der Region.
Dass es noch unendlich viel mehr zu entdecken gibt,
beweist dieses Buch. Während die Spitzenleistungen
der Porzellanindustrie noch weithin bekannt sind,
dürften viele Besucher und sogar Einheimische
überrascht sein, was für klasse Hersteller es hier
sonst noch gibt. „Lebensart genießen“ nimmt Sie mit

zu den Anfängen des Kartoffelbaus in Deutschland
und führt über einen Bogen, der von Jean Pauls
romantischer Küche bis zu modernen Wildkräuter-
Kreationen reicht, geradewegs zu den kulinarischen
Schätzen der Region. Das Kapitel „Essen, Trinken,
Ausgehen“ können Sie, um beim Bild der Körper-
funktion zu bleiben, als das Leib- und Magenthema
von „Lebensart genießen“ verstehen, „Architektur,
Design, Ausstattung“ als den optischen und mit Hän-
den greifbaren Genuss, die Beiträge unter „Kunst,
Kultur, Natur“ als einen Genuss, der Geist und Seele
animiert. Von allem hat das Fichtelgebirge so viel
Schönes zu bieten wie kaum eine andere Region in
Franken! Qualität kommt dabei vor Quantität.

„Lebensart genießen“ präsentiert einen einzigartigen Querschnitt: sorgfältig ausgewählte Adressen,
verknüpft mit Gastbeiträgen profilierter Autoren.
Ausschlag gebend für die Empfehlungen waren
Kriterien wie Regionalität, Naturnähe, Vielfalt, aber
auch Originalität, geschichtliche Bedeutung und
Einzigartigkeit. Die vorgestellten Betriebe und die im
Impressum genannten Sponsoren haben die aufwendige Arbeit intellektuell und finanziell unterstützt.

Mein Dank gilt Sina Hamzaoui (Landratsamt
Wunsiedel) und Dr. Armin Leppert, die sich für
einen Fichtelgebirgs-Band in der Reihe „Lebensart
genießen“ stark gemacht haben. Ohne ihr Zutun hätte
ich diese Region vermutlich nicht so kennen und
schätzen gelernt, wie es mir mit der Recherche und
dem Schreiben der Artikel möglich war.
Besonderer Dank für die Unterstützung gebührt
auch Josef Schmidt, Gründer des SchmidtCollegs
und bekennender Fichtelgebirgler, der durch seine
Fürsprache maßgeblich zum Gelingen des Werks
beigetragen hat, sowie dem Förderverein „Lebens-
und Wirtschaftsraum Fichtelgebirge“, allen voran
Sybille Kießling für ihr außerordentlich hilfreiches,
ehrenamtliches Engagement während des gesamten
Buchprojektes.

Und jetzt: eine genussreiche Lektüre!

Oliver van Essenberg, Oktober 2014

Mein Fichtelgebirge

von Michael Lerchenberg

„Auf einem hohen nackten Gipfel sitzend und eine weite Gegend über-schauend, kann ich mir sagen: Hier ruhst du unmittelbar auf einem Grunde, der bis zu den tiefsten Orten der Erde hin-reicht, keine neuere Schicht, keine aufgehäuf-ten, zusammen geschwemmte Trümmer haben sich zwischen dich und den festen Boden der Urwelt gelegt … diese Gipfel haben nichts Lebendiges erzeugt und nichts Lebendiges verschlungen, sie sind vor allem Leben und über alles Leben.“

– aus „Der Granit“ von J.W. v. Goethe

Ich bin Münchner. Zum ersten Mal habe ich vom Fichtelgebirge gehört im Geographieunterricht der 5. Klasse. Weit oben am nordöstlichen Rand der Bayernkarte, da war es, dieses markante Hufeisen, nach Osten hin offen. Nur etwas weiter oben stand auf der Karte im Schulatlas bei einem Nachbarland SBZ. Das hieß Sowjet besetzte Zone und war das Unwort für die verfemte DDR der Adenauerzeit. Unwirtlich sei es auch in diesem Fichtelgebirge, „neun Monat Winter und drei Monat kalt“, Bairisch Sibirien eben; und in der Musikstunde da sangen wir dann das Lied vom böhmischen Wind:

Hab mir mein' Weizen am Bergl gsät
hat mir'n der böhmische Wind verweht
Böhmischer Wind, ich bitt dich schön
Laß mir mein Weizen am Berge stehn
Wenn ich kein Geld im Beutel hab
Geh ich ins Holz, schneid Reiser ab
Geh ich nach Haus, mach Besen draus
Krieg ich bald wieder Geld ins Haus
Wenn ich die Besen gebunden hab
Geh ich in die Straßen wohl auf und ab:
Leute, wer kauft mir Besen ab?

Sehr verlockend klang das nicht. Aber mitten in Deutschland, ja, in Europa liegt es schon dieses Fichtelgebirge. Ein uraltes Gebirge sei es, aus Granit, viel älter als unsere Alpen und darum auch viel niedriger. 320 Millionen Jahre – eine unfassliche Zeit! Und eine Hauptwasserscheide sei es auch: Die Eger

und die Saale speisen die Elbe, der Main mündet im Rhein und alle zusammen versüßen sie die Nordsee. Nur die Naab hat sich für den Süden, die Donau und das Schwarze Meer entschieden. Und Porzellan-industrie gäbe es auch. Was man eben alles so lernt in Erdkunde.

Wenig später bekamen wir einen neuen Mitschüler. Er kam aus diesem Fichtelgebirge. Wir haben ihn bestaunt wie einen Exoten, denn wir verstanden ihn nicht. Damals sprachen wir alle in München noch Dialekt, hochdeutsch war nur die Unterrichtssprache, aber der sprach eben ganz anders als wir. Und er hatte eine Kniebundlederhose aus dunkelgrünem Glatt-leder!

Eine sogenannte Gemeinschaftsfahrt einer Münchner Alpenvereinssektion führte mich dann 1970 zum ersten Mal in dieses „Deutsche Fichtelgebirge", so heißt es in Brechts „Mutter Courage". Ein Mitglied in dieser Sektion – auch er sprach merkwürdig und manchmal unverständlich – stammte von dort und man besuchte nun in einer Blechkarawane seine Hei-mat. Mit dem Auto dauerte das damals geschlagene fünfeinhalb Stunden, einfach! Und dann waren wir in Grouschladdengreah, das heißt auf der Straßen-karte stand: Groschlattengrün! Diesen Ort dachte ich eigentlich in der Nähe von Entenhausen, so wie auch Oberkotzau, Ochsenkopf und Krötenbruck. Denn ich wusste damals noch nicht, dass Dr. Erika Fuchs, die kongeniale Übersetzerin der Geschichten der Familie

Goethefelsen, Felsenlabyrinth Luisenburg

Duck, ihre Heimat Fichtelgebirge so charmant und raffiniert in unsere Kindergehirne geschmuggelt hatte. Am nächsten Tag, nach einem denkwürdigen, langen und feuchten Abend mit trinkfesten und rauhfröhlichen, jungen Einheimischen ging es zum Wandern in das Felsenlabyrinth der Luisenburg, schließlich waren wir ja ein Alpenverein. Außerdem gäbe es da ein berühmtes Freilichttheater, ob ich das denn nicht wisse? Ich war damals gerade 17 und wusste es nicht. Aber interessiert hat es mich dann doch, denn, dass ich Schauspieler werden wollte, das wusste ich schon. Also kletterten wir an der Natursteinmauer des im Herbst bereits geschlossenen Theaters nach oben, um einen Blick auf diese imposante Bühne zu werfen. Dass ich schon zehn Jahre später dort als Schauspieler zum ersten Mal stehen sollte, konnte ich freilich nicht ahnen. Und dann das Labyrinth! Das größte Granitmeer seiner Art in Europa! Unglaublich! Selbst wir Hochgebirgsalpenvereinsmenschen waren sprachlos über so viel gewaltigen Fels. Ganz anders als die scharfkantigen Granitplatten des Alpenhauptkamms, rund, auf unglaubliche Weise aufeinandergetürmt, voller Höhlen, Klüfte, und immer wieder ganz überraschende, tief romantische Felsenmotive, wie Bühnenbilder. Ganz so, als hätte ein Riese gespielt und vergessen aufzuräumen. Auch Goethe ist diesem Zauber der einzigartigen Felsfor-

mationen des Fichtelgebirges erlegen und hat sie in seinem Faust I verewigt:

Wald und Höhle
Und wenn der Sturm im Walde braust und knarrt,
Die Riesenfichte stürzend Nachbaräste
Und Nachbarstämme quetschend niederstreift
Und ihrem Fall dumpf hohl der Hügel donnert,
Dann führst du mich zur sichern Höhle, zeigst
Mich dann mir selbst, und meiner eignen Brust
Geheime tiefe Wunder öffnen sich.
Und steigt vor meinem Blick der reine Mond
Besänftigend herüber, schweben mir
Von Felsenwänden, aus dem feuchten Busch
Der Vorwelt silberne Gestalten auf
Und lindern der Betrachtung strenge Lust.

40 Jahre später bin ich immer noch Münchner. Inzwischen aber auch Teilzeit-Oberfranke, denn ich leite als Intendant seit 2004 diese Luisenburg-Festspiele Wunsiedel, deren Natursteinmauer ich neugierig einstmals erklettert hatte. Inzwischen weiß ich viel mehr über dieses Hufeisengebirge, nach Osten offen und jetzt, nach dem es diese Grenzen nicht mehr gibt, tatsächlich im Herzen Europas, was aber zu wenig Europäer noch wissen. Die Porzellanindustrie gibt es kaum mehr. Die Jahre des Wandels nach der

deutschen Einheit haben viele Arbeitsplätze wegge-
fegt. Aber ich brauche auch nicht mehr fünfeinhalb
Stunden, sondern bin als chronisch zu schneller
Autofahrer in nicht ganz zweieinhalb Stunden von
München über die A93 hier in Wunsiedel. Denn was
früher für einen Oberbayern so unfasslich weit weg
war, ist jetzt ganz nah, fast möchte man sagen „das
Gute". Ich verstehe inzwischen auch die Menschen;
ja, eigentlich liebe ich sie, diese Granitmenschen,
vielleicht gerade wegen ihrer rauhen, aber herzlichen
Art. Und ich liebe sie, wenn sie bei uns im Theater
sitzen, begeisterungsfähig wie große Kinder. Sie tragen auch keine grünledernen Kniebundhosen mehr,
es sei denn sie veranstalten Ritterspiele. Sie sprechen
wie die Nordoberpfälzer – nur sind sie evangelisch.
Sie gehen „oichee" und verstauen ihren Einkauf in
einer „Guggern". Die Sprachgrenze zum Fränkischen
liegt erst auf dem Nordkamm des Fichtelgebirges.
Und weil das so ist, fahren sie mit ihrer Guggern zum
Einkaufen bis in den Süden nach Weiden und nicht
ins hochfränkische Hof. Der böhmische Wind pfeift
Gott sei Dank im Sommer selten und meist ist es
dann sehr sonnig, aber frisch. Der Schauspieler trägt
dann unterm Kostüm lange Unterhosen und der kun-
dige Theaterbesucher hat sowieso immer eine Decke
dabei. Und wenn er nicht weht, der böhmische Wind,
und die Sonne trotzdem scheint, dann kommt man

ganz schön ins Schwitzen bei den einsamen Wanderungen zu den malerischen Lieblingsorten und
–felsen des Fichtelgebirgskamms, die ich aber zwecks
der Einsamkeit natürlich nicht verrate, obwohl es
ihrer so viele gibt.
Das Labyrinth aber ist mir eine zweite Heimat
geworden. Ich liebe unsere „Luisenburg-Xtra"
Projekte am sogenannten „Alten Theaterplatz". Eine
unglaubliche Bühnenlandschaft, in die Tiefe und in
die Höhe gestaffelt mit einer sensationellen Akustik.
Kein Wunder, dass man schon im 16. Jahrhundert
dort gespielt hat. Und dann natürlich unsere große
Bühne. Auch sie früher ein Teil der einst von Goethe
durchstiegenen Felsenszenerie. Ein magischer Ort!
Die Felsen, die Fichten und Birken, sie spielen ständig
mit, sie flüstern dem Regisseur, dem Darsteller ein,
wie man so spielt und nicht anders. Felsen, die über
300 Millionen Jahre alt sind! Manchmal suche ich
mir die Momente, in denen ich allein sein kann auf
dieser Bühne. Schau nach, wie heuer die Himbeeren
wachsen, höre den Vögeln zu oder auf den Wind,
der in den Bäumen rauscht, oder warte, ob eine der
Eidechsen aus den Ritzen des Bühnenbodens klettert
und die warme Sonne sucht. Aber vielleicht geht's mir
ja auch wie Goethe, der gesagt hat:
„Der Granit lässt mich nicht los!"

essen
trinken
ausgehen

Mit der Erde verbunden

Spezialitäten (1):
Fichtelgebirgserdäpfel

von Georg Lang

Kartoffeln aus dem Fichtelgebirge, einer Region, die der „tollen Knolle" verbunden ist wie keine zweite, haben auch heute noch einen legendären Ruf. Wer aber glaubt, sie würden in einem ihrer früheren Hauptanbaugebiete nach wie vor die Feldfluren bestimmend prägen, wird herb enttäuscht.

Er ist gut beraten, wenn er das Angebot der letzten „Kartoffeldörfer" um Kirchenlamitz, Marktleuthen, Röslau und Weißenstadt nutzt und sich auf den „Kartoffelerlebnispfad" begibt, der durch Reicholdsgrün, Raumetengrün und Großschloppen führt. Selbst hier erlebt der kulinarisch Interessierte aber mehr Informationstafeln als Kartoffelfelder, so dass ihm fast wehmütig zumute wird, wenn er doch einmal auf eines stößt.

Ein Denkmal für den Landwirt

Vor 250 Jahren wäre er leichter fündig geworden. Damals bedeckten Kartoffeln ein Drittel der Feldflur, seit die Fichtelgebirgsbauern auf die Idee gekommen waren, die bis dahin ungenutzten Brachflächen der Dreifelderwirtschaft mit der Hackfrucht zu bestellen. Wir wüssten nichts über den Beginn des feldmäßigen Anbaus der Kartoffel in Deutschland, hätte nicht 1648 ein Grundherr seinen Bauern Hans Rogler in Pilgramsreuth bei Rehau vor Gericht verklagt, weil er von der neuen Feldfrucht, die in den Zehntlisten nicht aufgeführt war, eben auch keinen Zehnten bekam. Der Anbau der Kartoffel muss in der Folge kräftig zugenommen haben, denn schon 100 Jahre später war sie in der Markgrafschaft Bayreuth flächendeckend abgabepflichtig. Das Denkmal, das man weitere 200 Jahre danach Hans Rogler und den anderen Kartoffelpionieren neben der Pilgramsreuther Dorfkirche gesetzt hat, gilt freilich nicht nur ihrer Bauernschläue.

Die Kartoffel entwickelte sich schnell zum Hauptnahrungsmittel der ärmeren Schichten und wurde die Ernährungsgrundlage der Arbeiterschaft in der industriellen Epoche. Sie beendete die Jahrhunderte lange Abhängigkeit der Ernährung vom Getreide, ohne aber das „tägliche Brot" ganz zu verdrängen. Wurde sie anfangs in der Küche mehr als Streckmittel oder Ersatz des Mehls gebraucht, emanzipierte sie sich schnell in einer Fülle eigener Kartoffelrezepte, zu denen Hausfrauen und Köchinnen aus dem Fichtelgebirge einfallsreich beigetragen haben. Von den „Kartoffelklößen" bis

zum „Kartoffelkaas" sind sie im „Kirchenlamitzer Kartoffelkochbuch" nachzulesen, dessen nunmehr dritte Auflage vermutlich so schnell vergriffen sein wird wie die beiden ersten.

Mineralstoffreiche Knolle

Ihre Besonderheit verdankt die Fichtelgebirgskartoffel vor allem dem Reichtum an Mineralstoffen in den Verwitterungsböden des Urgesteins. Auch die übrigen Wachstumsbedingungen sind hier ideal, so dass es nicht wundert, wenn die Kartoffelzüchtungen des 1910 gegründeten und 1997 in eine bayerische Züchtervereinigung eingegangenen „Nordostbayerischen Saatbauverbands" aus dem „Verbandshof" bei Marktredwitz stark nachgefragt sind. Klingende

Namen wie die vorzügliche, fest kochende „Selma" sind darunter. Aktuell werden im Fichtelgebirge die heimischen Zuchtsorten kaum noch angebaut, doch auch andere entwickeln hier den typischen Wohlgeschmack . Denn die günstigen Böden sind immer noch da, und die Kartoffelbauern wenden ihr traditionelles Können bei der Herstellung und Lagerung weiter an. Wer bei Fritz Schelter die „Fichtelgebirgserdäpfel" – eine geschützte Marke seines Betriebs – einkauft und die Nase darüber rümpft, dass sie nicht so geschleckt gewaschen und poliert daliegen wie im Supermarkt, sondern nur gebürstet, weil sie so ihren Geschmack am besten erhalten, der riskiert schon mal die Frage, ob er die Kartoffeln essen oder an den Christbaum hängen möchte.

Den Menschen des Fichtelgebirges bescherte die Kartoffel schon weit vor dem restlichen Deutschland das ersehnte weiße Mehl der Reichen und zum ersten Mal eine bewusste regionale Küche mit ureigenen Kartoffelgerichten. Nicht zufällig stammt der Knödel (übrigens als Resteprodukt der Kartoffelmehlgewinnung) aus Oberfranken. Im Bild: Fichtelgebirgs-Erdäpfel der Familie Schelter, Großschloppen.

Der Geschmack der Heimat

Jean Paul und die Kartoffel

von Beate Roth

Da gibt es dieses Bild eines fülligen Gesichts, leicht verknittertes Kinn, hohe Stirn. Das goldgerahmte Original hängt in Berlin und zeigt einen älteren Mann mit wachem Blick. Irgendwie weckt es Assoziationen an etwas Nahrhaftes. Richtig, an eine Kartoffel.

Der Mann auf dem kleinformatigen Pastell ist Jean Paul, Dichterfürst aus dem Fichtelgebirge. Das Bild des fränkischen Malers Johann Lorenz Kreul ziert in Franken Bierflaschen, Bierdeckel, Dosenwurst, alles, von dem man glaubt, dass es typisch für Jean Paul sei. Sauerkraut fehlt seltsamerweise. Merkwürdig auch, dass kaum einer die Ähnlichkeit Jean Pauls mit der Kartoffel erkennt, wo er sich selbst doch lebenslang gerne damit verglich. Mit dieser giftigen Knolle, die

wie der Dichter selbst einen kometenhaften Aufstieg erlebte.

Kartoffel-Poesie

Der Dichter liebte die Kartoffel: „In den Herbstabenden (noch dazu an trüben) ging nämlich der Vater im Schlafrocke mit ihm und seinem Bruder auf ein über der Saale gelegenes Kartoffelfeld; der eine Junge trug eine Grabhaue, der andere ein Handkörbchen." (Aus: „Selberlebensbeschreibung") Andere große Dichter seiner Zeit indes schätzten weder dieses „niedere" Lebensmittel noch Jean Paul, den Dichter niederer Herkunft. „Manna" wird die Kartoffel im zeitgenössischen Diskurs bereits genannt. Immer wieder taucht dieses Sinnbild des Volkes in Jean Pauls Romanen auf: „Kastanien der niederländischen Schule", „satirische Gift- und Pechkugeln", „Erdäpfel".

Wenn Jean Paul von Kartoffeln schrieb, meinte er die blaue Urkartoffel. Der Bauer Hans Rogler baute schon 1647 Kartoffeln oder Tartuffeln im Fichtelgebirge an. Er bekam sie Ende des 30-jährigen Krieges als „Wiedergutmachung" von einem Soldaten, der seine Tochter geschwängert hatte. Zunächst wurden Kartoffeln als Blumen angebaut. Erst Ende des 17. Jahrhunderts entdeckte man den ungeheuren Wert der Knolle.

*Es war von Sebastian ausgesonnen, daß für jeden Gast
nur das Leibgericht besorgt wurde – für den Pfarrer
farcierte Krebse und Erdäpfelkäse – für Flamin Schinken –
für den Helden das Gemüse vom guten Heinrich.*

Aus dem Roman „Hesperus"

Jean Paul und die Kartoffeln, diese beiden Knollen, die ihren Siegeszug vom Fichtelgebirge aus starten, verbindet Vieles. Beide treten in unterschiedlichsten Variationen auf – der frauenverstehende Poet der Romane agiert als Frauenver- und -zerstörer im realen Leben. Beiden haftet jene Giftigkeit an, wie es Jean Paul gerne nennt, die doch bei richtigem Umgang eine beispiellose Vielfalt offenbart. Schließlich ist die Kartoffel ein Nachtschattengewächs aus fremden Kolonien, was bei genauerem Blick auch auf den Schriftsteller zutrifft. Schiller bezeichnete ihn nicht umsonst als einen, „der aus dem Mond gefallen" ist, eine schmeichelhafte Umschreibung für das, was wir heute als „verschroben" bezeichnen würden.

Jean Pauls Romane sind eine wahre Abhandlung zur „aufgeklärten" Esskultur. Nach Erdäpfelkäse mit farcierten Krebsen und vielen Kartoffelkriegen stößt man auf *„die Nachahmung des berühmten Kartoffel-Gastmahls in Paris: anfangs kam bloß eine Kartoffelsuppe – dann schon mit anderer Zubereitung wieder Kartoffeln – das dritte Gericht hingegen bestand aus umgearbeiteten Kartoffeln – auch das vierte – als fünftes konnte man nun wieder Kartoffeln servieren, sobald man nur zum sechsten neu brillantierte Kartoffeln bestimmte – und so ging es durch 14 Gerichte hindurch, wobei man noch von Glück zu sagen hatte, daß wenigstens Brot, Konfekt und Likör den Magen aufrichteten und aus Kartoffeln bestanden. – –*
(aus: „Hesperus oder 45 Hundposttage").

Die Rezepte dieser Zeit lassen sich in alten Kochbüchern nachschlagen: Kartoffelwandeln, Erdäpfel-Hefeklöße oder Allerweltsessen wie Kartoffelsuppe, Arme-Leute-Marzipan oder kugelrunde Erdbirn-Klöße – heute beliebter denn je. Nebenbei kann man den Siegeszug der Kartoffel quer durch Deutschland verfolgen, der mit dem Pilgramsreuther Kartoffelkrieg (1778/79) im Fichtelgebirge beginnt. Während im Norden noch erste Gebrauchsanweisungen zum richtigen Umgang mit Tartuffeln erscheinen, gibt es

Jean Paul kommt an der Rollwenzelei an. Friedrich und Anna Dorothea Rollwenzel erwarten ihn auf der Treppe vor dem Eingang.
Holzstich von Theobald von der Oer, erschienen in der Leipziger Zeitschrift „Die Gartenlaube".

im Süden bereits die vielfältigsten Zubereitungen. Die ganzen Möglichkeiten der Kartoffel – gekocht, gebraten oder zu Mehl verarbeitet – werden in der heimischen Küche für traditionelle Gerichte angepasst. Semmel- und Hefeknödel werden zu Kartoffelknödeln, aus dem weißen Kartoffelmehl wird nach Jahrhunderten mit „schwarzem" Mehl endlich heller Tortenteig. Schließlich, was heute kaum einer mehr weiß, war die Kartoffel damals wegen ihrer schönen Blüten und Früchte eine beliebte Zimmerpflanze.

Des Dichters Lieblingsessen

Mochte Jean Paul auch erlesenes höfisches Essen genossen haben, mochte seine Frau Caroline Feinstes auf den Tisch gebracht haben – war er erst einmal in der Rollwenzelei vor den Toren Bayreuths *„dann verlangte er schnell nach seinem Lieblingsgericht. Und was ist das? – Denken Sie sich – Kartoffeln. Dieser einzige Mann isst Kartoffeln. Wir kochen sie ihm schnell – wir wissen es ja."* (Frau Rollwenzel über Jean Paul)
Viele haben die Kartoffel besungen, wie Hermann Löns, Joachim Ringelnatz und Matthias Claudius, aber nur einer hat sie so geliebt und verinnerlicht: *„Aus der Liebe will ich wie aus der Kartoffel verschiedene Gerichte zubereiten;"* (aus: „Titan").

Jean Paul - Richter.

Erfolgsautor, Sonderling, Klassiker

Jean Paul
– eine schillernde
Persönlichkeit

Jean Paul (eigentlich Jean Paul Friedrich Richter) war zu seiner Zeit einer der fantasievollsten und beliebtesten Schriftsteller deutscher Sprache. Noch heute ist er Oberfrankens, ja Bayerns berühmtester Dichter und hat einen festen Platz in der Weltliteratur.

Als Dichter steht er literarisch zwischen Klassik und Romantik und nimmt in der deutschen Literatur eine Sonderstellung ein: „Er sang nicht in den Palästen der Großen, er scherzte nicht mit seiner Leier an den Tischen der Reichen. Er war der Dichter der Niedergeborenen, er war der Sänger der Armen, und wo Betrübte weinten, da vernahm man die süßen Töne seiner Harfe …" (so Ludwig Börne in seiner Gedenkrede 1825).

Jean Paul ist nach wie vor nicht einfach zu lesen, aber wer sich ihm öffnet, dem erschließen sich der große Sprachschatz und die reiche Seelenlandschaft seiner Figuren mit Humor und Ironie. Seine Literatur ist metaphorisch und realistisch, umfasst Idyllen und Abgründe, spießbürgerliche Enge und kosmische Weite, bürgerlichen Gefühlsüberschwang und adelige Kälte, immer in der Hoffnung, dass der Mensch sich letztlich zum „Guten, Wahren und Schönen" entwickeln könne und hinter allem eine göttliche Macht waltet.

Der Jean-Paul-Weg zieht sich als biografische Linie durch die wichtigsten Lebensstationen des Dichters, und das bedeutet durchs ganze Fichtelgebirge mit seinen Ausläufern, beginnt in Joditz (Kindheit), berührt in Hof Gymnasium und Wohnhaus, in Schwarzenbach a.d. Saale die Jahre als Jugendlicher und junger Winkelschullehrer, landet dann im Geburtsort Wunsiedel und setzt sich über Bad Berneck bis ins Bayreuther Land fort. Gewandert ist er all diese Strecken viel. Und Vieles davon findet sich in seinen Romanen wieder, auch auf den grünen Texttafeln am Weg, die dem Wanderer alle Viertelstunden etwa als geistige Nahrung dienen, zum Schmunzeln, Mitempfinden, Nachdenken, Staunen und als Unterhaltung. Kosmopolitischer Weltgeist mit gesunden Wurzeln im Arkadienland Oberfranken.

Hesperus –
Erdäpfelkäse
und farcierte Krebse

von Beate Roth, Food-Designerin

Erdäpfelkäse

150 g Kartoffeln gekocht und durchgequetscht
120 g Quark
50 g saure Sahne
30 g weiche Butter
Salz, Pfeffer
4 EL fein geschnittene Schnittlauchröllchen
Rosa Pfeffer

Den Quark mit Sauerrahm und Butter verrühren. Danach Kartoffelschnee und Kräuter
unterheben. Mit Salz und Pfeffer abschmecken
und mit dem rosa Pfeffer garnieren.

Farcierte Krebse

250 g Krebsfleisch oder ausgelöste Garnelen (am besten TK-Ware)
250 g Lachsfilet
100 g Räucherlachs
50 g Schinkenspeck nach Geschmack
2 Eiweiß
Salz
200 g Sahne
50 g Crème fraîche
1 Ei
200 g fertig gekochte Krebse
20 g Pistazien

Krebsfleisch, Lachsfilet, Räucherlachs und
Speck am besten noch leicht gefroren im Mixer
fein pürieren und das Eiweiß einarbeiten. Für
10 Minuten ins Gefrierfach stellen. Wenn die
Masse nach dem Pürieren noch etwas grob ist,
durch ein Sieb streichen.
Sahne, Crème fraîche und das Ei kräftig unter
die Krebsfarce rühren, salzen und pfeffern.
Die Flusskrebse und die Pistazien vorsichtig
unterkneten. Nochmals 10 Minuten kühlen.
Eine Terrinenform mit Butter einfetten und
die Farce einfüllen. Die geschlossene Form
(Kuchenformen mit Alufolie abdecken) in eine
mit heißem Wasser gefüllte Reine (= tiefes
Backblech) stellen und im vorgeheizten Ofen
bei 150 Grad circa 50 Minuten garen. Gut
auskühlen lassen.

Hausgebackenes im besten Sinn

Großschloppen, ein oberfränkisches „Golddorf" zwischen Weißenstadt und Kirchenlamitz – Von der Bundesstraße führt der Weg vorbei an Kartoffelfeldern hinab zum Hof der Familie Petzold.

Bauernhofcafé und Ferienhof Petzold

Großschloppen 1
95185 Kirchenlamitz
Tel. 09285 / 8389
www.
bauernhof-cafe.com
info@
bauernhof-cafe.com

www.
ferienhof-petzold.de
info@
ferienhof-petzold.de

Öffnungszeiten Café:
Samstag und Sonntag
13 – 18 Uhr

Öffnungszeiten
Ferienhof:
Ganzjährige bis auf
wenige Wochen rund
um Weihnachten

Torten und Kuchen versüßen den Aufenthalt im malerischen Kleinod. Sie sind aus dem Ort, der unter anderem für seine Kartoffeln bekannt ist und im Zuge der Dorferneuerung 2009 Gold gewann, nicht mehr wegzudenken.

Schöne Unternehmungen können auch aus der Not geboren sein. Ein Brand auf dem Hof, der in den 1980er Jahren einen Teil der Gebäude zerstörte, und der Strukturwandel in der Landwirtschaft, der einen drastischen Preisverfall mit sich brachte, zwang die Familie Petzold zum Umdenken. Mit Ferienwohnungen öffneten die Großschloppener das Haus nach und nach für Gäste. Liane Petzold schwebte jedoch mehr vor, sie träumte seit langem von einem Bauernhofcafé. Ihre Schwiegertochter Elke war als gelernte Konditorin prädestiniert für diese Aufgabe. Mit der Begeisterung ihres Mannes und ihrer Eltern haperte es anfangs noch. Der Erfolg des im Jahr 2009 eröffneten Cafés brachte die Skepsis jedoch schnell zum Schmelzen und überraschte selbst

die Initiatorin Liane Petzold. „Zuerst dachten wir: Es werden schon ein paar Neugierige vorbeischauen. Dass es sich so schnell beleben würde, obwohl wir nicht groß Werbung machen, hätte niemand geglaubt."

Auszeichnungen für vorbildliche Sanierung unterstreichen die Wohlfühl-Qualität. Beim Umbau des ehemaligen Kuhstalls wurde das Gewölbe mit Granitsockeln bewahrt und behutsam modernisiert. Ein Zimmermeister schreinerte die Tische aus einer alten Lärche. Ein Dorfbewohner verschenkte sein Sofa... Das Amt für Ländliche Entwicklungen würdigte die private Sanierung mit einer Auszeichnung, das Bayerische Staatsministerium krönte das ohne einen Architekten, mit viel Eigenarbeit umgesetzte Projekt schließlich sogar mit dem „Staatspreis".

Kartoffeln, Kuchen, Torten

Vor allem aber sind es die süchtig machenden Kuchen und Torten, wegen

Auf der Zunge zergehen die Kuchen und Torten mit Suchtfaktor – Elke Petzold verwöhnt die Gäste des Bauernhof-Cafés mit Selbstgebackenem, vorwiegend aus heimischen Zutaten: Eier vom Hof, Obst und Nüsse aus den Garten, Milch und Mehl aus der Nachbarschaft.

denen die Gäste nach Großschloppen kommen. Die Hofhennen liefern die Eier. Frische Zutaten wie Äpfel, Pflaumen und Walnüsse wachsen vor der Haustür, alle anderen stammen von besten Quellen. Die Brotzeiten werden ebenfalls vom Hof erzeugt, zum Teil in Zusammenarbeit mit einer regionalen Metzgerei. Kartoffeln ergänzen das Sortiment. Sebastian Petzold, Elke Petzolds Mann, managt die Landwirtschaft mitsamt der Schweinezucht. Alle Familienmitglieder – auch Lianes Mann Willi, Tochter Constanze, Schwester Elke Spaderna und die Großmama – packen im Café mit an.

Während im Sommer die Terrasse heiß begehrt ist, machen es sich die Gäste in der kalten Jahreszeit in der charmanten Stube gemütlich. Dann lädt das Café regelmäßig zu Lesungen ein, bei denen Hobby-Autoren eigene Texte vortragen, umrahmt von Musik, Eintritt frei.
Über solche besonderen Ideen freuen sich die Gäste wie über kleine, persönliche Geschenke. Gastfreundlich und familiär nimmt sich auch der Aufenthalt in den Ferienwohnungen aus. Sie bieten jeweils 90 Quadratmeter Platz, 4-Sterne-Komfort und sind beliebte Ausgangspunkte für Wanderungen. Die Familie Petzold bietet Ausflüge, darunter eine Nachtwanderung, sowie Fahrten mit dem Traktor an. Ziele sind u.a. der Epprechtstein, der Egerfall bei Thus und der Waldstein. Obwohl etliche Wanderer hierher kommen, verbringen die Gäste gerne viel Zeit auf dem Hof und in der nahen Umgebung. Das ländliche Leben lässt sich hier in vollen Zügen genießen

Die Gäste genießen den Komfort der geräumigen 4-Sterne-Ferienwohnungen mit Balkon zu Garten und Liegewiese. Viel Platz bietet das Café auch im Winter für Lesungen, Konzerte, gemütliches Beisammensitzen der Gäste.

Zum Backen von Lebkuchen, seien es edle Oblaten-Lebkuchen oder die einfachen braunen, braucht man Gewürze aus fernen Ländern, die in alten Zeiten nur über wenige Fernhandelsstädte bezogen werden konnten.

Gutes aus dem Korn

Spezialitäten (2): Pumpernickel, Pfeffernüssla, Roggen

von Georg Lang

Die große Lebkuchentradition des Fichtelgebirges ist deshalb kaum erklärbar ohne die beiden Handelsstraßen, die von Nürnberg aus nach Leipzig und nach Eger führend das Bergland berührten. An der ersten entstand in Bad Berneck das „Bernecker Pfeffernüssla", ein kleines würfelförmiges Lebkuchen-Plätzchen mit einer dezenten Kopfnote von Anis in der eleganten Würzmischung, an der zweiten schufen Marktredwitzer Lebküchner den „Redwitzer" oder „Fichtelgebirgs-Pumpernickel", einen wundervoll abgerundet gewürzten Lebkuchen in der Form eines kleinen länglichen Brotfladens. Aus lokalen Berühmtheiten, die man sich das ganze Jahr über nicht nur zu Kaffee und Tee, sondern auch zu Bier und Wein gönnte, sind die beiden heute zu einer echten Rarität geworden. Die Pfeffernüssla bekommt man in Bad Berneck im

Tabakladen des Frans van den Heuvel in der Rother Straße und im Hotel „Lindenmühle", den „Fichtelgebirgs-Pumpernickel" im „Hotel Bayerischer Hof mit Conditorei Café Riedel" im Zentrum von Marktredwitz.

Produktives Missverständnis

Warum dieser Lebkuchen Pumpernickel genannt wird, erschließt sich am einfachsten auf dem Umweg über die 1905 von Adam Leupoldt in Weißenstadt gegründete „Konditorei und Lebküchnerei", die heute unter dem Namen „PEMA-Vollkornspezialitäten Heinrich Leupoldt KG"

firmiert. Der Sohn des Firmengründers, Heinrich Leupoldt, hatte in den 1930er Jahren die fabrikmäßige Produktion von Lebkuchen eingeführt und wollte nach dem Zweiten Weltkrieg weiter expandieren. Dankbar für den Hinweis eines Bekannten, dass in Münchberg eine stillgelegte Lebkuchenfabrik zu erwerben sei, fuhr er hin und stellte erstaunt fest, dass diese Fabrik Pumpernickel hergestellt hatte. Das Missverständnis war zustande gekommen, weil sein Bekannter aus dem Egerland stammte, wo Pumpernickel die gebräuchliche Bezeichnung für einen braunen Lebkuchen war. Im Markt Redwitz, der Jahrhunderte lang zur Reichsstadt Eger gehörte, kannte man diesen Sprachgebrauch. Heinrich Leupoldt kaufte die Anlagen trotzdem und eröffnete mit ihnen den Betriebszweig Roggenvollkornbrot – um nichts anderes handelt es sich beim Pumpernickel im üblichen Wortverständnis.

Roggen ist allgegenwärtig

Der Roggen und das Fichtelgebirge gehören untrennbar zusammen. Ohne ihn

wäre das raue Bergland nicht zu besiedeln gewesen, denn ein anderes Brotgetreide gedieh hier früher nicht. Der Roggen liebt die kargen, leichten Böden, braucht zum Keimen die strenge Winterkälte und kommt mit den häufig ungünstigen Witterungsbedingungen gut zurecht. Roggen scheint auch heute noch allgegenwärtig in der Region. Man glaubt, in den Bäckerläden mehr Roggenbrote in den Regalen zu sehen als irgendwo anders. Auch im Fichtelgebirgs-Pumpernickel steckt neben dem Weizen- noch 50 Prozent Roggenmehl. Hat man früher hier alle Lebkuchen aus Roggenmehl gemacht? Auf diese Frage gibt auch das sonst ebenso kenntnisreich wie unterhaltsam informierende „ROGG-IN" in Weißenstadt keine Antwort. Dieses „didaktisch-pädagogische Informationszentrum mit poetischem Charakter" stellt den Roggen in einem fast medidativen Rahmen als Wesen voller Kraft und Ruhe vor, das die Zeit seines langsamen Reifens auf dem Feld wie in der Backstube bedingungslos einfordert, ein Wesen, von dem man viel lernen kann. (siehe auch Beitrag S. 28)

Pfeffernüssla (linke Seite) werden heute noch mit traditionellen Holzmodeln gebacken. Jean Paul liebte diese Spezialität und genoss sie mit dunklem Bier. Dazu passt aber auch Tee, Wein oder ein feiner Likör. Dieser Genusstipp gilt auch für den echten Fichtelgebirgs- bzw. Redwitzer Pumpernickel.

Das Gold der Region

Der Roggen ist der Spartaner unter den Getreidesorten. Auf den kargen Böden des Fichtelgebirges fühlt er sich seit jeher wohl und gedeiht hier nach wie vor ganz vorzüglich. Die äußere Schlichtheit bei gleichzeitig reichen inneren Werten verbindet das Getreide mit Weißenstadts ROGG-IN, dem pädagogisch-poetischen Informationszentrum für Roggen-Kultur, das dem „Gold der Region" gewidmet ist.

ROGG-IN
Pädagogisch-
poetisches
Informationszentrum
für Roggen-Kultur
Goethestr. 25
95163 Weißenstadt

Tel. 09253 / 9546224
www.rogg-in.de
mail@rogg-in.de

Der Roggen war einst das Hauptbrotgetreide im Fichtelgebirge und sicherte die Brotversorgung der heimischen Bevölkerung. Den Hintergrund der Roggen-Kultur aufzuzeigen, ist ein Anliegen des im Juni 2014 eröffneten Informationszentrums. Als Betreiber ruft der „Förderverein für Roggen-Kultur in Weißenstadt" auch die ernährungsphysiologische Bedeutung dieses Getreides ins Bewusstsein. Damit leistet das Haus einen wichtigen Beitrag zur Wertschätzung des Roggens. Diesen Umstand spiegelt die äußerst gut gelungene Gestaltung dieses Objektes wider. Jeder der Räume bietet sachliche und emotional-sinnlich erlebbare Erfahrungen, ein Konzept für Herz und Verstand.
Eine „Schleuse des Halbwissens" führt den Besucher hinein. Gelegenheit für

einen spielerischen Wissenstest. Wie wenig wissen wir doch vom Roggen, wie auch von anderen Getreidesorten! Das soll der Rundgang ändern. In einem goldenen Kubus werden Anbaubedingungen und Wachstumsphasen der Roggenpflanze dargestellt. Bereits beim Betreten stimmt ein Gedicht emotional auf das Themengebiet ein. Im anschließenden Halbrund kann der Besucher die Poesie des Roggens audiovisuell auf sich wirken lassen. An verschiedenen Stationen erfährt man sodann Wissenswertes über Methoden zur Qualitätsbestimmung und den ernährungsphysiologischen Bestandteilen des Korns. Die Besucher erhalten an einem Tisch unter anderem auch hilfreiche Tipps für eine gesunde, ausgewogene Ernährung. Ein weiterer Bereich ist der „Poesie der Verarbeitung"

gewidmet. Insbesondere das Backen von Roggenvollkornbrot ist ein langwieriger Prozess, der hohe Aufmerksamkeit und Sorgfalt verlangt. Am Ende des Backprozesses erwartet den Besucher eine Genussmeditation: In einem abgedunkelten Raum kann der Geschmack einer Scheibe naturreinen Roggenbrotes ausgekostet werden.

Spaziergang im Roggen

Zu guter Letzt öffnet sich hinter dem Haus ein über 2000 Quadratmeter großer Roggengarten. Exemplarisch werden drei gleich große Felder in einer dreigliedrigen Fruchtfolge bewirtschaftet (Roggen, Lupine, Hafer). Wechselschilder an den Feldern dienen der Erläuterung; Schildchen an den Weg zitieren Weisheiten rund um den Roggen. Neben einer Blumenwiese als typischem Feldrain laden Rasenflächen ebenso wie Sitzbänke zum Verweilen ein. Kunstwerke international renommierter Künstler verleihen dem Roggengarten eine einzigartige Note.

Nach Einbruch der Dunkelheit sorgt die Beleuchtung für angenehme Atmosphäre. Durch eine Hecke von der Umgebung abgetrennt, wird der Garten zu einer Insel der Ruhe und Entspannung. Besucher können hier Energie für den weiteren Weg schöpfen oder den Besuch in Weißenstadt besinnlich ausklingen lassen.

Ob im Garten oder in den Räumen des ROGG-IN: Besucher erleben Entschleunigung und Ruhe, können die Kultur des Roggen sehen, hören, riechen und schmecken. Reichhaltige Bildtafeln begleiten durch die Ausstellung und vermitteln Wissen rund um den Roggen.

Gebackene Natur

Roggen, Wasser, Salz – mehr braucht es nicht, um Natur schmeckbar zu machen. Das Hauptprodukt des Unternehmens PEMA ist verblüffend einfach. Was der Roggenvollkorn-Spezialist auf dieser Basis entwickelt hat, darf als großartig gelten. Selten ist ein Unternehmen bei seiner Wandlung vom Handwerksbetrieb zum Global Player seinen Prinzipien so treu geblieben, wie es PEMA gelungen ist.

PEMA Vollkorn-Spezialitäten und Concept Store

Goethestr. 23
95163 Weißenstadt
Tel. 09253 / 8954
www.pema.de
info@pema.de

Öffnungszeiten Concept Store:
Montag bis Samstag
10 – 17 Uhr
Verlängerte Öffnungszeiten in der Lebkuchensaison
www.lustaufvollkorn.de

Seit 1905, seit der Gründung einer kleinen Lebküchnerei in Weißenstadt trägt die Familie Leupoldt die unternehmerische Verantwortung. Von Anfang an stehen natürliche Produktion und nachhaltiges Wirtschaften im Mittelpunkt. Großes Aufheben wurde darum zunächst nicht gemacht. Heute aber, da PEMA ein Unternehmen mit 160 Mitarbeitern ist, das seine Produkte in über 80 Länder exportiert, ist wesentlich mehr Innovation gefragt als einst. Um den Qualitätsansprüchen zu genügen, hat PEMA daher viele Maschinen selbst entwickelt. Genau so wichtig wie der technisch optimierte Backprozess sind jedoch die regionale Verwurzelung und der Umgang der Mitarbeiter mit den Rohstoffen. PEMA bezieht sein Getreide für die Roggen-Vollkorn-Brote ausschließlich aus der Region. Der Roggen und das Fichtelgebirge sind ein gutes Paar: Denn der Roggen liebt karge Böden

und rauhes Klima. Eine Erzeugergemeinschaft, die sich auf einen Umkreis von 30 Kilometern um Weißenstadt verteilt, liefert gleichbleibend hohe Qualität. Der Rohstoff wird – eine weitere Besonderheit – sauber gewaschen und nass vermahlen. Die hohe Wasserqualität des Waldsteins kommt der Reinigung zugute, und das an das Waschen anschließende Quellen aktiviert zugleich zusätzliche Vitamine und Wirkstoffe. Optimale Bedingungen also für PEMA – Die Frage, welchen Standort das Unternehmer-Ehepaar heute für sein Unternehmen wählen würde, lässt für Dr. Laura und Franz H. Leupoldt daher nur eine Antwort zu: „das Fichtelgebirge".

Die Tradition der Langsamkeit

Beim Backen der Brote achtet PEMA auf niedrige Temperatur und gibt dem Brot zwei Tage Zeit zum Reifen, bevor es ge-

Im modern gestalteten Concept Store, errichtet in der ehemaligen Werkstatt, bieten die Besitzer des über 100 Jahre bestehenden Familienunternehmens den Besuchern kulinarische Leckerbissen und genussreiches Flair.

schnitten und verpackt wird. Die Pasteurisation, die das Brot haltbar macht, war ein Schlüssel für die weltweite Expansion der Weißenstädter. Auch aus gesundheitlicher Sicht bekommt der Kunde ein sehr gutes Produkt: bestens für die Verdauung und immer auch für Diabetiker geeignet, ein eigenes Bio-Sortiment, darunter ein Bio-Dinkel-Brot mit 90 Prozent Dinkel-Anteil, und eine Auswahl glutenfreier Brote auf Reis-Mais-Basis.

Die Grundsätze der Unternehmensphilosophie – Fairness und Nachhaltigkeit – hat PEMA mit Erfolg übertragen auf sein Umwelt- und Personalmanagement. Zahlreiche Auszeichnungen und Zertifizierungen unterstreichen die Verantwortung auch in diesem Bereich. Der Weißenstädter Concept Store widmet sich ganz der PEMA-Produktwelt, zu der

auch der Leupoldt Soßenkuchen – ein echtes Original – und eine geschmackreiche Auswahl an Lebkuchen, Pralinen und andere Spezialitäten gehören. Tradition und Innovation ergänzen sich: Während Mittags-Snacks aus der hauseigenen Küche Leib und Seele verwöhnen, wirkt der modern gestaltete Store so wohltuend, dass man gerne sitzen bleibt, schaut, stöbert, genießt ....

Das ROGG-IN (Seite 28) und „Das Kleine Museum" für zeitgenössische Kunst (Seite 200) befinden sich praktisch vor der Tür und sind wie der Store empfehlenswerte Ziele für einen Ausflug nach Weißenstadt, auch mit der Familie.

Beglückend süße Genüsse

Jahrzehnte lang konnten kleine Konditoreien von ihrer unmittelbaren Nachbarschaft leben. Um die Kunden zufrieden zu stellen, mussten sich die Meister nicht über die Maßen anstrengen. Inzwischen hat sich die Situation gewandelt.

Konditorei und Café Seel

Wunsiedler Str. 5
95163 Weißenstadt
Tel. 09253 / 429
www.
seel-konditorei.de
www.weissenstaedter
-lebkuchen.de
info@
seel-konditorei.de

Öffnungszeiten
Konditorei:
Dienstag bis Freitag
6.30 – 18 Uhr
Samstag 6.30 – 17 Uhr
Sonn- und Feiertage
12 – 17 Uhr
Café:
Dienstag - Samstag
10 – 18 Uhr
Sonn- und Feiertage
12 – 18 Uhr

Als Magnus Seel zusammen mit seiner Frau Nadja den traditionellen Weißenstädter Handwerksbetrieb zur Jahrtausendwende von seinen Eltern übernahm, trat das richtige Paar zur richtigen Zeit das Erbe an. Die verheirateten Konditoren führten das Haus voller neuer Ideen weiter und firmierten das Unternehmen 2011 in „Konditorei & Café Seel" um. Da der Geschmack weit über durchschnittliche Qualität hinausreicht, kommen immer mehr Genießer auch von außerhalb nach Weißenstadt.

Für dolce vita ist manchmal kein Weg zu weit. Wer ein wenig Zeit mitbringt, kann die süßen Verführungen der Konditorei mit Kaffeespezialitäten im Haus genießen. Das klassische 70er-Jahre-Cafe im Obergeschoss hat aber auch Pikantes und kleine warme Mahlzeiten in die Speisekarte aufgenommen.

Top-Adresse im „Feinschmecker"

Der „Feinschmecker" zählte die Konditorei mehrmals zu Recht zu den kulinarischen Top-Adressen in Bayern. Die Auswahl ist, zumal für eine Konditorei auf dem Land, enorm. Rund 330 verschiedene Artikel umfasst das Sortiment ganzjährig, mit etwa 300 verschiedenen Rohstoffen. So viel Unwiderstehliches! Eis und Petit fours

aus der Patisserie, Plundergebäcke und Kuchen bei den feinen Backwaren. Die Konditorei lockt mit sahnigen, cremigen und fruchtigen Ideen, die Confiserie mit hervorragenden Pralinen und Schokoladen. Nicht zu vergessen: die Lebkuchen, auf die manche schon im Juli Lust bekommen. Der Versandservice bringt viele Artikel auf Bestellung (telefonisch oder über das Internet) bis zur Haustür. Auch wegen der Dominosteine, Plätzchen und anderen Herbstgenüssen kommen viele Genießer auf die Adresse zurück. Künstlerisch werden Festtagstorten und Schaustücke für jeden Anlass gefertigt. Frische ist das A und O. So sind etwa die Pralinen vier Wochen nach der Herstellung in der Regel schon verzehrt – ganz anders als Industrieprodukte aus dem Supermarkt. Die mögen zwar auch cremig-schokoladig sein. Aber nur bei frischer Ware schmeckt man noch die Nuancen heraus. Ein anderes Beispiel: die Teigführung für die Kuchen. Die Konditorei arbeitet wie zu Omas Zeiten, lässt den Teig gehen und reifen. Nicht zuletzt verwendet sie hochwertige Rohstoffe wie Kuvertüre aus Belgien, deutsche Süßrahmbutter, Marzipan aus kalifornischen Mandeln, Gewürze und Früchte aus aller Welt, ohne Konservierungsstoffe und Geschmacksverstärker.

Die Konditoren Nadja und Magnus Seel haben beide das Handwerk in unterschiedlichsten Konditoreien und Bäckereien gelernt. Heute teilen sie sich die Zuständigkeit. Sie übernimmt Service, Verkauf und den Bereich des Traiteurs

(die kleine Küche der Konditorei). Ihr Mann managt mit vier Mitarbeitern die Fein-Backstube und Confiserie. Bewährte, ausgereifte Rezepte werden um neue Kreationen erweitert. „Die Möglichkeiten sind unendlich. Das macht mir absolut viel Spaß", freut sich der Konditormeister. Beim Handwerker drückt sich die Freude auch im Stolz auf die eigene Arbeit aus, beim Genießer in der Wertschätzung des Handwerks.

Erfolgsfaktor Familie: Nadja und Magnus Seel übernahmen den Handwerksbetrieb von den Eltern und erweiterten das Angebot beträchtlich. Die nächste Generation kann schon über die Ladentheke schauen.

Die klassische Konditorei mit Café ist selten geworden. Umso erfreulicher ist es, wenn die Qualität so ausgezeichnet ist wie bei diesem Haus.

Café und Bauernladen
mit viel Herz und Verstand

Tolle Kuchen und Torten sind in Bäckereien und Cafés selten geworden. Und manchmal ist ein ungewöhnlicher Weg nötig, um mit einfach guter Qualität erfolgreich bestehen zu können.

Puruckers
Café Blüte
Oberdorfstr. 6
95615 Marktredwitz
Tel. 09231 / 5152
www.puruckers
-bauernhofcafe.de
info@cafe-bluete.de

Öffnungszeiten:
Donnerstag bis
Sonntag und feiertags
13.30 – 19 Uhr

Die Gäste genießen das dörfliche Ambiente sowie die Kuchen und Torten, die Sandra Purucker – im Bild oben rechts – frisch gebacken von ihrer Schwester Annette auf den Tisch bringen lässt.

Back-Fix, Pulver und Fertigfüllungen zu verrühren, wie es mancherorts die Regel ist, hat Sandra Purucker noch nie erfüllt. Wahrscheinlich liegt es auch daran, dass ihre Eltern Qualität und Handwerkerehre mit der eigenen Metzgerei, dem Hofladen und der Direktvermarktung vorgelebt hatten. Aus Sandra Puruckers Begeisterung für das Backen und das Talent ihrer Schwester Annette für das Bedienen wurde ab 2011 ein zweites Standbein des Familienbetriebs.

Das „Café Blüte" lockt mit süßen Köstlichkeiten und einer idyllischen Lage im Ortsteil Lorenzreuth bei Marktredwitz. Anfänglich war der Vater, Udo Purucker, skeptisch gegenüber dem Vorhaben der Töchter, auf dem Hof ein Café zu eröffnen, das sich selbst tragen sollte. Es galt, das Haus um einen Wintergarten und Backräume zu erweitern. Jeder Backvorgang war und ist darüber hinaus säuberlich zu dokumentieren. Doch die Skepsis hat sich längst in Wohlgefallen aufgelöst. Die Familie hält bei allen Aufgaben zusammen. Mutter Ulrike und Tochter Annette kümmern sich um den Hofladen, Udo Purucker um die Metzgerei. Die Erzeugnisse werden nicht nur an der Wursttheke, sondern zum Teil auch im Café angeboten, die Karte bietet auch kleine Brotzeiten. Sandra Puruckers Stärke sind Kuchen und Torten. Viele Rezepte hat sie aus Backbüchern und Omas Überlieferung, gepaart mit vielen eigenen Ideen und Kreationen. Es werden nur frische, hochwertige Zutaten verwendet. Den Service managt Schwester Annette. Bei der erfahrenen Restaurantfachfrau sind die Gäste in guten Händen. Die dritte Tochter betreibt mit ihrem Mann in Werda bei Oelsnitz eine Metzgerei. Und die Freunde der beiden Café-Betreiberinnen sind ebenfalls mit dabei: Sandras Partner kümmert sich um die Landwirtschaft, Annettes Freund hat einen Beruf außerhalb, hilft jedoch im Hintergrund mit. Alle Produkte des Hofes werden auch auf Bestellung angefertigt. Viele nutzen jedoch die Gelegenheit zu einem Besuch, um im Café zu entspannen – eine Stunde, leicht auch zwei. Oder vielleicht doch einen ganzen Tag? Das Hoffest und einige Feiern bieten hierfür immer eine Gelegenheit.

Bier als Delikatesse

Spezialitäten (3): Zoigl

von Georg Lang

Den Zoigl nur gegen den Durst trinken, den Zoigl einfach so weg trinken, das geht nicht. Der Zoigl will ohne Anstrengung, aber mit Bedacht genossen sein, er ist das Bier der ruhigen Behaglichkeit, der aufgeräumten Stimmung, der vergnügten Geselligkeit in wohl temperierter Atmosphäre.

Die Zoigl-Stube kennt keinen Stammtisch, der lautstark über die unwirtliche Wirklichkeit debattiert. Die Einheimischen treffen sich hier in der zufälligen Runde all derer, die das feine Bier und die dazu gehörende Brotzeit zusammenführt. So kräftig wirkt die Ausstrahlung der bewundernswerten Art, selbstzufrieden zu leben und leben zu lassen, dass auch der ortsfremde Gast sich grüblerischer Gedanken über die eigene Unzulänglichkeit und die Widerwärtigkeiten der Welt vollständig enthoben sieht.

Die Zoigl-Initiative der nördlichen Oberpfalz belebt die alte Tradition des Kommunbrauwesens in neuer Form überzeugend. Früher brauten die brauberechtigten Bürger eines Ortes sozusagen im Nebenerwerb reihum im gemeindeeigenen Brauhaus, ließen das Bier im Keller ihres Hauses reifen und schenkten es anschließend in der eigenen Wohnstube aus. Damit jeder wusste, wo es gerade Bier zu trinken gab, steckten sie den sechseckigen Brauerstern ans Haus als Zeiger, im Dialekt Zeigl oder Zoigl genannt. Das tun auch die modernen Kommunbrauer, denn sie schenken in nunmehr eigens eingerichteten „Zoigl-Stuben" nur zu bestimmten Zeiten aus und stimmen sich in einem „Zoigl-Kalender" so ab, dass

die einzige Wachstumsindustrie seiner Herkunftsregion. „Schafferhof-Zoigl" in Neuhaus hat Wohnstube, Stall, Scheune und Hof des großen Anwesens auf dem Schlossberg in eine einzige Zoigl-Stube verwandelt und mit einer Vielzahl von Musik-, Theater- und Kabarettveranstaltungen ein attraktives Kulturzentrum geschaffen. Die Mitterteicher Bäckerei „Männl" hat aus ihrem Zoigl unter dem Markennamen „Zoiglbauer" eine ganze Zoigl-Genuss-Welt aufgebaut. Sie bietet neben dem Bier selbst eine Reihe damit gekonnt veredelter Produkte, darunter ein wunderbares Roggenbrot mit Zoigl-Kruste, und kultige Zoigl-Extras wie Bierglas und Flaschenöffner.

Im Zoigl-Mekka: Das Bier und die Atmosphäre der Brauerei Schafferhof in Neuhaus sind für jeden Fichtelgebirgler eine Reise wert (im Bild oben und vorherige Seite).

örtlich und regional keine zoiglbierlosen Zeiten zu befürchten sind.

„Zoigl ist wie Frischmilch"

Rund 20 im Nebenerwerb tätige Zoiglbrauer und -Wirte nutzen die alten Anlagen der wenigen verbliebenen Kommunbrauhäuser in Windischeschenbach, Neuhaus, Falkenberg und Mitterteich. Sie brauen das traditionelle regionaltypische Helle in unterschiedlichen Ausprägungen der Farbe und des Geschmacks je nach den individuellen Hausrezepten. Gemeinsam ist allen Bieren die prickelnde Frische des ungefilterten, hefetrüben Haustrunks, der idealerweise direkt aus dem Reifetank abgezapft wird und nicht weiter gelagert werden darf. „Zoigl ist wie Frischmilch", sagen die Kommunbrauer. Das ist das Geheimnis seiner Güte und seiner Beliebtheit.

Nicht ganz aus der Luft gegriffen ist die scherzhafte Bemerkung, der Zoigl sei

In Mitterteich wurde der „Zoiglbauer" als Marke etabliert, neue Produkte erweitern das Angebot über Bier hinaus (im Bild: Herbert Männl in der Zoiglstube).

„Zoigl" war nur der Anfang

Gutbürgerliche Küche und Bier – von alters her ist das in Franken eine harmonische Beziehung. Dabei sind es gerade die kleinen Handwerksbetriebe, die für Vielfalt auf dem Teller und im Glas wichtig sind.

Andreas Nothhaft (oben links) ist es wichtig, die Kultur der Brauereigaststätten und die regionalen Bierspezialitäten zu erhalten. Die Gaststätte „Am Strand" liegt unmittelbar neben der Marktredwitzer Brauerei.

Brauerei Nothhaft
Ottostr. 30
95615 Marktredwitz
www.brauerei
-nothhaft.de
info@brauerei
-nothhaft.de
Tel. 09231 / 2077

Öffnungszeiten und
Getränke-Direkt-
verkauf:
Montag bis
Donnerstag
8 – 12 Uhr und
13 – 17 Uhr
Freitag
8 – 12 Uhr und
13 – 16 Uhr
Samstag 9 – 12 Uhr

**Brauereigaststätte
Am Strand**
Ottostr. 32
95615 Marktredwitz
Tel. 09231 / 2985

Öffnungszeiten:
Mittwoch bis
Sonntag
10 – 14 und
17 – 22 Uhr

Inzwischen haben die Spezialitäten sogar noch an Bedeutung gewonnen, wie man in der Brauerei Nothhaft, eine der Privatbrauereien des Fichtelgebirges, weiß. Während Standardbiere den Durst stillen und einfach gute Laune machen können, entdeckt der Genießer bei Spezialbieren die erstaunlichen Möglichkeiten, die über das alltägliche "Seidla" hinaus reichen. Obwohl der „Zoigl" vor allem in der Oberpfalz Kult ist, hat es an der Stelle des Brauereigasthofes „Am Strand", der direkt an die Marktredwitzer Brauerei Nothhaft angrenzt, eine altehrwürdige Tradition. Im Jahr 1540 erhielt das Haus in der Ottostraße mit der Nummer 36 das Kommunbraurecht. Als Otto Nothhaft 1882 hier seine eigene Brauerei gründete, fing er mit „Zoigl" an. Das mit Spezialmalz hergestellte Bier geriet irgendwann in Vergessenheit. 1994 jedoch holte man das Rezept aus der Versenkung, um es nach alter Brauart wiederherzustellen. Heute wird ein beachtlicher Teil sogar in die Oberpfalz geliefert.
Die regionale Verwurzelung der Brauerei Nothhaft prägt die Herstellung und die Qualität des Sortiments. Das Brauwasser ist so gut, dass der Betrieb es ohne weitere Aufbereitung verwenden kann. Die Brauerei spart nicht an Rohstoffen und gibt den Bieren mit der klassischen

Vergärung bei kalten Temperaturen einen schönen abgerundeten Geschmack. Bei der Auswahl gibt es so gut wie keine saisonalen Beschränkungen. Auch der mächtige Doppelbock „Antonius" mit über 18 Prozent Stammwürze und 7,5 Prozent Alkohol ist fast das ganze Jahr über erhältlich.
Die Motivation der Handwerksbrauerei ist eine besondere, wie Andreas Nothhaft betont: „Wir kämpfen dafür, dass die regionale Biervielfalt erhalten bleibt." Zwei mögliche Nachfolger, die aus der Ehe mit seiner Frau Carolin hervorgegangenen Söhne Simon und Martin, stehen schon bereit. Mit der Biervielfalt kann so auch das alte Wissen in die nächste, die nunmehr sechste Generation weitergegeben werden.

Fein, fest, aromatisch

Spezialitäten (4):
Stockwurst und Sechsämtervieh

von Georg Lang

Die außerordentliche Qualität von Fleisch und Wurst ist im Fichtelgebirge ganz selbstverständlich. Es scheint, als hätten sich hier alle Tugenden des Metzgerhandwerks aus der nördlichen Oberpfalz, dem nordöstlichen Franken und dem Egerland zusammengefunden, um gemeinsam des Beste zu bewirken.

Nicht immer sind die Einflüsse so deutlich festzumachen wie in der feinen Art des Räucherns und der delikaten Verwendung von Kümmel, die Michael Siller in seiner kleinen Metzgerei in Mehlmeisel seinem sudetendeutschen Lehrmeister zuschreibt; seine „Kümmelgöttinger" überzeugt auf Anhieb. Der wirkungsvolle Einsatz von Kräutern mag fränkisches Erbteil sein. Mit einer kräftigen Mischung aus Majoran, Thymian und Kümmel gelingt der Metzgerei Völkel, ebenfalls in Mehlmeisel, eine herzhafte Kräuterbratwurst. Der Metzgermeister Wolfgang Kneidl in Nagel wurde zum „Wildkräutermetzger", als er den mit Blattgrün und Samen der Bärwurz hochfein zubereiteten Bärwurz-Leberkäs erfand. Alle Würze der Bergwiesen und Bergwälder vereint im Sechsämtertropfen benutzt die Wunsiedler Metzgerei

Reichel für eine ihrer köstlichen Schinken-Kreationen.

Der bayerischen Tradition der Weißwürste soll angeblich die Kirchenlamitzer Stockwurst verpflichtet sein, doch weiß in der Sechsämterstadt niemand, wie, wann und woher diese Spezialität gekommen ist. Von der Machart her ist die Stockwurst eine ungeräucherte Fleischwurst, deren Brät regional unterschiedlich ausfallen kann: Die Kirchenlamitzer Metzger verwenden Schweine- und Rindfleisch je zur Hälfte. Der Name der Wurst soll daher stammen, dass das Brät ursprünglich nicht in Därme gefüllt, sondern direkt in die heiße Brühe gespritzt wurde, wo es stockte. Stockwurst isst man warm zur Brotzeit, zum Mittag- oder Abendessen mit mittelscharfem Senf und Brot

Die Spezialität Stockwurst wird im Fichtelgebirge nur von den noch traditionell handwerklich arbeitenden Metzgern der Stadt Kirchenlamitz hergestellt (im Bild rechts). Das Sechsämter-Rotvieh (links) ist ein Ureinwohner der Region, der beinahe ganz verschwunden wäre, mit Unterstützung des Naturparks Fichtelgebirge jedoch zurückgeführt wird.

oder Brötchen. Außerhalb von Kirchenlamitz ist diese sanfte und elegante Wurst kaum bekannt, in der Stadt selbst gehört sie zu den viel gefragten Delikatessen. Durchreisende, die von ihr wissen, halten dafür extra an, und auch aus weiterer Entfernung ist sie für Kenner jederzeit eine Stippvisite wert.

Aus Weide und Wäldern

Beste Fleisch- und Wursterzeugnisse verlangen bestes Schlachtvieh. Die Metzger können es in den Ställen der vielen auf Schweine- oder Rindermast spezialisierten Bauernhöfe in der nächsten Umgebung selbst auswählen. Fleisch vom Weidevieh, in der Qualität immer noch unübertroffen, findet sich weit seltener, denn Weidehaltung ist nur von direkt vermarktenden Bio-Bauern und Hobbylandwirten wirtschaftlich zu betreiben. Regionale Direktvermarktung liegt

freilich im Trend und erobert neben den privaten Haushalten und den Gaststätten zunehmend die weiter verarbeitenden Betriebe. Auch das Fleisch vom Wild aus Wäldern und Feldern findet auf diesem Weg am ehesten die Abnehmer, die seinen Wert zu würdigen wissen. Das hat Severin Wejbora von der Landesjagdschule in Wunsiedel erkannt und dafür gesorgt, dass die Schule selbst zu einer der ersten Adressen für bestes Wildfleisch geworden ist.

Als höchst erfreulichen Nebeneffekt bietet die Direktvermarktung von Weiderindfleisch dem Sechsämterrind, einem exilierten Ureinwohner des Fichtelgebirges, die Gelegenheit, in seine Herkunftsregion zurückzukehren. Mitte des 19. Jahrhunderts aus dem roten Höhenvieh gezüchtet, um ein an die Verhältnisse des Fichtelgebirges speziell angepasstes Rind zu haben, wurde es rund 120 Jahre später überflüssig und verschwand. Heute bemüht sich der Naturpark Fichtelgebirge, allen voran sein Geschäftsführer Christian Kreipe, um die Rückführung aus der nördlichen Oberpfalz. Kein Rind ist nämlich besser geeignet für die Pflege der kräuterreichen Bergwiesen, und keines wirkt mit seinem roten Fell und den weißen Hörnern mit schwarzer Spitze dekorativer in der Ferienlandschaft. Wie bei einer alten Rinderrasse nicht anders zu erwarten, ist sein Fleisch von hervorragender Qualität und findet ohne Schwierigkeiten Abnehmer.

Dorfanger mit Rotvieh in Breitenbrunn, 1829 (Bild: Joh.Chr. Ziegler).

Die Tradition des guten Geschmacks

Freunde der Genussregion verweisen gerne darauf, dass Oberfranken bei den Bäckereien, Brauereien und Metzgereien eine europaweit einzigartige Dichte bietet.

Feinkost-Metzgerei und Party-Service Peter Wölfel

Kirchenlamitzer Str. 11
95126 Schwarzenbach
Tel. 09284 / 384
www.metzgerei
-woelfel.de
info@metzgerei
-woelfel.de

Öffnungszeiten:
Montag und Dienstag
7 – 13 Uhr und
14.30 – 18 Uhr
Mittwoch
7 – 12.30 Uhr
Donnerstag und
Freitag
7 – 18 Uhr
Samstag
7 – 12 Uhr

Was heute als erst-klassige Qualität und Frische aus der Region Preise gewinnt, ist im Familienbetrieb Wölfel seit mehr als 100 Jahren Standard. Oben: eine Delikatesse, Brotzeit mit Schinken, Schinken-speck und hausgeba-ckenem Brot.

Wenn es um Metzgereien und um die Wurst geht, genießt die Stadt und der Landkreis Hof bei Kennern auch in qualitativer Hinsicht einen hervorragenden Ruf. „Was für uns in der Region normal ist, darüber sind andere froh, dass sie es hier bekommen", meint Metzgermeister Peter Wölfel aus Schwarzenbach angesichts des Lobs, das ihm schon des Öfteren zuteil wurde.

Die Metzgerei, die Peter Wölfels Urgroßvater 1899 in Schwung brachte, wurde für ihre erstklassige Qualität und Frische schon mehrfach ausgezeichnet. Dass hier höchste Maßstäbe gesetzt werden, unterstreicht etwa der Gourmetpreis 2012. Bei einem „Gourmet Festival" in Düsseldorf reichten die Schwarzenbacher – als ein Betrieb von vielen aus dem Verbund der Regiowelt-Metzger – ihre Weißwürste ein, um sie von Sternköchen testen zu lassen. Die mit frischer Petersilie und einem Hauch Zitrone hergestellte Spezialität erhielt 5 von 5 möglichen „Diamanten", die höchste Auszeichnung.

Ehrliche Produkte

Auch wenn sich Peter Wölfel und seine Frau Barbara riesig darüber freuten, betonen sie im Gespräch, dass sie gerne als grundsolide, bodenständige Metzgerei gesehen werden wollen, die „extrem ehrlich" arbeite und Auskunft über alle Zutaten gebe. Ihr Anliegen ist es, dass die Produkte von bewährten, „konservativ arbeitenden Betrieben" stammen. Der Metzger arbeitet den Geschmack heraus und verstärkt ihn. Die Gewürze verfeinern ihn. Bei der Räucherung und Lagerung gibt er den Produkten die Zeit, die sie für die Genussoptimierung brauchen. Als markante regionale Spezialitäten stellt die Feinkostmetzgerei Wölfel u.a. die europäisch geschützte Hofer Rindfleischwurst und einen feinwürzigen Leberpreßsack her. Den trocken gesalzenen Schinkenspeck sollte man sich ebenfalls nicht entgehen lassen. Als zweites Standbein hat Peter Wölfel einen exzellenten Party- und Catering-Service aufgebaut. Zu den Stammkunden gehören auch die Macher der Hofer Filmtage.

Früh dran und mit Spezialitäten vorn dabei

Kleine, handwerkliche Familienbetriebe und kurze Versorgungswege sind für Oberfrankens Spezialitätenhersteller typisch.
Für hohe Produktqualität braucht es jedoch mehr: Fingerspitzgefühl, womöglich sogar Erfindergeist.

Metzgermeister Klaus Reichel erfüllt diese Ansprüche und hält sich dabei an eine sehr fränkische Tugend, die darin besteht, aus den Dingen des Alltags etwas Besonderes machen zu wollen.

2008 eröffnete die Metzgerei in Wunsiedel einen neuen Laden, zeitgemäß eingerichtet, mit einer guten Auswahl an Wurst und Fleisch, offen und in Dosen. In einem Kühlschrank stehen Gläser mit eingekochten Gerichten zur Auswahl, für kleine Haushalte und aus Gründen der Bequemlichkeit ungemein praktisch. Schonend wie zu Omas Zeiten zubereitet, enthalten die Gläser fertige Suppen, Eintöpfe oder Braten, die nur noch aufgewärmt werden müssen – frei von Zusatz- und Konservierungsstoffen, wie die Wurstspezialitäten auch.

Klaus Reichels Bruder Bernd und seine Mutter Ella sind für die Küche und den Verkauf zuständig, er dagegen für die Produktion und die Lieferung, die von Bad Alexandersbad aus erfolgt. Am Nachmittag bereitet er alles für den Einsatz am nächsten Morgen vor, der um 4 Uhr mit Bratwürsten beginnt. Die oberfränkischen Feinen befinden sich darunter, aber auch Dicke mit Käse, fuchsfeuerrote Peperoni-Bratwürste und Herzhafte mit Röstzwiebeln und das Jahr über noch viele mehr. Die genannten Variationen, die bei

einem internationalen Wettbewerb in den Niederlanden sogar schon zwei Mal Silber und zwei Mal Gold holten, sind eine lobenswerte Ergänzung zu den allseits bekannten Klassikern.

Als ein weiteres Vorzeigeprodukt des Metzgermeisters ist der fränkische Landschinken zu nennen, von der oberfränkischen Handwerkskammer mit dem „Designpreis 2012" ausgezeichnet. Die Schinken werden nach alten Rezepturen von Hand eingesalzen, 6 bis 8 Wochen gepökelt und über Buchenholz geräuchert. Dann reift der Schinken nach. Klaus Reichel hat dabei mehrere neue Geschmacksrichtungen entwickelt: mit Rotwein und Gewürzen, mit Sechsämtertropfen und –Gewürzen, ein andermal mit frischen Knoblauchzehen.

Wer innovativ sein will, muss früh aufstehen und auf Frische setzen. Das gilt nicht allein für die tägliche Ware, sondern auch für die Ideen. Beides macht die Handwerkskunst des Metzgermeisters aus.

Metzgerei Reichel
Sechsämterland-Str. 16
95632 Wunsiedel
Tel. 09232 / 9155796
www.metzgerei
-reichel.eu
info@metzgerei
-reichel.eu

Öffnungszeiten:
Montag bis
Donnerstag
7 – 14 Uhr
Freitag
7 – 18 Uhr
Samstag
7 – 12 Uhr

Der vielfach ausgezeichnete Metzgermeister Klaus Reichel und seine Schinkenspezialitäten. Oben links: Königin-Luise-Schinken, oben rechts: Reichels Schwarzgeräuchertes, unten: Knoblauchschinken.

41

Edles Wild für edlen Geschmack

Rot- bzw. Edelwild war lange Zeit der Hohen Jagd, sprich der Hoch-
adelsjagd vorbehalten. Zwischen dem 15. und 17. Jahrhundert hatten
die Markgrafen auch in der Gegend um Wunsiedel ihre Jagdgründe.

**Stadtförster
Hubert Steinberger**
Rot-Kreuz-Str. 4
95632 Wunsiedel
Tel. 09232 / 9199950

**Bayerische
Landesjagdschule
Wunsiedel**
Severin Wejbora
Tel. 0170 / 228880

Das Rotwildgehege
beim Wunsiedler
Bürgerpark ist eine
der besten Quellen für
edles Wildfleisch.

Die besten Stücke vom Wild sind noch
immer ein Essen für besondere Anlässe,
das heute jedoch jedermann genießen
kann. Im Wunsiedler Rotwildgehege
werden die Tiere vorbildlich aufgezogen,
sodass daraus bestes Fleisch für Filets und
Veredelungsprodukte entsteht.
Im Sommer ernährt sich das Rotwild
von Gras, Klee und Kräutern. Im Winter
bekommt es an der Futterhütte Heu und
etwas Kraftfutter. Die Ernährung im Gehege ist abwechslungsreich und komplett
natürlich, frei von chemischen Zusätzen
(zum Rotwildgehege siehe auch S. 232).
Während Fleisch vom Rotwild bei einsei-
tiger Ernährung fad werden kann, nimmt
es im Wunsiedler Gehege auf dem Katharinenberg jenen edlen Geschmack an,
der dem Namen des Edelwilds alle Ehre
macht. Das Fleisch ist dabei fettarm, für
gesunde Ernährung also sehr gut geeignet.
Eine Keule oder ein Rücken sind gerade
zur Weihnachtszeit besonders begehrt,
weil sie als hervorragende Alternative zum Weihnachtsbraten aufgetischt

werden können. Wer wild ist auf die
erlesenen Stücke, sollte auf jeden Fall
im Voraus bestellen. In den Verkauf
gelangen zur Weihnachtszeit auch beliebte
Veredelungsprodukte wie Hirschsalami,
Göttinger, Knacker und Hirschbeisser.
Die neben dem Gehege angesiedelte
Landesjagdschule hält die Produkte im
Schlachthaus vorrätig. Die Mitarbeiter
des Rotwildgeheges und der Leiter der
Landesjagdschule, Severin Wejbora, arbeiten zudem mit Metzgern zusammen, bei
denen die Produkte weiterverarbeitet und
verkauft werden – Adressen auf Anfrage!

Kochkurse

Die Zubereitung will gekonnt sein. Koch-
bücher und Rezepte helfen dabei. Mehr
noch lernt man über den sachgerechten
Umgang mit dem Fleisch in einem der
Kochkurse, die die Landesjagdschule drei
bis vier Mal pro Jahr zusammen mit dem
Restaurant „Teschner's" anbietet.
Anmeldungen sind über die Seite der
bayerischen Landesjagdschule möglich.

Eine Soße für fast alle Fälle

Wenn es um die Verwendung von Genussmitteln geht, haben Vereinfachung und Zeitersparnis stark an Bedeutung gewonnen.

Die Salat-Soße „Ressi-Freund" überzeugt schon deshalb, weil sie vielfältig einsetzbar ist: für die fein süß-saure Würze im Salat, als zuverlässige Basis für Joghurt- und Senfsoßen, zum geschmackvollen Einlegen eines Sauerbratens oder dem Einkochen von Gurken, Paprika und Zwiebeln – und geschmacklich ist man immer auf der sicheren Seite. Das vom Tröstauer Familienbetrieb seit Jahrzehnten althergebrachte Rezept, das mit seinen vielen natürlichen Zutaten noch Zeit zum Reifen bekommt, bietet Privatpersonen sowie der Gastronomie ein langjährig bewährtes, feines Aroma.

Aus Gebirgsquellwasser

Der Name des Produkts weckt Assoziationen an das Resi-Weiberl. Aber Fehlanzeige! Die Entstehung hat mit der „Resi" nichts zu tun, sondern geht auf den Vornamen des Erfinders, welcher Andreas hieß und den Spitznamen „Ress" trug, zurück. Bei der Herstellung der Salatsoße unterstütze ihn ein Freund, woraus sich die Marke „Ressi-Freund" ableitete. 1999 übernahm Gerhard Pachel in zweiter Familiengeneration den traditionell geführten Betrieb und somit die Marke „Ressi-Freund", die damals bereits seit über 40 Jahren existierte. Inzwischen ist die Soße das Hauptprodukt des Tröstauer Werks, hergestellt aus bestem Quellwasser des Fichtelgebirges, vereint mit natürlichen Gewürz- und Obstauszügen. Von der gewöhnlichen Schnellherstellung grenzt sich der sorgfältig arbeitende Betrieb ab: Nach einer sechs- bis achtwöchigen Reifezeit in mächtigen Holzbottichen gelangt die Soße, von der 0,5l-Glasflasche bis zum 10l-Kanister, in den Verkauf und ist jederzeit rundum gebrauchsfertig. Im Werksverkauf in Tröstau kann der Kunde weitere, speziell ausgewählte regionale Produkte in Extra-Qualität erwerben: eingekochte Preiselbeeren wie selbstgemacht, schonend kaltgepresstes Rapsöl mit leicht nussigem Geschmack, verschiedenste Gewürzmischungen ohne Glutamat sowie klassischen Meerrettich direkt vom Erzeuger.

Am liebsten verwendet der Chef „Ressi-Freund" für seinen Sauerbraten. Das eingelegte Fleisch kann bis zu acht Tage, ohne weitere Gewürzzugaben in „Ressi-Freund"-Salatsoße gebeizt werden. Am Ende sei es zart, nur ganz mild und unaufdringlich durchgezogen, sagt der Firmeninhaber. Das eigens verwendete Rezept gibt er wie andere Empfehlungen auch gerne auf seiner Internetseite unter „Rezepte" weiter.

Gerhard Pachel gibt seiner Salatsoße die Zeit, die sie zum Reifen braucht.

Produktionsvertrieb für Salatsoße „Ressi-Freund"
Erlenstraße 3
95709 Tröstau
Tel. 09232 / 2987
www.ressi-freund.de
info@ressi-freund.de
Öffnungszeiten
Werksverkauf:
Montag bis Freitag
9 – 12 Uhr und
14 – 17 Uhr
Internetshop-Versand nach Deutschland und Österreich

Der Feinkosthändler mit Liebe zu südafrikanischen und italienischen Produkten – in der Factoria kann man einige Spezialitäten vor dem Einkauf in Ruhe genießen und ausprobieren.

Die schönsten Nebendinge

Jeder Genuss hat seine Zeit. In der fröhlichen Runde kommt ein süffiges Bier gut an, in der feinen Küche ein eleganter Wein, die Festtage feiern manche gerne mit etwas Hochkarätigem, im Sommer ziehen die Meisten einen leichten und frischen Wein einem Schwergewicht mit viel Alkohol vor.

Factoria
Vielitzer Str. 26
95100 Selb
Tel. 09287 / 889999
factoria_selb@
yahoo.de

Öffnungszeiten:
Montag bis Samstag
9.30 – 18 Uhr

Als Fachhändler hält Andreas Steidl nicht nur verlockende Weine und Feinkostartikel für viele Gelegenheiten bereit. Er ist auch in dem stark, was den guten Händler vom Supermarkt unterscheidet: Beratung. Manche kommen aber auch einfach deshalb in seine „Factoria", um zu plaudern und bei den schönsten Nebendingen der Welt ein wenig abzuschweifen, mit einem Cappuccino, einem Glas Wein, wahlweise auch einem Bier, dazu vielleicht Käse oder Salami... Die einfachen Freuden können die schönsten sein.

Während viele Anbieter im Factory-In sich mit Tischkultur profilieren, ist Andreas Steidl im ehemaligen Fabrikgebäude der einzige Feinkosthändler. Er hat als handwerklich geschickter Gestalter die Einrichtung weitgehend selbst gebaut. Der Laden hat Charakter. Jedes Teil erzählt eine Geschichte. Die Bänke waren alte Umkleidebänke aus der Ofenhalle und wurden mit Leder bezogen, Hölzer und Baumaterialen wurden aus einer alten Scheune und einer Fabrik übernommen und einem neuen Zweck zugeführt. Ein Teil des alten Inventars von Villeroy & Boch zog mit ein.

Auch zu den Artikeln hat Andreas Steidl einen persönlichen Bezug. Er hat viele Weingüter bereist, Qualitätsanbieter kennengelernt und holt Winzer zu Weinproben ins Haus. Italien und Südafrika bilden die Schwerpunkte beim Wein, ergänzt um Regionales aus Franken und anderen Regionen. Bei den Feinkostartikeln überwiegt das „Mutterland des guten Geschmacks", Italien.

Für Höhepunkte im Genussreigen sorgen die Veranstaltungen kulinarischer und musikalischer Art. Weinverkostungen und Folk-Konzerte mit Bands aus USA, Schottland, Irland etc. sowie einer Session-Band, in der Steidl selbst mitspielt, wechseln sich ab. Speziell am Faschingsdienstag kann im Factory-In auch mal der Kessel kochen. Zum Genießen gehören nicht nur besinnliche Augenblicke.

Meersalz und Kräuterfrische

Salz ist wie jedes Gewürz auch ein elementarer Stoff, reich an Geschichten und Sagen, für schier unendliche Kombinationen gut.

**Sommermühlsalz
Elke Volkmann**
Sommermühle 6
95100 Selb
Tel. 09287 / 998414
www.
sommermuehlsalz.de
info@
sommermuehlsalz.de

Versand
deutschlandweit
Verkauf nach
telefonischer
Anmeldung
Sowie in der Factoria
im Factory-In, Selb
(siehe Seite 44)

„Meersalz und frische Kräuter passen prima zusammen", weiß Elke Volkmann, die beides zu hochwertigen Mischungen verbindet. Jedes Glas und jede Tüte ihrer Feinkostartikel stellt sie in Handarbeit liebevoll selbst her.

Die Anfänge liegen in der eigenen Hauswirtschaft. Um die Kräuter ihres Gartens nicht mehr einfrieren zu müssen, konservierte Elke Volkmann diese mit Salz. Die Mischungen schmeckten Freunden so gut, dass bald erste Kaufanfragen kamen. Bis die Produkte marktreif waren, galt es jedoch etliche bürokratische Hürden zu nehmen. „Beinahe hätte ich das ganze Unternehmen hingeschmissen", erinnert sich Elke Volkmann. „Aber das Produkt

ist wie mein viertes Kind", sagt sie und lacht.

Inzwischen stellt die Autodidaktin, neben ihrem Hauptberuf als Krankenschwester, rund 30 Sorten her. Die frischen Kräuter sind penibel auf Sauberkeit geprüft und stammen aus europäischen Ländern, zum großen Teil aus Deutschland, nur noch selten aus dem eigenen Garten. Im Selber Factory-In betreibt Elke Volkmann seit 2006 ihre kleine, aber sehr feine Produktion. Die gelieferten Kräuter werden sorgfältig gewaschen, geschleudert, zum Ablüften ausgelegt, abgezupft und grob vorgeschnitten. Erst nach dieser aufwendigen, geruchsintensiven Prozedur übernimmt eine Maschine die Kleinarbeit. Nachdem die Kräuter mit Salz vermischt wurden, benötigen sie eine arbeitsintensive Reifezeit, bis eine genussfertige Mischung entsteht.

Die Salzmischungen sind für die Küche ganzjährig einsetzbar. „Afrikanischer Sommer" ist bevorzugt für Fleisch und warmes Essen gedacht, Herbstsalz für Herbstgemüse, eine Paprikamischung vor allem zum Grillen, diese kann aber auch ein Tomatenbrot verfeinern. „Tolle Knolle" mit Sellerie ist für Kartoffelecken gut, aber gerade auch für Frühstückseier ein Hit. Mit Ausnahme der Spezialsalze für Ente und Ganz sowie Lamm ist es generell den Genießern überlassen, wofür sie die Zutaten einsetzen. Das Würzen können die Salze allerdings nicht ersetzen. Wer Gerichte nicht nur mit einer Salzmischung verfeinern, sondern gezielt würzen möchte, kann auf die Kräuter- und Pfeffermischungen (mit getrockneten Kräutern) der Produzentin zurückgreifen.

In hellen, sauberen Räumen wäscht, trocknet und verarbeitet Elke Volkmann die frischen Kräuter, die sie dann mit Meersalz kombiniert. Nach viel Arbeit und längerer Reifezeit gelangt die Delikatesse in den Handel.

Emotionen wecken und Beziehungen schaffen

Von der Idee über die Verpackung bis zum Moment der Übergabe sind Geschenke Zeichen besonderer Aufmerksamkeit – gerade auch im Geschäftsleben und nicht allein zur Weihnachtszeit.

Krugs Präsente GmbH
Zur Grötschenmühle 2
95709 Tröstau
Tel. 09232 / 99090
www.
krugs-praesente.de
info@
krugs-praesente.de

Öffnungszeiten:
Montag bis Freitag
8 – 18 Uhr
Samstag
8 – 12 Uhr

den „Weinkeller", einen Wein- und Spirituosen-Fachhandel. Aus der Vorliebe für das Besondere und dem Gespür für Geschenke entstand die Idee, für Industrie-kunden individuelle Präsente zu entwickeln. Das Angebot, das so auf dem Markt noch nicht existierte, kam nicht nur in der Region, sondern auch darüber hinaus sehr gut an. 1991 zog

Das Unternehmen Krugs Präsente aus Tröstau hat sich hierfür deutschlandweit als Spezialist etabliert. Es bietet Einzel-kunden und Unternehmen maßgeschnei-derte Artikel und Problemlösungen an, die wie geschaffen sind, um sich selbst und anderen eine Freude zu machen. Die Wurzeln des Unternehmens liegen in Wunsiedel. Heidi und Helmut Krug übernahmen dort in den 1970er Jahren das „Schokoladenhaus Hammer" und

Krugs Präsente in das neu gebaute Fir-mengebäude in Tröstau ein, in dem heute in der Spitzenzeit bis zu 25 Mitarbeiterin-nen ausschließlich Geschenke konfektio-nieren.

Die Tröstauer nehmen Unternehmen eine oftmals nicht einfache Arbeit ab, indem sie ein professionelles Gesamtpaket liefern. „Unsere große Stärke liegt darin, dass wir alles aus einer Hand anbieten können und dass der Kunde alles indivi-duell kombinieren kann", erklärt Matthias Krug, der sich zusammen mit seiner Frau Sabine und den Eltern die Verant-wortung im Unternehmen teilt. Einen Katalog mit Produkten zum Ankreuzen und Bestellen gibt es nicht, da sich jeder die Präsente wie aus einem Baukasten selbst zusammenstellen kann. Gleiches gilt auf Wunsch auch für die Verpackung und die Übergabe. Das Prinzip ist nach den Worten von Matthias Krug „in dieser Form einzigartig".

Firmen aus unterschiedlichsten Branchen, vom 2-Mann-Betrieb bis zum Konzern mit über 60.000 Mitarbeitern, nutzen

Firmengründer Helmut Krug präsentiert ein jahreszeitlich ge-schmücktes Präsent, gefüllt mit Köstlichkei-ten. Seit über 30 Jahren bietet das Unternehmen individuell zusammen-gestellte Geschenke in jeder Größenordnung.

Beliebte Komponenten eines Präsents sind edle Weine, kulinarische Highlights, elegante Utensilien und köstliche Pralinen. Eine feine Auswahl davon steht in Tröstau zum Verkauf und kann sofort in ein individuelles Präsent für ein Jubiläum oder ein Event gepackt werden (s. beide Bilder unten).

die Dienstleistung, sei es für Messe, Promotion, Weihnachten, Jubiläen oder den Einzelverkauf. Die Geschenkartikel stammen von hervorragenden Herstellern, in der Regel von kleinen, inhabergeführten Betrieben. Ausgezeichnete Weine aus Franken, von der Mosel und der Nahe werden ergänzt um exquisite Erzeugnisse aus Italien und Frankreich, hier sogar bis zu den großen Klassikern Petrus und Rothschild. Die Confiserie-Kollektion lässt keine Wünsche offen, ebenso das Angebot an Feinkostartikeln und Spirituosen. Lifestyle-Accessoires runden die Auswahl an schönen Dingen ab.

„Jeder wird bedient"

Für Genießer ist der Firmensitz in Tröstau auch deshalb eine empfehlenswerte Adresse, weil jedermann hier aus einem Teil des Angebots auswählen und einkaufen kann. „Bei uns wird jeder bedient", betont Helmut Krug. Mindestmenge für Präsente: 1 Stück. Nicht selten sind es kleine Präsente oder praktische Einzellösungen, die den Beginn einer dauerhaften Geschäftsbeziehung bilden. Auch ungewöhnliche Ideen lassen sich umsetzen. Für einen Kunden ließ Krugs Präsente so zum Beispiel eine Hirschsalami produzieren. „Das Kerngeschäft ist unsere Beratung", sagt Helmut Krug. „Und um die Wünsche des Kunden herauszufinden, muss ein guter Berater vor allem eines können: gut zuhören."

Im Naschgarten der Bergwälder und -wiesen

Spezialitäten (5): Wildkräuter und Waldfrüchte

von Georg Lang

Der Sommerurlaub im Fichtelgebirge beginnt diesmal mit einem sonntäglichen Mittagessen ohne Nachtisch. Der wartet nämlich am Wegrand des Verdauungsspaziergangs.

Vollreife Himbeeren sind von den Sträuchern zu pflücken und weiter bergauf steigend in lichten Nadel- und Mischwäldern die Blaubeeren. Die Bauernkinder alter Zeiten kommen einem in den Sinn, die täglich mit ihren Tieren bis auf die höchsten Gipfel zogen und zum Brot, das ihnen die Mutter mitgegeben hatte, Waldbeeren aßen, oder die Frauen armer Tagelöhner, die ihrer Familie mit dem Sammeln von Beeren ein mageres Zubrot verdienten. Verliert man sich selbstvergessen naschend tiefer in die Beerensträucher, meint man die Nähe der Moosweiblein und Waldmännchen und anderer hilfreicher Geister zu spüren. Sie führen der Sage nach die Menschen, die ihnen freundlich begegnen, zu den großen Schätzen des Waldes. Wir erfahren das nun am eigenen Leibe und bedanken uns für die Fülle der Himbeeren und Brombeeren, der Heidel- und Preisel-, der Holunder- und Vogelbeeren.

Erfahrene Kräuterlotsen

Die Schätze der kräuterreichen Bergwiesen sind nicht so einfach zu erschließen. Wer diesen Reichtum genießen will, vertraut sich für den Anfang am besten den Kräuterführerinnen „Herberia" im Kräuterdorf Nagel an. Sie lotsen nicht nur kundig mit Riechen und Schmecken durch das wuchernde Grün von Giersch, Vogelmiere, Schafgarbe, Hirschholunder und ungezählten anderen Pflanzen, sie warten am Ende auch mit Kostproben der feinen Kräuterküche auf. Wildkräuterbutter auf Bärwurzbrot zum Beispiel weckt die Lust auf weitere kulinarische Abenteuer dieser Art, die der Verein „essbares Fichtelgebirge" mit den ambitionierten Wildkräutergerichten seiner Mitgliedsrestaurants dann auch gekonnt befriedigt.

Dem reinen Kommerz sind die Schätze des Fichtelgebirges nie anheim gefallen. Ein umfangreicherer Naturalienhandel wie ihn vergleichbare Bergländer in Thüringen, Sachsen und Schlesien hervorbrachten, konnte sich hier nicht

i-Tüpfelchen aus dem Fichtelgebirge: Mit Wildkräutern lassen sich ganz unkompliziert würzige Brotaufstriche zubereiten oder auch Erfrischungsgetränke. Die Wälder des Fichtelgebirges liefern Beeren (im Bild unten: Schwarzbeeren), die Wiesen und Waldränder Kräuter wie die Bärwurz (rechts unten).

entwickeln. Die regionalen Erzeuger von Likören, Bittern und andern Destillaten sind bis heute die einzigen bedeutenden Aufkäufer von heimischen Kräutern und Beeren, was nicht heißt, dass nicht auch anderes daraus zu machen wäre. Die Bärwurz, erst jüngst zur Charakterpflanze der Bergwiesen avanciert, brilliert im Fichtelgebirgs-Bärwurz-Geist aus Sack's Destille und nicht weniger im Bärwurz-Leberkäs der Metzgerei Kneidl in Nagel oder im Bärwurz-Essig der Kräuterführerinnen. Die Früchte des längst etablierten Charakterbaumes Vogelbeere färben nicht nur das Landschaftsbild und den Fichtelgebirgs-Vogelbeer-Bitter (ebenfalls aus Sack's Destille), sondern auch einen wundervollen Sirup, aus dem das „Wildkräuterhotel Schönblick" in Fichtelberg feinste Aperitifs und Limonaden zubereitet. Eine hoch geschätzte, aber kaum bekannte Köstlichkeit sind kandierte Vogelbeeren.

Nicht ganz vergessen werden dürfen die Beeren der Hausgärten und das Obst von Gartenbäumen und Streuobstwiesen. Achim Thumser in Höchstädt i.F. nimmt sich ihrer an. Seine außerordentlichen Fruchtweine ohne die klebrige Süße, die einem diesen Genuss so oft verleidet, haben keine lange Tradition im Fichtelgebirge, aber eine große Zukunft. Er stellt sie sortenrein her, zum Beispiel einen Sauerkirschwein, der keinen Vergleich mit einem guten Rotwein scheuen muss, oder als phantasievolle Mischungen wie die keineswegs übertrieben so titulierte „Sinfonie", komponiert aus Weinen von Apfel, roter und schwarzer Johannisbeere, Sauerkirsche, Holunderbeere und Aronia.

Rund um das Kräuterdorf

Den Ort Nagel anzuschauen, ist schön, aber richtig spüren und verstehen kann man dieses Fleckchen Erde erst, wenn man über Wiesen und Felder streift und den Duft der Kräuter atmet.

Haus der Kräuter
Kemnather Str. 3
95679 Nagel
Programm
ganzjährig

Gemeinde Nagel
Wunsiedler Straße 25
95697 Nagel
Tel. 09236 / 98110

**Kräuterfrauen
Herberia**
Erika Bauer
Lohweg 6
95697 Nagel
Tel. 09236/ 1006

Erstaunlich viele verschiedene Wildkräuter wachsen hier, vor allem an Wald- und Wiesenrändern und rund um den See. Man muss nur wissen, welche genießbar sind und wie man sie zubereitet. Die Nageler Kräuterfrauen „Herberia" zeigen bei Wanderungen, in Seminaren und in der Küche des 2014 eröffneten Kräuterhauses, wo welche Kräuter wachsen und für was sie alles gut sind.

Nagel ist auf einer Rodungsinsel entstanden und zeichnet sich durch eine kleinteilig strukturierte Kulturlandschaft mit Feldrainen, Hecken und Feuchtwiesen aus, die viel für Kräuter hergibt. Ein besonders beschützenswerter Ort: Denn Nagel ist nach der europäischen FFH-Richtlinie (Flora-Fauna-Habitat) auch die Gemeinde mit der dichtesten Vernetzung an Biotopen in ganz Bayern.
Insgesamt haben sich mehr als ein Dutzend Frauen bei „Herberia" zusammenge-

tan und sich 2008 bei der Umweltstation des Klosters Waldsassen zu zertifizierten Kräuterführerinnen ausbilden lassen. Kräuterköchin Edda Pollath und Kräutermetzger Wolfgang Kneidl bringen professionelles kulinarisches Know-how ein. Weitere Kräuterexpertinnen mit Spezialinteressen kommen hinzu. Das Programm des Kräuterdorfes informiert umfassend über zahlreiche Aspekte. Bei Kräuterwanderungen führen die Frauen zu speziellen, oft auch versteckten Stellen, wo Wildkräuter gepflückt werden können. Die Teilnehmer können etwas über Sagen erfahren, Tradition und Brauchtum kennenlernen, sich über positive Vitalstoffe und Heilsubstanzen aufklären lassen, Tipps für den Anbau im eigenen Garten bekommen und erfahren, wie sie mit Wildkräutern Essen und Getränke verfeinern. Firmen nutzen das Angebot für Betriebsausflüge, Privatpersonen und Vereine für ein schönes Erlebnis in der Gemeinschaft. Die Frauen,

Eine Genussinsel und ein Ort des Besonderen: Vom Duft- und Schmetterlingsgarten am Nagler See ist es nicht weit zum Haus der Kräuter (rechts), in dem viele äußerst schmackhafte Kräutergerichte auf den Tisch kommen (im Bild rechts: Holzofenpizza des Bäckermeisters Robert Besold)

die die Teilnehmer begleiten, haben immer etwas Stärkendes im Gepäck, kleine Kräuterhäppchen oder selbstgemachte Kräuter-Drinks.

Nicht selten endet eine Führung mit einem Buffet. Treffpunkte sind der Duft- und Schmetterlingsgarten am See, der Zeit- und Erlebnisgarten in der Wunsiedler Straße und das Kräuterhaus, das die Gemeinde Nagel zwischen 2012 und 2014 errichtete. Während der Zeit- und Erlebnisgarten über die Verwendung von Steinen und Kräutern von der Steinzeit bis zur Neuzeit informiert, widmen sich Ausstellungen im Haus dem Thema. In der Küche dreht sich alles um den Genuss. Für Nagel ist die Anlage ein weiteres Alleinstellungsmerkmal. Und für alle Gäs-

te ein neues Kleinod. Im Garten kann im Sommer ein Backofen mitgenutzt werden. Betreiber des Hauses ist die Gemeinde Nagel. Der Natur- und Kräuterdorfverein, vor allem die Frauen von „Herberia", die VHS und die örtlichen Vereine füllen das Haus mit Leben.

Praktische Tipps

Kräuterführerin Erika Bauer gibt Einsteigern ein paar Tipps: die Kräuter nicht in einer Plastiktüte, sondern einer Leinentasche oder einem Körbchen sammeln, nicht abreißen, sondern mit einer Schere abschneiden, dabei Samenstände auf der Wiese stehen lassen. Generell sollte man den Besitzer der Fläche vorher um Erlaubnis bitten und sich informieren, ob die Fläche gespritzt ist. Die meisten Wildkräuter bis auf wenige Ausnahmen wie z.B. die Scharfgarbe sollten früh, zwischen 10 und 12 Uhr und nicht in der prallen Sonne gesammelt werden. Am besten ist es jedoch, sich mit einem der Angebote von „Herberia" schlau zu machen. Denn nicht alle Wildkräuter sind genießbar.

Rat und Tat in Sachen Kräuter gibt es bei den Nagler Kräuterfrauen (linkes Bild). Im Innenhof des Kräuterhauses sitzt es sich lauschig.

Kulinarische Botschafter der Region

Der Verein „essbares Fichtelgebirge"

von Oliver van Essenberg

Wildkräutersalat mit Fichten-spitzendressing, dazu Wild-kräuterbratwurst – Filet vom Fichtelgebirgssaibling mit Wild-kräuterkruste auf Gurken-Bärwurz-Gemüse und Salzkartoffeln …

essbares Fichtelgebirge e.V.
Hofer Str. 20
95326 Kulmbach
Tel. 09221 / 40782-31

www.essbares
-fichtelgebirge.de
info@essbares
-fichtelgebirge.de

Was die Mitglieder des Bayerischen Landtags im März 2012 von Wildkräuter-Experten des Vereins „essbares Fichtelgebirge" serviert bekamen, sorgte schon auf der Speisekarte für einen Aha-Effekt. Und als die Damen und Herren Abgeordneten die ersten Bissen zu sich nahmen, kam das zweite „Aha"…
„Das klingt nicht nur spannend. Das schmeckt auch noch."
Für Tischkultur und Porzellan ist das Fichtelgebirge weit über die Grenzen hinaus bekannt. Und die Regionalküche? Würzburg hat den Wein. Nürnberg hat eine Tradition als Gewürzstadt. Braten-klassiker und Bier ziehen sich durch ganz Franken, wobei Bambergs Rauch-bierspezialitäten weltberühmt sind. Das Fichtelgebirge hat etwas, das so in keiner anderen Region zu finden ist – gut, speziell und reichlich vorhanden, und das sind Wildkräuter. Und wo es jede Menge Wald, Wiesen und viele Gewässer gibt, sind Waldfrüchte, Wild und Fische eben-falls nicht weit. All das ist seit alters her vorhanden. Der Verein „essbares Fich-telgebirge" musste das Rad also gar nicht neu erfinden, als er sich 2010 mit dem Ziel gründete, dem Fichtelgebirge über die schönen Seiten des Lebens, Essen und Genuss, ein Gesicht zu geben. Das Vorhandene musste einzig noch besser entdeckt und neu kombiniert werden, mit allem, was das Fichtelgebirge zu bieten hat: Porzellan, verführerischen touris-tischen Angeboten und Gerichten mit unverwechselbaren regionalen Zutaten. Die Inhaber des Wildkräuter Hotels „Schönblick" in Fichtelberg, allen voran Jutta Hecht-Heusinger, hatten schon viele Jahre vor der Vereinsgründung Anlauf zum Gemeinschaftsprojekts genommen, mit Kräuterfrauen und Kräuterpädago-ginnen gesprochen, qualitätsbewusste Experten wie den Gartenbau-Architekten Steffen Fleischhauer, Weihenstephan, und den Koch Jean-Marie Dumaine aus Sinzig (an der Ahr) befragt. Um in der Küche nicht zu dilettieren, hatte sich Jutta Hecht-Heusinger als Initiatorin und Vorsitzende des Vereins schon vorab erfolgreich für eine IHK-Zertifizierung stark gemacht. Viele Köche und Genießer aus ihrem Freundeskreis lagen auf gleicher Wellen-länge, jetzt hieß es nur noch: Gas geben. Und in der Tat ging nach dem Start ein Ruck durch die Regionalküche. Rückblickend hat das „essbare Fichtelge-birge" bereits Beachtliches geleistet: Es hat die Gemeinsamkeit in der Region, in der ohnehin Vieles großflächig verstreut ist, über Landkreisgrenzen hinweg gestärkt. Die Köche sind Vollbut-Gastronomen und Hoteliers mit einer ordentlichen Zusatzausbildung zum Kräuterkoch und werden pingelig auf den korrekten Um-gang mit Wildkräutern geprüft. Der Gast hat so die Gewissheit, dass er ein sauberes und gutes Lebensmittel bekommt. Ein

Der Verein „essbares Fichtelgebirge" wird seit seiner Gründung vom Cluster Ernährung am Kompetenzzentrum für Ernährung – KErn, Kulmbach, unterstützt. Der Cluster Ernährung ist eine Plattform, die Akteure aus Landwirtschaft, Ernährungshandwerk, produzierendem Ernährungsgewerbe, wissenschaftlichen Einrichtungen, For-schungsinstituten sowie Dienstleister, Lebensmitteleinzelhandel und Verbrau-cher vernetzt. Der Cluster Ernährung berät dabei rund um die Themen Regionalität, Qualifizierung, Internatio-nalisierung und Innovation.

Verwurzelt im Fichtelgebirge – der Verein „essbares Fichtelgebirge" greift das über Jahrhunderte bewahrte Wissen um die Wildpflanzen auf, die im Fichtelgebirge heimisch sind. Moderne Rezepte halten die Tradition lebendig.

Bäcker, ein Metzger und ein Destillateur erweitern das kulinarische Angebot. Nach außen treten die Mitglieder stark auf, sie kochten beim Staatsempfang in Bayreuth, in der Gaststätte des Bayerischen Landtags, wie eingangs erwähnt, bewirten regelmäßig die Gäste bei Top-Veranstaltungen in und außerhalb der Region, sind auf Messen und werden auch vom Tourismusverband Fichtelgebirge als kulinarische Botschafter überall eingebunden. Ein Aushängeschild der Region ist so entstanden, das auch beim wichtigsten Glied der Wertschöpfungskette, dem Konsumenten, supergut ankommt. Denn vor der Kultur hat der Touristiker das Essen gesetzt.

Wer einmal tiefer in das „essbare Fichtelgebirge" einsteigt, wird überrascht sein, wie kreativ und vielfältig, wie frisch und modern sich die Kräuter einsetzen lassen. Die Frischeküche der Qualitätsadressen unterscheidet sich je nach Stil des Hauses, vor allem aber in saisonaler Hinsicht. Einmal im Monat lädt ein Profi zu einem Kochkurs ein. Hierfür hat ein Möbelhaus aus Ebnath den Köchen eine eigene Küche zur Verfügung gestellt. Für Geist und Seele gibt es außerdem Seminare und Wanderungen (Programm s. Webseite). Das Potenzial ist sagenhaft: Von über 1500 Wildkräutern aus dem Fichtelgebirge sind schätzungsweise 600 essbar. Für ein Gericht reichen allerdings schon eine gute Pflanze und ein guter Koch. Dazu ein Drink mit Kräuteraroma, zum Abschluss darf es auch ein Kräuterschnaps sein.

Wohl bekomm's! →

Feine Wildkräuterküche und mehr:

Die Experten und Köche des „essbaren Fichtelgebirges" sind ausgebildete Kräuterkundige, die sich mit Leidenschaft für die regionale Küche einsetzen. Hier finden Sie die Adressen und Besonderheiten der Betriebe.

Wirtshaus im Gut

Göpfersgrün 2 ♦ 95632 Wunsiedel
Tel. 09232 / 917769 ♦ www.wirtshausimgut.de
Ruhetag: Montag abend und Dienstag
Besonderheiten:
Fische aus eigenem Bach und Teich ♦ Wild aus der Region ♦ Innereien nach Großmutters Art

Landgasthof Haueis

Hermes 1 ♦ 95352 Marktleugast
Tel. 09255 / 245 ♦ www.landgut-hermes.de
kein Ruhetag
Besonderheiten:
Wildkräuterkarte, z.B. Gierschspätzle ♦ Karpfen (in der Saison) ♦ Spezialitäten aus der Frankenwaldküche

Wildkräuterhotel Schönblick

Gustav-Leutelt-Straße 18 ♦ 95686 Fichtelberg
Tel. 09272 / 97800 ♦ www.hotel-schoenblick.de
kein Ruhetag
Besonderheiten:
Wildkräuterküche mit frisch gesammelten Kräutern ♦ Kreative Gerichte – auch fleischlos und vegan

Gasthof Pension Waldfrieden

Schneebergweg 7 ♦ 95682 Brand/Opf.
Tel. 09236 / 376 ♦ www.gasthof-pension-waldfrieden.com ♦ Ruhetag: Dienstag
Besonderheiten:
Frische Wildkräuter-Gerichte von ungedüngten Magerwiesen ♦ Wild aus heimischen Wäldern

Puchtler's Deutscher Adler

Gasthof und Hotel
Kirchenring 4 ♦ 95493 Bischofsgrün
Tel. 09276 / 926060 ♦ www.puchtlers.de
Dienstag mittag geschlossen
Besonderheiten:
Fränkische Gerichte ♦ Wild mit Pilzen aus der Region

Gasthof-Pension „Zum Loisl"

Neugrün 5 ♦ 95694 Mehlmeisel
Tel. 09272/6138 ♦ www.zum-loisl.de
Besonderheiten:
Kreative Küche mit Wild aus eigener Jagd ♦ Kräuterspezialitäten aus der Region

Brauerei-Gasthof Schnupp

Altdrossenfeld 8 ♦ 95512 Neudrossenfeld
Tel. 09203 / 9920 ♦ www.brauereigasthof-schnupp.de
kein Ruhetag
Besonderheiten:
Saisonale Karte mit regionalen Produkten ♦ Wildkräuterspezialitäten

Naab-Saiblingsfilet
mit Roter Bete und Fingermöhren
auf Wiesenkräuterrisotto

von Friederike Heusinger, Wildkräuter-Hotel Schönblick, Fichtelberg

Zutaten für 4 Personen

4 Saiblingsfilets
3 EL Olivenöl
300 g Risottoreis
1 Schalotte
100 ml Weißwein
½ l Gemüsebrühe
50 g Butter
50 g Hartkäse (z.B. Pamigo aus der Käserei Bayreuth)
50 g grob gehackte Wiesenkräuter
200 g Rote Bete
200 g Fingermöhren
Scheiben von gebratener Hirschwurst

Zubereitung

Saiblingsfilets mit Wildkräutersalz, Pfeffer und Zitronensaft würzen, die Hautseite mit Wiener Grießler mehlieren und in schaumiger Butter auf der Hautseite knusprig anbraten und durchziehen lassen. Den Risottoreis und die Schalotte, fein gewürfelt, darin andünsten, mit dem Weißwein ablöschen, solange rühren bis die Flüssigkeit in den Reis eingezogen ist. Gemüsebrühe nach und nach in den Reis geben und immer unter Rühren verkochen lassen, bis der Reis nur noch leicht Biss hat. Butter und Hartkäse dazugeben. Die grob gehackten Wiesenkräuter kurz vor dem Verzehr unterrühren.

Rote Bete im Ganzen weich kochen, schälen und ganz fein pürieren. Mit Salz, Zucker, etwas Essig, Pfeffer und Meerrettich abschmecken. Fingermöhren zuputzen und blanchieren. Vor dem Anrichten mit Butter, Zucker, Brühe, Salz und Pfeffer erwärmen und glasieren. Mit verschiedenen Wiesenkräutern und Scheiben von gebratener Hirschwurst anrichten!

Gasthof/Hotel Goldener Hirsch

Hofer Straße 12 ◆ 95460 Bad Berneck
Tel. 09273 / 7689 ◆ www.goldener-hirsch.de
Ruhetag: Mittwoch
Besonderheiten:
Wild-Kräuter-Gerichte mit frischen Zutaten aus der
Region ◆ Biergartenschmankerl

Gasthof-Pension Entenmühle

Entenmühle 6 ◆ 95482 Gefrees ◆ Tel. 09254 / 260
Mobil: 0174 / 4900604 ◆ www.gasthof-pension
-entenmuehle.de
Ruhetag: Montag (außer Feiertag)
Besonderheiten:
Fangfrische Forellen und Bachsaiblinge ◆ Schlacht-
platte

Café Pension Mordlau

Mordlau 2 ◆ 95138 Bad Steben
Tel. 09288 / 97 310 ◆ www.mordlau.de
Kein Ruhetag.
Besonderheiten:
Wildkräutermedaillons, Wildkräuterpesto oder
Wildkräutersalsa zu Steak ◆ Holunder-Löwenzahn-
und andere Limonaden ◆ Hausgebackene Kuchen
und Torten

Bäckerei Söllner

Tobias Göhl
Schulstraße 8 ◆ 95683 Ebnath
Tel. 09234 / 258 ◆ baeckerei-soellner@t-online.de
Besonderheiten:
Bärlauchweißbrot ◆ Bärwurz-Brote ◆ Kümmelstollen
Backwaren mit Knoblauch-Rauke

Metzgerei Kneidl

Kemnather Str. 19 ◆ 95697 Nagel
Tel. 09236 / 210 ◆ www.metzgerei-kneidl.de
Besonderheiten:
Gold prämiert: Bärwurzleberkäse und Weißwürste
◆ Wildkräuterleberkäse, Wildkräuterbauch, Bauern-
geräuchertes, Wilderer Knacker

Sack's Destille GbR

Kirchenlamitzer Straße 12 ◆ 95163 Weißenstadt
Tel. 09253 / 954809 ◆ www.destillerie-sack.de
Besonderheiten:
Typische Fichtelgebirgs-Spirituosen aus Beeren,
Wurzeln, Kräutern und Samen der Region ◆
Fruchtige Kräuterliköre ◆ Obstler aus Früchten des
Fichtelgebirges

Wildkräuter-Cappuccino

von Friederike Heusinger,
Wildkräuter-Hotel Schönblick, Fichtelberg

Zutaten für 4 Personen
130 g Zwiebelwürfel
130 g Kartoffelwürfel
500 ml Gemüsebrühe
100 ml Sahne
1 Scheibe Toastbrot
1-2 EL Brennnesselpaste

Sahne, Toastcroutons,
gehackte Wildkräuter und Blüten

Zubereitung

Zwiebelwürfel und Kartoffelwürfel in Öl andünsten, mit Gemüsebrühe aufgießen und kochen lassen. Mit Salz und Pfeffer abschmecken, Sahne dazugeben und mixen.

Toastbrot entrinden, in Würfel schneiden und mit 2EL Butter in der Pfanne goldgelb braten, salzen! Vor dem Anrichten Brennnesselpaste dazugeben und aufmixen. Die grüne Suppe in Gläser, Tassen oder Teller füllen. Mit geschlagener Sahne, den Toastcroutons sowie gehackten Wildkräutern und Blüten garnieren. Auf einem japanischen Knöterichblatt servieren und gebackene Brennnesselblätter als Dekoration verwenden.

Von Hochgeistigem zu tiefen Kellern

Die köstlichen Waldbeeren und Bitterkräuter, die im Fichtelgebirge zu Hause sind, waren schon unseren Vorfahren bekannt.

Bei Sack's Destille werden die Spirituosen und Liköre mit typischen Fichtelgebirgs-Kräutern noch auf handwerkliche und natürliche Art hergestellt, „aber mit modernem Know-how", wie Gerald Kastl (im Bild) sagt.

Sack's Destille und Museum

Kirchenlamitzer Straße 12
95163 Weißenstadt
Tel. 09253 / 954809
Mobil 0176 / 62069571
www.destillerie-sack.de
info@destillerie-sack.de

Öffnungszeiten:
Montag bis Samstag 10 – 12 Uhr oder nach telefonischer Vereinbarung
Versand deutschlandweit

1864 begann Carl Sack in seiner Weißenstädter „Specerey-Waren-Handlung" damit, Liköre aus Heidelbeeren des Fichtelgebirges herzustellen. Im Lauf der Generationen kamen immer mehr Spirituosen dazu. Noch heute werden die hochgeistigen Erzeugnisse auf traditionelle handwerkliche Art gewonnen, „im Grunde wie vor 150 Jahren, nur mit mehr Wissen", sagt Gerald Kastl, Inhaber des Familienunternehmens in fünfter Generation.

Im unscheinbaren Hinterhof entstehen fein abgestimmte und reine Spirituosen, wie sie weit und breit kein zweites Mal zu finden sind. Die genauen Rezepte bleiben Betriebsgeheimnis. Doch die wesentlichen Qualitätskriterien kann Gerald Kastl freiweg verraten. Er verwendet natürliche Rohstoffe, hauptsächlich heimische Beeren, Wurzeln, Kräuter und Samen. Dazu das weiche Wasser des Granitgebirges und Alkohol. Künstliche Zusatzstoffe und fremde Essenzen lehnt er ab. Man schmeckt sehr deutlich, dass hier sauber

gearbeitet wird und nur Premiumrohstoffe eingesetzt werden. Alte Rezepte und modernes Know-how lassen ausgezeichnete Spirituosen entstehen. Die Produkte wurden auch deshalb schon mehrfach von der Zeitschrift „Der Feinschmecker" empfohlen und von der Metropolregion Nürnberg für ihre hohe Qualität prämiert. Spitzenprodukt und einer der meist verkauften Schnäpse ist der aus 32 Kräutern bestehende „Fichtelgold". Die Liste der Kräuter, die überwiegend aus dem Fichtelgebirge kommen, ist lang und lässt sich bei den anderen Spirituosen fortsetzen.

„Sack's Destille" nimmt sich auch ungewöhnlicher Zutaten an, so etwa Beeren der Eberesche, die in Verbindung mit feinen Kräutern eine Spirituose mit süß-saurer Note ergeben. Passend zur Gewürzküche (Ober-)Frankens bietet die Destille einen Fichtelgebirgs-Kümmel nach traditioneller Überlieferung und eine neue, besonders aromatische Bio-Kümmel-Variante an. Insgesamt zehn ver-

1864 gründete Carl Sack hier eine „Specerey-warenhandlung", die sich im Laufe der Jahre zur Drogerie entwickelte.1989 endete die Geschichte der Drogerie. Viele Gegenstände aus der Drogeriegeschichte werden, um viele Zeitdokumente ergänzt, heute in einem Privatmuseum ausgestellt. Der Besuch lässt sich mit dem Abstieg in einen der Bergwerksstollen verbinden, die unter Weißenstadt verlaufen.

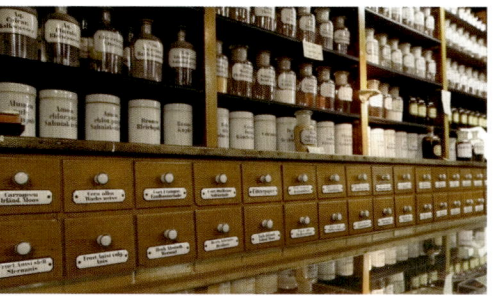

schiedene Spirituosen zählt das Sortiment. Ihr gutes Aroma entfalten sie am besten bei Zimmertemperatur.

Genuss, Historie, Kultur

Auch die Ausstattung der Destille ist einzigartig. Zusätzlich zu modernen Geräten beheimatet das Haus noch funktionsfähige Apparate aus alten Zeiten. Bei einem Besuch zeigen die Experten sie gerne her und erklären den technischen Hintergrund. Im Stockwerk über der Destille wird die Familien- und Betriebsgeschichte lebendig. Die aus der „Specerey-Waren-Handlung" hervorgegangene Drogerie musste Gerald Kastls Schwiegervater, Willi Sack, zwar 1989 schweren Herzens schließen. Die Gegenstände, die aus über 200 Jahren angefallen waren, stellten die Inhaber jedoch in einem entzückenden Privatmuseum aus. Krimskrams steht in einer Reihe mit Skurrilem, amüsante Zeitdokumente haben neben Raritäten Platz gefunden.

Geführte Tour mit Abstieg in die Weißenstädter Unterwelt, Museumsbesuch und Einkehr in die Destille, freitags, 14 Uhr, Dauer: ca. 2 Stunden, bitte anmelden.

Im Zusammenhang mit dem Familienerbe lebt um die Ecke noch ein weiteres Stück Geschichte fort. Auf private Initiative wurde ein Kristallgang zugänglich gemacht, ein Teil des Bergwerkes, dessen Gänge die ganze Innenstadt durchziehen.

„Sack's Destille" vereint Genuss, Kultur und Historie. Kombinierte Führungen, vom Kellerabstecher über den Museumsbesuch bis zur Einkehr in die Destille, sind möglich und lassen sich bei größeren Gruppen ab 10 Personen auch individuell vereinbaren.

Zufluchtsort zum Wiederkehren

An einer Raststätte in der Rhön hing vor vielen Jahren eine Landkarte mit einem ungewöhnlichen Eintrag. Zwischen kleinen und großen Städten wie Nürnberg, Kassel und Hof tauchte unvermittelt ein Ort auf, der selbst bei waschechten Fichtelgebirglern spontan Fragezeichen hervorgerufen hätte: Fahrenbühl.

Es war ein Gag, den sich da jemand erlaubt hatte. Insider aber wussten, dass es sich um eine ernst zu nehmende Empfehlung handelt – ein Geheimtipp, der den Namen verdient hat.

Fahrenbühl – das ist neben Entenlohe und Schnepfenmühle eine Adresse, die oft auch in Donald Duck-Comics der Übersetzerin Erika Fuchs aus Schwarzenbach

auftaucht. Das ist allerdings auch das 1887 erbaute Jagdschloss, das seit Jahrzehnten eine Zuflucht bietet, in mehrfacher Hinsicht. Nach dem Zweiten Weltkrieg lebten Flüchtlinge in dem Gebäude, das in seinem Äußeren eher an ein herrschaftliches Landhaus als an ein Schloss erinnert. 1958 erwarb es die Familie Bräutigam, der neue Inhaber hatte seine Spedition verkauft, um ins Grüne zu ziehen. Kaum vorstellbar, wie verwahrlost es innen ausgesehen haben mag. Denn heute nimmt nicht nur der 10.000 Quadratmeter große Garten um das idyllisch gelegene Haus, sondern vor allem auch das Innenleben die Gäste in Beschlag – und lässt einige zeitlebens nicht mehr los.

Warum? Tausend Dinge ließen sich hier anführen: die antiken Möbel, die stilgetreu, vornehmlich aus der Zeit zwischen 1880 und 1910, bei Trödelmärkten beschafft wurden; die Zimmer, die komplett

Sich wie zu Hause zu fühlen, fällt den Gästen im Jagdschloss Fahrenbühl nicht schwer. Wiederkehrer haben oft schon ihre eigenen Lieblingszimmer. (Im Bild diese Seite: blaues Zimmer, gegenüber: rotes Zimmer).

individuell eingerichtet sind und voller Raritäten stecken, wie die sprichwörtliche Kommode einer Großmama, die viel zusammenscharrte, und all die anderen Erinnerungsstücke, zu denen die Besitzer weit verzweigte Geschichten erzählen können. Alles in allem aber ist es das, was sich nicht kaufen lässt: Charme. Jede Inhabergeneration entwickelte ihre eigenen Vorstellungen und knüpfte mit Gespür an die unverwechselbare Ausstattung an. Zuständig sind in der zweiten und dritten Generation: Angelika Raeithel und ihre Tochter Carola Sperrer für das Erbe – Haus und Garten – sowie Willi Raeithel für sein Lebenswerk, die Reitställe. Pferde mitzubringen, ist ausdrücklich erlaubt.

„Keinem Trend beugen"

Mit Fahrenbühl leben die Inhaberinnen ein ganzes Stück weit auch ihre eigene Vision vom „Wohlfühlhaus". Die Gäste können sich hier so privat fühlen, dass sie zuweilen den Unterschied zwischen einem Hotel und einem Zuhause vergessen. „Neben Stammgästen, die inzwischen schon mit Kindern und Kindeskindern hierher kommen, sind es Menschen, die etwas Anderes suchen", sagt Carola Sperrer. „Das einzige Gebot, das wir haben, ist, dass wir uns keinen Trend mehr beugen", führt die Gastgeberin aus, die am liebsten kein großes Gewese um das Haus machen würde, die sogar auf den Titel Schloss verzichten würde, da er für manche „etepetete" klinge, obwohl genau das niemand befürchten muss. Aber das Haus ist nun mal als Schloss eingetragen, so auch beim allwissenden Google.

In der Rhön wurde die besagte Landkarte mit dem Verweis auf Fahrenbühl inzwischen abgehängt und durch eine neue ersetzt. Als Liebhaber des Besonderen ist man fast froh drum, wenn nicht allzu viele von Fahrenbühl erfahren.

Jagdschloss Fahrenbühl
Fahrenbühl 14
95158 Kirchenlamitz
Tel. 09284 / 364
www.jagdschloss-fahrenbuehl.de
info@jagdschloss-fahrenbuehl.de

Mit wenigen Ausnahmen ganzjährig geöffnet. Termine auf der Internetseite beachten.

Jeder Quadratmeter des Hauses erzählt eine Geschichte. Und jeder Aufenthalt fügt eine neue Episode hinzu.

Muße für die ganze Familie und feine Spezialitäten

Wenn Familien mit jungen Kindern Erholung suchen, ist ein Urlaub auf dem Bauernhof immer eine gute Wahl.

Ferienhof Fichtelgebirge

Familie Höpfel
Sichersreuth 19
95680
Bad Alexandersbad
Tel. 09232 / 700660
www.ferienhof
-fichtelgebirge.de
christinehoepfel@
gmx.de
Ganzjährig geöffnet

Fleisch- und Wurstverkauf nach telefonischer Vereinbarung

Der Ferienhof Fichtelgebirge der Familie Höpfel bietet hierfür optimale Voraussetzungen: Ferienwohnungen und Zimmer, in denen man sich wie daheim fühlen kann, Tiere zum Anschauen und Streicheln, familiäre Atmosphäre, ruhige Lage und reizvolle Erlebnismöglichkeiten in der Nähe. Die Bison- und Rotwildherde, die auf einer umzäunten Wiese hinter dem Bauernhaus ihre Runden zieht, ist eine Besonderheit des Hofes und nicht nur schön anzusehen, sondern auch wegen des Fleisches bei Genießern sehr beliebt.

Als die Familie 1993 den Hof erbte, befand sich die Anlage in einem bedauernswerten Zustand. Nach zehnjährigem Leerstand wartete das Ensemble aus drei Gebäuden mit insgesamt 660 Quadratmetern Wohnfläche dringend auf Sanierung. Der Umbau zu einem Ferienhof erschien Christine Höpfel und ihrem Mann Martin, da die Kinder schon aus dem Haus waren, vielversprechend und mit der liebevollen Renovierung wurde daraus eine runde Sache. Die Ferienwohnungen für 2 bis 5 Personen (30 bis 60 Quadratmeter groß) sind mit allem Komfort ausgestattet. Wer allein oder zu zweit kommen möchte, ist jedoch mit einem Gästezimmer ebenfalls sehr gut bedient. Während Vollholzmöbel und Naturstein im Wohnhaus eine behagliche Atmosphäre schaffen, tragen der idyllische Hof und das umliegende Angebot ihren Teil dazu

Die Bisons im Gehege sind eine Besonderheit des Ferienhofes der Familie Höpfel. Mit viel persönlichem Einsatz haben die Eigentümer das Anwesen saniert und mit großen, freundlichen Ferienwohnungen ausgestattet.

bei, dass die Gäste die Freizeit und den Urlaub voll auskosten können.

Vom Hof aus führen Feld- und Waldwege hinaus zu den Auen und Wäldern. Christine Höpfels Mann ist ausgebildeter Natur- und Wanderführer, beide geben gerne Anregungen für Ausflüge. An den Hof schließt sich ein 900 Hektar großes Jagdgebiet an, in dem Gäste mit Jagdschein aktiv werden können, ohne Schein darf man vom Hochsitz aus das Fernglas anlegen. Für Angler gibt es zwei „Haus-Teiche" am Fuß des Katharinenbergs. Praktisch, dass sich auf dem Ferienhof gleich ein Räucherofen, ein Grill und sogar ein EU-Schlachthof befinden, in dem die Tiere sachgemäß zerlegt und das Fleisch vakuumiert werden kann. Freilich, die meisten Gäste können und wollen nicht diesen Aufwand der Selbstversorgung betreiben. Sie können die Hände auch in den Schoss legen und sich im „Gasthof Reinl" um die Ecke mit Spezialitäten bewirten lassen. Der Koch bereitet vorzügliches Rotwild- und Bison-Fleisch zu, das die Familie Höpfel vom Hof liefert.

Delikatesse Bison-Fleisch

Bison-Fleisch ist eine seltene Delikatesse, die der Ernährung in vorbildlicher Weise zugute kommt, sehr cholesterinarm und ausgesprochen mager – gegenüber vergleichbaren Stücken vom Rind um das 17-fache magerer –, dazu reich an Vitamin B und dem essentiellen Spurenelement Selen. Für die Produkte bezahlen die Kunde Liebhaberpreise. Die besten Stücke, vom Filet bis zur Oberschale, sind so begehrt, dass sie beim Ferienhof schon ein Jahr im Voraus bestellt werden. Andere Teile vom Bison, etwa für Suppen oder Braten, sind nach der Schlachtung im November und im Dezember meistens noch vorrätig, so auch das Wildfleisch aus dem eigenen Revier (Rotwild, Rehwild, Wildschwein) und die von einem Metzger hergestellten Wurstprodukte (Bison-Salami, Wild-Salami und Leberwurst). Die Familie Höpfel gibt Tipps für den sorgsamen Umgang und eine schonende Zubereitung. Appetit anregende Rezepte erhält man gleich dazu.

Atempause in einem alten Baudenkmal

Hier lässt es sich durchatmen: Im idyllisch gelegenen Örtchen Vierst am Rande des Zeitelmoos lebt Familie Dittmar in einem ehemaligen Trüpfhaus. Seit Jahrzehnten restauriert, erweitert und verschönt der Hausherr das alte kleinbäuerliche Anwesen.

Volker und Heike Dittmar

Vierst Nr. 7
95709 Tröstau

Tel. 09232 /8136
www.fichtelgebirge
-atempause.de
familie.dittmar@
t-online.de

Und seit kurzem können Urlauber in der ehemaligen Scheune auf drei Stockwerken den Alltag vergessen und eine Atempause einlegen.

Den als Förstersohn in Tröstau aufgewachsenen Volker Dittmar zog es während seines Studiums in Bamberg immer wieder in die Natur des Fichtelgebirges. So entdeckte er beim Langlaufen von der Loipe im Zeitelmoos aus den atemberaubenden Blick auf das Hochland vor dem Schneeberg, das kleine Dorf Vierst und ein schönes altes Fachwerkhaus. Dieser idyllische Eindruck sollte ihm nicht mehr aus dem Sinn gehen. Wenige Jahre später

verschlug ihn die museale Arbeit zurück ins Fichtelgebirge und glückliche Zufälle machten ihn bald zum Besitzer seines Traumhauses. Von da an sollte er seine Feierabende dem widmen, was er als Kind schon immer werden wollte: Handwerker und vor allem Maurer. Im Laufe der Zeit erweiterte der Autodidakt sein Wissen und praktisches Können. Noch heute widmet er sich leidenschaftlich historischen Handwerkstechniken wie Verputzen, Farben nach alten Rezepturen mischen, Reparieren und Ergänzen alter Hölzer. Der junge Idealist mit denkmalpflegerischem Ansatz fand damals bei „alten Meistern"

und Spezialisten, die im Bereich historisches Bauhandwerk und Denkmalpflege arbeiteten, kongeniale Partner, um die Sanierung mit viel Fingerspitzengefühl und Respekt vor der gewachsenen Bausubstanz umsetzen zu können. Belohnt wurde die Familie nicht nur mit dem Glück des individuellen Wohnens, sondern auch mit der Denkmalschutzmedaille 1993 und dem Preis der Hypo-Kulturstiftung 1994.

Neben dem üppigen Spalierbirnbaum, von dessen Früchten die Gäste gerne naschen dürfen, bildet ein hölzernes

In alten Archivquellen wird das 1782 errichtete Anwesen bezeichnet als „Ein Trüpfhaus mit
angebauter Stallung und kleinem Stadel". Das als
„Austragshaus" zu Hof Nr. 1 erbaute Frackdach-
gebäude besteht im Erdgeschoß aus Lesesteinen
der umliegenden Felder und Granit von den
Hängen des Schneebergmassivs, im Obergeschoß
teilweise aus Fachwerk. Gedeckt war das Haus
ursprünglich mit Stroh und Holzschindeln. Durch
die Nutzung als bäuerliches Anwesen im 19. und
20. Jahrhundert wuchs der Raumbedarf. So wurde
1911 die schiefergedeckte Scheune angebaut und
1934 dem Wohn- und Stallgebäude ein Satteldach
mit der damals üblichen Blechdeckung aufgesetzt.

Scheunentor mit handgeschmiedeten Beschlägen den
Eingang zur großzügigen Ferienwohnung. 100 Quadratmeter bieten hier eine historische und zugleich
entspannte Atmosphäre zum Kochen, Essen, Spielen
und Schlafen.

Materialien aus der Region

Das Motto beim Ausbau war: Verwendung hochwertiger baubiologischer Materialien aus der Region. Die
Wände bestehen aus Fichten- und Kiefernholzbret-
tern, die Tonfliesen in der Küche wurden aus einem
alten Anwesen gerettet, die Steinplatten fürs Bad
sind aus blauem Kösseine-Granit und dem unverwechselbaren Wunsiedler Marmor gefertigt. Mit viel
Liebe zum Detail wurden antike und moderne Möbel
gewählt, ausgeklügelte Wandheizungen eingebaut,
mundgeblasene Fensterscheiben eingesetzt, eine moderne Küche vom örtlichen Schreiner aus heimischen

Hölzern eingebaut, ein Essplatz mit Sonnenunter-
gangsblick vors Küchenfenster platziert.

Wer hier im Winter Urlaub macht, findet die nächste
Loipe 200 Meter vor der Tür, Skigebiete in Mehl-
meisel, Oberwarmensteinach, am Kornberg und
Ochsenkopf, verwunschene Winterwälder und einen
großzügigen Wohnbereich für lange Abende. Die
anderen Jahreszeiten sind neben Golfen in nächster
Nähe auch gut für Wanderungen, Fahrradtouren,
Ausflüge zum Weißenstäder Badesee sowie zur
Luisenburg mit Felsenlabyrinth und Freilichttheater.

Die kleinen Dinge und die Sonnenseiten

**Schade's
Wohlfühlhotel &
Schmankerl Stub'n**

Vielitz 7
95100 Selb
Tel. 09287 / 3922
www.schades
-wohlfuehlhotel.de
info@schades
-wohlfuehlhotel.de

Öffnungszeiten
Schmankerl Stubn:

Montag bis
Donnerstag
17 – 22 Uhr

Samstag
15 – 22 Uhr

Sonn- und Feiertag
11 – 22 Uhr

Weitere Termine
nach telefonischer
Vereinbarung

Während Regionalität und familiäre Atmosphäre in Metropolen wie ein Trend daherkommt, ist dies für die Schmankerl Stuben und das Wohlfühlhotel Schade seit jeher so selbstverständlich, dass die Inhaber kein großes Aufheben darum gemacht haben.

O wie wohl sitzt man hier in der idyllischen Ruhe. Die Wirtschaft und das neu gebaute Hotel sind ein Gewinn für die Stadt Selb und für die Gäste.
Vielitz gehörte früher zur Herrschaft Selb und ist nach Selb der älteste Ort dieser Gegend. Eine regionale „Großtat" sollte in diesem Zusammenhang nicht unerwähnt bleiben: Der Kartoffelpionier Hans Rogler lebte hier und baute auf der Kappel zwischen Vielitz und Selb anno 1647 zum ersten Mal in deutschen Landen die Kartoffel feldmäßig an.
Was nahegelegene Äcker sowie Wald und Wiese an frischen Rohstoffen hergeben, bildet die Basis der bodenständig-fränkischen Schmankerl Stub'n, die Barbara und Horst Schade 1991 eröffneten – vorangegangen war eine vierjährige Umbauzeit,

bei der nur die Außenmauern stehen blieben. Bereits 1994 erhielt das Haus die erste Auszeichnung im renommierten Wettbewerb „Bayerische Küche" (organisiert vom Bayerischen Staatsministerium). Seitdem reihen sich die Preise wie an einer Perlenkette aneinander. Als Besonderheit sollte man sich die Karpfen und Regenbogenforellen aus der eigenen Zucht nicht entgehen lassen. Aber auch die Fleischgerichte, insbesondere die Bratenklassiker und die rustikale „Vielitzer Pfanne" kommen äußerst schmackhaft auf den Tisch. Für Sonntagmittag empfiehlt sich eine Reservierung.

„Unser Bestreben ist es, so viel wie möglich selbst zu machen", erklärt Thomas Wießmeier, der Schwiegersohn der Gründereltern. Eine wesentliche Voraussetzung der Erfolggeschichte besteht darin, dass die Verantwortlichen auch bei den Kleinigkeiten sehr auf Qualität achten, sei es bei der Herstellung des eigenen Honigs, bei den hausgemachten Marmeladen

Die Schmankerl Stub'n und das Wohlfühlhotel bieten alles, was man sich für einen erholsamen Aufenthalt wünscht. Im Bild unten (v.l.): die Gastgeber Thomas und Katharina Wießmeier mit Tochter Klara, Horst und Barbara Schade.

(in über 30 Sorten!), der individuellen Gästebetreuung, beim Frühstücksservice, am Herd... Katharina Wießmeier ergänzt das Familienquartett. Alle haben eine profunde Ausbildung und packen überall mit an.

Der familiäre Zusammenhalt kam gerade auch bei größeren Herausforderungen zum Tragen: beim Umbau dreier Ferienwohnungen zu 5-Sterne-Domizilen, vor allem aber bei der Planung und dem Bau eines 3-Sterne-Superior-Hotels, nur ein Handtuch von den Stub'n entfernt.

Das 2013 eröffnete Hotel erfreut alte und neue Gäste. Man genießt das reichhaltige Frühstück mit abwechslungsreichen und frischen Köstlichkeiten, unternimmt Ausflüge in die Umgebung, entspannt bei nicht so schönem Wetter im Wellness-Bereich, lässt die Seele im Biergarten baumeln und die Ruhe des Ortes auf sich wirken. In den großzügigen Zimmern können die Gäste höchst komfortabel wohnen. Fast immer ist ein überdachter Balkon mit Ausrichtung nach Süden da-

Entspannen und Genießen in Vielitz – mit Panoramablick auf das Fichtelgebirge, Wellness, großen Zimmern, tollem Frühstück und Spezialitäten, darunter Fische aus dem eigenen Teich.

bei. Und häufig ein sagenhaft weiter Blick auf das Fichtelgebirge.

Die Stub'n und das Hotel sind für die Sonnenseiten gut. Und die Gastgeber arbeiten im Kleinen wie im Großen daran, Gästen mehr vom guten Leben zu bieten.

Ausflugsziel mit Erfolgsrezept

Wer einmal vom Marktredwitzer Haus weit ins Land schaut, die freie Luft genießt und den Blick schweifen lässt, weiß, warum und wofür viele das Fichtelgebirge lieben.

Im Marktredwitzer Haus des Fichtelgebirgsvereins kümmern sich Karin und Jürgen Rupprecht um das Wohl der Gäste – in der urgemütlichen Stube und im Biergarten mit dem unvergleichlichen Panoramablick.

Marktredwitzer Haus

Unterkunftshaus des Fichtelgebirgsvereins
Harder Weg 15
95679 Marktredwitz
Tel. 09231 / 71383
www.marktredwitzer
-haus.de
jueka.rupprecht@
t-online.de

Öffnungszeiten:
Täglich 9 – 22 Uhr
Warme Küche von
11 – 20.30 Uhr
Dienstag ab 18 Uhr
Mittwoch Ruhetag

Das Unterkunftshaus des Fichtelgebirgsvereins, das etwa 12 Kilometer südlich von Marktredwitz am Nordhang des Steinwaldes liegt, ist seit langem ein beliebtes Ziel von Wanderern. Seit September 2013 gibt es mindestens einen guten Grund mehr, den Ort anzusteuern. Die bodenständige, ehrliche Küche, die Jürgen Rupprecht pflegt, hat sich als Erfolgsrezept erwiesen.

„Der Name Rupprecht soll keine überspannten Erwartungen wecken", gibt der neue Pächter dem Autor gleich zu Beginn zu verstehen. Jürgen Rupprecht kochte im exzellenten „Egertal" in Weißenstadt und führte den „Kastaniengarten" in Hof unter die 150 besten Restaurants in Deutschland. Dabei sei er immer ein Wirtshaustyp gewesen, sagt er, „einer, der den Stammtisch mag." Auf Vorbestellung und besonderen Wunsch kann er für größere Gruppen schon mal eine Terrine, eine ganze Gans oder ein Rinderfilet machen. Die Karte des Marktredwitzer Hauses ist und bleibt jedoch wanderfreundlich. Braten und Brotzeit gehören zum Standardprogramm, Gerichte für jeden Tag, sei es ein Fitnessteller, Geröstel, Ochsenbrust, Schnitzel oder Schweinebraten. Saisonale

Spezialitäten wie Wild, Karpfen, Spargel, Pfifferlinge sorgen das ganze Jahr über für Abwechslung. Die Friedenfelser Brauerei liefert nicht nur das Bier, sondern auch Wild aus eigener Jagd. Alle Zutaten sind soweit wie möglich frisch und stammen aus regionaler Erzeugung.

Unterkunftszimmer

Dass die Gasträume mit Liebe gestaltet wurden, sieht man auf den ersten Blick. Bei der Renovierung 2003, damals mit Unterstützung der Firma Scherdel, und den jüngsten Investitionen von Karin und Jürgen Rupprecht blieb stets der Hüttencharakter erhalten. Die Zimmer bekamen neue Möbel und sollen womöglich noch weiter aufgewertet werden. Bislang dienen sie nach wie vor der günstigen Unterkunft, sodass man sich das Zimmer bei Bedarf eventuell mit einem weiteren Gast teilen muss. Als Ausflugsziele locken traumschöne Wanderwege und Sehenswürdigkeiten im Steinwald (z.B. Ruine Weißenstein, Oberpfalzturm, Hackelstein). Eine Loipe führt im Winter direkt am Haus vorbei. Es wäre viel zu schade, hier nicht Halt zu machen.

Köstliche Karpfen

Der nahe gelegene Naturpark Steinwald liefert sauberes Wasser,
die Fische ernähren sich natürlich und die Küche sorgt mit kreativem
Handwerk für die i-Tüpfelchen.

**Fischhof Bächer –
Erlebnis Fisch**

Muckenthal 4
95676 Wiesau /
Muckenthal
Tel. 09634 / 536
www.
fischhof-baecher.de
info@
fischhof-baecher.de

Öffnungszeiten

Fischer-Stüberl:
Oktober bis April
Freitag und Samstag
ab 18 Uhr
Während der
Erlebniswochen Fisch
(letzter Sonntag
im September bis
Landkirchweih)
Sonntag Mittagstisch

Laden:
Oktober bis April
Freitag und Samstag
10 – 14 Uhr

Im Fischhof Bächer kann
der Gast immer einen
guten Fang machen.
Dafür sorgen Manuela
und Elsa Bächer (oben,
von links).

Mit diesem Rezept hat sich der Fischhof
Bächer bei Einheimischen, inzwischen
aber auch bei Gästen aus Weiden und
Bayreuth bewährt. Der Familienbetrieb
versteht sich auf Fisch-Delikatessen mit
unverfälschtem, feinem Geschmack.
Die Saison beginnt Ende September,
Anfang Oktober und dauert bis April.
Im Herbst starten in der Region auch die
Erlebniswochen Fisch, zu denen es ein
umfangreiches Programm mit Ausstel-
lungen, Schmankerln, Bauernmarkt und
Erlebnisangeboten gibt. Was den Fischhof
Bächer, einen der wenigen Vollerwerbs-
Betriebe seiner Art, besonders macht,
hat mit mehreren Faktoren zu tun: Die
Besatzdichte in den Teichen ist relativ
gering. Ein Karpfen hat zum Beispiel

20.000 Liter zur Verfügung, in denen er
sich tummeln kann. Er ernährt sich von
Getreide, das der Hof selbst erzeugt, sowie
einem beträchtlichen Anteil an Natur-
nahrung, die die Bildung der gesunden
Omega3-Fettsäuren begünstigt und sich
positiv auf die Gesundheit der Menschen
auswirkt. Nach dem Abfischen und
Wässern werden die Karpfen filetiert,
grätenfrei geschnitten und verkauft.
Während Elsa Bächer und ihre Schwiegertochter Manuela sich in der Saison
vor allem um die Küche und den Laden
kümmern, liefern Fischwirtschaftsmeister
Klaus Bächer und sein Vater Alfons stets
frischen Nachschub in reicher Menge.
Das Lokal bringt Fischsspezialitäten, mal
in bodenständiger Zubereitung, zum
Beispiel mit Bierteig, aber auch raffiniert,
etwa als Karpfenfilet mediterran, auf den
Tisch. Im Laden werden Filets (auch
geräuchert), Karpfensalate und Spezialitäten im Glas verkauft. Mit einem Zoigl
oder Karpfenbier beziehungsweise einem
Glas fränkischen Silvaner oder einem exzellenten Moselwein wird das Essen zum
Gourmet-Genuss.

Charakterfische

Spezialitäten (6):
Fischzucht und Teichwirtschaft

von Georg Lang

„Taschenspiegel der Sonne" nannte Jean Paul die Teiche und streifte damit ihren Wert eher an der Oberfläche. Was sich die Sonne spielerisch zunutze macht, ist Menschenwerk, mit aufwendigen Dammbauten zum Stehen gebrachte Gewässer für ganz unterschiedliche Zwecke.

Eine Ruhezone der Natur, von Menschenhand geschaffen: Die Waldnaabaue gehört zu den wertvollsten Kulturlandschaften Bayerns. (Foto: Robert Reith, Tirschenreuth)

Heute gibt es kaum einen Teich, der nicht mit Fischen besetzt ist, auch wenn er ursprünglich als Wasserreservoir für Mühlen und Hammerwerke, zum Auswaschen des Zinnsandes bei der Zinngewinnung oder zur Entwässerung landwirtschaftlicher Flächen angelegt wurde. Ausschließlich für die Fischzucht vorgesehene Teiche entstanden im 14. und 15. Jahrhundert in großer Zahl vor allem am südlichen Rand des Fichtelgebirges. Fisch war damals schon teurer als Fleisch, und Stadtbürger, Adel und Klöster beteiligten sich ebenso wie die Bauern auf dem Lande am einträglichen Geschäft der Teichwirtschaft im Zuerwerb. Ein Nebenverdienst ist sie bis heute geblieben; Haupterwerbsbetriebe gibt es im „Land der 1000 Teiche" (genau sind es 4600) und im Fichtelgebirge nur

wenige. Fischerei- und Angelvereine haben die Pflege und Bewirtschaftung vieler alter Teichanlagen übernommen.

Die weiten flachen, von der Sonne gut durchwärmten Teiche liebt der Karpfen. Er wächst schnell und lässt sich willig züchten, so dass er im Laufe der Jahrhunderte fast alle seine Schuppen einbüßte und zum Haustier im Wasser, zum „Schwein der Teiche" wurde. Zu diesem Hauptfisch gesellt sich als Nebenfisch die Schleie, die wegen ihres langsamen Wachstums von Züchtung verschont, sich selber treu bleiben konnte und wohl aus diesem Grund dem Karpfen an Weichheit und Milde nachsteht, ihn aber an kernigem Wohlgeschmack übertrifft. Man könnte sie fast als heimlichen Charakter-

fisch der Tirschenreuther Teichlandschaft bezeichnen. Unbestrittene Beherrscherin der kleineren und tieferen, von kaltem Wasser der Bäche gut durchströmten Teiche des Fichtelgebirges ist die Forelle, eigentlich ein Fisch der fließenden Gewässer, der in Teiche erst eingesetzt werden konnte, als man in der Mitte des 20. Jahrhunderts zur künstlichen Fütterung überging.

„Phantastische Karpfen"

Der Karpfen war in alten Zeiten ein gefragter Exportartikel. Vom Weißenstadter Stadtweiher fuhren ihn Ochsengespanne in belüfteten Fässern an den markgräflichen Hof nach Bayreuth. In Tirschenreuth nahm der Versand lebender Karpfen einen mächtigen Aufschwung, als er sich von ca. 1860 an speziell konstruierter Güterwaggons der Eisenbahn bedienen konnte. Heutzutage reist der Fisch nicht mehr so weit; er ist zum grundsoliden Regionalprodukt geworden und steht seinen Mann auch als Werbeträger für die Vorzüge seiner Heimat. Etwas wunderliche Formen sind es freilich schon, in denen der „Phantastische Karpfen" aus Epoxitharz dem Landkreis Tirschenreuth an vielen Stellen unübersehbar die Stange hält, nämlich den Stecken, auf dem er steckt, oder in denen der forellenartige Großfisch der „Schwarzenbacher Fischflut" aus PUR-Integralschaum farbenfroh künstlerisch gestaltet seinen Beitrag zur Imagebildung der Stadt Schwarzenbach an der Saale leistet. Zum Glück ist das alles nicht so laut, dass es die Stille der waldgesäumten Teiche der Teichpfannen und Teichketten übertönt, dieser großen und kleinen Taschenspiegel, mit denen uns die Sonne Großes und Kleines zuzwinkert.

Im Land der 1000 Teiche ist der Karpfen der Hauptbewohner. Bild oben: Kinder angeln in Kemnath. In Schwarzenbach a.d. Saale sind forellenartige Großfische allgegenwärtig (unten links).

Essen wie die Liebe

Jean Paul
und die romantische Küche

von Beate Roth

„Mög' Ihnen doch allen mein wohlgemeintes Traktament, […], einigermaßen geschmeckt haben! – Es hätte wohl besser ausfallen können, ja zehntausendmal besser, und gern hätt' ich (ich darf es sagen) Bayonner Schinken aufgetischt und Straßburger Pasteten samt polnischem Salat, desgleichen gefüllte Zungen von Troyes und Kälber von Rouen und Hähne von Caux und Kapaunen von la Fleche und Rotkehlchen von Metz; mit Freuden, wie gesagt, hätt' ich damit bewirtet; aber die Sachen waren nicht zu haben: konnt' ich doch kaum in der Stadt Wien gebacknen Katzendreck auftreiben und sächsische Christscheit und abgetriebene Wespennester und boeuf à la mode und pommersche Gans. […]" (Aus: „Der Komet oder Nikolaus Marggraf. Eine komische Geschichte")

Jean Paul stellt den Lesern die romantische Küche vor:
Man spricht zum ersten Mal in der Geschichte bei Tisch über das Essen, es gehörte sogar zum guten Ton. Fulminante Rezepte und aufwendige Verarbeitung zeichnen den Gastgeber aus. Prunk war gestern, nun zählen Können, Originalität und Nachhaltigkeit. Zubereitet und erdacht wird dies alles von Köchen und vielen Küchenhilfen, erforderten doch die meisten Rezepturen höchsten körperlichen Einsatz. Allein für die im „Komet" erwähnten Wespennester mussten Butter und Eier je eine gute halbe Stunde mit einem Weidling abgetrieben, also aufgeschlagen werden.

Gerichte als Spiegel der Zeit

Die Gerichte in Jean Pauls Texten sind so vielfältig, dass sich nicht nur „die Poetik des Verzehrs", wie es Dr. Cosima Lutz bezeichnet, köstlich aufzeigen lässt, sondern sich die ganze Esskultur der Romantik und der Aufklärung und nebenbei der Kochbuchbestand im Hause Richter offenbart. Überall wird Essen serviert – charakteristisch, verführend, es wird erlesenst und auch bitterst getrunken, über Porzellan philosophiert, spezielle Teller für jedes Gericht sollten erfunden werden. Außergewöhnliche Gerichte verlangen außergewöhnliches Porzellan. Der Romantiker zeichnet die Vorgeschichte der modernen Esskultur.

„Als nachher eine farschierte Weißkohlbombe wie eine Zentralsonne auf das Tischtuch niederfiel: schlang der Magister den brennenden Kalbfleisch-Farsch kühn hinein, wie ein Taschenspieler oder Vogel Strauß glimmende Kohlen, und atmete mehr ein- als auswärts." (Aus: „Titan")

Farschierte Weißkohlbombe – schon der Name ist Programm: Da sieht man gleich dieses runde, von Tüchern eingehüllte Gesicht einer seiner adligen Verehrerinnen, „Weimarer-Titaniden" genannt. An ihr verbrennt sich, wie man lesen kann, zumindest der arme Magister jedoch sauber den Mund. Farschierte Weißkohlbombe ist allerdings auch ein wunderbares Rezept, das den damaligen Zeitgeist spiegelt: Es handelt sich um eine Farsch oder Farce (die oben erwähnte Pastetenmasse), die mit Kraut umwickelt wird, sodass wieder ein Krautkopf entsteht – Foodstyling anno 1800. Kann man so etwas heute noch finden? Klar: Krautwickel, wie sie der Fichtelgebirgler nennt. Nur sind die trotz aller Küchenhilfen mit normalem Hackfleisch gefüllt und keineswegs schön rund. Die hohe Kunst ist dahin!
Auch andere Gerichte mit originellen Namen, die oft den von Jean Paul so gerne ins Spiel gebrachten Ekel beweisen sollen, sind erwähnenswert. Da finden sich „Schnepfendreck und Katzendreck", „Eingeschneizel" (Hackbraten) und „Nonnenfürze" und andere wohlschmeckende Leckereien. Sie sind alle in alten Kochbüchern zu finden und damit keineswegs eine Erfindung des Dichters, und – keine Sorge – alle sind wohlschmeckend.

Finesse statt Dekadenz

Nicht weniger Finesse haben Gerichte, die wegen ihrer Zubereitung, ihrer Geschichte oder ihrer Wirkung den Weg ins Werk gefunden haben. Kaum einer weiß, dass die Fleischbrühe, inklusive zugehörigem

Brühwürfel, damals erfunden wurde. All die überladenen Prunktafeln des Mittelalters, die nur dem Protz dienten, scheinen dem Adel nicht mehr zeitgemäß. Verschwendung ist schon zugelassen, aber bitte ganz subtil. Die spanische Olla Podrida, sie kommt in Jean Pauls Werk mehrfach als Spiegel der adeligen Dekadenz vor, wird aufgepeppt. Es entsteht die heute als Consommé bekannte, gehaltvolle Fleischbrühe mit einem genialen Vorteil: Die ausgekochten, je nach Geldbeutel immens teuren Fleischstücke können hervorragend an die Hunde verfüttert werden, nicht mehr ans Personal.

Schnepfendreck ist ein heute vergessenes Gericht aus Schnepfengedärm, samt Inhalt. Jean Pauls Romanfigur Dr. Katzenberger schmiert zum Graus seiner Gäste den „bloßen Nettodreck", Kot ohne Darm, auf das Brot. Linke Seite: Weißkohlbombe.

Suppen bei Jean Paul sind fast durchgängig nahrhaft: Schwarze Suppe (Blutsuppe) und Rumford Suppe, der Vorgänger der legendären Erbswurstsuppe, erfreuen heute nicht mehr jeden. Andere wie Kerbelsuppe, Sardellensuppe oder Krebssuppe überlebten die Jahrhunderte und beglücken heute noch Feinschmecker.

Süßbriefchen – nicht nur für angebetete Damen

Jean Paul hat, wenn er nicht die Locken seines Pudels (als Ersatz für sein Haupthaar) versandte, so manchen als Zuckerwerk getarnten Liebesbrief zustellen lassen. Es herrscht ohnedies Zuckereuphorie. Die Zuckerrübe macht Süßes für die arme Bevölkerung, die sich teuren Überseezucker der Kolonien nicht leisten konnte, erschwinglich. Kaffeekränzchen halten auch in bürgerlichen Kreisen Einzug. Man zeigt Stil und bietet Selbstgebackenes vom Küchenpersonal an. Es entstehen Kaffeehäuser. Jean Paul liebt das „süße Paradies" und leidet dementsprechend im Alter an schwerer Diabetes. Allerorts werden ihm Leckereien angeboten, er lehnt nie ab und lässt sie in seinem Werk weiterleben.

Ob sein Bettelbrot, Wiener Spießkrapfen, all seine erwähnten Naschereien heute noch gegessen würden? Aber natürlich – selbst Eis (ohne Gefriertruhe und Eismaschine zubereitet) gehörte damals schon zum feinen Leckerwerk. Jean Paul benennt unter anderem Rosen- und Stachelbeereis. Der Rest begegnet immer wieder in seinem ganzen Werk: Galanterieküchlein, krachender Rahm oder herzoglicher Marzipan – Jean Paul vergisst nichts. Der Dichter liefert mehr als genug Stoff für ein Abendessen bei Kerzenschein, das mit romantischen Gerichten aus der Feder Jean Pauls so richtig genossen werden kann. Auf dem Tisch frisches Bier, Kaffee und erlesener Rotwein. Und da der Weg zum Herzen bekanntlich durch den Magen geht, bleibt zu hoffen, dass Jean Paul weit über das Jubiläumsjahr 2013 hinaus in den Köpfen und Mägen seiner Nachfahren bleibt.

Oben: Wespennester
Unten: Katzendreck – auf eine Schnur gefädelte Zwiebelscheiben und Mandeln werden in Backteig getaucht, gebacken und von der Schnur gestreift serviert (Bild unten). Das sieht zwar ein bisschen wie der Namensgeber aus, aber es schmeckt wunderbar. Probieren lohnt sich!

Jean Paul und der Appetit

In der Ewigen Baustelle in Wunsiedel (siehe Seite 76) bietet Beate Roth immer wieder Jean-Paul-Menüs an, ab 15 Personen exklusiv. Auf der Tageskarte des Wirtshauses findet man zudem Jean-Paul-Gerichte.

Wespennester

von Beate Roth, Food-Designerin

Zutaten

250 g Butterschmalz
20 g zerlassene Butter zum Bestreichen
4 Eier
4 Eigelb
150 g lauwarme Sahne
1 Pkg Hefe
500 g Mehl
Zibeben (Jumbo-Rosinen)
Korinthen (auch Schokoladenstückchen, Zimt, Kakao)

Zubereitung

Das Butterschmalz schaumig schlagen (altdeutsch abtreiben), Eier und Eidotter einzeln dazurühren. Die Hefe in der lauwarmen Sahne auflösen und nach und nach zugeben. Zuletzt das Mehl zugeben und den Teig gut abschlagen. An einem warmen Ort gehen lassen. Teig auf einer bemehlten Fläche ca. 5mm dick ausrollen. In 3cm x 20cm lange Streifen schneiden. Mit den Rosinen belegen und einrollen. In Backpapierstreifen einschlagen und nochmal gehen lassen.
Bei mittlerer Hitze ca. 20 Minuten langsam backen.

Eine Baustelle als Wohltat

Die „Ewige Baustelle" kann man ohne große Übertreibung als Glücksfall für Wunsiedel bezeichnen. Die Kneipe ist hier das, was in kleinen Orten einst das Wirtshaus am Platz war – ein Treffpunkt für Menschen allen Alters und aller Gesellschaftsschichten, ein Kristallisationspunkt der Lebensart.

Sie ist darüber hinaus allerdings auch eines der geschichtsträchtigsten Häuser der Region. Hinter jeder Ecke öffnet sich eine andere Tür in die Historie. Im Zusammenspiel mit den modernen Akzenten entsteht ein spannender Kontrast.

Für den aus der mittelfränkischen Hopfenstadt Spalt stammenden Kunstlehrer German Schlaug ist die „Baustelle" eine Art Lebensaufgabe. Als er das Haus 1991 von einer Erbengemeinschaft erwarb, ließ er aufwendige archäologische Untersuchungen am zum Teil einsturzgefährdeten Gebäude vornehmen. Die Befunde und ihre exemplarische Bedeutung für mittelalterliche Bauten in der Fichtelgebirgsregion sind auf der Webseite dokumentiert. Sieben Jahre lang arbeitete der neue Eigentümer an der Sanierung und dem Umbau zur Kulturkneipe, ohne Architekt, dafür mit großer denkmalpflegerischer Sensibilität und enormen finanziellem Aufwand. Die Bezeichnung „Ewige Baustelle" entstand in dieser Zeit und war zunächst als Spottname seitens der Zaungäste gedacht. Da das Ergebnis der Restaurierung jedoch ziemlich perfekt ausfiel, schwingt in dem Namen inzwischen höchste Anerkennung mit.

Marion Meyerhöfer erinnert sich noch genau an den Tag der Eröffnung, als plötzlich eine Bedienung mit Tablett auf der Straße herumlief und die Menschen

Der Charme des alten Gemäuers ist an jeder Ecke spürbar.

Viele Räume, viele Gelegenheiten: Hier gibt es Thekenplauderei, Interessantes aus Kunst und Kultur, einen Raum für Feiern und ein Plätzchen für den Rückzug.

einlud zu kommen. Die gelernte Hotelfachfrau Meyerhöfer ist bis heute nicht nur Pächterin, sondern auch eine sympathische Botschafterin des Hauses. Auf ihre Kontakte zu Künstlern der Luisenburg ist es zurückzuführen, dass sich die „Baustelle" zum zweiten Zuhause für Schauspieler entwickelt hat. Künstler, Artisten und kulturelle Weltenbummler fühlten sich hier schon immer aufgehoben. Ausstellungen, Lesungen und Konzerte tragen ihren Teil dazu bei. Ein bisheriger Höhepunkt war der Auftritt des Blues-Brothers-Sängers Ron Williams, der vor gut 2000 Gästen auf der Straße ein Dankeschön-Konzert gab.

Lässige Offenheit

Die „Baustelle" lebt eben nicht nur von der Historie. Man pflegt eine Atmosphäre lässiger Offenheit. „Egal, ob jemand nur noch einen Schluck Wein statt ein ganzes Glas haben möchte, ob wir schnell zehn Stühle für eine größere Gruppe arrangieren müssen oder jemand um 1 Uhr noch etwas Warmes essen möchte, wir machen fast alles möglich", sagt Marion Meyerhöfer. Wobei die Spontaneität nicht auf Kosten des professionellen Service und des guten Angebots geht. Denn man kann in der Kneipe nicht einfach nur toll sitzen und gut trinken, sondern auch richtig schön essen. Das funktioniert auch deshalb so gut, weil die Räumlichkeiten

für viele Gelegenheiten hervorragend geeignet sind: den eher intimen Plausch im Gewölbekeller, ein gemeinsames Essen mit Freunden im Wintergarten, einen Drink an der Bar, Sehen und Gesehenwerden in der grünen Oase vor dem Haus... Mancher Wunsiedler, der fast nicht mehr hinter dem Ofen vorzulocken war, ist durch die „Baustelle" schon zum Kneipengänger bekehrt worden. Gegenüber, im Wirtshaus „Volle Breite", werkelt German Schlaug an seiner nächsten „Baustelle". In welchem Jahr sie aus ihrem Dornröschenschlaf erwacht, weiß man noch nicht. Aber die Stunde steht schon fest: Freitag, 19 Uhr.

Zur ewigen Baustelle
Breite Str. 3
95632 Wunsiedel
Tel. 0232 / 917337
www.
ewigebaustelle.de
info@
ewigebaustelle.de

Öffnungszeiten:
Dienstag bis Sonntag
17 – Ende

Feinschmecker-Küche mit Bodenhaftung

Ein Geheimtipp ist das ein wenig versteckt und unscheinbar gelegene Schmankerl-Restaurant Bauer in Tröstau längst nicht mehr.

Schmankerl-Restaurant Bauer

Kemnather Str. 22
95709 Tröstau
Tel. 09232 / 2842
www.bauershotel.de
info@bauershotel.de

Öffnungszeiten:
Montag und Dienstag
ab 17 Uhr
Mittwoch Ruhetag
Donnerstag und
Freitag auch mittags
Samstag und Sonntag
durchgehend

Außerhalb der
Öffnungszeiten öffnet
das Restaurant für
Gruppen auch auf
Anfrage

Regelmäßig erntet es Lob von Gästen und Empfehlungen in renommierten Gastro-Führern. Ein Tipp ist das Schmankerl-Restaurant gleichwohl: Denn nach einer offiziellen Auswertung aller Klassifikationen für das Fichtelgebirge hat die Küche einen Platz auf dem Siegertreppchen verdient. Was sich der Gast hier besonders schmecken lassen kann: Trotz Gourmet-Niveau müssen keine Spitzenpreise gezahlt werden.

Der Inhaberin Antje Pielorz wurde die Gastronomie gewissermaßen in die Wiege gelegt. Sie konnte noch nicht einmal über den Tresen schauen, als sie schon mithalf. Bevor sie den Familienbetrieb in dritter Generation weiterführte, war sie jedoch unterwegs: erst als Hotelfachfrau bei Alexander Herrmanns Eltern in Wirsberg, später im Holiday Inn, München. Dort stand ihr vielseitig talentierter Mann, Andre Pielorz, in drei verschiedenen Restaurants am Herd.

i-Tüfelchen: Weinauswahl

Der erklärte Anspruch der Gastronomen ist es, mehr zu bieten als erwartet. An den Wiederholungsbesuchen zeigt sich, wie sehr die Gäste den Aufenthalt genießen. „Einmal bei uns gegessen und sie sind süchtig", umschreibt Antje Pielorz den Effekt. Bekömmlich ist die „Sucht" obendrein: Die Küche bereitet die saisonalen Frischegerichte bis ins Detail sowohl geschmackvoll und pfiffig als auch kalorien- und fettarm zu. Für das i-Tüpfelchen sorgt die erstklassige und preislich ebenfalls mehr als korrekte Weinauswahl. Die Gastgeberin möchte, „dass sich die Gäste auch mal trauen, einen schönen Wein zu trinken". Gemeinsame Freude ist in diesem Fall doppelte Freude.

Alljährliche Highlights sind u.a. die zweitägigen Muschelfeste im März und Oktober. Über das Programm informiert ein Newsletter. Da erfährt man auch, wann es die ersten Martinsgänse, die ersten Schwammerl, den ersten Bärlauch und den ersten Spargel gibt. Das bindet die Gäste noch stärker ans Haus als jede der erworbenen Feinschmecker-Klassifikationen.

Wirtin Antje Pielorz überrascht die Gäste mit exzellentem Service und raffiniert gestalteten Spezialitäten der Saison. Die Küche und die Weinkarte zieht Gourmets auf der Suche nach dem Besonderen an.

Gaumenfreuden und Augenweiden

Was bedeutet es heute, gut essen zu gehen? Die meisten Menschen sehnen sich nicht nach Spitzengastronomie mit Baukasten-Häppchen, aber auch nicht mehr nach der einfachen Schnitzelküche.

Hotel und Restaurant Waldlust

Luisenburg 5
95632 Wunsiedel
Tel. 09232 / 9153822
www.
berggasthofwaldlust.de
info@
berggasthofwaldlust.de

Öffnungszeiten
Juli bis August:
Dienstag bis Sonntag
11 – 22 Uhr
durchgehend warme
Küche

September bis Juni:
Mittwoch bis Samstag
11 – 14.30 Uhr
17.30 – 22 Uhr

Sonntag und Feiertags
11 – 22 Uhr
durchgehend warme
Küche

Gut essen, gut trinken und einfach gut leben – das Waldlust Domizil am Fuß der Luisenburg.

Gut essen bedeutet heute vor allem: regionale und saisonale Küche, mit Kreativität und Raffinesse gewürzt. Eine bodenständige, aber nicht provinzielle Ausrichtung, offen für den Brückenschlag zu Einflüssen aus aller Welt. Ein Essen wie im Restaurant Waldlust.

„Es ist unser Kind, nicht nur unser Job", sagt Nicole Rückert, die mit ihrem Lebensgefährten Mathias Locker von München nach Wunsiedel ging, um das Haus zu übernehmen. Die Restaurantfachfrau und der Koch hatten sich in einem 5-Sterne-Hotel mit drei unterschiedlichen Küchen – einem Asia Restaurant, einem Gourmet-Restaurant und einer Bayerischen Küche – kennengelernt und können die ganze Bandbreite ihrer Erfahrungen nun in der Waldlust ausleben. Erdbeer-Minz-Bratwürste mit grünem Pfeffer, dazu fränkischer Couscous und bunte Salatspitzen – so lautet eines der verlockenden Gerichte, die die Entscheidung nicht leicht machen. Das fränkische Sashimi mit Zoigl-Bier und Nüssen ist nicht minder vielversprechend. Für die Traditionalisten gibt es am Sonntag auch Sauerbraten mit Knödel. Zwei bis drei vegetarische Gerichte stehen zudem immer zur Auswahl. Themenabende setzen zusätzliche Akzente. Für Geburtstage oder Firmenfeiern kocht das Team auch außer Haus.

Die neuen Inhaber haben das im Mai 2010 eröffnete Haus umfassend renoviert, bei den Hotelzimmern, die 2014 neu gestaltet wurden, ist kein Zimmer wie das andere. Jedes ist auf seine Weise schön: groß, mit angenehmer Höhe, interessanten Schnitten, sauber und klar eingerichtet, mit Design-Anspruch und liebevollen Details ausgestattet. Die ruhige Lage nahe der Luisenburg könnte für Ausflüge zu Highlights des Fichtelgebirges kaum besser geeignet sein. Und die Küche allein ist für viele positive Überraschungen gut.

Zünftiges aus dem Schloss

Die bodenständige Küche ist ohne urige Wirtsstube nicht denkbar. Mehr noch: Sie verlangt auch nach einer zünftigen Zubereitung.

Schloßgasthof Leupoldsdorf
Schloßweg 14
95709 Tröstau
Tel. 09232 / 2325

Öffnungszeiten:
Mittwoch bis
Samstag
ab 17.30 Uhr
Sonntag
10 – 14 Uhr und ab
17.30 Uhr
bei Biergartenbetrieb
durchgehend

Ein Wirtshaus, das sich so recht auf Bratenklassiker, aber auch heimisches Wild und Fisch aus eigenen Teichen versteht, ist der Schloßgasthof Leupoldsdorf – wegen der reizvollen Lage ohnehin ein Ausflugsziel, vor allem, aber nicht nur für Sonntagmittag.
Ehrwürdig steht das ehemalige Hammerherrenhaus im Tröstauer Ortsteil Leupoldsdorf an seinem Platz, eingefasst von Teichen, Obstgärten, einem Kräutergarten und einem einladenden Biergarten. Die Schankstube mit der Einrichtung aus dem Jahr 1964 strahlt den Flair der alten Dorfwirtschaft in großer Intensität aus. Während ein Teil der Gäste Laufkund-

schaft ist, die wegen der vorbildlich renovierten Schlossanlage den Ort aufsucht und anschließend die Gelegenheit zum Einkehren nutzt, gibt es seit jeher auch die Stammgäste, die wissen, warum sie gerne hier essen – wobei „gerne" noch untertrieben ist. Man probiere zum Beispiel einmal das Schäuferla, um die Begeisterung nachvollziehen zu können.
Seit 1917 befindet sich das Herrenhaus mit der Gasstube in Familienbesitz. Der damalige Käufer, Fritz Riedelbach, hatte 15 (!) Kinder und fand mit dem Schloss eine elegante Lösung für seinen Platzbedarf. Evelyne König führt das Haus heute in vierter Generation und wird von der Großfamilie unterstützt, darunter ihr Sohn Christian und ihre angehende Schwiegertochter, die Schwester Ursula Reichel, Evelyne Königs Neffe mit seiner Frau und deren Kinder.
Höhepunkte im Veranstaltungsjahr sind das Schlachtfest im November und Februar sowie die Kirchweih, die immer am zweiten Wochenende im August mit Entenbrust, Entenkeule und Fasan aufwartet. Im Oktober und November kommen an den Wochenenden Karpfen, Schleie und Forelle auf den Tisch. Brotzeiten und Brot aus dem Holzbackenofen gibt es das ganze Jahr über, ebenso wie die Bratenklassiker. Die Karte wurde wanderfreundlich gehalten, einmal im Monat treffen sich hier auch Wandergesellen der Freien Vogtländer. In Verbindung mit dem Tröstauer Zimmermann Christian Purucker haben sie hier die „Bude Fichtelgebirge" gegründet. So schließt sich der Kreis der zünftigen Geselligkeit.

Der Schlossgasthof macht den Besuch in Leupoldsdorf mit Biergarten-Atmosphäre und fränkischen Klassikern sehr schmackhaft.

**Hammerschloss
und Teiche**
Schloßweg 12
95709 Tröstau

Öffnungszeiten
Hammerschloss:
Montag bis Sonntag
8 – 17 Uhr

Genuss und Industriegeschichte

Das geschichtsträchtige Hammerherrenschloss mit seinen
Teichanlagen prägt den kleinen Ort Leupoldsdorf. Das Ensemble
wurde von der Gemeinde Tröstau ab 2010 vorbildlich saniert
und renoviert und spiegelt eindrucksvoll einen bedeutsamen Teil
der Industriegeschichte im Fichtelgebirge wider. Aufgrund der in
der Region vorhandenen Mineralien und Erze hatten Berg-
bau-, Hammer- und Hüttenwesen einst für Wohlstand gesorgt.
Spezialisierte Erzeugnisse der Hammerwerke waren beispielsweise eiserne Rollen für die Geschirre der Gespanne und Arbeits-
gerät wie Hacken, Schaufeln, Sägen.
In dem ab 1687 erbauten Torhaus des Leupoldsdorfer Hammer-
schlosses erinnert eine Ausstellung an die Geschichte des
Eisenhammers in Leupoldsdorf und der Eisenverarbeitung in
der Region. Hier befinden sich zudem eine Infostelle und eine
Touristinformation des Naturparks Fichtelgebirge.
Der Einsatz des Hammers an dem Ort ist für das frühe 15. Jahrhundert bezeugt. Im Außenbereich wurde die Gartenanlage nach
alten Plänen wieder hergestellt. Auch der ehemalige Mühlgraben
wurde freigelegt und gestalterisch mit einem offenen Wasser-
graben und einem Wasserrad in das Ensemble einbezogen. Eine
Streuobstwiese und Wildobsthecken schließen sich an. Ebenso
ließ die Gemeinde Teichanlagen auf der gegenüberliegenden
Seite der Straße wiederherstellen. So entstand eine attraktive
Anlage, in der sich Genuss mit Geschichte darstellt.

Die Familie Rupprecht verwöhnt die Gäste mit herzlichem Service und ausgezeichneter Küche.
Unten: Senior-Chef Theodor Rupprecht. Oben: das Bistro mit Blick in den Biergarten.

Die Perfektion des Einfachen

Gasthaus Egertal
Wunsiedler Str. 49
95163 Weißenstadt
Tel. 09253 / 237
www.
gasthaus-egertal.de
info@
gasthaus-egertal.de

Öffnungszeiten
Täglich ab 18 Uhr
Dienstag Ruhetag
An Sonn- und
Feiertagen auch von
12 – 14 Uhr

Ein tolles Essen hat etwas Faszinierendes. In den kostbarsten Momenten lässt es uns vor lauter Glück seufzen. Wer das Erlebnis mit einem Freund oder Partner teilt, erzählt oft noch Monate oder sogar Jahre später davon. „Weißt du noch …?"

Wer sich so ein Highlight gönnen will, für den ist das Egertal in Weißenstadt seit jeher eine verlässliche Adresse.
„Es ist nicht so schwer, ein Restaurant ein Jahr lang zur Spitze zu führen", meint Gastgeber Theodor Rupprecht. „Aber die Herausforderung besteht darin, die Qualität zu halten." Er weiß, wovon er spricht. Das Egertal steht für Kochtradition seit 1964, 25 Jahre mit einem Michelin-Stern, den Theodor Rupprechts leider viel zu früh verstorbener Bruder mit ins Grab genommen hat, und bei all dem für eine Küche, die dem Zeitgeschmack stets ein Stück voraus war. Seit 2010 ist Theodor Rupprechts Neffe gleichen Namens der Küchenchef des Lokals. Er bringt sowohl eigene Erfahrung als auch die Schulung aus Spitzenrestaurants ein und hat ohne Weiteres das Talent, wieder einen Stern nach Weißenstadt zu holen.
Spannend ist das Geschmackserlebnis so oder so. Die Feinschmecker-Redaktion nennt es bei ihrer neuerlichen Auszeichnung „die Perfektion des Einfachen auf höchstem Niveau." Aromatisches Gemüse wie Petersilienwurzeln und Sellerie, aber auch in Vergessenheit geratene Dinge

wie Pastinaken und Topinambur bilden, oft auch als Püree, die Begleitung, zu der Fisch und Fleisch, mal gegart, mal gedämpft, mal gebraten, in schönster Weise die erste Geige spielen. Die Kompositionen sind im Zusammenspiel mit dem Wein regional und weltoffen, kreativ und modern, ehrlich und bezahlbar.
Auf ein ausgedehntes Event-Programm verzichtet das Egertal. Weinabende und der legendäre Weihnachtsbrunch müssen als Extras reichen. „Gute Küche soll immer etwas Besonderes sein," begründet Theodor Rupprecht jun. die Entscheidung. Das im lichten Wintergarten untergebrachte Bistro bietet zusätzlich mehr alltägliche, zum Teil italienisch inspirierte Gerichte. Es erfreut sich auch am Wochenende großer Beliebtheit und festigt den Ruf des Hauses als Institution.

Rinderfilet mit Speckjus und Bohnen

von Theodor Rupprecht, Restaurant Egertal, Weißenstadt

Zutaten für 4 Personen

800 g Rinderfilet
200 g Kidney Bohnen
100 g Saubohnen
50 g Weiße Bohnen
Bohnenkraut
200 g Speck
100 g Zwiebeln
300 ml Wasser
Krause Petersilie
5 hauchdünne Scheiben Knollensellerie
Salz, Pfeffer, Zucker, Thymian, Rosmarin, Aceto Balsamico

Zubereitung

Für den Speckfond die Zwiebel vierteln und in einer tiefen Pfanne gold-braun anbraten, die Speckwürfel dazu geben und knusprig braten. Darauf achten, dass die Zwiebeln zwar noch etwas dunkler werden, aber nicht anbrennen. Mit 400 ml Wasser abschrecken und leicht köcheln lassen.

Für die Bohnencreme die Kidneybohnen über Nacht in einem Fond aus Wasser, Bohnenkraut, Salz, Pfeffer und Zucker einweichen. Am nächsten Tag die Bohnen in dem Bohnenfond weichkochen und anschließend zu einer homogenen Creme mixen (ggf. noch etwas Wasser untermixen). Die Weißen Bohnen auch über Nacht in Wasser einweichen und am nächsten Tag in etwas Speckfond weichkochen.

Die Saubohnen in siedend heißem Wasser (gut gesalzen) für ca. 5 Min. kochen, anschließend in Eiswasser abschrecken und von der Schale befreien. Die hauchdünnen Knollellerriescheiben in feine Streifen schneiden und in einem kleinen Topf mit etwas Pflanzenöl bei ca. 140 Grad frittieren. Die Petersilie in kleine Sträußchen zupfen, waschen, abtrocknen und ebenfalls im Pflanzenöl bei 140 Grad frittieren.

Das Rinderfilet (bratfertig) salzen und wenn möglich im Ganzen in einer Pfanne, Bräter oder Grill von allen Seiten scharf anbraten. Auf eine Klar-sichtfolie Thymian, Rosmarin, geschnittener Knoblauch, und Olivenöl verteilen und das Rinderfilet darin einwickeln. Die Ofenröhre auf 80 Grad Umluft einstellen und das Rinderfilet darin ca. 30 Minuten garen. Den Speckfond auf ca. 200 ml reduzieren lassen, dann abschmecken und mit etwas Kartoffelstärke abbinden. Vor dem Anrichten alle Beilagen ein-zeln in einem kleinen Topf (Sauteuse) heiß machen und dann anrichten. Das Fleisch kurz vor dem Verzehr noch einmal für ca. 2 Minuten bei 180 Grad heiß machen, portionieren und anrichten.

Lammcarée unter einer Ziegenkäsekruste, mit glacierten Bohnen

von Christoph Teschner, Teschner's Restaurant, Wunsiedel

Zutaten für 1 Person

Lammcarré (ca. 300 - 400 g)

Ziegenkäsekruste:

90 g Ziegenfrischkäse

30 g Eigelb

1-2 EL Honig

15 g Semmelbrösel

Salz, Steakpfeffer, Rosmarin

Glacierte Bohnen:

250 g Buschbohnen

Salz, Zucker, Wasser, Bohnenkraut, Knoblauch

Zubereitung

Zutaten für Käsekruste im Mixer grob durchmischen, Lammcarée putzen (von Fett und Sehnen säubern), mit Salz und Pfeffer würzen, von allen Seiten anbraten, mit Ziegenkäse bestreichen, bei 160 Grad ca. 10 Min. garen – fertig. Vorher Bohnen bissfest blanchieren, mit den anderen Zutaten eine Glassage herstellen, Bohnen darin erwärmen und mit dem Carée servieren.

Klassisches aus der Region und der weiten Welt

Wie gut eine Küche ist, zeigt sich nicht zuletzt auch daran, wie flexibel sie auf Gästewünsche eingehen kann. Flexibilität und Offenheit sind Stärken von Christoph Teschner.

Teschner's Restaurant
Luisenburg 5
95632 Wunsiedel
Tel. 09232 / 9154726
www.teschners
-restaurant.de
mail@teschners
-restaurant.de

Öffnungszeiten:
Dienstag bis Samstag
ab 18 Uhr
Kochkurse auf
Anfrage

Jeden zweiten
Sonntag im Monat ab
11.30 Uhr Themen-
brunch

In eleganter Umgebung genießen – Christoph Teschner und Dana Teschner-Herrmann bieten das ganze Jahr über pfiffig zubereitete, regional inspirierte oder auch exotische Gerichte für Gourmets.

Gerne experimentiert er mit neuen Kombinationen, wobei nicht einmal die Hälfte aller Ideen Eingang in die Karte fänden, wie er betont. Der Koch trifft eine strenge Auswahl. Sein Augenmerk gilt Klassikern, die er fein, frisch und pfiffig zubereitet. 2007 übernahm der Fichtelgebirgler zusammen mit seiner Frau Dana Teschner-Herrmann das Haus. Während ihr Part die Einrichtung, die Weine und der Service ist, konzentriert sich ihr Mann auf das Essen. Es dauerte nicht lange, bis die Teschners in den schön und elegant gestalteten Räumen zu einer eigenen Linie fanden. Seit Jahren bietet die Küche einen kontinuierlich hohen Standard. „Ich möchte, dass der Besuch bei uns etwas Besonderes bleibt. Das kann ein gemeinsames Essen zum Kennenlerntag oder zum Hochzeitstag sein. Die Gäste sollten lieber seltener kommen und das Essen ausgiebig genießen." Und die Besucher gehen gerade wegen des Essens hierher und selten, weil sich durch die Luisenburg spontan die Gelegenheit ergibt.
Christoph Teschner genießt „die persönliche Freiheit, ohne Grenzen kochen zu können" und lässt die Gäste gerne hinter die Kulissen schauen, ob beim Brunch, dessen Buffet in der Küche aufgebaut ist, oder bei den Kochkursen. In jedem Monat, mit Ausnahme der Festspielmonate Juli und August, stehen der Brunch, der Lunch und der Kochkurs unter einem anderen Thema, von mediterran über fränkisch bis exotisch. Daneben gibt es einmal pro Monat Sushi-Spezialitäten und Steak-Dining-Abende, regelmäßig texanische Steaks und eine Tageskarte.
Die Produkte stammen inzwischen vor allem aus der Region – Fleisch von einem Metzger aus Weißdorf, Fische aus Bad Alexandersbad – und mehr als bislang auch aus dem Garten der Familie Teschner. Praktischerweise sind die Eigenerzeugnisse wie die Säfte und verschiedene Aufstriche auch im Restaurant zu kaufen. Dem Gourmet-Gedanken folgend erweitert das Haus die vorzügliche Auswahl um Gutes aus der weiten Welt. Und nimmt die Gäste jeden Monat mit zu neuen Abstechern auf der kulinarischen Landkarte. Die Weinkarte entspricht ganz der klassisch-modernen Ausrichtung und vollendet das Genießerglück.

Genuss in historischem Ambiente

Früher kreischte hier die Steinsäge. Tonnenschwere Blöcke aus grünem Porphyr, eine nur im Fichtelgebirge vorkommende Gesteinsart, wurden in tagelanger Arbeit durchtrennt, um Pflastersteine, Grabsteine, prachtvolle Denkmäler sowie Platten für Bau- und Monumentalarbeiten zu gewinnen.

Restaurant Café Museo

Nagler Weg 10b
95686 Fichtelberg
Tel. 09272 / 9658955
www.
museo-restaurant.de
info@
museo-restaurant.de

Öffnungszeiten:
Täglich 11 – 23 Uhr
Montag Ruhetag

Die acht Meter hohe Werkshalle, die zwei alten Gatter und eine noch funktionsfähige Dampfmaschine ist wie so vieles hier ein imposanter Gruß aus der Vergangenheit, aber nicht der einzige gute Grund für einen Besuch: Der ehemalige Steinbearbeitungsbetrieb bildet eine außergewöhnliche wie faszinierende Kulisse für das Restaurant „Museo", das den optischen Genuss kulinarisch erweitert.

Seit Frühjahr 2014 führt hier der neue Pächter Tom Neugebauer die Regie. Dass es überhaupt soweit kam, ist der Initiative von Gabi und Perry Eckert mit ihren Söhnen Raphael (†) und Constantin zu verdanken. Die Familie aus Fichtelberg hatte das still gelegte Gebäude in heruntergekommenem Zustand 1994 erworben und nach reiflichen Überlegungen sieben Jahre lang selbst umgebaut. Eine ehemalige Bahntrasse wurde an den Euregio-Egrensis-Fahrradweg angeschlossen, der nun vom Biergarten aus über Regensburg bis nach Prag führt. Die Inhaber legten einen Kinderspielplatz und einen

Auch sie sind dem einzigartigen Ambiente des Hauses erlegen: Kerstin und Tom Neugebauer.
Seit März 2014 führen sie das Haus.

Koi-Teich an und schufen in Verbindung mit den Terrassen und dem gepflegten Buchs-Eibengarten einen Ort zum Wohlfühlen, jenseits der Hast. Die Innenräume sind eine Sehenswürdigkeit für sich und runden das sinnliche Gesamterlebnis ab. Ein großer Gewinn für die Küche ist die Neubesetzung mit Tom Neugebauer. Der Pächter war zuvor im renommierten Hotel „Das Tegernsee" als Souschef tätig und kam mit seiner Frau und Sohn nach Fichtelberg, um sich selbständig zu machen. Das Paar hat sich in das charmante Haus verliebt und bringt einen Teil ihrer Liebe auf den Teller. Die Mittagskarte bietet neben kleinen Speisen wechselnde Tagesangebote und Bodenständiges, abends kann sich der Gast auch den Wunsch nach einem ausgedehnten Menü mit Weinbegleitung oder Fichtelberger Bier, der eigenen Hausmarke, erfüllen. Saisonale und regionale Frischprodukte bilden die Basis der Speisen. Mediterrane Nuancen fließen in die Zubereitung ein. Man beachte auch die Sonderveranstaltungen, so etwa das Brunch oder die Grillabende (Infos über den Newsletter).

Rosa gebratener Rehrücken im Wirsingblatt auf Schupfnudeln und glacierten Maronen

von Sebastian Körber, Rosenthal-Casino, Selb

Zutaten für 4 Personen

1 Stück Rehrücken
150 g Fleischfarce (vom Metzger)
2 große Blätter Wirsing
Salz, Pfeffer, Öl
250 ml Jus
2 cl Portwein
20 g Butter

Zubereitung

Rehrücken in 4 gleichgroße Stücke schneiden, mit Salz und Pfeffer würzen, in einer Pfanne mit Öl kurz scharf anbraten, danach abkühlen lassen. In der Zwischenzeit den Wirsing in kochendem Wasser blanchieren und in Eiswasser abschrecken. Den Strunk herausschneiden, die Blätter abtrocknen und die Fleischfarce dünn und gleichmäßig aufstreichen, dann den Rehrücken einrollen.

Das Ganze bei 180 Grad ca. 10 bis 15 Min. in den vorgeheizten Ofen geben. Die Zeit variiert je nach Größe der Fleischstücke.

In der Pfanne, die zum Anbraten des Rehrückens verwendet wurde, den Bratensatz mit Portwein ablöschen, Jus aufgießen und dann mit Butter binden. Dazu Schupfnudeln servieren.

„Kunst leben und erleben"

Begegnung und Genuss, Kreativität und Inspiration – Um nichts anderes geht es im Rosenthal Casino, Deutschlands erstem und ältestem Design-Hotel, das Philip Rosenthal konzipierte. Noch heute überzeugen und begeistern das Hotel und das Restaurant mit Räumen, die das Auge wandern lassen und Grenzen überschreiten. Die Küche rundet das Ganze entsprechend ab.

Rosenthal Casino
Kasinostr. 3
95100 Selb
Tel. 09287 / 8050
www.
rosenthal-casino.de
info@
rosenthal-casino.de

Öffnungszeiten
Restaurant:
Montag bis Freitag
11.30 – 14 Uhr
und 18 – 22 Uhr
Samstag
18 – 22 Uhr

Sebastian Körber verbrachte bereits seine Lehrjahre hier und kam 2001 mit seiner Frau Sandra zurück nach Selb, um mit ihr das Steuer in der Küche und im Hotel zu übernehmen. Ein großes Erbe: Die Villa, das Herzstück des Casinos, wurde 1912 nach den Plänen von Prof. Fritz Klee gebaut und war bis 1933 ein Treffpunkt der oberen Zehntausend. Nach 1945 nutzten die neuen Besitzer, die Firma Rosenthal, es als Gästehaus. Das Gebäude wuchs und öffnete sich in den 70er Jahren der Öffentlichkeit. Ab 1980 entwarfen Künstler die ersten Hotelzimmer – jeder Raum trägt die markante Handschrift einer anderen Persönlichkeit, mit kastenförmigen Bauhaus- und modernen Designer-Möbeln als verbindendem Element. „Kunst leben und erleben" lautete Motto, das Philip Rosenthal formulierte. Auch das Restaurant entstand nicht am Reißbrett, sondern oft durch spontane Ideen, die Philip Rosenthal von Reisen mitbrachte.

Die Decke ist asiatischer Herkunft, der Boden russische Mooreiche, die Stühle das Produkt eines dänischen Designers. Bis in die Gegenwart hinein ist das Haus im Wandel. Es galt, die Hotelzimmer behutsam zu renovieren. Die vorerst jüngste bauliche Erweiterung betrifft das Kaminzimmer und die Terrasse mit Zugang zum großzügigen Garten, wo im Sommer der Rosenthal-Grill angeschürt wird.

Deutschlands erstes Design-Hotel beeindruckt noch heute – Während Marcello Morandini das obere Zimmer gestaltete, legte Meister Friedensreich Hundertwasser beim unteren Hand an.

Auch wer schon 100 Mal hier war, entdeckt stets neue liebevolle Details. Viel Historie und Kultur schwingen im Genuss des Augenblicks mit. Die Gastgeber spielen das Thema Rosenthal beim einladend gedeckten Tisch und haben die Hauptrolle mit der saisonalen Frischeküche, durchweg auf hohem Niveau, vortrefflich besetzt. Sebastian Körber verwendet, soweit wie möglich, Produkte aus der Region und hat bei aller Vielseitigkeit – die Karte wechselt alle 3 Monate – eine eigene Handschrift entwickelt. Da etliche Gäste neugierig nach den Rezepten fragen, vermittelt er sein Wissen inzwischen bei Kochkursen im Haus.

Reizvolle Kontraste bestimmen das Bild im Rosenthal-Casino und in Schloss Erkersreuth (links). Die Gastgeber Sandra und Sebastian Körber bespielen die Häuser souverän.

Gastlichkeit im Schloss

Schloss Erkersreuth, das ehemalige Wohnhaus Philip Rosenthals, steht architektonisch in enger Beziehung mit dem Casino. Stärker noch bestimmen hier die Gegensätze, Altes und Neues, Historisches und Futuristisches, das Bild. Seit 2011 können Firmen und Festgesellschaften das bewirtete Schloss als exquisite Adresse buchen. Sebastian Körber richtet die Menüfolgen bei Veranstaltungen immer nach den Wünschen der Gäste aus. Stimmungen aus der internationalen Küche greift er hier wie dort gerne auf. Ein Besuch inspiriert und hinterlässt bleibende Eindrücke.

AUSSTATTUNG

DESIGN

ARCHITEKTUR

Teeserviceteile Form 29
Form: Leopold
E. Gmelin, um 1870/75
Lorenz Hutschen-
reuther, Selb, Unter-
glasurbemalung.

200 Jahre weißes Gold

1814 – 2014:
Die Entwicklung
der Porzellanindustrie

von Wilhelm Siemen

„Kauft Porzellan", so lautet Anfang der 1930er Jahre die Aufschrift einer über 4 Meter hohen, 14 Zentner schweren Kaffeekanne, die auf Rädern gelagert und mit einer Deichsel versehen, von jungen Männern aus der Porzellanstadt Selb durch Deutschland gezogen wurde, um für den Absatz des heimischen Porzellans zu werben.

Bildnis von Carolus Magnus Hutschenreuther, im Hintergrund die von ihm gegründete Fabrik in Hohenberg.

Die Not hat sie dazu veranlasst. Von den 14.000 Einwohnern der Stadt beziehen 1931 ca. 4000 Arbeitslosenunterstützung – und die Krise hat schon 1926 begonnen. Bis dahin hatte sich die Porzellanfabrikation im Nordosten Bayerns als der Faktor industrieller Entwicklung für diese zuvor auf Heimweberei ausgerichtete Region immer mehr ausgeweitet und war zum beherrschenden Wirtschaftszweig im Raum zwischen Hof, Wunsiedel, Waldsassen und Hohenberg an der Eger geworden.

Mit Hohenberg an der Eger hatte alles begonnen. Es war Carolus Magnus Hutschenreuther, der aus Wallendorf in Thüringen stammend, sich 1814 als Porzellanmaler in Hohenberg niedergelassen hatte. Hohenberg lag günstig. Noch auf deutschem Boden, war es direkt benachbart dem böhmischen Bäderdreieck: Franzensbad, Marienbad, Karlsbad. Die dort kurenden Kreise aus wohlhabendem Bürgertum und dem Adel der KuK-Monarchie waren seit jeher dankbare Abnehmer für Porzellan. Trinkbecher, reich bemalte Tassen, Pfeifenköpfe und allerlei ähnliche Artikel fanden guten Absatz. „Ich liefere aus inländischen rohen Produkten ein Porzellan, das keinem anderen in Deutschland an Güte und Feinheit nachsteht, beziehe den Erlös dafür beinah ganz vom Auslande", schrieb er. Die Porzellanerde, das Kaolin kam zunächst aus kleineren Vorkommen in der Nähe des Ortes, ebenso der Feldspat.

Die Konkurrenz ließ nicht lange auf sich warten. Der Hohen-

Briefkopf der Rosenthal-Fabriken Selb und Kronach mit Abbildungen ihrer Auszeichnungen, um 1903.

berger Lorenz Christoph Äcker gründete 1838 im zwei Kilometer entfernten Schirnding eine Fabrik, zog jedoch noch im selben Jahr nach Arzberg um. Ganz allmählich entwickelte sich Arzberg zur zweiten Porzellanstadt im bayerischen Nordosten. Im oberpfälzischen Tirschenreuth entstand im selben Jahr eine weitere Produktionsstätte. Hutschenreuther reagierte mit einer Betriebsausweitung und dem Bau einer eigenen Massemühle an der unterhalb Hohenbergs gelegenen Eger.

Für die häufig an Silikose erkrankenden Mitarbeiter musste Vorsorge getroffen werden. Der hohe Anteil an Quarz in der Porzellanmasse war einer der Gründe, ein anderer die Verwendung von Quecksilber in den Malerstuben, dass bereits 1837 eine „Krankenunterstützungs- und Beerdigungskasse für das Dreher- und Malerpersonal der Hutschenreutherschen Porzellanfabrik zu Hohenberg" gegründet wurde. Die „Porzellinerkrankheit" raffte die in den Fertigungsbereichen Tätigen frühzeitig dahin. Nur wenige wurden älter als 40. In der Massemühle, in den Drehereien – Quarzstaub war überall in der Luft.

Von Hohenberg nach Selb

1845 starb C.M. Hutschenreuther im Alter von 51 Jahren. Schon 1843 war der älteste Sohn Lorenz (*1817) als „Dritteilinhaber" Mitglied der Fabrikleitung geworden. Nach dem Tod des Firmengründers führte der Sohn zusammen mit der Witwe die Firma. Diese muss sich alljährlich mit den übrigen Kin-

Porzellanmaler, Geheimrat und Firmengründer in Personalunion: Philipp Rosenthal.

Speiseserviceteile.
Formentwurf:
Paul Müller, Selb,
um 1900
Dekor: Krautheim &
Adelberg, Selb,
um 1900, handkolo-
rierter Stahldruck,
Goldbemalung.

Ansicht der
Porzellanfabrik C.M.
Hutschenreuther
Hohenberg, 1886.
Handmalerei auf einer
Dekormuster-Platte.

dern beraten. Die fehlende Freiheit, das Geschehen innerhalb und außerhalb des Betriebes selbst zu gestalten, veranlasst Lorenz, 1856 den väterlichen Betrieb zu verlassen und sich selbständig zu machen. Als Standort wählt er das 12 Kilometer entfernte Selb. Im Januar stellt er den Antrag beim Magistrat der Stadt, sich dort ansässig machen zu dürfen.

Die Planungen für die Errichtung einer Porzellanfabrik sind voll im Gange, als das Weberstädtchen am 18. März durch einen Großbrand heimgesucht wird. Kaum ein Haus bleibt verschont. Die in Heimwe-berei tätigen Bürger verlieren nicht nur ihre Wohnungen, auch der Arbeitsplatz ist vernichtet. Für Selb bedeutet damit die Gründung der Porzellanfabrik Lorenz Hutschenreuther am 10. August 1856 einen völligen Neuanfang und in den folgenden Jahrzehnten die Entwicklung zur „Weltstadt des Porzellans".

Die Rahmenbedingungen sind günstig: Kaolin wird aus den nahen böhmischen Vorkommen bezogen. Feldspat und Quarz aus dem Forstrevier um Selb. Rundöfen modernster Bauart werden errichtet. Nicht Holz, sondern Kohle wird für deren Befeuerung benötigt. Auch die gibt es ausreichend im nahen Böhmen. Die Erfah-rungen mit der Planung und Einrichtung von Porzellanfabriken sind erheblich gewachsen. Es gibt erste Maschi-nen. Arbeitskräfte sind ausreichend vorhanden, die Löhne ausgespro-chen niedrig. Roh- und Brennstoffver-sorgung, Warentransport

und Absatz in immer größeren Mengen erfahren durch den Bau der Eisenbahnlinie zwischen Hof und Asch/Eger eine erhebliche Verbesse-rung. 1865 wird die Bahnlinie in Betrieb genommen. Selb erhält mit dem Bahnhof in Selb-Plößberg seine Anbindung an das dringend benötigte Verkehrsnetz. Die Gunst der Stunde ruft andere auf den Plan.

Gründungsboom

Ursprünglich hatte der Lohgerberei-besitzer Jacob Zeidler geplant, eine Gast-wirtschaft unmittelbar am zukünftigen Bahnhof Selb-Plößberg zu errichten. An-gesichts der wirtschaftlichen Erfolge der bereits existierenden Porzellanfabriken C.M. Hutschenreuther in Hohenberg und Lorenz Hutschenreuther in Selb versprach er sich von diesem Haltepunkt allerdings mehr Nutzen, wenn er auf seinem dorti-gen Grund eine Porzellanfabrik errichten würde. 1866 – im selben Jahr wie in Waldsassen – erfolgte die Gründung der Porzellanfabrik Jacob Zeidler & Co.

Die Verbesserung der Transportverhält-nisse, die Gewerbefreiheit ab 1868, der wirtschaftliche Boom der Jahre ab 1871, all dies sind Faktoren, die den Ausbau der Porzellanindustrie Nordbayerns begünsti-gen und drastisch beschleunigen. Goebel fertigt seit 1871 in Oeslau bei Coburg, Heinrich Schumann, Arzberg, nimmt nach Inbetriebnahme der Eisenbahnlinie Marktredwitz-Schirnding-Eger, 1879, 1881 die Produktion auf, Christoph Schu-mann gründet die spätere Porzellanfabrik Arzberg bereits 1887.

Gleichzeitig entstehen immer mehr Porzellanmalereien, die das weiße Por-zellan von dort erwerben, um es ihrem Kundenkreis entsprechend zu dekorieren. Aus dem Alltag der Besitzer resultiert häufig der Wunsch, selbst Weißporzellan herzustellen. So begann der 1879 aus dem westfälischen Werl nach Selb gekomme-ne Porzellanmaler Philipp Rosenthal seine Laufbahn mit der Gründung einer Malerei, bezog das Porzellan von Lorenz

Glasieren in der Rosen-
thal-Fabrik um 1920.

Unten: Kaffee-/Tee-
serviceteile Herborth
Formentwurf:
August Herborth, 1906
Thomas & Ens, Markt-
redwitz, Aufglasur-
dekor, Goldbemalung.

Hutschenreuther und Jacob Zeidler. Auch er errichtet schließlich 1891 seine erste eigene Porzellanfabrik. Andere Gründungen erfolgen in Kirchenlamitz und Marktleuthen (Winterling), in Rehau (Zeh Scherzer und Co.), in Hof (Pf. Moschendorf), in Wunsiedel (Retsch), in Marktredwitz (Jaeger), in Mitterteich, in Schirnding, in Schönwald … Oftmals sind es gleich mehrere an einem Ort, so z.B. neben Seltmann auch Bauscher in Weiden. Bei weitem nicht alle können genannt werden.

Die Leistung der Fabriken wächst zusehends. Die Modernität in der Ausstattung und Konzeption, das Vorhandensein großer zusammenhängender Flächen, die niedrigen Löhne und die günstige Lage für den Bezug der Rohstoffe lassen einen Vorsprung vor anderen Porzellanregionen entstehen, der sich zu einer dominierenden Rolle in Europa ausweitet.

Globale Branche

Die Porzellanindustrie entwickelt sich in der zweiten Hälfte des 19. Jahrhunderts zu einer global tätigen Branche. Die Exporte gehen nach Nord- und Südamerika, Süd-, Ost- und Nordeuropa. Immer mehr Arbeiter werden gebraucht. Aus dem unmittelbaren Umland können diese nicht mehr rekrutiert werden. Viele sind einfache Landarbeiter, die sich hier ein besseres Leben erhoffen. Der Bau der Arbeiterwohnhäuser beginnt schon Ende der 1870er Jahre. Die Städte in der einst ländlichen Region wachsen und wachsen. Selb hat 1855 3500 Einwohner, 1939 sind es 13.000. Damit ist der Ort die fünftgrößte Stadt Oberfrankens. Zulieferer siedeln

Ein Kapitel der Industriegeschichte ging zu Ende: die stillgelegte Hutschenreuther-Fabrik in Selb. Ab 2013 begann der Abriss.

sich an. Eigene Unternehmen widmen sich dem Bau von Maschinen speziell für die keramische Industrie. Zu diesen zählt die Firma Gebrüder Netzsch in Selb, die aus einem Betrieb für den Bau von Kartoffelsortiermaschinen entspringt. Andere liefern die Drucke, die nach und nach die Handmalerei verdrängen. Die Motive werden auf große Bögen gedruckt und wie Abziehbilder auf das weiße Porzellan übertragen.

Eine Monostruktur entsteht, deren Nachteile sich mit jeder wirtschaftlichen Flaute bemerkbar machen. Auch die Abhängigkeit von den Exportmärkten wächst. 1910 beträgt der Auftragsbestand der Porzellanfabrik Arzberg für den deutschen Markt 40.000 RM, gegenüber Exportaufträgen in Höhe von 460.000 RM. Der Erste Weltkrieg wird entsprechend zu einer Nagelprobe. Das Abschneiden der angestammten Exportgebiete und gleichzeitige Lieferengpässe bei Rohstoffen und Brennmaterialien führen zu gravierenden Problemen.

Weltwirtschaftskrise

Die unmittelbare Nachkriegszeit ist noch schwierig. Doch die 20er Jahre bringen zunächst neue Prosperität. Alsbald werden die Produktionsmengen der Vorkriegszeit wieder erreicht. Immer neue Kapazitäten werden aufgebaut, die Fabri-

Halbautomatische Tauchbad-Glasur bei Rosenthal.

ken vergrößert, neue werden gegründet. Nach einer ständigen Aufwärtsentwicklung, die während der Inflationszeit durch die Flucht in Sachwerte künstlich angeheizt wird, kommt es fast über Nacht 1926 zum folgenschweren Einbruch. Doch die Situation verschärft sich weiter. Die Weltwirtschaftskrise führt zu dramatischen Zuständen. Inlands- und Auslandsmärkte nehmen immer weniger Ware auf. Die Produzenten versuchen, durch massive Preissenkungen gegenzusteuern. Auch dies bringt keine Lösung. Bis weit in die 30er Jahre hinein ist das Bild der Branche geprägt von Kurzarbeit und Entlassung. Zum Ende des Jahrzehnts erfolgt eine Stabilisierung und schließlich eine deutliche Belebung. Der Zweite Weltkrieg bringt die üblichen, schon aus dem Ersten bekannten Folgen mit sich: Mitarbeitermangel,

Knappheit der Brenn- und Rohstoffe, Ausweichen auf kriegswichtige Produkte. Produziert wird bis in die letzten Tage des „Dritten Reiches".

Die Gebäude der Porzellanfabriken bleiben von der Zerstörung durch die Bombennächte weitgehend verschont. Auch von Demontage ist keine Rede. In der amerikanischen Besatzungszone liegend, nehmen die nordbayerischen Betriebe als „Hauptträger zukünftigen deutschen Exports", so die amerikanische Militärregierung, die Produktion schon 1945, spätestens 1946 wieder auf. Die Amerikaner sind es, die einerseits die Brenn- und Rohstoffversorgung sicherstellen, die andererseits aber zunächst einen Ausschließlichkeitsanspruch auf die produzierte Ware erheben. Der Bedarf nach Porzellan ist angesichts der Zerstörungen der Wohnungen in Europa immens. Mit der Währungsreform 1948 strömen die Kunden in die Geschäfte, vor denen sich lange Schlangen bilden. Die Porzellanindustrie erlebt einen Boom ohnegleichen.

Porzellan für alle

Es folgt in den 50er Jahren eine neue Zeit der Investition in Maschinen und Gebäude. Arbeitskräfte aus dem Ausland werden angeworben, um die benötigten Mengen produzieren zu können. Porzellan ist jetzt wirklich Massenware.

Die Industrie deckt die Wünsche der Kunden in den unterschiedlichsten Preissegmenten ab. Arzberg als die „gute Form für jeden Tag" mit Gretsch, dann Löffelhardt, Hutschenreuther mit Achtziger, Heinrich mit Leutner. Rosenthal und Hutschenreuther verstärken das Gewicht ihrer Kunstabteilungen für hochwertige Figuren und Zierartikel. Noch boomt der Warenabsatz im In- und Ausland. 1959 stößt die Branche an ihre Grenzen. Aus dem Verteiler- ist ein Käufermarkt geworden. Erstmals sinkt die Zahl der Mitarbeiter, die Produktion nimmt ab. Die Industrie reagiert mit immer neuen Serviceschöpfungen, mit denen sie die Trends der Zeit aufnimmt. Neben den Privathaushalten gewinnt jetzt das Gastronomieporzellan an Bedeutung. Großküchen, Kantinen, Krankenhäuser benötigen speziell auf deren Bedürfnisse abgestimmte Formen. Bauscher und die Porzellanfabrik Schönwald bedienen diesen Markt als große Anbieter. Doch die blühenden Zeiten sind mit dem Ende der 60er Jahre endgültig vorbei. Alle Anbieter machen die Erfahrung, dass

Einst das Werksgelände von Heinrich Porzellan in Selb, heute das „Factory In" Outlet Center mit Shops und Gastronomie. Die Lichtinszenierung betont den rauhen Industrie-Charme.

Unten:
Kaffeeserviceteile Lehmann & Rossberg (zugeschrieben), Arzberg, um 1900 Stupffond, Buntdruck, Aufglasur- und Goldbemalung.

Das Entgraten bei der Firma Dibbern erfordert nach wie vor Handarbeit.

die Kunden ihre Porzellankäufe bei unsicherer Konjunktur als erstes zurückstellen. Wenn die Konjunktur wieder Fahrt aufnimmt, wird Porzellan erst relativ spät zum Ziel der Begehrlichkeiten. Rationalisierung der Fertigungsabläufe, Mechanisierung, niedrige Lohnabschlüsse gehen in der Folgezeit parallel. Arbeitgeber und Arbeitnehmer bemühen sich gemeinsam, die Produktionsstandorte zu erhalten. Dazu dient auch ein Aufbruch im Design. Junge Gestalter werden engagiert. Mode und Produktdesign gewinnen in den 1970er und 1980er Jahren immer mehr an Aufmerksamkeit in den Augen der Bevölkerung.

Die Wende kommt

Mit dem Fall des Eisernen Vorhangs und der zunehmenden Globalisierung der Märkte werden die Verhältnisse indes völlig neu geordnet. Zunächst sucht die Ware aus Osteuropa neue Absatzmöglich-

Jedes Jahr am ersten Augustwochenende: Porzellanflohmarkt in Selb.

keiten, mit dem Fall der Kontingentierung für Lieferungen aus Asien überschwemmt billige und billigste Ware aus Fernost den Markt. Die Mentalität der Konsumenten ändert sich. Geiz wird geil. Die einst gewohnten Familienstrukturen werden zunehmend verdrängt durch Single-Haushalte. Das Essen außer Haus ersetzt oftmals die Bewirtung der Gäste im eigenen Heim. Die Zubereitungsformen der Speisen und Getränke gestalten sich anders: Kaffeemaschine und Vollautomat ersetzen die Kaffeekanne. Serviert wird vielfach vom Herd direkt auf den Teller. Damit werden Terrinen, Schüsseln und Ragouts immer weniger nachgefragt. Doch gerade die Hohlteile prägen das Gesicht des Porzellans.

1990 sind in der feinkeramischen Industrie in Oberfranken und der Oberpfalz im Bereich Geschirr und Zierporzellan 16.000 Mitarbeiter tätig. Mit der Zerschlagung des Hutschenreuther Konzerns, dem Konkurs der Winterling AG, der Insolvenz zahlreicher kleinerer Betriebe in den 90er Jahren kommt es zu einer rasanten Talfahrt, die im neuen Jahrtausend – allerdings verlangsamt – ihre Fortsetzung findet. Im Rahmen der Möglichkeiten wird weiter modernisiert. Isostatische Pressen und Hochdruckgießmaschinen multiplizieren den Ausstoß von Flachware. Neue effizientere Brennöfen ersetzen jetzt die alten Tunnelöfen.

Zwar ist die Zahl der Beschäftigten auf 3450 in 2006 gesunken, doch der Vergleich der Produktionsmenge ergibt ein optimistischeres Bild: Gegenüber von 85.280 Tonnen in 1990 wurden in 2006 immerhin noch 27.905 Tonnen Porzellan in Oberfranken und der Oberpfalz hergestellt. Anfang des 21. Jahrhunderts hat sich die Porzellanindustrie Deutschlands neu aufgestellt. Innovative Produkte im Bereich Haushalts- wie Gastronomieporzellan, rationelle Fertigung und Marktnähe haben dafür Sorge getragen, dass die Porzellanhersteller in Oberfranken und der Oberpfalz nach wie vor die Marktführer im Bereich des europäischen Porzellans sind. Die Exportquote ist hoch: Sie liegt im Durchschnitt bei knapp 50 Prozent. Damit ist die Branche auf allen globalen Märkten vertreten.

Die Wertschätzung wächst

Sicher ist die Talfahrt noch nicht ganz zu einem Ende gekommen. Sie hat sich jedoch deutlich verlangsamt. Auch die Insolvenz der Rosenthal AG im Jahr 2009 ändert daran nichts. Das Unternehmen wird mit seinen rund 1000 Mitarbeitern erfolgreich geführt. Hotelausstatter wie BHS Tabletop trotzen erfolgreich der Wirtschaftskrise. Auch die kleineren Unternehmen behaupten sich trotz aller Schwierigkeiten. Gründe, zu einer positiven Einschätzung der Zukunft zu kommen, ergeben sich zudem aus einem einsetzenden Wertewandel in der Gesellschaft. Gestiegen ist das Bewusstsein für gute Ernährung, eine Neubesinnung hin zu einer Tafelkultur geht damit einher. Gutes Essen, gute Unterhaltung am gut gedeckten Tisch haben wieder einen Stellenwert. Das Porzellan als ökologisch hochwertige Alternative für Pappe und Papier hält Einzug bei Ketten wie McDonalds Café. Junge Designer befassen sich aus sich selbst heraus neugierig mit dem Werkstoff und seinen Möglichkeiten. Es gibt auch 2014 noch viele gute Gründe für den Glauben an die Zukunft des Porzellans – auch in Oberfranken und der Oberpfalz.

Produktfoto zur Präsentation der Neuheit Cha, eines von der italienischen Designerin Federica Capitani für Rosenthal Porzellan entworfenen, japanisch inspirierten Tee-Services, das zur Messe „Ambiente" 2014 erstmals vorgestellt wurde.

Europas größtes Spezialmuseum für Porzellan

Wer heute Porzellankultur erleben möchte, kommt am Porzellanikon nicht vorbei. In Europas größtem Spezialmuseum für Porzellan dreht sich an seinen beiden Strandorten alles um dieses Thema.

Porzellanikon
Staatliches Museum
für Porzellan, Selb
Werner-Schürer-
Platz 1
95100 Selb
Tel. 09287 / 918000

Porzellanikon
Staatliches Museum
für Porzellan,
Hohenberg / Eger
Schirndinger Str. 48
95691 Hohenberg
Tel. 09233 / 772211
www.
porzellanikon.org
info@
porzellanikon.org

Öffnungszeiten:
Dienstag bis Sonntag
10 – 17 Uhr
Faschingsdienstag
geschlossen

Insgesamt über 200.000 Exponate bilden ab, was die Menschen in der deutschen Porzellanbranche, insbesondere in Oberfranken und der Oberpfalz, in den letzten 200 Jahren geschaffen haben – Gebäude, die den Atem der Geschichte spüren lassen. Ausstellungen, die auf rund 10.000 Quadratmetern Menschen faszinieren.

Hohenberg – Faszination des Schönen

Gelegen in Hohenberg an der Eger, dokumentiert das 1982 eröffnete Mutterhaus die Geschichte der Porzellanformen und –dekore seit der Erfindung des Porzellans durch Johann Friedrich Böttger und Walther Ehrenfried von Tschirnhaus. Der Schwerpunkt liegt auf Exponaten der Porzellanindustrie aus dem deutschsprachigen Raum seit Mitte des 19. Jahrhunderts bis zur Zeit der Wende 1990. Darüber hinaus ist es stets ein Ziel, den Besuchern Neues zu bieten. Sonderausstellungen, die manchmal sogar das ganze Museum in ein neues Gewand hüllen, behandeln immer wieder Aspekte der Porzellangeschichte aus unterschiedlichsten Perspektiven. Aber auch das faszinierende künstlerische und handwerkliche Können der Manufakturisten in ganz Europa ist hier präsent, ob Meissen, Herend, Nymphenburg, Sevres und Kopenhagen.

Selb – Authenzität im Sein und Werden

Die neben der Fabrik gelegene ehemalige Fabrikanten-Villa und der 1995 eröffnete Neubau in Hohenberg an der Eger verkörpern klassische Eleganz und wertiges Ambiente stilvollen Wohnens. Die Häuser finden eine kontrastreiche Entsprechung in der früheren Porzellanfabrik in Selb, die 1867 von Jacob Zeidler gegründet wurde und 1917 durch Philipp Rosenthal nach

Oben: „Josephine Baker", Entwurf: Dorothea Charol, um 1928, Philipp Rosenthal AG, Kunstabteilung, Bahnhof-Selb, Höhe: 28 cm.
Rechts: Blick in das Porzellanikon Hohenberg und Selb (rechts).

Einblicke in 300 Jahre Produktionsgeschichte bekommt. Ehemalige Porzelliner geben dem Wissensbegierigen gern Auskunft.

Auch die technische Keramik wird nicht ausgespart: Mannshohe Mischbehälter für die chemische Industrie, Tauchformen für die altbekannten Latexhandschuhe, Elektroisolatoren und Kondensatoren und modernste Produkte für Anwendungen in der Biomedizin, Computertechnik und den Automobilbau – all dies wird von deutschen Herstellern produziert und ist hier versammelt. So zeigt dieser Teil der Ausstellung, wie die technische Keramik in vielerlei Weise den Menschen dient, ohne bemerkt zu werden. Selbstverständlich ist in dieser früheren Rosenthal-Fabrik auch etwas über die einst hier produzierende Firma zu erfahren. Ein weiterer Teilbereich präsentiert die Geschichte der Rosenthal-Marke und ihrer Produkte. In einem der „Brennhäuser", wo einst übergroße Rundöfen tonnenweise Kohle verbrauchten, reckt sich heute noch eines dieser „Ungetüme" in den über drei Stockwerke hohen Raum, der wie eine Industrie-Kathedrale wirkt. Der Besucher erhält hier einen Überblick über Design und Kunst, der von anderen Ausstellungen zu einem Porzellanunternehmen in diesem Maß kaum erreicht wird.

Porzellanikon als staatliches Museum

Zum 1. Januar 2014 durch den Freistaat Bayern übernommen, wird das Porzellanikon sich auch in Zukunft weiter positiv entwickeln können, als ein Ort der Schönheit und der Tradition, der Gegenwart und Zukunft eines Werkstoffes, der in seinen vielfältigen Anwendungen zwischen Technik und Lifestyle, Gebrauchsartikel und Kunstobjekt kaum eine Entsprechung hat.

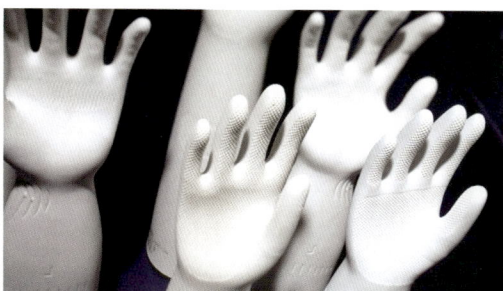

Wer weiß schon, wie Gummihandschuhe hergestellt werden? Im Europäischen Museum für Technische Keramik erfährt man es und weiß auch, warum man dafür nur auf Porzellanformen vertraut. Oben: Innenansicht Rosenthal-Museum im Porzellanikon. Rechte Seite: Außenansicht.

der Geburt seines Sohnes Philip erworben wurde. In drei unterschiedlichen Bereichen wird Porzellan als Erlebnis erfahrbar. Da ist zum einen die Herstellung des „Weißen Goldes". Das Spektrum reicht von der unscheinbaren Masse über fertig gebrannte, zunächst noch weiße Scherben bis zur wertvoll von Hand bemalten oder qualitätvoll bedruckten Ware. Lebendig wird dies in den historischen Fabrikationsräumen, wo man auf spannende Weise durch ein Ensemble von Maschinen, durch Vorführungen und Videofilme

Glanzstücke aus dem Porzellan-Erbe

Die Porzellanstraße im Fichtelgebirge

1814 gründete Carolus Magnus Hutschenreuther in Nordostbayern die erste Porzellanfabrik in Hohenberg a.d. Eger und begründete damit die Porzellantradition der Region. Im Lauf des folgenden Jahrhunderts wurde das Fichtelgebirge zum Zentrum der deutschen Porzellanindustrie, das es noch heute ist.

**Verein
Porzellanstraße**

Ludwigstraße 6
95100 Selb
Tel. 09287 / 883191
www.
porzellanstrasse.de

Die Zeugnisse dieser Tradition sind verbunden durch die Porzellanstraße, eine etwa 800 km lange Ferienstraße. Diese verläuft durch Oberfranken und die Oberpfalz von Schlüsselfeld über Bamberg, Coburg, Tettau, Selb, Waldsassen und Weiden bis Bayreuth und durch den Nordwesten Böhmens von Schirnding über Sokolov (Falkenau), Loket (Elbogen), Horní Slavkov (Schlaggenwald), Nové Sedlo (Neusattl) und Karlovy Vary (Karlsbad) bis nach Ostrov (Schlackenwerth). Entlang der Porzellanstraße kann man die lebendige und spannende Geschichte des Porzellans in Nordostbayern und in Nordwestböhmen kennenlernen. Eingebettet in atemberaubend schöne Landschaften gibt es eine Vielfalt an Traditionen, Kunst und Kultur zu entdecken. Klöster, Schlösser, Porzellanfabriken, Manufakturen, Museen und Werksverkäufe präsentieren das künstlerische und industrielle Erbe der Region. Es bieten sich unzählige Möglichkeiten, die unterschiedlichen Herstellungsschritte mitzuerleben oder gar selbst einmal Hand anzulegen, Einzigartiges und Nützliches in einem der vielen Werksverkäufe zu erwerben und von feinstem Porzellan die regionale Küche zu genießen.

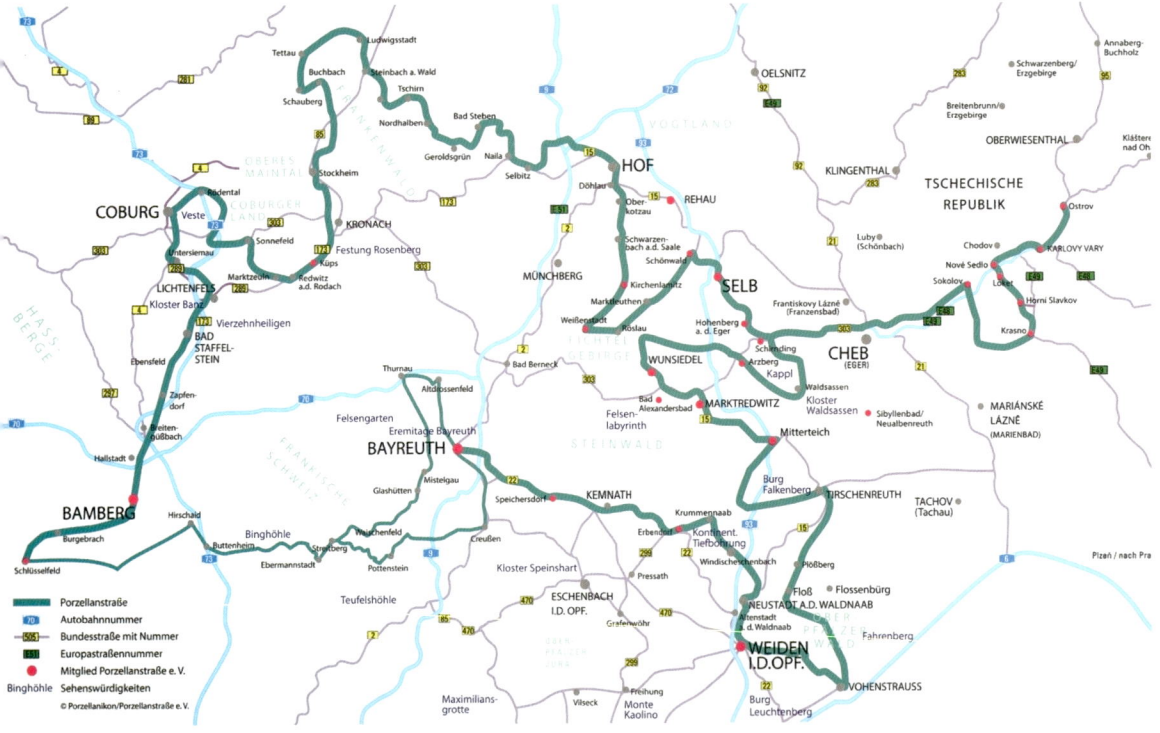

Route der Porzellanstraße in Oberfranken, Südthüringen und Tschechien.

Wahrzeichen der Porzellan-Hauptstadt Selb: die größte Kaffeekanne der Welt an der Ausfahrt der A93.

Folgt man dem Verlauf der Porzellanstraße aus dem Bayerischen Vogtland ins Fichtelgebirge, so ist Kirchenlamitz die erste Station im Fichtelgebirge. Neben der Porzellanmanufaktur Rudolf Wächter, die von 1914 bis 1974 bestand, war der Ort vor allem für sein Porzellan der Firma Winterling bekannt. Die Familie Winterling zählte ein Jahrhundert lang zu den bedeutendsten Porzellanfabrikanten im Fichtelgebirge.

Von Kirchenlamitz aus verläuft die Porzellanstraße weiter nach Weißenstadt, dem Ort, in dem 1920 die Gebrüder Dürrbeck zusammen mit dem damaligen Bürgermeister Ruckdäschel und seinen Söhnen die Porzellanfabrik Dürrbeck & Ruckdäschel gründeten. Die Porzellanfabrik bestand bis 1961. Einige ihrer Erzeugnisse zeigt neben anderen Kunstwerken das Kleine Museum – Kultur auf der Peunt, Weißenstadt (siehe Seite 200).

Weiter geht es von Weißenstadt aus über Röslau nach Schönwald, dessen Name Synonym für anspruchsvolles Hotelporzellan ist. 1879 baute J. N. Müller sein Sägewerk in eine Porzellanfabrik um und legte damit den Grundstein für die bis heute erfolgreiche Porzellangeschichte Schönwalds. Seine Söhne gründeten im Lauf der Zeit ebenfalls Porzellanfabriken in Schönwald, die nach und nach zusammengelegt wurden und schließlich Ende der 1920er Jahre mit der Porzellanfabrik Kahla aus Thüringen fusionierten. Bereits zu dieser Zeit begann Schönwald erfolgreich Hotelporzellan zu produzieren. Das Stadtbild von Schönwald wird geprägt von den einzelnen Werken der Schönwald Porzellan AG.

Einige Kilometer südlich befindet sich mit Selb die Hauptstadt des Porzellans. Sogar im Stadtbild von Selb ist Porzellan allgegenwärtig. Der rote Faden auf den Gehwegen führt vorbei an Porzellanbrunnen, Straßenschildern und Hausverkleidungen aus Porzellan und durch ein Gässchen, dessen Boden mit Porzellan gepflastert ist.

Im Selber Stadtpark kann man sich auf einer Porzellanbank mit Zwiebelmuster von Barbara Flügel niederlassen. Die umfassendsten Einblicke in die deutsche Porzellangeschichte bietet auf der Porzellanstraße das Porzellanikon – das Staatliche Museum für Porzellan in Hohenberg a.d. Eger und Selb (siehe Seite 100).

Über Schirnding geht es nach Arzberg, einer weiteren traditionsreichen Porzellanstadt des Fichtelgebirges. Bereits 1839 gründete der Hohenberger J.C.L. Aecker in Arzberg die erste Porzellanfabrik, da ihm die Gründung in Hohenberg verwehrt wurde. Seitdem wurde bis kurz nach der Jahrtausendwende in Arzberg Porzellan produziert. In Arzberg selbst zeugt die heute leerstehende Villa der Porzellanfabrikantenfamilie Schumann vom Glanz der Porzellanära der Stadt. Neben vielen anderen besonders auch für Familien geeigneten Angeboten kann man im Volkskundlichen Gerätemuseum Arzberg/Bergnersreuth etwas über die Porzellantradition Arzbergs und eine völlig andere Nutzung des weißen Goldes des Fichtelgebirges erfahren (siehe Seite 184). Auch die Festspielstadt Wunsiedel blickt auf eine über 100-jährige Porzellangeschichte zurück. 1891 gründete Bernhard Retsch seine Porzellanfabrik, die bis kurz nach der Jahrtausendwende in Wunsiedel produzierte. Mehr über die Porzellangeschichte der Stadt erfährt man im größten Regionalmuseum Bayerns, dem Fichtelgebirgsmuseum.

Interessantes zur Geschichte der Bäder- und Porzellankultur dokumentiert das Egerlandmuseum in Marktredwitz, das seine Sammlung von Porzellan-Sprudelbechern zeigt (siehe Seite 171). Die Spuren der Porzellanindustrie von Marktredwitz kann man auch auf einer Führung zu den Industriedenkmälern von Marktredwitz, die u.a. an den Villen der ehemaligen Porzellanfabrikanten vorbeiführt, entdecken. Zu den wohl bekanntesten Porzellanfirmen aus Marktredwitz gehört die bereits Anfang des 20. Jahrhunderts dem Rosenthal-Konzern angegliederte Porzellanfabrik Thomas, deren Porzellan nach wie

Junge Museumsbesucher erfahren wie sich Porzellanschlicker anfühlt und folgen der Vorführung „Wie entsteht eine Zuckerdose" im Porzellanikon – Staatliches Museum für Porzellan in Selb.

vor sehr beliebt ist. Heute ist in Marktredwitz vor allem technische Keramik zu Hause. Marktredwitz ist die letzte Station der Porzellanstraße im Fichtelgebirge.

Werksverkäufe

Neben Kunst, Kultur und Natur laden entlang der Porzellanstraße im Fichtelgebirge zahlreiche Werksverkäufe renommierter Hersteller dazu ein, den häuslichen Porzellanbestand zu vergrößern. Zu den Anbietern gehören u.a. BHS tabletop AG in Schönwald, Dibbern in Hohenberg a.d. Eger, die Porzellanfabrik König in Thiersheim, Hutschenreuther, Rosenthal, Villeroy & Boch, Barbara Flügel Porzellan, Designmanufaktur Voigt und Porcelain Art Marlene Kretzschmar in Selb (Einzelporträts s. folgende Seiten). Neben Tafelgeschirr kann man auch Dekorationsartikel und Porzellanschmuck erwerben.

Jana Göbel

Porzellanbrunnen in Selb, Gestaltung: Barbara Flügel.

Wenn Porzellanmalerei Schule macht

Für einen Bildungs- und Entwicklungsroman könnte Hans Bauers Lebensgeschichte reichlich Stoff liefern: Der in Mühlbühl geborene Fichtelgebirgler wurde mit Porzellan groß, die Türen zur Industrie standen ihm nach seiner Ausbildung bei der Firma Retsch in Wunsiedel weit offen. Dann aber – man schrieb gerade das Jahr 1958 – packte ihn der Wandertrieb.

Malschule Hans Bauer

Grötschenreuther Straße 20
95709 Tröstau
Tel. 09232 / 5611
Mobil: 0171 / 1922146
www.porzellan
-malschule.de

Kurse für Anfänger bis Fortgeschrittene finden von April bis Oktober statt. Gruppenstärke: 5 bis 6 Personen.

Wer das Handwerk des Porzellanmalers erlernen will, fängt mit kleinen, dekorativen Figuren an. Lebendig wirkende Porträts wie das unten stehende von Königin Luise von Preußen, das Hans Bauer anfertigte, sind eine große Herausforderung und erfordern großes Können.

Hans Bauer war auf der Suche nach seinem Weg. Industrielle Akkordarbeit reizte ihn nicht. Daher zog er auch nach den Gesellenjahren, die er im oberfränkischen Staffelstein und in Landstuhl in der Pfalz verbrachte, weiter. Schritt für Schritt verdichteten sich die Ereignisse zu einer biographischen Kette, an dessen Ende eigentlich nur die Selbständigkeit stehen konnte.

1980 ließ sich der umtriebige Porzellanmaler, zurück im Fichtelgebirge, in Tröstau nieder – und er blieb. Inzwischen kommen Besucher aus der halben Welt in seine Malschule, aus Korea, Japan, Italien und anderen Ländern reisen Lernwillige an, um die Techniken der Porzellanmalerei zu lernen, so wie sie eine Manufaktur, nicht aber ein industrieller Betrieb vermittelt. Hans Bauer knüpft mit seiner Malerei an das Spitzenniveau der traditionsreichen Manufakturen in Meißen und Berlin an. Wobei seine enorme Vielseitigkeit von den meisten Kollegen nicht erreicht wird – im Fichtelgebirge war und ist er ein Unikat.

Der Werdegang macht die Vielseitigkeit deutlich. Nach den Gesellenjahren arbeitete Bauer als Vergolder in einer Ludwigsburger Manufaktur, wo sich sein gestalterischer Traum erfüllte, anschließend wechselte er an die freie Kunstschule

Hans Bauer hat eine ungewöhnliche Vielfalt der Techniken und Ausdrucksmittel entwickelt – von der abstrakten, offeneren Darstellung à la Kandinsky (links) bis zum detailgetreuen Stilleben mit 1000 Einzelheiten.

in Stuttgart sowie an die dortige Kunst-akademie, Abteilung Keramik, und war sechs Jahre der Restaurator am Deutschen Keramikmuseum in Düsseldorf. Mal-kurse wurden schließlich zu des Meisters Metier, seit 1993 mit eigener Schule in Tröstau. Daran ist ein kleiner Vertrieb von Fachartikeln angeschlossen. Weltweit nur hier erhältliche, nach einem geheimen

fünf Minuten entstehen kann, braucht das Bildnis einer Person mindestens eine Woche, bis Schmuck und Kleidung sauber ausgearbeitet sind, der Stoff flauschig wie im Original erscheint, der Schmuck gol-den glänzt. Viel Feinarbeit, eine Nerven-sache. „Man braucht viel Geduld", meint Bauer, Jahrgang 1939. Beweisen muss er sich ohnehin nichts mehr. Gewürdigt wurde seine Arbeit bereits mit mehreren Ausstellungen und einem ersten Preis bei einem internationalen Wettbewerb 1996 in Yverdon-les-Bains (Schweiz).

Rezept hergestellte Porzellanfarben sind Bauers Spezialität.

Porträt als Maß aller Dinge

Von Blumen und Landschaften über Stillleben bis zum Porträt meistert der in Tröstau aufgewachsene Maler souve-rän sämtliche Schwierigkeitsgrade, die man sich vorstellen kann. Sein Können beschränkt sich im Unterschied zu anderen Porzellanmalern nicht auf ein Spezialgebiet wie etwa Blumen oder Früchte, sondern umfasst neben der naturalistischen Darstellung auch die abstrakte Komposition. Die Kunst des Porträts ist und bleibt für ihn jedoch das Maß der Dinge. Während eine Blume in

Von der Poststation zum urigen Stüberl

Einst befand sich das Poststüberl im Zentrum von Tröstau. Mit dem Bau der Bundesstraße rückte das Haus in die zweite Reihe, dafür aber auch weg von der unruhigen Durchfahrtsstraße. Nicht nur das, sondern auch der richtige Besitzer war sein Glück.

Hans Bauer übernahm das urige Wirtshaus und rettete es mit viel Fingerspitzengefühl für den alten Charme ins 21. Jahrhundert. Davon sind auch die internationalen Gäste angetan.

1991 erwarb Hans Bauer das aus dem 18. Jahrhundert stammende Haus von der Gemeinde Tröstau, zusammen mit seiner damaligen Frau Rosemarie. Bei der Renovierung legte der Inhaber selbst Hand an. Gewiss, in der alten Wirtsstube wirkt nicht alles zu hundert Prozent ordentlich. Aber das gehört für Hans Bauer und seine Gäste dazu. „Es muss sauber sein, aber nicht klinisch", lautet seine Einstellung. Besucher aus Korea und Japan, die wegen der Malkurse hier sind, lieben die urgemütlich-knarzige Atmosphäre. Besonders auch Golfer schätzen den Ort und sitzen mitunter in zwei Reihen um den Stammtisch, um sich am Kachelofen zu wärmen. Typisch fränkisch sind die Biere, heimelig der umgebaute Kuhstall mit der Gewölbedecke, der für Feiern genutzt wird, und

der kleine Biergarten – zuvor befand sich hier auch ein landwirtschaftliches Gut. In der alten, bis 1979 betriebenen Küche gab es vor der Neueröffnung im Jahr 1993 nur Brotzeiten, die die Gäste zumeist in der Küche sitzend verspeisten.

Inzwischen ist der Betrieb zeitgemäßer geworden: Die Küche ist aus Edelstahl, die Pizza kommt aus dem Steinofen und das Bier aus Wunsiedel sowie aus Irland (Guinness). Am Herd steht Rosemarie Bauer, für Feierlichkeiten bereitet sie auf Vorbestellung (ab 6 Personen) spezielle bayerische Gerichte zu. Wer authentisch Fränkisches bevorzugt, muss sich an die Brotzeiten halten.

Zum Poststüberl
Grötschenreuther
Straße 7
95709 Tröstau
Tel. 09232 / 70371

Öffnungszeiten:
Täglich außer Montag
ab 17 Uhr

Beim Betreten der Kneipe grüßt der Postillon. Hans Bauer hat die Figur historisierend samt Handy auf Porzellan verewigt.

Neue Ideen, farbenfrohes Design, guter Klang

Um sich von der Qualität des Porzellans zu überzeugen, helfen nicht nur Augen und Hände. Was das FARBWERK-Porzellan optisch verspricht, bestätigt sich beim Hören.

Farbwerk-Shop GmbH
Landgrafweg 5
95632 Wunsiedel
Tel. 09232 / 994565
www.
farbwerk-shop.de
info@
farbwerk-shop.de

Bei einem Löffelschlag gegen die Tasse, erzeugt das Porzellan einen hochfeinen Klang. Ob Tassen, Teller, Zuckerdosen, Milchkännchen oder Gourmand-Platten – liebevoll pflegt FARBWERK alte Handwerkstraditionen und macht mit frischen Ideen Lust auf mehr. Jedes Stück aus der Kollektion ist ein Unikat: farbenfroh, formschön und von erlesener Qualität.

Die spielerisch wirkende Gestaltung hängt eng mit der Ideenfindung zusammen. Angelika Nürnberger, Geschäftsführerin der Farbenwerke Wunsiedel, stieß die Entwicklung an. Als die Farbenwerke Wunsiedel – nicht zu verwechseln mit der jungen Eigenmarke FARBWERK –

2008 ihr 100-jähriges Bestehen feierten, wünschte sie sich ein exklusives Geschenk für die Firma: hochwertiges Porzellan aus der Region. Bei einem Glas Wein ersann sie mit der befreundeten Porzellandesignerin Barbara Flügel, wie das Produkt aussehen könnte. Aus dem Farbkreis, der das Logo des alten Unternehmens bildet, entstand ein durchgängiges Stilelement: ein markantes Dreieck, das an ein Tortenstück erinnert und einmal als Henkel, ein andermal als herausgehobenes Erkennungszeichen vorkommt. Die Kunden können bislang aus bis zu sieben Farben wählen, Farbe und Teile beliebig kombinieren und alles nach eigenen Vorlieben zusammenstellen.

Sonderproduktionen nach Kundenwunsch sind möglich. „Das alles geht nur dank aufwendiger Handarbeit. Eine Serienproduktion würde diesen Spielraum gar nicht zulassen", kommentiert Angelika Nürnberger das Verfahren.

Die Qualität beginnt beim Rohstoff. Die FARBWERK-Kollektion besteht aus hochwertigem deutschen Hartporzellan. Dafür verwendet Barbara Flügel in ihrer Manufaktur in Schönwald bei Selb ihre eigene Rezeptur aus Feldspat, Quarz und Kaolin plus ein paar geheime Zutaten, die die besondere Schönheit und Haltbarkeit ausmachen.

Das FARBWERK-Porzellan wird bei 1400 Grad gebrannt und bekommt dadurch seine absolute Dichte. Beim Brennen wird es rund 14 Prozent kleiner. Es sintert dicht und erhält dadurch einen schönen Klang. Für die Farben verwendet die Manufaktur spezielle, aufwendig produzierte Drucke, die bei 840 Grad eingebrannt werden. Das macht sie nicht nur leuchtend und brillant, sondern auch haltbar, spülmaschinengeeignet und außer bei Platin- und Goldporzellan auch mikrowellentauglich. Seit 2013 sind die Unikate im Handel erhältlich und beleben die regionale Porzellanbranche. Zu den Verkaufsstellen zählen Teschner's Restaurant bei der

Luisenburg, Naturkost „Feldmaus" in Wunsiedel und das Hotel Alexandersbad. Vertrieben werden die Produkte zudem über einen Internet-Shop, den ein junges Team in Eigenregie managt.

Offen für Querdenker

Das Start-Up FARBWERK hängt mit dem „Mutterunternehmen" Farbenwerke nicht nur unter dem Aspekt der Farbe zusammen. Gutes Miteinander und Vielfalt bestimmen auch die Kultur des 1908 gegründeten Familienunternehmens, das sich auf Granulate und Pulver für die Kunststoff verarbeitende Industrie spezialisiert hat. Farbenwerke pflegt dabei das Prinzip der kreativen Offenheit: Jeder Mitarbeiter hat die Möglichkeit hier Aufgaben aus ganz unterschiedlichen Fachbereichen zu übernehmen. Hierarchien werden vermischt. Bei der FARBWERK-Kollektion wird das Prinzip des Querdenkens sinnlich erfahrbar.

Angelika Nürnberger, Geschäftsführerin der Farbenwerke (rechts), und Porzellankünstlerin Barbara Flügel lauschen hier mal nicht dem edlen Klang des hochwertigen Porzellans, sondern demonstrieren, welch gute Laune das bunte Geschirr macht. Im Bild oben ist schön zu erkennen, wie auch einfache, kleine Gerichte dank des Designs mit dem Dreieck liebevoll dekoriert erscheinen.

Schweizer Bäckerei

von Beate Roth, Food-Stylistin

Zutaten Teig

300 g Butter	
150 g Puderzucker	
1 Messerspitze Salz	
400 g Mehl	
40 g Kakao	
2 cl Rum	

Füllung dunkel

100 ml Sahne	
150 g dunkle Kuvertüre, fein geschnitten	

Füllung hell

75 ml Sahne	
150 g weiße Kuvertüre, fein geschnitten	
Grand Marnier	
Johannisbeergelee,	
mit Creme de Cassis verrührt	
abgezogene Mandeln	
Zuckerguss	
Zucker	
Marzipan, mit Grand Marnier vermischt	
Weiße Kuvertüre	

Zubereitung

Für den Teig alle Zutaten außer Kakao und Rum zu einem glatten Teig verkneten. Den Teig halbieren. In eine Hälfte Kakao und Rum einarbeiten. Beide Teile in Folie packen und mindestens 1 Stunde kühl stellen, dünn ausrollen und in Tartelettförmchen füllen. Mit Hülsenfrüchten blindbacken. Für beide Füllungen die Sahne aufkochen und die Kuvertüre unterrühren. Mit dem Pürierstab homogenisieren.

Die hellen Tartelettes mit einem Klecks Johannisbeergelee füllen. Die dunkle Creme einspritzen. Mit heller Kuvertüre garnieren. In die dunklen Tartelettes etwas Marzipan geben und die helle Creme einspritzen. Die abgezogenen Mandeln in Zuckerguss tauchen und im Zucker wenden. Mit einem Klecks schwarzer Kuvertüre auf das Gebäck setzen.

Figuren und Experimente

Jede kleine Porzellanmanufaktur hat ihre eigene Handschrift, mit Feinheiten und Raffinessen, die sich nicht kopieren lassen. Faszinierend, wie sich mit begrenzten Mitteln unendlich viele Formen herstellen lassen.

**Porcelain Art
Marlene
Kretzschmar**

Vielitzer Str. 26
95100 Selb
Tel. 09287 / 998899
Mobil: 0160 /
92451244
www.porcelain-art.de
info@porcelain-art.de

Öffnungszeiten:
Montag – Freitag
10 – 18 Uhr
Samstag
10 – 16 Uhr

Die Formenentwerferin Marlene Kretzschmar erlebt das genauso wie auch die Menschen, die ihre Figuren, ihren Schmuck und ihre experimentellen Objekte kennenlernen.

Die Vielseitigkeit erforderte viele Jahre Aus- und Weiterbildung: sieben Jahre lang lernte Marlene Kretzschmar das Handwerk, von der Porzellandruckerin über die Figurenkeramformerin zur staatl. geprüften Modelleurin und anschließend zur staatl. geprüften Formengestalterin, mit Abschluss an der Porzellanfachschule in Selb. Ein Job in der Industrie wäre eine Option gewesen, das aber lockte sie nicht. Es war die Sinnlichkeit des Werksstoffs, der sich so schön anfühle und in der Handarbeit „kleine, schöne Unregelmäßigkeiten" aufweise, der sie nicht mehr losließ.

Ihre Werkstatt hat sie hinter ihrem Laden im Factory In Outlet Center eingerichtet. Hier entwirft und modelliert sie Dinge am liebsten „frei Auge" statt durch exakte Berechnung. Das gilt auch für die aus mehreren Einzelteilen zusammengesetzten Figuren, bei denen nicht nur die gute Form, sondern auch die Statik eine Herausforderung darstellt. Mehrere Gussformen sind für die Figuren nötig. Nach dem Modellieren ist hierfür der Modelleinrichter, Horst Mähner, dran. Ist der Brand fertig, vollendet die Porzellanmalerin Angela Schmidt die Ausführung. So spezialisiert und aufwendig die Arbeit ist, so hochwertig sind die Ergebnisse.

Für den bayerischen Landtag fertigte Marlene Kretzschmar auf diese Weise auch eine Serie der renommierten Löwen in Porzellan – das ehrt nicht nur die Personen, denen das Porzellan überreicht wird, sondern auch die Hersteller.

Als Ausgleich zu Auftragswerken und figürlichen Arbeiten nutzt Marlene Kretzschmar die experimentellen Formen, um sich zu entspannen. Angestrengt wirkt jedoch keines ihrer Stücke. Zumindest ist der Meisterschaft die Anstrengung nicht mehr anzusehen.

Filigrane Handarbeit, geduldiges Formen und Bauen bringen Figuren wie diese hervor: links im Bild der bayerische Löwe für den bayerischen Landkreistag, oben die eleganten Geparde, aus denen Marlene Kretzschmar ein außergewöhnliches Schachspiel gestaltet hat.

Experten für Grafik und Form

In nahezu allen Lebensbereichen, von der Tapete über die Fliese bis zum kompletten Fahrzeug, werden ständig neue Designlösungen gesucht. Wo immer Produkte neu erfunden und gestalterisch neu definiert werden, sind die Absolventen der Staatlichen Berufs- und Fachschule für Produktdesign Selb gefragte Partner und Mitarbeiter.

Stoffdesign mit Anleitungsbuch zum Selbernähen.

Variables Schlaf- und Transportsystem für PKW-Kombis.

**Staatliche Fach-
schule für Produkt-
design Selb**
Weißenbacher Str. 60
95100 Selb
Tel. 09287 / 8827700
www.bsz-selb.de
info@bsz-selb.de

Die Fachschule für Produktdesign mit dem historischen Namen „Johann-Friederich-Böttger-Institut" besteht seit 1909 und war viele Jahrzehnte eine zentrale Ausbildungsstätte für die Porzellanindustrie. Der Kommerzienrat Rosenthal zählte in den frühen Jahren zu den wichtigsten Förderern der Schule. Bedingt durch den Strukturwandel der Branche veränderte sich auch die Ausrichtung der Ausbildung hin zum allgemeinen Produktdesign. Die Architektur des Schulhauses spiegelt die Weiterentwicklung wider. Der älteste Teil wurde nach einem Entwurf des Architekten Prof. Fritz Klee, der gleichzeitig erster Schulleiter war, gebaut und 1921 eröffnet. Die architektonische Qualität setzt noch

heute, nach mehreren Um- und Anbauten wohltuende Akzente gegenüber der Ödnis gewerblicher Zweckbauten.

Heute ist die Schule ein international angesehenes Zentrum für innovative Produktgestaltung, Industriedesign und Designmodellbau. Die enge Vernetzung mit zahlreichen Unternehmen und die projektorientierte Ausbildung prägen das Profil. Talentierte Bewerber werden in vier Jahren zum „Staatlich geprüften Produktdesigner" ausgebildet. Zugangsvoraussetzungen sind der Nachweis der Mittleren Reife, Fachabitur oder Abitur und das Bestehen einer zweitägigen künstlerisch-gestalterischen Eignungsprüfung.

Die Ausbildung fordert Teamkompetenz, Eigenständigkeit sowie die Fähigkeit, analytisch und planvoll vorzugehen. Nach einem Jahr gemeinsamer Ausbildung kann der eigenen Befähigung entsprechend eine von drei Ausbildungsrichtungen gewählt werden: dreidimensionales Gestalten, zweidimensionales Gestalten oder Inhalte beider Richtungen. Ein wesentliches Ziel

Thema „Mobilität 2028", Fahrzeugstudie mit alternativem Antrieb.
Bild unten:
Thema „BMW M1", Proportionsfindung im Rahmen eines BMW-Workshops.

Experimentelle Produktentwicklung – nützliche Dinge aus Tapete.

Funktionsfähiges Lautsprechersystem in Zusammenarbeit mit der Firma Loewe.

der Ausbildung ist es, die Wirkung von Bild- und Formensprache kennenzulernen. Gleichzeitig müssen die Auszubildenden die handwerklich-technischen Kenntnisse entwickeln und beherrschen, damit sie ihre Ideen zielgerichtet in reale Produkte verwandeln können.

Zum Schulleiter wurde im Herbst 1998 Dr. Bernhard Nitsche ernannt. Unter seiner Leitung wurde die ab September 1997 begonnene Generalsanierung der Räume abgeschlossen. Dr. Bernhard Nitsche knüpfte zudem an die Tradition der Schule aus den 1950er und 60er Jahren an: Für die keramische Industrie können mit modernsten Geräten unabhängige Analysen erstellt werden, darunter auch Korngrößenbestimmungen mit der Lasermethode und thermophysikalische Untersuchungen an Rohstoffen und Massen.

Besuch von Paloma Picasso

Ein besonderes Ereignis im Jahr 1997 war der Besuch von Paloma Picasso. Als großzügiges Gastgeschenk überreichte sie eine CAD-Computerausstattung. Mit Unter-

stützung von Sponsoren und dem „Verein der Freunde des Johann-Friedrich-Böttger-Institutes" wurde die Basisausstattung in den folgenden Jahren erweitert.

Sehr sehenswert ist die Absolventenausstellung, die jedes Jahr im Juli stattfindet und eine Woche dauert. Sie hat nicht nur für fachlich Interessierte, sondern für ein breites Publikum Erstaunliches zu bieten. Die meisten Absolventen machen anschließend Karriere in der Industrie.

Wellness-Design für Individualisten

In Deutschland gefertigtes Hartporzellan hat alle Eigenschaften, die exzellentes Material ausmachen: schön und edel in der Ausstrahlung, in seiner Substanz extrem robust, pflegeleicht und langlebig. Für den Einsatz in der Architektur hervorragend geeignet – frostsicher für außen, nicht zuletzt aber auch für innen.

Das Unternehmen whitepool aus Schönwald kombiniert die Vorzüge des Materials mit beispielhafter Kreativität und hohem technischen Verständnis, um außergewöhnliche Projekte zu realisieren und dem Porzellan völlig neue Möglichkeiten zu eröffnen, jenseits der Tischkultur und dem Bereich der Accessoires.

Weltneuheit

Hinter whitepool steht die aus Selb stammende Designerin Barbara Flügel, die an der Fachschule für Produktdesign und Prüftechnik studierte und seither immer auch architektonische Anwendungen aus Porzellan entwickelt hat. Beispiele dafür sind der große Stadtbrunnen in Selb, das bekannte Porzellangässchen in der Stadt, das große Schachbrett im Park und viele wirklich individuell gestaltete Luxusbäder im In- und Ausland. Mit whitepool betrat

sie Neuland und kreierte das weltweit erste Design für einen Swimming Pool mit Porzellanfliesen.

Die Kompetenzen des Unternehmens erstrecken sich dabei nicht nur auf die Ideenfindung, sondern auch auf die Realisierung.

Ein Team von rund 20 Mitarbeiterinnen und Mitarbeitern entwickelt die Visionen der Architekten, Interior Designer und anspruchsvollen Individualisten – mit all dem Charme der echten Handarbeit. „Diese Form der Handarbeit gibt mir die einmalige Möglichkeit, wirklich auf die Wünsche meiner Kunden einzugehen", so Barbara Flügel. Der akribische Umgang mit hochwertigen Rohstoffen, der komplizierte Brennvorgang bis 1400 Grad und die Erfahrung im Design garantieren Echtheit und Qualität aller Objekte: Swimming Pools, Bäder und Wellnessan-

Wasserwand mit vertikaler Pflanzgestaltung und Löwenkopf-Speier.

„ALL YOU NEED IS LOVE" – Detailbild des Swimming Pools.

Luxus Swimming-Pool – Es gibt viele gute Gründe, sich für Porzellan in der Architektur zu entscheiden, gerade im Aussenbereich – das Material ist unempfindlich, absolut pflegeleicht, frostsicher, durch gezielten Einsatz von Glasur und Relief sogar rutschfest und nicht zuletzt von bestechend schöner Eleganz.

lagen. Jedes ist individuell gestaltbar in Form, Farbe und Relief, ob mit Lieblingsblumen, Familienwappen oder einem schönen Schriftzug – am Ende steht der Ausdruck individueller Persönlichkeit. Das weiße Porzellan wirkt edel und zeitlos elegant. Faszinierende Lichtspiele lassen den Alltag vergessen. Integrierte Porzellanschienen mit RGB-LED-Bändern setzen den Porzellanraum ins richtige Licht – farblich brillant, langlebig, sparsam im Verbrauch. Kommt nun noch das Medium Wasser hinzu, wird die Stimmung sofort leicht und entspannt.

Eine andere Methode der Farbgestaltung ist das klassische Dekorieren in Auf- und Unterglasur. Die Projekte können im privaten oder auch im öffentlichen Raum umgesetzt werden, sie können dezent, aber auch luxuriös sein. Alles – außer gewöhnlich.

whitepool
Schützenstr. 20
95173 Schönwald
Tel. 09287 / 78099
www.whitepool.com
info@whitepool.com

Termine nach
Vereinbarung

Es bleibt, was sich ändert

Umnutzung
von Industriegebäuden

von Peter Kuchenreuther

Verlust von Wirtschaftskraft, Verlust von Arbeitsplätzen, Verlust durch Abwanderung. So einfach kann man den Strukturwandel der ehemals so großen Industrieregion im Nordosten Bayerns beschreiben. Einst noch dichter industrialisiert als das Ruhrgebiet, hat sich die Wirtschaft stark gewandelt.

Wer die Krise als Chance sieht, kann daraus wieder Gewinn schöpfen. Gewinn an innovativen Arbeitsplätzen, Gewinn an qualitätsvollen unverwechselbaren Wohnformen, an einer tollen, lebenswerten Landschaft.

Der Blick vom nahe gelegenen Aussichtshügel auf das Granitlabyrinth Epprechtstein lässt die wunderbare Zeichenhaftigkeit des alten Symbols erkennen.

Lösungsansätze, wie mit dem Bestand umgegangen werden soll, findet man viele. So bot sich für regionale Firmen, die nicht vom Strukturwandel betroffen sind, die ideale Möglichkeit einer direkten Übernahme von Produktions- und Lagerflächen, um ihren Standort zu sichern. Viele der Gewerbeflächen sind jedoch mit dem Produktionsstandort individuell gewachsen und nicht direkt durch eine artfremde Nutzung zu belegen. Somit sind Konzepte gefragt, die flexible Nutzungen der großen Komplexe erlauben, die wiederum nur mit einer Gesamtstrategie erfolgreich sein können. Das Entwurfskonzept heißt somit nicht nach Mies van der Rohe „form follows function", sondern umgekehrt „function follows form". Vieles muss hier, bei der äußerst komplexen Herangehensweise ineinandergreifen. Wo dieser ganzheitliche und flexible Ansatz jedoch umgesetzt wird, hat sich der Erfolg eingestellt. Drei herausragende Beispiele veranschaulichen das.

Von der Steinhauerei zum Granitlabyrinth

Als Aushängeschild aller öffentlichen Maßnahmen ist das Porzellanikon in Selb zu sehen, das sich als staatliches Museum in einer bestehenden Fabrik befindet. Hier wurde großer Wert darauf gelegt, die Geschichte der Porzellanindustrie und der Produktion in authentischen Räumen zu dokumentieren, sodass die Bausubstanz im Großen und Ganzen erhalten wurde.

Einen fundamental anderen Ansatz verfolgt dagegen das Granitlabyrinth am Epprechtstein. Hier entschied man sich für einen Rückbau der maroden Bausubstanz und einer Neuinterpretation der Themen der Steingewinnung und Verarbeitung, die eine der wirtschaftlichen Kernkompetenzen des Fichtelgebirges darstellen. Viele Erzeugnisse haben zu bedeutsamen kulturellen Bauten auf der ganzen Welt ihren wertvollen Beitrag geleistet.

Der Ort, an dem das Labyrinth errichtet wurde, war eine ehemalige „Steinhauerei" am Fuße des Epprechtsteins. Von hieraus wurden die rohen Granitblöcke von den Steinbrüchen bearbeitet und per Bahnlinie weitertransportiert. Da das wirtschaftliche Weiterführen des Betriebs nicht möglich war, übernahm die Stadt Kirchenlamitz das Gelände und entwickelte es weiter. Ideengeber war dabei der Künstler Willi Seiler, selbst Steinbildhauer und erfahrener Lehrer an der Fachschule für Steinbearbeitung in Wunsiedel.

Inspiriert von den Blöcken des Steinbruchs und beseelt von der Idee des Labyrinths, entstand ein Novum im Bereich der LandArt, eine begehbare Skulptur, die in ihrer Konzeption auf eine jahrhundertelange, religiöse und kulturelle Tradition zurückgreifen kann und sich darüber hinaus mit dem Ort und seiner Geschichte beschäftigt.

Das in seinem Grundriss quadratische Labyrinth hat fünf Umgänge und eine Ausdehnung von 34 x 34 Metern. Durch ein erkennbares Achskreuz ist es in vier Quartiere eingeteilt, die auf dem Weg zum Zentrum zu durchschreiten sind. Dieser Weg wird von 180 großen Granitquadern gerahmt und führt zur Mitte, die von einem 5 Meter hohen Obelisk markiert ist. Durch die Vernetzung mit dem lokalen Steinbruchrundwanderweg, zusätzlichen, überregionalen Rad- und Wanderwegen und der ansässigen Gastronomie wird das Granitlabyrinth Epprechtsein zu einem überregional attraktiven touristischen Ausflugsziel.

Kletterhalle im Zuckerhut

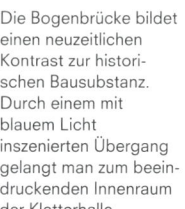

Neben den öffentlichen Nutzungen trägt eine Vielzahl individueller Initiativen zum Weiterbestehen der historischen Bausubstanz bei. So hat der in Wunsiedel ansässige Arzt und Kardiologe Dr. Roman Lebek seiner Leidenschaft Ausdruck gegeben und ein präventives, medizinisch orientiertes Trainingszentrum eröffnet: die „Vitalscheune". Der erste Bauabschnitt befand sich bereits in bestehenden landwirtschaftlichen Gebäuden, die umgenutzt wurden. Als Erweiterung stand das ehrgeizige Projekt an, eine Kletterhalle zu installieren. Daraufhin wurde in unmittelbarer Nachbarschaft eines der höchsten Gebäude in Wunsiedel untersucht, um die Tauglichkeit hinsichtlich der vorhandenen Höhen zu prüfen. Bei dem Gebäude handelt es sich um einen Bau aus dem Jahr 1811. Zu der damaligen Zeit gelangte durch die von Napoleon verhängte Kontinentalsperre Zucker auf alternativen Wirtschaftswegen nach Wunsiedel, der in dieser ersten industriellen Anlage, der alten Zuckerfabrik, verarbeitet wurde. Im Folgenden durchlief das Gebäude die abenteuerlichsten Nutzungen und stand zum Schluss als Wohnungsbau lange Zeit leer. Zusammen mit der Denkmalpflege wurde ein Konzept erarbeitet, das den Bau einer großen Halle in der vorhandenen Bausubstanz ermöglichte. Die Strategie bestand darin, Geschossdecken wegzunehmen, um die kleinteilige Bausubstanz in eine großzügige Architektur zu überführen. Es entstand ein riesiger, 16 Meter hoher Innenraum, der einen wunderschönen Dialog zwischen der historischen Substanz und den neuzeitlichen Wänden der Kletterhalle bildet. Funktional war eine Verbindung der beiden Gebäudeteile erforderlich. Diese Notwendigkeit wurde mit einer

großen Geste, einer Bogenbrücke gemeistert. Von außen weist die Brücke neue Materialien auf, geht jedoch durch die abgestimmten Farbelemente eine Einheit mit dem mächtigen, massiven Bestand ein. Im Innenbereich bildet die Brücke einen spannenden Auftakt: Über den geschwungenen, introvertierten Treppenlauf in markantem blauen Licht gelangt man in die überwältigende Halle, die man nicht nur gesehen, sondern auch erklettert haben darf.
www.kletterhalle-zuckerhut.de

Die ursprünglichen Standorte der Textil- und Porzellanproduktionen sind für die Zwecke der REHAU AG + Co umgenutzt worden und präsentieren sich mit zeitgemäßer Architektur. Oben: Ausbildungszentrum im Ziegelbau, unten: Raumsituation in der ehemaligen Fabrik Zeh-Scherzer vor und nach der Sanierung.

REHAU AG + Co

Wegweisender Umgang mit alter Bausubstanz. Der Kunststoffverarbeiter REHAU AG + Co ist ein mittelständisches Unternehmen mit internationalen Standorten. Die Firma mit Stammsitz in der Stadt Rehau hat sich entgegen dem Strukturwandel der Textil- und Porzellanproduktion stabil weiterentwickelt und stellt heute eines der größten und innovativsten Unternehmen der Region dar. Insofern ist es Teil der Unternehmensphilosophie, sich zum Standort zu bekennen und die Expansion vor Ort voranzutreiben. Entstanden sind einige beachtenswerte Gebäude, die als wegweisend für den Umgang mit vorhandener Bausubstanz zu betrachten sind.

Die ehemalige Fabrik „Zeh-Scherzer" wurde zur Büronutzung in einen komfortablen Kommunikationsraum umgewandelt, der keinen Vergleich mit internationalen Firmen zu scheuen braucht. Die industrielle Bausubstanz wurde bewusst erhalten. Es entstand eine offene Bürolandschaft. Zusätzlich wurde hier noch das Kommunikationszentrum Rehau Art installiert, das dem kulturellen Engagement der Firma Ausdruck verleiht.

Eine interessante Weiterentwicklung eines bestehenden Industriegebäudes stellt das Ausbildungszentrum dar. Funktional betrachtet wurde ein neuer Zugang und eine große Aula für die Auszubildenden geschaffen, architektonisch wurde das Gebäude jedoch von der bestehenden Struktur aus transformiert, sodass die neue Formensprache in das prägende Ziegelmauerwerk eingebunden wurde. Im Inneren sind die Räume hell und modern gestaltet. Sie entsprechen zudem jeglichen bautechnischen und energetischen Anforderungen.

Das Gebäude ist ein Ort für die Zukunft des Unternehmens. Hier wird in die jungen Menschen der Region investiert, um den Standort langfristig zu sichern und positive Zeichen zu setzen. Mittlerweile haben weitere Firmen erkannt, dass die Qualität in der architektonischen Gestaltung im Zusammenhang mit der Firmenphilosophie ein weicher Standortfaktor ist, um für die Mitarbeiter attraktiv zu sein.
www.rehau.de

Inspirierendes Design

Porzellan und Accessoires für den gedeckten Tisch haben wie Kunstprodukte oder ein gutes Essen auch einen Eigenwert, der über die reine Nützlichkeit hinausgeht.

Rosenthal GmbH und Rosenthal Outlet Center

Philip-Rosenthal-Platz 1
95100 Selb
Tel. 09287 / 72490
www.rosenthal.de
rosenthal.shop@
rosenthal.de

Öffnungszeiten
Montag – Samstag
10 – 18 Uhr
Verkaufsoffene
Sonntage:
siehe Webseite
des Rosenthal Outlet
Center

Fabrik Café
www.fabrik-cafe.de
Tel. 09287 / 95647-90

Die Produkte der Rosenthal GmbH stehen seit jeher für Ästhetik und guten Geschmack. Auch heute, wo Haushaltsartikel zu einer Massenware geworden sind, hebt sich das Rosenthal-Design durch abwechslungsreiche und innovative Formensprache ab. Das findet im Selber Outlet Center des Unternehmens seine Entsprechung, wo sehr viel mehr und zugleich anderes im Angebot ist als in den Regalen von Fachhandel und Kaufhäusern.

Die Stärke in Sachen Design hat Tradition: Seit der Gründung durch Philipp Rosenthal im Jahr 1879 ist das Unternehmen mit Formen und Dekoren richtungweisend. Bereits 1910 wurde die Produktion um eine Kunstabteilung für die Herstellung figürlichen Porzellans erweitert. Was die hohe Anerkennung der Marke unterstreicht: Eine Kunstabteilung war bis zu dem Zeitpunkt kö-

niglichen und fürstlichen Manufakturen vorbehalten. Der Sohn des Firmengründers, Philip Rosenthal, machte das Unternehmen nach dem Zweiten Weltkrieg zu einem führenden Hersteller im Bereich Porzellandesign. Weit über 150 Künstler, Designer und Architekten, unter ihnen große Namen wie Walter Gropius, Bjørn Wiinblad, Jasper Morrison, Konstantin Grcic und Patricia Urquiola haben bis heute innovative wie avantgardistische Kollektionen für Rosenthal entworfen und damit den Ruf des Unternehmens als „Vorreiter im Design" gefestigt und weiterentwickelt.

Nach einer umfassenden Strukturkrise der Porzellanbranche, die bereits in den 1980er Jahren begann, folgte die Konsolidierung, bei der Rosenthal sein Markenportfolio Schritt für Schritt erweitern konnte. Das Unternehmen entwirft seit 1992 zusammen mit dem Mailänder Modeatelier Versace einzigartige Lifestyle-Kollektionen,

Getreu Philip Rosenthals Motto „Kultur für alle" findet auch Kunst im Rosenthal Outlet Center einen Platz, vor allem aber Porzellan mit wegweisendem Design. Im Bild links: Plakat eines Werkes von Marcello Morandini. Weitere Bilder: Porzellan-Objekte von Rosenthal.

Freizeitbekleidung von Trigema, Frottierware von Vossen, Accessoires von Lambert, Metallwaren von WMF und vieles mehr. Ob zeitloses Porzellanservice, edles Besteck oder elegantes Wohnaccessoire – die Auswahl an hochwertigen Produkten, die 30 Prozent und mehr günstiger sind, ist groß.

Das Outlet Center ist dabei auch ein Glücksfall architektonischer Umnutzung. Die Werkshallen des ehemaligen Rosenthal-Fabrikgebäudes wurden hierfür nach 2009 für eine gute Million Euro renoviert. Das Industrie-Flair blieb erhalten, Kontrapunkte lockern das Bild auf: Sitzgelegenheiten mit Lesesofas, eine Kinderecke, Kunst an den Wänden, Schauobjekte aus der ehemaligen Produktion… Der Aufenthalt lässt sich im „Fabrik Café" dank wechselndem Mittagstisch, kleinen Speisen und Kaffee in guter Qualität verlängern. So viel Tischkultur und Design machen Appetit.

kooperiert seit 2002 mit der amerikanischen „Andy Warhol Foundation" und erwarb im Millenniumsjahr die traditionsreiche Marke „Hutschenreuther". Auch die trendige Marke „Thomas" mit ihren farbenfrohen wie praktischen Geschirrserien gehört seit vielen Jahren zum Unternehmen. Seit August 2009 ist Rosenthal Teil der Sambonet Paderno Gruppe, italienischer Marktführer in der Produktion hochwertiger Designartikel für Tisch und Küche, sowohl für Privathaushalte als auch Hotellerie. 2014 übernahm der Geschäftsführer der Rosenthal GmbH, Pierluigi Coppo, den insolventen Porzellanhersteller „Arzberg".

Das Rosenthal Outlet Center in Selb vereint folglich eine Vielzahl an Marken aus dem Premiumsegment Wohnen und Leben unter einem Dach, neben den genannten Eigenmarken der Gruppe auch passende Fremdmarken: Bettwäsche von Bassetti, Sport- und

Erleben, einkaufen, genießen – Der Besucher erhält nebenbei auch Einblicke in die Industriegeschichte und kann im Fabrik Café (im Bild) eine Auszeit nehmen.

121

RONA Deutschland
Heinestr. 6
95100 Selb
Tel. 09287 / 9988489
(Werksverkauf)
www.ronaglas.de
werksverkauf@
ronaglas.de

Öffnungszeiten:
Montag bis Freitag
10 – 18 Uhr
Samstags
9 – 16 Uhr

Kompetenz in Glas seit 1892

Seit es Gläser gibt, ist ihre Form im Wandel, und was eine gute
Form ausmacht, hängt von vielen Faktoren ab. Während manche
Gläser speziell dafür gemacht sind, Design zu leben oder dem
Weingenuss zu frönen, sind im alltäglichen Haushaltsbereich
schlichtere Produkte gefragt.

Gastronomen und Hoteliers wollen mit
Blick auf die dauerhafte Nutzung robuste,
beständige und nach wiederholtem
Einsatz noch brillante Gläser. Die einen
wie die anderen Kundengruppen werden
bei RONA fündig. Der Hersteller führt
ein erstaunlich breites Sortiment, sowohl
mundgeblasenes Glas als auch maschinell
gefertigte Serien. Von Selb aus betreut
eine Tochtergesellschaft des Mutterun-
ternehmens, seit 1892 in der Slowakei
ansässig, den deutschen Markt.

Modernste Produktionstechniken und Handarbeit
schließen sich bei RONA nicht aus. Das Unternehmen vereint über 100 Jahre Erfahrung in der
Glasherstellung.

Viele hatten schon ein Glas in der Hand, das bei RONΛ hergestellt wurde. Jahr für Jahr verlassen 65 bis 70 Millionen Gläser für Kunden in der ganzen Welt das Werk und allein 15 bis 16 Millionen davon gehen nach Deutschland. Das Unternehmen ist damit einer der weltweit größten Hersteller unverbleiten Kristallglases. Es beliefert führende Tischkultur-Anbieter, kann auf weit über 100 Jahre Erfahrung zurückblicken und wendet modernste Produktionstechniken an. Insidern ist RONA seit Langem ein Begriff. Die Eigenmarke RONA wird dagegen erst seit jüngster Zeit stärker in die Öffentlichkeit getragen.

Die Selber Tochter machte den entscheidenden Schritt. Direkt gegenüber dem Factory-In, im umfunktionierten Gebäude eines ehemaligen Supermarkts befindet sich seit 2010 der Vertrieb für deutsche Geschäftskunden und eine Verkaufsstelle, in der jeder sein Glas findet, neben Trinkgläsern für Wein und Bier auch Zubehör, nebst zugekauften Artikeln aus dem Porzellan- und Deko-Bereich zudem Schmuckgläser und Vasen. Das Angebot lässt selbst individuelle Gestaltungsmöglichkeiten zu. „Wir haben schon ganze Sektkühler mit Gedichten verziert", sagt Geschäftsführer Alfred Pöhlau. Die Selber arbeiten bei solchen Aufträgen mit einem Glasschleifer aus der Region zusammen.

Formschön und langlebig

Die Qualität der Gläser ist eine besondere. RONA spricht von „5 Sterne Gläsern", unabhängig davon, ob der Preis mit ein paar Euro im Einstiegsbereich oder mit über 10 Euro im gehobenen Segment liegt. Hinter dem Produkt steckt eine ausgefeilte Technik. So produziert RONA überwiegend Gläser mit nahtlosem Stiel, ohne empfindlichen Übergang zwischen Kelch und Stiel, da der Stiel aus der Kuppa gezogen wird und daher ein homogener und sehr bruchresistenter Übergang entsteht. Die Ränder werden nachveredelt, damit kein störender Rollrand zurückbleibt. Die robuste Verarbeitung demonstriert RONA gerne mit einem einfachen Handgriff: Ein Mitarbeiter schmeißt mehrfach das Glas auf dem Tisch um. Der Kelch schlägt auf, dass das Glas vibriert, aber alles bleibt ganz. Im ungünstigen Fall wäre es schade

um den vergossenen Inhalt, aber der Besitzer kann sich über sein langlebiges Glas freuen.

Damit jedes Getränk optimal zur Geltung kommt, empfehlen sich dem Getränk angemessene Gläser. Weißweine brauchen bekanntermaßen schmalere Kelche als schwere Rotweine, die sich im Glas noch entfalten sollen. Weißbiere kommen in andere Gläser als ein Pils und so weiter. RONA hat das Wissen um das richtige Verhältnis von Form und Inhalt, erforscht gezielt neueste Trends und ist damit auch im Design stark.

Glasformen wechseln je nach Bedarf, die Qualität bleibt. Gläser von RONA zeichnen sich unter anderem durch hochwertige Verarbeitung und lange Haltbarkeit aus.

Die imposante Ofenhalle der Glashütte wurde 1906/07 in Waldsassen aufgebaut. Sie befand sich vorher in einer Ausstellung bei Nürnberg.1934 zog Glashütte Lamberts in den Kuppelbau ein.

Die Kunst Glas zu machen

Glashütte Lamberts Waldsassen GmbH
Schützenstr. 1
95652 Waldsassen
Tel. 09632 / 92510
www.lamberts.de
info@lamberts.de

Termine auf Anfrage

Seit 7000 Jahren existiert der Werkstoff Glas. Die Kunst des Glasblasens ist rund 2000 Jahre alt, geblasenes Fensterglas 800. Erst seit etwa 1910 lassen sich Gläser nicht mehr nur mit Hand, sondern auch mit Maschinen fertigen.

Da mag es erstaunlich klingen, dass die 1934 gegründete Glashütte Lamberts für renommierte Projekte in der ganzen Welt heute noch Flachglas wie vor Jahrhunderten herstellt. Vor allem wenn es um farbiges Flachglas geht, ist die Glashütte Lamberts aus Waldsassen die Adresse schlechthin.

Der Gründer des Oberpfälzer Unternehmens, das 2009 an Hans Reiner Meindl verkauft wurde, stammt aus dem Fichtelgebirge. Während die Wunsiedler Glasfabrik Lamberts heute das weltweit einzige Unternehmen ist, das alle existierenden Arten von Gussglas fertigt, hat sich die Glashütte Lamberts auf einen Nischenmarkt spezialisiert. Am besten lässt sich der Unterschied zwischen Maschinenglas und geblasenem Flachglas anhand von Fenstern erkennen, von denen es ja heißt, sie seien die Augen des Hauses. Ist die Glasoberfläche stumpf beziehungsweise

spiegelglatt, handelt es sich aller Wahrscheinlichkeit nach um Maschinenglas. Diesem fehlt die natürlich-organische Anmutung, die Flachgläser wie z.B. beim Marktredwitzer Rathaus kennzeichnet. In vormaschineller Zeit war dieser Charakter durch die Produktion bedingt, heute wird er bewusst angestrebt. Zum einen, weil nach traditioneller Auffassung zu manchen Gebäuden einfach nichts Anderes passt als ein originales Glas. Zum anderen wegen der Farbe. Die Glashütte Lamberts kann Gläser in über 5000 verschiedenen Farben und Strukturen produzieren. Weltweit gibt es nur noch drei Unternehmen, die Vergleichbares können, und Lamberts ist von diesen drei Weltmarktführer, mit einem Exportanteil von gut 75 Prozent. Das geblasene Flachglas hat besondere Bedeutung im künstlerischen Kontext. Beispielsweise lieferte die Glashütte Lamberts die bunten Gläser für den Köl-

Lichttafel mit leicht marmorierter Oberfläche (60 x 90 cm).

Leuchtende Farbigkeit – Die bunten Fenster im Kölner Dom (Entwurf von Gerhard Richter) gehören zu den vielen Renommierprojekten der Glashütte Lamberts weltweit.

Die Glasmacherpfeife ist das Hauptwerkzeug bei der handwerklichen Glasherstellung. Der sog. „Anfänger" dreht sich das Glas heraus, etwa so, wie Honig an den Löffel gedreht wird, und beginnt es anschließend zu formen. Der Meister übernimmt das Hohlglas und formt daraus einen Zylinder. Im letzten Schritt kommt das aufgeschnittene Glas in den Streckofen, wo es ein Bügelholz glattstreicht.

Beim Brunnen im Kurzentrum Weißenstadt am See werden die Glastafeln zur Skulptur.

Mt. Baker Station, Seattle. Künstler: Guy Kemper.

ner Dom nach Entwürfen von Gerhard Richter. Ein immer wichtiger werdender Bereich sind Restaurierungsgläser im Denkmalbereich, wie Robert Christ, Prokurist der Glashütte, berichtet. Die Dresdner Frauenkirche und der Münchner Justizpalast sind prominente Referenzen und nur zwei Beispiele von vielen.

Traditionell und innovativ

Die Flachgläser werden oft weiterverarbeitet, etwa in der Form traditioneller Bleiverglasung, wie bei Butzenscheiben üblich, in Kombination mit Sicherheitsglas, geätzt, sandgestrahlt, verspiegelt, bemalt, beklebt… Oder auch kombiniert mit Isolierglas. „Traditionelle Erscheinung und moderne Richtlinien lassen sich ohne Weiteres vereinen, vorausgesetzt, dass der Kunde nicht immer nur das billigste Glas haben möchte", sagt Robert Christ.

Bunte Überfanggläser bilden weiterer gewichtigen Teil der Produktion. Die Glashütte verarbeitet diese für Privatkunden auch zu Lichttafeln weiter. Die bunten Tafeln kamen erstmals bei der Münchner Handwerksmesse 2001 zum Einsatz. Wegen der Hinterleuchtung der Dekorationstafeln fragten Tag für Tag immer wieder Besucher, wo es denn diese „Leuchten" zu kaufen gebe. Nach dem dritten Tag gab die Glashütte Lamberts dem Wunsch nach und stellte die Glastafeln fortan in Kombination mit standardisierten Leuchtmitteln her. Auf Anfrage sind die Leuchtgläser auch ab Werk erhältlich.

Von der Funktion zur guten Form

Design erleben

von
Laura Krainz-Leupoldt

Rosenthal-Teeservice,
Gestaltung:
Walter Gropius.

Mittelgebirge, Wehranlagen, Burgen und sehr viel Wald – das sind nicht gerade Bilder, mit denen man den Begriff Design assoziiert. Doch im Fichtelgebirge schauen auch moderne Gestaltung, technische Architektur und internationale Trends um die Ecke und das nicht erst seit kurzem.

Das Fichtelgebirge war immer schon reich an Bodenschätzen. So blühten Handwerk, später Industrie, Handel und Gewerbe auf. Es führten zahlreiche wichtige Handelswege vorbei. Porzellan, Textil, Glas sowie Holz und Stein wären als Produkte auch heute allerdings nicht erfolgreich ohne die gestaltgebende, gute Form. Design, ein inzwischen inflationär benutzter Begriff für alles, was schick und „up to date" ist, meint eigentlich, dass Dinge ihren Zweck und bestimmte Funktionen erfüllen müssen. Design orientiert sich am Menschen, gutes Design kann Werte steigern und ist ein unverzichtbarer Faktor wirtschaftlichen Erfolgs. Derart bodenständig erläutert, passt diese Thematik ganz hervorragend zur Region Fichtelgebirge.

Viele gute Gestalter hat der Landstrich zwischen Hof und Marktredwitz hervorgebracht und ebenso viele berühmte Besucher aus aller Welt haben hier ihre Spuren hinterlassen. Der Weißenstädter Granitwerksbesitzer Erhard Ackermann (1813-1880) erfand das Schleifen und Polieren von Granit und machte damit seine Steinmetzwerkstatt zu einem Industriebetrieb von Weltrang. (siehe Seite 151) Alexander von Humboldt lebte von 1792 an vier Jahre im Fichtelgebirge und erfand dort eine Grubenlampe, die der Förderung von Gold, Eisen, Zinn und Kupfer zugute kam. Dass bei diesem Entwurf das berühmte Design-Motto „Form follows function" im Vordergrund stand, dürfte sicher sein. Ein wirtschaftlicher Erfolg war diese „Wetterlampe" allemal, denn sie wurde vielfach exportiert und es darf angenommen werden, dass diese Erfindung aus dem Fichtelgebirge im gesamten mitteldeutschen Erzbergbau Verbreitung gefunden hat.

Textil, Glas und Porzellan

Als der Bergbau in der zweiten Hälfte des 19. Jahrhunderts im Fichtelgebirge und Frankenwald aufgrund der internationalen Konkurrenz seine Rentabilität verlor, entwickelte sich aus dem um Helmbrechts, Hof und Naila bereits stark vertretenen Textilhandwerk ein neuer Gewerbeschwerpunkt. So waren Handwerksbetriebe wie Weber, Schuhmacher, Strumpfwirker, Gewandschneider und verwandte Zweige wie Gerber und Färber auch schon vorher in der Region, nicht zuletzt als Ausrüster der Bergleute, stark vertreten. Was bereits im 14. Jahrhundert mit der Leinwand- und Barchent- und Wollweberei teilweise im Nebenerwerb begann, erreichte mit der Produktion modischer Baumwollstoffe im 19. Jahrhundert in industrieller Produktion einen ungeahnten Höhepunkt. Als Heimstätte der Textilindustrie gilt die Stadt Münchberg im Landkreis Hof. Alles begann mit einer Hausweberei und zog später zahlreiche Textilbetriebe nach. Bis heute steht Münchberg für hohe Qualität an textilen Bildungseinrichtungen und ist außerdem Sitz des Prüfamtes für Textilgewerbe.
Bereits mit Beginn des 14. Jahrhunderts setzte die traditionsreiche Geschichte

Bäuerliche Baukultur im Fichtelgebirge.

Erste Erwähnungen von Glasmachern im Fichtelgebirge finden sich 1340. Die Blütezeit der Glasfertigung liegt im 17. und frühen 18. Jahrhundert. Humpen und Pokale finden sich weltweit in allen führenden Museen für Kunstgewerbe. Das Fichtelgebirgsmuseum zeigt 10 Objekte, darunter auch das abgebildete Ochsenkopfglas von 1699. Charakteristisch ist die aufwendige Emaillebemalung.

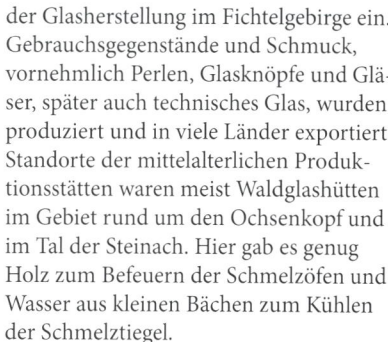

der Glasherstellung im Fichtelgebirge ein. Gebrauchsgegenstände und Schmuck, vornehmlich Perlen, Glasknöpfe und Gläser, später auch technisches Glas, wurden produziert und in viele Länder exportiert. Standorte der mittelalterlichen Produktionsstätten waren meist Waldglashütten im Gebiet rund um den Ochsenkopf und im Tal der Steinach. Hier gab es genug Holz zum Befeuern der Schmelzöfen und Wasser aus kleinen Bächen zum Kühlen der Schmelztiegel.
Aber die Glasgeschichte in der Region ist noch nicht zu Ende. So entwickelte die Weltfirma SiLi (Sigmund Lindner) ein Verfahren zur Herstellung massiver Glas- und Keramikkugeln für Rühr- und Mahltechnik. Vom winzigen Kügelchen in der Nagellackflasche bis zum hoch belastbaren Kugellager wird der Werkstoff Glas zum technischen Gebrauch in über 50 Länder verschickt – ein unverwüstliches Material, dessen Zukunft noch nicht einmal angebrochen ist.
Durchhaltevermögen und vor allem innovative Ideen, hervorragende Qualität und gute Gestaltung tragen weiterhin zum Bestand der oberfränkischen Porzellanindustrie bei. Besonders junge Designer beschäftigen sich wieder intensiv mit dem Werkstoff Porzellan (zur Geschichte s. S. 92).

Zu den Schwerpunktthemen Glas, Porzellan und Textil gibt es vielfältige Informations- und Besichtigungsmöglichkeiten. Zu allen drei Gewerben besteht die Möglichkeit einer „Tour" durch Orte im Fichtelgebirge, die in enger historischer Verbindung mit der Entwicklung dieser Industriekulturen stehen.
Der „Glaswanderweg" bietet auf 42 km Regionalgeschichte für Fußgän-

Eingangsbereich des „Kleinen Museums", Weißenstadt (li.), Spiegelfassade der Rosenthal-Verwaltung, Selb (Mitte), beides gestaltet von Marcello Morandini.

ger. Vorbei an ehemaligen Glashütten und Glasschleifereien leiten Tafeln und Wegmarkierungen mit dem Glasmacherzeichen. Der Themenwanderweg verläuft zwischen Weidenberg und Bischofsgrün und wird flankiert von drei Museen zum Thema Glasherstellung.

Die „Porzellanstrasse" führt durch eine Vielzahl von sehenswerten Städten der Region. (siehe Beitrag S. 102)

Die „Textil-Tour" ist als etwa 32 Kilometer lange Radstrecke gestaltet und präsentiert auf einem Rundkurs mit Start und Ziel Helmbrechts eher die kleinen Orte des Fichtelgebirges. Das Textilmuseum in Helmbrechts und die Textilstadt Münchberg bieten Informatives.

Architektur und Design

„Kriecher" und „Decker" sind Markenzeichen der bäuerlichen Baukultur im Fichtelgebirge. Man bezeichnet so die Bretter, die Scheunen und alte Schuppen verkleiden. An wenigen Orten kann man

In Siebdrucktechnik gestaltete Kleider auf der Designblick 2014, einer Ausstellung der Studiengänge Textil- und Mediendesign am Campus Münchberg (Hochschule Hof).

diese ursprünglichen Zeichen der örtlichen Bauweise noch sehen.

Beispiele von architektonischem Weltrang finden sich in Selb, wo Philipp Rosenthal in den 60er Jahren des vergangenen Jahrhunderts den Bauhausbegründer Walter Gropius für eine Zusammenarbeit gewinnen konnte. Gropius entwarf für den Porzellanhersteller ein filigranes Ensemble, das Rosenthal-Werk am Rotbühl. Auch als Stadtplaner wirkte Gropius im oberfränkischen Selb und entwickelte das Konzept für eine „humane" Kleinstadt. Aber Walter Gropius wäre nicht das interdisziplinäre Genie gewesen, wenn ihn nicht der Werkstoff Porzellan zu weiteren

Gestaltungsthemen inspiriert hätte. Ganz nebenbei entwarf er 1969 das weltberühmte Teeservice TAC, das Rosenthal aufgrund des großen Erfolgs 2002 um ein Kaffee- und Speiseservice (TAC 02) ergänzte.

Auch der österreichische Maler und Architekt Friedensreich Hundertwasser gestaltete eine Fassade der Rosenthal-Fabrik und begrünte darüber hinaus das Dach als „Ökologie-Kunst-Schöpfung". Für die italienischen Momente im Fichtelgebirge ist der aus Mantua stammende Designer und Architekt Marcello Morandini zuständig. Grundlage seiner Arbeit sind geometrische Strukturen, die er oft in Form von Bewegungsabläufen darstellt. Bei seiner Spiegel-Glas-Fassade für den Erweiterungsbau der Rosenthal-Hauptverwaltung in Selb kamen 1200 qm Glas und emaillierte Fassadenplatten zum Einsatz.

Morandini entwarf auch Produktdesign für Rosenthal. Vasenobjekte, ein Schachspiel und die Möbel-Solitäre „Corner"

Porzellanfabrik „Rosenthal am Rotbühl", Architektur: Walter Gropius.

sind nur einige Beispiele aus seinem Wirken für die oberfränkische Porzellanmanufaktur.

Ein architektonisches Juwel von Marcello Morandini findet sich in Weißenstadt. Die Fassade des Kleinen Museums aus schwarzem Granit und weißem Carrara-Marmor präsentiert sich als typisches Beispiel der Gestaltungssprache des Italieners: Quadrat, Kreis und Dreieck, die geometrischen Grundformen sind hier übergroß dargestellt (zum Museum siehe auch Seite 200).

Ausbildung und Veranstaltungen

Die Staatliche Fachschule für Produktdesign in Selb und die Hochschule in Hof bieten dem Nachwuchs interessante Studiengänge rund um das Thema Gestaltung. Für den Fortbestand textilen Know-hows in Münchberg sorgen die Textilfachschule, die Textilberufsschule und die Bekleidungsfachschule. Die Hochschule Hof veranstaltet zweimal im Jahr am Campus Münchberg die sehenswerte Werkschau „Designblick". Studierende der Studiengänge Mediendesign und Textildesign zeigen hier Projekte und Bachelorarbeiten von beeindruckender Vielfalt und Innovation. Die Exponate beinhalten unter anderem Editorial Design, Interaction- und Interfacedesign, Service Design, Fotografie, Bekleidungs-, Heim- und Objekttextilien, Fashiondesign, Oberflächen- und Farbdesign sowie freie künstlerische und experimentelle Arbeiten. Im Bereich Textildesign finden Modenschauen statt. Beim jährlichen Informationstag „Design Sie mal selbst" in Selb stellt der Bund der Selbständigen (BDS) Design und Marketing in den Fokus. Ziel hierbei ist es, zu zeigen, welche Rolle beide Themen vor allem auch für kleine und mittelständische Unternehmen spielen.

Die Bayerische Architektenkammer bietet jedes Jahr an einem Wochenende die „Architektouren". In der Region Oberfranken öffnen dann Behörden, private Wohnhäuser und Unternehmenszentralen ihre Pforten für interessierte Besucher. Das 2002 entstandene Coburger Designforum Oberfranken vereinigt als Institution alle Designthemen der Region.

Design wird auch und vor allem im Fichtelgebirge genutzt, um Produkte und Dienstleistungen zu entwickeln, zu optimieren und zu differenzieren. Aber es macht auch Freude, gutes Design zu betrachten und anzufassen. Und dazu gibt es im Fichtelgebirge reichlich Gelegenheit.

Aktuelles Textildesign von Studierenden an der Hochschule Hof, Campus Münchberg, Studiengang Textildesign (v.l.): Lisa Baderschneider (Titel: Faltwerk), Caroline Selinger (Titel: Dreidimensionale Raumkonstrukte mit textiler Flächengestaltung), Jacqueline Satzinger (Titel: perspektiven_wechsel).

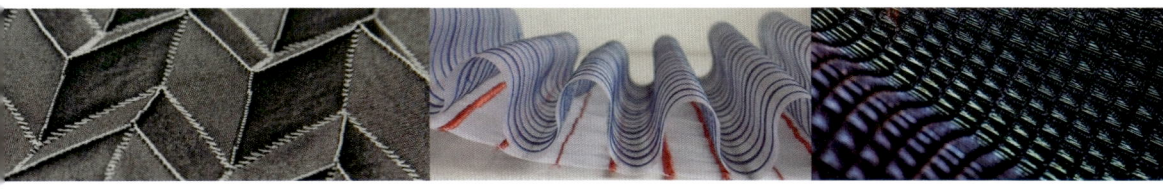

Feinstes aus Chenille

Nur auf den ersten Blick ist die Produktion bei Feiler in Hohenberg mit einer normalen Weberei vergleichbar. Das traditionsreiche Familienunternehmen gilt weltweit als der führende Hersteller echter, buntgewebter Chenille und feinstem Frottier mit Chenillebordüren.

Ernst Feiler GmbH
Greimweg 4
95691 Hohenberg a.d. Eger
Tel. 09233 / 7728-0
(Durchwahl Werksverkauf -23)
www.feiler.de
info@feiler.de

Öffnungszeiten Werksverkauf:

Montag bis Freitag
10 – 18 Uhr
Samstag
9 – 13 Uhr

Und erfreulicherweise sind Feiler-Artikel noch komplett „Made in Germany". Eine überraschende Tatsache in Zeiten von Billigimporten – und ein Zeichen für beste Qualität.

Unter dem Begriff Chenille ist ein samtig weiches Garn zu verstehen, das raupenartig aussieht, wenn es aus der Zwirnmaschine kommt. „Chenille" ist das französische Wort für Raupe und in Frankreich liegen vermutlich auch die Ursprünge des daraus gefertigten Gewebes. Den Grundstein des Unternehmens legte Ernst Feiler 1928 im Sudetenland, im Ort Liebenstein (heute: Liba). Der Firmengründer ließ sich 1948 im nur fünf Kilometer entfernten Hohenberg an der Eger nieder. Mit innovativer Technologie konnte sein Schwiegersohn Erhard Schwedt das Unternehmen sodann zu einem Vorreiter in Sachen Web-Chenille machen. Diese Spitzenposition hat Feiler Schritt für Schritt gefestigt und weiter ausgebaut, weltweit. Die Produkte werden inzwischen in über 30 Ländern erfolgreich vertrieben. In der dritten Generation leiten die Geschwister Dagmar und Dieter Schwedt die Geschicke.

Beste Qualität beginnt bei den Rohstoffen. So sorgt Feiler schon vorab für ein gutes Gefühl. Zum Einsatz kommt

ausschließlich Baumwolle von zertifizierten Lieferanten, die ausnahmslos nach Oeko-Tex-Richtlinien färben. Auch Feiler führt das Label „Textiles Vertrauen – Geprüft auf Schadstoffe nach OEKO-Tex Standard 100".

Farbenreiche Dessins

Darüber hinaus ist es die luxuriöse Optik, die das Reich der Feiler-Produkte auszeichnet. Auf den eigens entwickelten Spezialmaschinen entsteht das exklusive

Dagmar und Dieter Schwedt leiten den Familienbetrieb.

Gewebe. Pro Dessin sind bis zu 18 Farben umsetzbar – und zwar mustergleich auf beiden Seiten. Dies ist bei keinem anderen Verfahren möglich. „Mit ausdrucksstarken Dessins leben wir die Farbe", betont Geschäftsleiterin Dagmar Schwedt ange-

sichts der vielfältigen Motive in der Kollektion. Handtücher, Bademäntel, Accessoires und Babyartikel in unterschiedlichstem Design – von romantisch über modern bis luxuriös – gehören zum Kernsortiment. Zusätzlich bereichern Make-up Täschchen, Handtaschen und samtweiche Schals das Angebot. Alle Artikel überzeugen durch hervorragende Produkteigenschaften: Sie sind pflegeleicht, abriebfest und für Allergiker geeignet.

Der Anspruch an die Verarbeitung ist hoch und die Qualitätskontrolle streng. Deshalb findet sich im Werksverkauf zu stark reduzierten Preisen eine große Auswahl an exklusiven Bad- und Wellness-Textilien sowie Wohnaccessoires. Ständig wechseln die Aktionen und es kommen neue Sonderposten hinzu. Was die Artikel bei aller Vielfalt verbindet, ist die faszinierende sinnliche Qualität. Dank des äußerst hochwertigen Materials halten die schönen Dinge auch noch jahrelang.

Die Herstellung von qualitativ hochwertiger Chenille ist eine sehr komplexe Angelegenheit, verantwortungsbewusste Mitarbeiter sind hierfür unverzichtbar. Es braucht jahrelange Erfahrung und spezielles, handwerkliches Können der Belegschaft, um Produkte produzieren zu können, die dem hohen Anspruch an FEILER Qualität gerecht werden.

Textile Leidenschaft seit 1880

Muster und Stoffe wandeln sich: Mal gibt V. FRAAS klassischen Mustern einen neuen Verlauf, mal macht das Unternehmen aus feinsten Dreiecken eine runde Sache, mal veredelt es Seide, um Frauen zu krönen, mal Cashmere, um sich den Trägern an den Hals anzuschmiegen. Eines aber bleibt gleich: Seit über 125 Jahren stellt V. FRAAS Schals her, die weltweit ihresgleichen suchen.

V. FRAAS GmbH
Orter Str. 6
95233 Helmbrechts
www.fraas.com
info@fraas.com

FRAAS Factory Outlet
Kulmbacher
Straße 208
95233 Wüstenselbitz
Tel. 09252 / 7030140
www.vfraas.com

Öffnungszeiten
Factory Outlet:
Montag bis Freitag
11 – 18 Uhr
Samstag
10 – 13 Uhr

Eine beispiellose Erfolgsgeschichte: Der Handweber Valentin Fraas gründete die Firma 1880 als Ein-Mann-Betrieb und begann mit der Produktion von Halstüchern, Kopftüchern, Schultertüchern und Plaids. Während in der Folgezeit viele Textilhersteller in Oberfranken schließen mussten, entwickelte sich V. FRAAS zum international erfolgreichsten Hersteller und Anbieter in seinem Metier. Und nach wie vor produziert V. FRAAS im traditionsreichen Ort Wüstenselbitz bei Helmbrechts: Gewebte, gestrickte oder geraschelte Schals werden durch ein breites Angebot an Tüchern und anderen textilen Accessoires – wie Mützen, Handschuhen, Capes und Ponchos – ergänzt. An 25 Standorten arbeiten inzwischen 600 Menschen für die Kunden.

Die fünfte Familiengeneration, die Brüder Alexander und Andreas Schmidt, hält nun die Fäden in der Hand. Alexander Schmidt, leidenschaftlicher Techniker und erfahren im Aufbau von internationalen Produktionsstätten, ist für die Produktion zuständig – und damit für die Fertigung von 10 bis 12 Millionen Schals im Jahr. Andreas Schmidt ist international erfahrener Accessoire-Experte und für den kaufmännischen Bereich sowie das gesamte Marketing verantwortlich. Sie haben die Leidenschaft und das Know-how für Mode und Accessoires gemeinsam, genau wie ihr Vater, Dr. Robert Schmidt, der das Unternehmen als Geschäftsführer geleitet hat. Unter seinem Management entwickelte sich V. FRAAS zur interna-

Der Gründer Valentin Fraas und ein Briefwechsel aus dem Gründerjahr 1880 mit dem Berliner Kaufhaus Moritz Oppenheimer.

tional agierenden Firmengruppe und zum weltweit führenden Anbieter textiler Accessoires.

Internationales Design-Team

Das Design-Team arbeitet von Wüstenselbitz, aber auch New York, Paris, Düsseldorf und Shanghai aus. Marktnähe und

Von Wüstenselbitz aus in die Welt. Links: der FRAAS-Flagship-Store in Berlin. Unten: Factory Outlet in Wüstenselbitz.

„In einem V. Fraas-Schal steckt der rote Faden. Dieser zieht sich auch durch ökologische und ethische Aspekte."
– Geschäftsführer Andreas Schmidt

technische Professionalität kennzeichnen die Entwicklungsarbeit für jährlich 500 bis 700 neue Artikel in der Kollektion. Eigene Produktionsstätten befinden sich in Deutschland, Tschechien und China. In der hochmodernen Weberei in Oberfranken entstehen beispielsweise preiswerte und trendaktuelle cashmink®-Schals sowie luxuriöse und zeitlose Schals aus Cashmere oder Wolle. Der jährliche Bedarf von ca. 1000 Tonnen Garn wird durch Spinnereien und Garnlieferanten aus dem In- und Ausland gedeckt. Eine auf langfristige Zusammenarbeit ausgelegte Unternehmensführung ist Teil der Philosophie. Jeder Arbeitsschritt wird mit dem Anspruch an eine nachhaltige Produktion und an ein hochwertiges Produkt durchgeführt. 70 Prozent der in Wüstenselbitz verarbeiteten Garne werden

in der Region produziert, gefärbt und sind zudem Oeko-Tex®-zertifiziert.

Von den faszinierenden Textilien können sich die Kunden unter anderem im Outlet in Wüstenselbitz, direkt am Produktionsstandort überzeugen und begeistern lassen. Hier finden sich hochwertige textile Accessoires für Damen, Herren, Kinder und das Zuhause, Schals und Tücher in zahlreichen Designs und Größen, Vorjahres- und aktuelle Kollektionen, 1B-Ware, Musterteile und „Made-in-Germany"-Artikel. Die Preise sind zwischen 30 und 70 Prozent reduziert. Bei jedem Artikel verspricht V. FRAAS stilsichere Qualität. Die besondere Sorgfalt im Detail spürt man.

DAS BESONDERE –
fast zu schade
zum Verschenken

1987 eröffnete Gisela Gross das Ladengeschäft in der Bahnhofstraße zunächst als
reinen Handwerkerladen in Ergänzung zum
bestehenden Malerbetrieb ihres Mannes
Dieter.

FARBEN GROSS
Cornelia Kampfmeier
Schützenstr. 1
95126 Schwarzen-
bach
Tel. 09284 / 77 33

Öffnungszeiten:
Mo – Fr
8.30 – 12 Uhr und
14.30 – 17.30 Uhr
Mittwochnachmittag
und Samstag
geschlossen

Regelmäßige
Veranstaltungen:
April: Weinausschank
zum Schwarzen-
bacher Frühjahrs-
markt
Oktober: Weinaus-
schank zur Schwar-
zenbacher Kärwa
November:
Weihnachtsausstel-
lung „Weihnachts-
zauber"

Mehr und mehr entwickelte
sie eine Liebe zum Dekorieren,
die aber angesichts des anwen-
dungsbezogenen Sortiments
kaum Blüten zuließ. 1994 stieg
Tochter Cornelia ins Geschäft
mit ein. Nach dem Umzug in
die Schützenstraße 1 bauten
die beiden Frauen diese sie
verbindende Passion aus.
Das Ladengeschäft mit den
ungewöhnlichen „Schau"-
Fenstern im Ortskern von
Schwarzenbach besticht
seitdem durch die Auswahl
an Besonderem – entdeckt
auf Messen in München,
Frankfurt und Hamburg.
„Uns geht es nicht darum,
einfach nur den Laden vollzubekommen,
sondern außergewöhnliche Dinge auch
außergewöhnlich zu präsentieren", erklärt
Cornelia Kampfmeier. „Wichtig beim
Einkauf sind mir auf jeden Fall Dinge, die
man nicht an jeder Ecke findet! Dabei lege
ich Wert auf Qualität und achte besonders
auf Details."
Im Sortiment finden sich Dänische Kerzen von Maria Buytaert (mit RAL-Güte-
siegel), Schmuck von GUBO und SENCE
Copenhagen, italienische Tischwäsche
aus Leinen mit Spitze und italienische
Keramik in verschiedenen Farben.

Wer seine Räume neu
gestaltet, findet bei
Farben Gross die ganz
besonderen Utensilien:
Tischwäsche, Schmuck,
Keramik und Kerzen.
Oben im Bild: Cornelia
Kampfmeier präsentiert
in ihrem Laden Gefäße
in aktuellen Farben.

Viele Jahre lang beteiligten sich beide mit
dem außergewöhnlichen Weihnachtssor-
timent an Weihnachtsmärkten im romantischen Schwarzenbacher Rathaushof, im
Döhlauer Schloss und in den malerischen
Ruinen des Weißenstädter Kurparks,
entschieden sich dann aber für ein Alleinstellungsmerkmal und laden nun schon
seit einigen Jahren bereits Mitte November zum „Weihnachtszauber" ein. Das
romantische Gewölbe im Hinterhof, das
mehrere Tage lang mit Herzblut dekoriert wird, ist entzückende Bühne für die
ausgewählten Besonderheiten.
Ach ja – der Wein. Auch hier wurde eine
persönliche Vorliebe zur Geschäftsidee.
Kleine Auszeiten aus dem Handwerker-
alltag waren in den 80er Jahren die
Familienausflüge ins Frankenland. Sie
führten zu persönlichen und jahrelang gut
gepflegten Kontakten zu Winzern. Heute
findet man Frankenweine und Franken-
secco von renommierten Weingütern
aus Sommerach und Rödelsee auch in
Schwarzenbach bei FARBEN GROSS.

bleed clothing GmbH
Münchberger
Straße 42
95233 Helmbrechts
Tel. 09252 / 350267
www.
bleed-clothing.com
info@
bleed-clothing.com

Öffnungszeiten
Werksverkauf:
Freitag
12 – 17 Uhr

Street & Sportswear – 100% eco – 100% fair – 150% yeah!

Das Schaufenster von bleed clothing ist perfekt insze-
niert wie in einer der großen deutschen Metropolen
… Nur steht man nicht in Köln, Hamburg oder
Berlin, sondern in Helmbrechts, der traditionsreichen
oberfränkischen Textilstadt mit 8500 Einwohnern.
Von hier aus entwirft und produziert bleed clothing
nachhaltige und vegane Modekollektionen, die
das Unternehmen in alle Welt verkauft, u.a. nach
Berlin-Friedrichshain, einer der angesagtesten
und kreativsten Viertel in der Hauptstadt, wo
sich das Unternehmen mit einem genauso perfekt
inszenierten Schaufenster präsentiert.
Michael Spitzbarth, Gründer und Geschäftsführer
von bleed clothing, ist das halbe Jahr beruflich
unterwegs und freut sich immer wieder über die
Rückkehr nach Oberfranken, um sich dort zu erden
und neue Ideen zu bekommen. „Die Modewelt ist
ansonsten einfach zu abgehoben!" Im Fichtelgebirge
ist er aufgewachsen und fühlt sich der Region verbunden. Ein Grund, warum es ihm am Herzen liegt,
sich in der Region einzubringen und sie aufzuwerten.
Beispielsweise hat er sich mit seinem Unternehmen
dafür stark gemacht, dass in Helmbrechts ein 800 qm
großer ultramoderner Skatepark entsteht.
„Die Natur ist ein Spielplatz, der geschützt werden
muss", sagt er. So schließt sich langsam der Kreis,
denn bleed clothing ist lässige Street- und Sportswear,
der man anmerkt, dass die Designer ein Faible für
naturverbundene Sportarten haben: Skaten, Surfen,
Snowboarden, Klettern oder Laufen. Man möchte
seinen Kunden beides ermöglichen: lässige Kleidung
und Umweltschutz.

Vegane Kleidung – Das heißt: Niemand musste für
die Shirts, Jeans oder Jacken leiden, weder Mensch,
Tier noch Natur. Oder wie es auf dem Label so schön
heißt „toxic free since 2008". Die Transparenz, die das
Unternehmen bei den Materialien und der Produk-
tion an den Tag legt, ist in der Tat beachtlich. Ob
Biobaumwolle, Hanf, Leinen, Kork (statt Leder!) oder
TENCEL® (Zellulosefaser aus Eukalyptus für Funk-
tionskleidung), Michael Spitzbarth kennt alle seine
Lieferanten persönlich. Er weiß, dass sie den enorm
hohen Anforderungen für ökologisch nachhaltige
Rohstoffe gerecht werden. So trägt er auch seine
Mission in die Welt: Mode mit Lifestylefaktor, die im
Fichtelgebirge wie global den Spielplatz der Natur
schützt.

Eine führende Adresse für Landhausmoden – nicht nur im Fichtelgebirge. Accessoires für Mode, Wohnen und Leben ergänzen das Angebot bei Monte Pelle.

Qualität zu Werksverkaufpreisen

Mode ist heute so vielfältig wie nie, auch Trachten- und Landhausmode, die nicht mehr nur volkstümlich und traditionell gehalten ist, sondern mit Kollektionen von edel bis extravagant vielerlei Vorlieben und Altersgruppen anspricht.

Monte Pelle Handels AG
Bayreuther Str. 33
95686 Fichtelberg
Tel. 09272 / 97123
(Werksverkauf)
www.montepelle.de
info@montepelle.de

Öffnungszeiten:
Montag bis Freitag
9 – 18 Uhr
Samstag
9 – 13 Uhr
langer Samstag
9 – 16 Uhr

Das Unternehmen „Monte Pelle" mit Sitz in Fichtelberg bietet einen der größten Werksverkäufe für Landhausmoden in Bayern sowie ein buntes Sortiment an Lederwaren und Accessoires.
Die familiengeführte Firma kann auf jahrzehntelange Erfahrung in seiner Branche zurückblicken. Der Vater des heutigen Vorstandes Perry Eckert baute eine Produktion für Modeaccessoires auf, in der große Mengen Rohleder verarbeitet wurden. In Spitzenzeiten stellte das Werk zigtausende Ledergürtel und Taschen pro Tag her. Die Regression, die die deutsche

Textilindustrie erfasste, zwang auch die Fichtelberger, sich neu auszurichten. Erstklassige Motorrad- und Lederbekleidung sowie Lederwaren aller Art mit fantastischer Landhausmode, aus eigener Herstellung und von namhaften Herstellern, bilden weiterhin einen Schwerpunkt im umfangreichen Portfolio der Aktiengesellschaft. Produziert wird in Asien, Tschechien und in Portugal, „unter hohen Auflagen" von BSCI hinsichtlich der Arbeitsbedingungen, die regelmäßig und unangekündigt kontrolliert werden.
Ein Besuch im Fabrikverkauf lohnt sich besonders auch wegen der Vielfalt günstiger Angebote. Auf einer Fläche von fast 2000 qm kann man sich nicht nur von Kopf bis Fuß einkleiden und mit Accessoires wie Taschen, Portemonnaies, Tüchern und Schuhen ausstatten, sondern auch Schönes aus dem Bereich Wohnen und Leben erwerben. Geschenke und feine Weine sind ebenfalls erhältlich – hier wie dort 30 bis 40 Prozent unter dem Normalpreis, im Schnäppchenmarkt sogar bis zu 90 Prozent günstiger. Viele Kunden verlängern den Einkauf zu einem Ausflug und schließen einen Besuch im Automobilmuseum und eine Einkehr im Restaurant „Museo" an.

Aus Farben und Feuer

Ob es dem Talent, dem Zufall oder der Intuition zu verdanken war, dass Christine Elsberger sich entschloss, Glasperlen zu fertigen, lässt sich im Nachhinein nicht mehr so ganz einfach beantworten.

Persico
Christine Elsberger
Altdorferweg 12
95615 Marktredwitz
Tel. 09231 / 879285
www.
persico-perlen.de
christine.elsberger@
t-online.de
Internet-Shop
bei dawanda.com

Termine nach tel.
Vereinbarung

Marktstände:
Haus- und Hofmesse
im Gerätemuseum
Bergnersreuth
Ritterfest in Hohen-
berg
Lichterfest in
Bad Alexandersbad
Kunsthandwerker-
markt im Fichtel-
gebirgsmuseum,
Wunsiedel
Wunsiedler Weih-
nachtsmarkt
Adventmarkt im
Schafferhof in
Neuhaus/
Windischeschenbach

Farb- und Formen-
reichtum aus Christine
Elsbergers Werkstatt.

2003 entdeckte die gebürtige Waldsas-senerin eher zufällig ein Buch über die Herstellung handgewickelter Glasperlen. Kreativ war sie schon immer tätig, sei es mit Filzen, Töpfern, Aquarellieren, Seidenmalen …, aber erst der mystische Werkstoff Glas hat sie so richtig in den Bann gezogen.

Die Freude, die sie sowohl beim Wickeln der Glasperlen als auch beim Gestalten der Schmuckstücke empfindet, kann sie weitergeben an die Trägerinnen des Schmucks, an alle, die wie Christine Elsberger auch Gefallen finden an der Vielfalt der Farben und Formen, dem Spiel mit Licht und Transparenz, den Überraschungseffekten, die das Glas in Verbindung mit Metallen, Reaktionsgra-nulaten oder Emaille bereithält.

Für die in liebevoller Handarbeit her-gestellten Unikate verwendet Christine Elsberger Material aus dem italienischen Murano und andere edle Gläser. Ihren Firmennamen hat sie aus den Anfangs-buchstaben von PERlen, SIlber und CO zusammengesetzt. Fragt man sie nach ihrer Technik, kommt sie ebenfalls immer wieder auf die Fähigkeit zur Kombination zu sprechen. Auf diese Weise entstehen zum Teil kindliche Motive wie Frösche, Seepferdchen, Feen, in Verbindung mit einem Herz, einer Wasserkugel oder einem poppigen Glas-mit-Punkte-Stein. Das Meiste jedoch ist für alle Altersgrup-pen offen, vom „dreijährigen Mädchen

bis zur 90-jährigen Frau", verrät die Macherin. Mit Silber, Holz, Lederbän-dern, Swarovskiperlen und anderen zugekauften Teilen kann sie den Schmuck weiterverarbeiten, etwa zu Erdbeer- und Kirsch-Ohrringen, „Charm-Anhängern" in Form von Brezen, Lebkuchenherzen, Eulen, Cupcakes oder zu vielfarbigen Lebensfreude-Ketten. Lebensfreude – es kann als Motto über allem stehen. Wer mehr von Christine Elsberger sehen will, kann nach telefonischer Voranmel-dung zu ihr nach Hause in die Werkstatt und in den Ausstellungsraum kommen. Außerdem hat die Buchhandlung Budow in der Fikentscherstraße in Marktredwitz immer eine Auswahl aus ihrer Kollektion vorrätig.

Druckdesign mit Stil und Haltung

So wie in der Ernährung und im Wohnen wollen immer mehr Menschen auch in der Mode und im Textildesign nicht dem globalen Trend des Billiger, Weiter, Mehr folgen. Besondere Bedeutung gewinnt die regionale, faire Produktion jedoch erst, wenn sie auch gestalterisch überzeugt.

**hofmann
druck + design**
Industriestraße 7
95126 Schwarzenbach
a.d. Saale
Tel. 09284 / 6711

www.annablume.de
info@annablume.de

Öffnungszeiten:
Montag bis Freitag
8 – 16.30 Uhr

Die Firma hofmann druck + design aus Schwarzenbach hat dank dieser Erfolgsfaktoren den Durchbruch geschafft. Die Druckproduktion befindet sich vor Ort, die Lieferwege sind kurz, das Design sieht flott aus. Ergänzt wird das Ganze um funktional hochwertige Materialien und eine innovative, selbstentwickelte Technik, die viele Gestaltungsmöglichkeiten seitens der Kunden zulässt.

Mit Druckdienstleistungen fing alles an: Das 1989 gegründete Unternehmen stellte zunächst Werbemittel im Auftrag von Kunden her und bedruckte unter anderem Baumwolltaschen. Die Geschäftsführerin Christine Hofmann kam als kreativ Tätige jedoch immer wieder auf eigene Ideen. Langsam, aber stetig reiften sie zur Vollendung. So entstand aus vielen kleinen Schritten die Marke „anna blume Textilmanufaktur". Unter dem Label bietet die Schwarzenbacher Firma mit 8 Beschäftigten eine Kollektion hochwertig verarbeiteter Decken an. Der Oberstoff aus 100 Prozent reiner Baumwolle ist vorgewaschen und absolut frei von Schadstoffen sowie angenehm kühl im Sommer. Traumhaft weich wird die Decke durch ihr Innenleben aus Poly-

Christine Hofmann ist der kreative Kopf hinter dem Label „anna blume".
Links: Der fränkische Sommer ist mit einer Decke noch schöner.

stattungen eingesetzt. Als Einzelstück oder in Großserie kann das Textil mit Schriftzügen, Firmen-Logo oder auch komplett nach dem Gestaltungswunsch des Kunden produziert werden. Die im Siebdruck hergestellten Kreationen sind außer im Schwarzenbacher Shop vor allem auch über das Web zu beziehen. Ein Modell der Kollektion „anna blume", das Christine Hofmann ganz traditionell kunsthandwerklich, aus edlen Handdrucken gestaltete, erhielt den Designpreis der oberfränkischen Handwerkskammer.

ester-Watte. Die warme Unterseite besteht aus einem kuscheligen Polyester-Fleece. Das Material nimmt keine Feuchtigkeit auf und sorgt sofort für ein angenehmes Wärmeempfinden auf der Haut. Eine Luftschicht zwischen den drei Lagen dient der Isolation und dem Klimaaustausch. In der Pflege sind die Decken erfreulich unkompliziert, für Waschmaschinen und Trockner geeignet.

Ein weiches Kissen mit edlem Flockmotiv wärmt für lange Abende im Freien oder auf der Couch.
Unten: Die Plaids des „anna blume"-Labels sind nicht nur schön bedruckt, sie sind auch so kuschelig, dass sie schon mal als Bettdecke dienen.

Zudem ist hofmann druck + design mit der Marke „Shirteria" als Lieferant für bedruckte bzw. bestickte Shirts sehr gefragt, vor allem bei Vereinen, Schulen, Firmen, Gastronomie, öffentlichen Institutionen und der Werbeindustrie. Auch hier kurbelt das Internet – standortunabhängig – zusätzlich den Absatz an.

Allround-Einsatz

Die Plaids schmücken im Außenbereich Strandkörbe und Deck-Chairs ebenso attraktiv, wie sie den Benutzern zur kalten Jahreszeit in Wohnräumen weiche Kuschelwärme anbieten. Als wärmendes Accessoire wird die Decke auch in Hotelzimmern und als windschützendes Allround-Lieblingsstück bei Yachtaus-

Als logische Konsequenz erfolgt der Versand CO_2-neutral in Kartons, die ebenfalls in der Region hergestellt werden. Um das Verpackungsmaterial nicht für die Mülltonne produzieren zu lassen, wählte hofmann druck + design Stülpschachteln aus, die in der eigenen Werkstatt bedruckt werden. Das erhöht die Chance, dass der Kunde die Schachtel als Geschenkkarton oder Aufbewahrungskiste zu Hause weiterverwendet.

Rollen mit Charakter

Von wegen eine Tapete ist eine Tapete! Viele Wandbeläge sind einheit-
lich unscheinbar. Aber die von Hohenberger sind anders. Die Tapeten
fallen aus dem Rahmen, und das nicht nur optisch.

**Hohenberger
Tapetenmanufaktur
GmbH**

Greimweg 10
95691 Hohenberg
a.d. Eger
Tel. 09233 / 714010
www.hohenberger
-wallcoverings.com
info@hohenberger
-wallcoverings.com

Werksverkauf:
Schirndinger Str. 10
95691 Hohenberg
Tel. 09233 / 7156444

Öffnungszeiten
Werksverkauf:
Dienstag bis Freitag
10 – 18 Uhr
Samstag
10 – 13 Uhr

Entstehungsgeschichtlich ist die Tapete eigentlich ein Produkt des einfachen Mannes. Sie diente anfangs dazu, die nackten Wände vor Ruß zu schützen. Die Tapeten aus Papier konnten alle paar Jahre günstig ersetzt werden. Erst im bürgerlichen Wohnzimmer trat die Tapete ihren Siegeszug als Gestaltungselement an. Inzwischen geht ein Trend auch in Privatwohnungen dahin, eine Wand mit einer ausdrucksstarken Tapete zu belegen und für einen „Wow-Effekt" zu sorgen. Ein Nischenmarkt. Genau darin liegt Hohenbergers Stärke. Das Unternehmen kann kleine Mengen von 300 Rollen aufwärts produzieren, dafür aber Wandbeläge vom Feinsten.

Kunst, Handwerk, Industrie

In der Produktion des Spezialisten spielen Kunst, Handwerk und Industrie eine Rolle. Paul Taubert kam aus Liebenstein im heutigen Tschechien nach Hohenberg und meldete 1932 sein Gewerbe an. Er

hatte für ein paar Semester die Akademie für Bildende Kunst in München besucht, sich von chemischer Seite mit Farben beschäftigt und eine Ausbildung zum Malermeister absolviert. Von der Raumkunst ausgehend entwickelte er den Betrieb mit viel Geschick technologisch weiter. Anfang der 1950er Jahre begann die Tapetenproduktion.

Das damals wie schon seit Jahrhunderten gängige Leimdruck-Verfahren ist selten geworden. Ralf Taubert, der Enkel des Firmgründers, und seine Frau Tanja setzen das Hochdruckverfahren als eine von wenigen Firmen in ganz Europa jedoch nach wie vor ein. Die Muster werden im Grunde ähnlich wie beim Kartoffeldruck mit Druckwalzen aufgetragen, der Leim dient als Bindemittel. Auf diese Weise entstehen Effekte wie von Hand gemalt, mit dickem, erhabenem Farbauftrag und den charakteristischen Quetsch-Rändern, an denen sich die Farbe zusammendrängt.

Die verwendete Maschine ist ein Oldie, genauso wie viele andere Maschinen in der Fabrik. Die Tauberts statten sie mit modernster Antriebstechnik aus. „Hier ist nichts von der Stange. Die Technologie ist wie die Farbzusammensetzung auch unser Geheimnis", klärt Ralf Taubert auf. Spannende Ergebnisse produziert das Unternehmen so auch mit Flexodruck, Tiefdruck und Siebdruck. Hohenberger veredelt Tapeten mit mineralischen Schäumen und Farben, einer Prägung oder Beflockung, spielt mit matten und glänzenden Flächen, grob und feinen Strukturen, erzeugt Fischhaut-Imitationen und beschichtet das Tapetenvlies bei Bedarf mit Silber- oder Glaskügelchen. Neben Markenkollektionen, die im Auftrag renommierter

Für Wände mit „Wow-Effekt" ist die Hohenberger Tapetenmanufaktur weltweit eine exklusive Adresse.

internationaler Kunden erzeugt werden, ist unter der jetzigen Leitung ein eigenes Hohenberger-Sortiment entstanden, das im Werksverkauf, ein paar Straßen weiter, zu sehen und zu erwerben ist.

Vom einfachsten Verdiener über den Hotelier bis zum Unternehmer reicht die Spanne der Menschen, die an den Kreationen optisch und haptisch Gefallen finden. Gesundheitlich ist der Kunde absolut auf der sicheren Seite. Denn die Tapeten sind frei von PVC und Weichmachern. Das mögen noch ein paar andere Unternehmen der Branche bieten. Wenn es um außergewöhnliche Designs und exklusive Kleinauflagen geht, ist Hohenberger jedoch einzigartig.

Hochwertiges aus Schurwolle und Fellen

Die Evolution hat viel Feinarbeit geleistet, um Wertstoffe in solcher Qualität hervorzubringen: „So viele positive Eigenschaften wie Textilien aus Schafwolle haben, können mit Chemie nicht erreicht werden", ist sich Hans Frank, Inhaber der Schäferei Frank aus Schirnding, sicher.

Schäferei Frank
Kirchberg 3
95706 Schirnding
Tel./Fax 09233 / 4673
www.
schaeferei-frank.net
schaeferei-frank@
gmx.de

Öffnungszeiten
Hofladen:
Montag bis
Donnerstag ab 17 Uhr
und nach telefonischer Vereinbarung

Wenn es draußen regnerisch und windig ist, schützt ein Pullover aus seinem Bestand wie kaum eine andere Oberbekleidung vor Nässe und Kälte. Bei Wärme kühlt Schurwolle automatisch, da sich Luft und Feuchtigkeit nicht unter der Bekleidung stauen, sondern nach außen gelassen werden. Diese und weitere Vorzüge ziehen sich durch das ganze Sortiment: von der Wollsocke bis zum hochwertigen Lodencape und vom Fell-Handschuh bis zur Baby-Decke. Als etablierter Fachbetrieb führt die Schäferei Frank Produkte vom Schaf auf breitester Ebene. Veranstal-

tungen, Hofführungen und der Verkauf von Schaffleisch runden das Angebot ab. Der Betrieb ist in den 1980er Jahren aus einer Hobby-Tierhaltung mit ökologischen Hintergründen entstanden. 1994 erwarb das Ehepaar Frank ein ehemaliges landwirtschaftliches Gehöft in Schirnding und sanierte es mit viel Engagement. Die Nutz- und Weideflächen befinden sich hauptsächlich im Großraum Arzberg. Als eingetragener Zuchtbetrieb hält die Schäferei die alte Rasse der Coburger Fuchsschafe, liefert das Grundfutter aus eigenem Anbau und stellt die Flächen

zum Beweiden zur Verfügung.
Die landschaftlich reizvolle Gegend nahe der tschechischen Grenze ist einen Besuch wert. Mit einem attraktiven Programm, das unter anderem eine Führung beinhaltet, ist die Schäferei auf größere Gruppen wie Busgesellschaften und Gäste jeden Alters eingestellt. Behinderten- und Pflegeeinrichtungen kommen und nutzen die Schäferei für Varianten der tiergestützten Therapie und Möglichkeiten der Wollverarbeitung.

Textilien im Mittelpunkt

„Die Tiere können auf dem Hof gut leben und alt werden", erzählt Hans Frank. Die kulinarische Vermarktung bleibe ein Nebengeschäft. Zur Osterzeit, vor allem aber ab Herbst bietet der Zuchtbetrieb Fleisch vom Schaf an, das ein befreun-

deter Metzger fachmännisch aufbereitet. Im Mittelpunkt stehen das ganze Jahr über die Produkte aus reiner Schurwolle und Schaf-Felle. Aus der Wolle werden in qualifizierten Betrieben Socken, Pullover, Jacken etc. gestrickt oder auch Filzsohlen, Filzschuhe und vieles mehr gefilzt. Das Fell wird unter anderem zu Hausschuhen, Handschuhen und Decken vernäht. Die hochwertigen Produkte können die Kunden im Hofladen in Schirnding erwerben,

Produkte vom Schaf auf breitester Ebene finden sich bei den Franks in Schirnding.
Die Schäferei Frank beabsichtigt, in Nordost-Bayern Ladengeschäfte einzurichten und zu etablieren, zunächst in Oberfranken.

auf Themen-Märkten und Messen kaufen, bei denen die Schäferei mit einem Stand vertreten ist (Termine und Orte auf der Webseite), und über den Internet-Shop bestellen. Das Sortiment umfasst übrigens auch artverwandte Produkte anderer Hersteller.

Was Trägerinnen und Träger besonders schätzen, ist die anschmiegsame, angenehme Oberfläche, die dank ihrer Selbstreinigung durch Lanolin in Verbindung mit Feuchtigkeit und Wind beim Outdoor-Gebrauch immer hygienisch rein bleibt. Schaf-Felle hätten zudem einen positiven Effekt bei Gelenk- und Gliederschmerzen wie rheumatischen Beschwerden, weiß Hans Frank. Wie sich Produkte aus Schurwolle herstellen lassen, können Anfänger und Fortgeschrittene in Filz- und Spinnerei-Kursen lernen, die die Schäferei anbietet, dies auch in Zusammenarbeit mit der Bildungsstätte der Burg Hohenberg. Jedes Produkt stammt aus einem nachwachsenden Rohstoff und wird somit auch ökologisch sinnvoll verwertet.

Vielseitige Liebhaberstücke

Schmuckstücke von bleibendem Wert zeichnen sich durch ihre Qualität aus. So trivial das zunächst klingen mag, so wichtig ist diese Erkenntnis als Ausgangspunkt für die Arbeit des Schmuckmachers.

Goldschmiede Brunat

Bernd Brunat
Goldschmiedemeister
Martin-Luther-Platz 9
95100 Selb
Tel. 09287 / 3560
www.
brunat-schmuck.de
info@
brunat-schmuck.de

Öffnungszeiten:
Montag bis Freitag
9 – 12.30 Uhr und
14 – 18 Uhr
Samstag
9 – 13 Uhr
und nach
Vereinbarung

Für Bernd Brunat, den Goldschmiedemeister mit eigener Werkstatt in Selb, bedeutet sie nichts anderes, als dass sich die Qualität eines Schmuckstücks über die Idee, nicht über die Marke bestimmt, über Perfektion in der Verarbeitung sowie inspirierende Farben und Formen. Wie mühsam der Weg dorthin sein kann, sieht man den Objekten, die spielerisch, wie mit einem Augenzwinkern umgesetzt scheinen, am Ende allerdings nicht an. Die Gestaltungstechniken und Angebote des Betriebs, der 2014 sein 50-jähriges Bestehen feierte, haben sich konsequent weiterentwickelt. Bernd Brunats Vater ließ sich 1964 in Selb nieder und eröffnete 1970 das zentral gelegene Geschäft am Martin-Luther-Platz. Schnell erwarb sich der Firmengründer einen Ruf als

Schmuck aus der Werkstatt von Bernd Brunat (oben rechts) zeichnet sich durch akkurate Verarbeitung und spielerische Eleganz aus. Oben: Collier „Down under"; Gold 750/-, Opale und Diamanten. Rechte Seite Mitte: Ring „Schnecke"; Gold 750/-, Diamanten. Rechte Seite unten: Anhänger „Frühlingserwachen"; Turmaline, Aquamarine und Diamanten.

Mittelpunkt. Der Uhren- und Schmuckspezialist setzt viele eigene Entwürfe um und stützt sich dabei auf ein starkes Team. Zwei Goldschmiedinnen unterstützen den kreativen Kopf und Designer Bernd Brunat. Das Team führt Trauring-Modelle in großer Vielfalt und frei gestaltete Kreationen aus, übernimmt aber auch Umarbeitungen und Reparaturen. Eine gute Auswahl an Uhren „Made in Germany" und zur Qualitätsphilosophie passender Schmuck anderer Hersteller, mit ausschließlich echten Perlen und Edelsteinen, ergänzen das Angebot.

fleißiger, zuverlässiger Uhrmachermeister. Bernd Brunat wuchs mit dem Unternehmen auf, lernte Goldschmied bei der Trauringfirma E.G. Fiedel, Marktredwitz, absolvierte zusätzlich eine Uhrmacherlehre und arbeitete schließlich mehrere Jahre in der Werkstatt von Rudolf Joos, Pforzheim, hier sehr oft für japanische Kunden, darunter das japanische Kaiserhaus. Auf diese Erfahrung vor allem geht Bernd Brunats Begeisterung für akkurate Verarbeitung und spielerische Eleganz in der Formensprache zurück. 2001 übernahm er das Geschäft in Selb und erweiterte, seinen vielseitigen Talenten entsprechend, das Angebot. Schmuckunikate und Sonderanfertigungen in Gold, Silber und Platin stehen inzwischen im

Ideenreichtum

Handwerkliche Vielseitigkeit und Ideenreichtum bilden zwei Seiten einer Medaille. Beides nutzt der Schmuckhersteller, um beweglich zu bleiben, besteht sein Anspruch doch darin, stets aufs Neue Besonderes zu schaffen: meisterhaft mit aparten, selbst avantgardistischen Formen, wenn es gewünscht ist, vielfach mit tollen Steinen, so etwa Turmaline und wunderschöne farbige Saphire.

Vergleichsweise klassische Blütenmotive kehren von Anfang an wieder. Bernd Brunat verwendet für die Formen keine Schablonen, sondern zeichnet sie mit ruhiger Hand auf, sägt sie einzeln aus und macht sich mit den Mitarbeiterinnen an die Feinarbeit, bis ein kompaktes großes Objekt mit bis zu 60 Blümchen entstanden ist.

Zu seinen und des Kunden Lieblingsstücken gehören nicht zuletzt auch Perlen in großer Auswahl, aus der Südsee, Tahiti und der Süßwasser-Zucht stammend. Die Kreationen verkauft der Schmuckhersteller auch im großen Umkreis von Selb. Für Ausgefallenes nehmen Kunden jedoch sogar die Anfahrt aus Städten wie München, Nürnberg und Frankfurt in Kauf. Für Dinge, an denen man hängt, ist manchmal kein Weg zu weit.

Persönliches nach Maß

Für die einen ist es die Einzelanfertigung, die den Wunsch nach etwas Individuellem erfüllt. Für andere ein Stück aus einer Serie, das vielen gefällt.

Pretsch Schmuck
Martin-Luther-Platz 4
95100 Selb
Tel. 09287 / 76677
www.schmuck-nach
-mass.de
pretsch@schmuck
-nach-mass.de

Öffnungszeiten:
Dienstag bis Freitag
9 – 13 Uhr und
14 – 18 Uhr
Samstag
10 – 13 Uhr

Ob ein Symbol, eine Figur, ein Sternzeichen, oder eine geometrische Form – die Beziehung zum Schmuck ist sehr oft eine persönliche, zumal dann, wenn Andrea und Peter Pretsch etwas fertigen.
Im Auftrag der Kunden und nach eigenen Ideen der Gestalter entsteht bei ihnen Schmuck in jedem Metall, jeder Legierung und beinahe jeder Preislage. Das Ladengeschäft im Stadtzentrum Selb ist die Adresse, wo die meist privaten Kunden eine kleine Auswahl in Augenschein nehmen und mit den Machern ins Gespräch kommen können. 1995 hat der Goldschmiedemeister das denkmalgeschützte Haus zusammen mit seiner Frau erworben, die als Diplom-Designerin in der Werkstatt mitarbeitet.

1997 eröffneten sie ihr Geschäft – zwei Jahre dauerte die komplette Renovierung des einst zur Kirche gehörenden Gebäudes.

Goldschmiedearbeiten sind das Haupt-Metier des 2-Personen-Betriebs. Darüber hinaus erarbeitet das Paar zusammen mit Schmuckherstellern Konzepte zur Verbesserung von Produktionsabläufen. Die Objekte der Werkstatt entstehen nicht abgeschottet von der Außenwelt, sondern im Dialog. Angeregt von einem Kundengespräch entwickelte Peter Pretsch so auch eine Serie von Ringen, die den Stein für weitere Formen ins Rollen brachte: Signets, visuelle Zeichen, die je nach Motiv und Ausführung als Logo, Namensring oder Siegelring dienen.

Unternehmen sowie Privatschulen und Universitäten zählen zu den Kunden, die die Schmuckstücke zum Beispiel als Incentives oder Verbindungszeichen in Auftrag geben. In Kleinauflagen fertigt Peter Pretsch weitere Serien wie Manschettenknöpfe, Schlüsselanhänger und Gürtelschließen.

Prägnante Formen

Die Gestaltung offenbart eine gute Hand für Kalligraphie und prägnante Formen, die weder zu minimalistisch noch verschnörkelt ausgeführt werden. Der Stil sei manchmal, vor allem bei den Siegelringen schon traditionsgebunden, sagt Peter Pretsch, die Kunden seien jedoch keine ausgesprochenen Traditionalisten, sondern oft sehr zeitgenössisch orientiert.

Wenn Peter Pretsch frei, nach eigenen Vorstellungen arbeitet, achtet er auf spannendes, ungewöhnliches Design. Auf einen Stil lässt er sich nicht festlegen. Dennoch kann man typische, unverwechselbare Eigenheiten erkennen: zum einen schwere Ringe in unterschiedlichen, warmen Goldtönen, dazu neben den Ring gesetzte, hohe Steine und Fassungen mit ungleich langen Seiten, zum anderen zart geformte, filigrane Ketten. Schönheit entsteht hier nicht immer nur durch Ausgewogenheit und Ebenmaß, sondern kann umso reizvoller sein, je komplexer die Form wird.

Dienstleister rund um Schmuck und Grafik: Andrea und Peter Pretsch vor ihrem Werkstattgeschäft in Selb. Für private Kunden und Firmen entstehen unter anderem Verbindungszeichen, Manschettenknöpfe und Siegelringe.

Schöner als makellos

Kunsthandwerk aus Holz findet im Fichtelgebirge gute Voraus-
setzungen. Sabine Schüller ist für die Umsetzung ihrer gestalterischen
Leidenschaft jedoch nicht auf das übliche Schnittholz angewiesen.
Was sie verwendet, würden die meisten Schreiner links liegen lassen.

**Bine's Drechsel-
stube und
SCHÜLLER holz
ART GbR**

Hauptstr. 8
95709 Tröstau
Tel. 09232 / 917631
www.bines
-drechselstube.de
info@bines
-drechselstube.de

Öffnungszeiten:
Montag bis Freitag
14.30 – 18 Uhr
oder nach telefoni-
scher Vereinbarung

In ihrer Werkstatt fertigt
Sabine Schüller harmo-
nische Schmuckstücke.
Bild oben: eckige
Schale gedrechselt aus
Ahorn und Nussbaum
kombiniert.

Was sie sucht, ist das besondere Holz, Stammstücke mit Auswucherungen, mit Rissen und Spuren von Ästen. Mit gutem Grund: So entstehen in ihrer Werkstatt auch besondere Produkte.
Die gelernte Drechslerin, die sich 2002, mit 22 Jahren selbstständig machte, kann ins Schwärmen geraten angesichts ihrer Arbeit an der Natur. „Es fasziniert mich, wie die Natur aussieht, wenn man was draus macht", vor allem „wenn das Holz tolle Maserungen hat, die nicht gerade verlaufen, sondern in alle Richtungen gehen". Das Material kommt aus dem Fichtelgebirge, darunter Holz sämtlicher Obstbaumarten, von Nussbäumen oder auch einer Weide. Nach dem Trocknen, das bei großen Teilen mehrere Jahre dauert, folgt irgendwann die finale Auswahl. „Oft verbringe ich mehr Zeit mit der Suche nach dem Holz als mit der Gestaltung", verrät die Kunsthandwerkerin. Je nachdem, welche Ausstrahlung das Material hat, ob dezent, warm, angenehm, sinnlich oder temperamentvoll, ändert sich die Stimmung und Intuition, die Sabine Schüller in die Formgebung einfließen lässt. Dabei legt sie Wert darauf, den natürlichen Charakter hervorzuheben. Jedes Teil steht am Ende dabei auch

für das große Ganze: Wie jede Einzelform können wir auch die Natur erleben: „als schön, aber eben nicht makellos".

Es sind Unikate in immer wieder neuen Formen, die auf diese Weise entstehen. Während Sabine Schüller sich ganz am Anfang mit kleinen Formen vorantastete, fertigt sie inzwischen auch lebensgroße Skulpturen. In Zusammenarbeit mit ihrem Mann Stefan entsteht aus den Kunstobjekten, zu denen auch Wandbilder und Leuchtobjekte gehören, seit 2014 eine neue Linie: SCHÜLLER holz ART GbR. Weiterhin gibt es bei Sabine Schüller auch Utensilien, die gleich zum Gebrauch animieren: Schalen stehen im Mittelpunkt. Weit über 50 verschiedene Schalen bieten sich dem Besucher in „Bine's Drechselstube" in Tröstau dar. Schmuck hat an Bedeutung gewonnen und ist ebenfalls in großer Auswahl vorhanden. Jüngstes Kind ist die Schmuck-Kollektion „Holz küsst Stein". Kunsthandwerk und Handwerkliches zum Verschenken, Dekorationsartikel, Figürliches und Weihnachtliches (zur Saison) sowie Produkte von Kollegen ergänzen das Angebot.

Kunst in der „Stube"

Die Bezeichnung „Stube" könnte man als fränkisches Understatement werten, da das Haus über zwei Etagen verteilt drei Ausstellungsräume und Sabine Schüller eine geräumige Werkstatt bietet.

Unikate aus Sabine Schüllers Drechselstube: Objekte in der Galerie (diese Seite links), Schmuck-Set aus dem Edelstein Dumortierit und Eibenholz (diese Seite rechts oben), Schalen-Objekt „Phönix" von SCHÜLLER holz ART aus einer Mirabellen-Wurzel (rechts unten). Die Kunsthandwerkerin verwendet heimische Hölzer und bezieht seit Neuestem auch Fichtelgebirgs-Gesteine (z.B. Waldstein-Granit, Bischofsgrüner oder Kösseine-Granit, Redwitzit, Proterobas usw.) sowie verschiedene Heilsteine in die Kreationen ein. Die Steinperlen werden von einem Mineralienexperten der Region gefertigt.

Des Öfteren lädt sie Kollegen zu temporär begrenzten Ausstellungen ein. Für den Verein „Künstlerkolonie Fichtelgebirge" (siehe Seite 207), dem die Tröstauerin als Mitglied angehört, hat sich das Haus schon wiederholt als Anlaufstelle für Präsentationen bewährt.

An beinahe jedem zweiten Wochenende ist die Tröstauerin unterwegs auf Märkten und Ausstellungen in Bayern und darüber hinaus. Ihre Arbeiten zeichnen sich durch schöne, gleichmäßige Oberflächen und die gekonnte Formgebung aus. Die Unregelmäßigkeiten, die durch Äste, Verwachsungen und wilde Maserungen entstehen, machen sie noch interessanter.

Grasyma-Steinbruch, Kösseine.

Ein paar Jahrhunderte und 320 Millionen Jahre

Stein als Wertstoff und Werkstoff

von Andreas Peterek

Urgesteine soll es im Fichtelgebirge geben. Keine Frage, solche aus Fleisch und Blut allemal, aber auch solche der Erdgeschichte? Johann Wolfgang von Goethe, der sich zeitlebens auch als Naturforscher betätigte, sprach dem Granit diese Eigenschaft zu. Daher zogen ihn seine Besuche im Fichtelgebirge auch gleich zweimal ins Felsenlabyrinth der Luisenburg.

Hier konnte er den Granit studieren, der seiner Meinung nach aus dem Wasser eines Urozeans ausgeschieden worden war. Doch hier irrte Goethe.

Granit ist nicht das Kind eines Ozeans. Er ist das Gestein der Tiefe, erstarrt aus einem glutflüssigen Magma, das sich aus dem Erdinneren emporgearbeitet hat in die Wurzelzonen eines sich auftürmenden Gebirges. Verglichen mit dem Alter der Erde von rund viereinhalb Milliarden Jahren liegt die Geburtsstunde dieses Gebirges, das die Geologen das Variszische Gebirge nennen, gar nicht einmal so weit zurück. Auch wenn knapp 320 Millionen Jahre schon eine lange Zeit sind. Damals kollidierten zwei große Kontinente miteinander und schoben zwischen sich tausende Meter an Meeresbodenablagerungen zusammen. In sie hinein zwängte sich der Granit, der damit mitnichten ein Urgestein ist.

Granit steht für das Fichtelgebirge wie kein anderes Gestein, was nicht verwundert, denn mehr als 40 Prozent seiner Fläche bestehen aus ihm. Und in den markanten Erhebungen von Ochsenkopf, Schneeberg, Waldstein, Kornberg und Kösseine tritt er dem Wanderer in zahlreichen malerischen Felsbastionen und Blockmeeren entgegen, durch seine Härte der Verwitterung trotzend. Und das macht ihn als Naturwerkstein attraktiv. Richtiger müsste man sagen: machte ihn attraktiv, denn die Zeiten als der Granit gleichzeitig in mehr als 50 Steinbrüchen im Fichtelgebirge abgebaut wurde, sind lange vorbei. Nur die vielen Spuren des Abbaus im Gelände und unzählige Gebäudefassaden, Denkmäler und Brunnen weltweit aus Fichtelgebirgsgranit zeugen von der einstigen Bedeutung des Granits als Arbeitgeber in der Region.

Es war aber nicht nur die Qualität des Granits allein, die ihn seit Mitte des 19. Jahrhunderts mehr und mehr nachfragen ließ. Es war vor allem auch die im Fichtelgebirge entwickelte und beherrschte Fertigkeit, Granit in industriellem Maße zu veredeln, unter anderem durch eine Politur. Was mit den Granitwerken Erhard Ackermann Mitte des 19. Jahrhunderts in Weißenstadt

Welche herausragende Bedeutung der „blaue Kösseinegranit" früher bei der Anfertigung von Denkmälern und Bauwerken gehabt hat, zeigen einige Beispiele: Fassade des Berliner Filmpalastes (im Bild), Kaiser-Friedrich-Denkmal und verschiedene Brunnen in Berlin, Verwaltungsgebäude in Bremen, Essen, Mannheim und Frankfurt, Hauptbahnhof in München, Prinzregentendenkmal in Nürnberg. Aber auch in Luxemburg, Buenos Aires, Montevideo, Madrid, in Budapest und in Los Angeles findet man blauen Granit der Kösseine aus dem Fichtelgebirge.

Das sehenswerte Geopark-Informations-zentrum „Granit im Fichtelgebirge" ist frei zugänglich in den Ruinen des einstigen Grasyma-Betriebes in Weißenstadt unterge-bracht (li.).
Und wen es interessiert, wie der Granit über Jahrhunderte gebro-chen wurde, besucht den Steinbruchwander-weg am Epprechtstein, den geologisch-historischen Lehrpfad Leupoldsdorf oder den Schausteinbruch Häusellohe bei Selb.

begann, setzte sich mit der 1909 gegründeten und rasch zum größten Steinmetzunternehmen Deutsch-lands aufsteigenden Grasyma AG fort. Mehrere Krisenzeiten konnte die Granitindustrie überwinden, doch spätestens seit der zweiten Hälfte des 20. Jahr-hunderts war der Niedergang dieses traditionsreichen Gewerbes nicht mehr aufzuhalten. Aber es hält sich noch, mit wieder steigender Tendenz. Heute wird im Fichtelgebirge in fünf Steinbrüchen Granit abgebaut.

Echter Marmor in Wunsiedel

Aber natürlich gibt es im Fichtelgebirge nicht nur Granit. Tatsächlich kommen hier mehr als 80 Prozent aller Gesteinstypen vor, die es weltweit überhaupt gibt. Zwei davon sind besonders erwähnenswert, da sie wiederum als Naturwerksteine überregionale Be-deutung hatten. Der dunkle „Fichtelgebirgs-Porphyr" oder „Proterobas" vom Ochsenkopf wurde weltweit als Bildhauerstein geschätzt und fand vielfache Verwendung als Grabstein oder Pflasterstein. Die Bischofsgrüner haben ihn sogar einge-schmolzen und daraus Glasperlen und Glasknöpfe, die so genannten „Paterln", gemacht. Bleibt

noch der „Wunsiedler Marmor", deutschlandweit das bedeutendste Vorkommen eines Marmors, der diesen Namen auch wirklich verdient. Denn im Handel bezeichnet man auch gerne Kalksteine als Marmor, solange man sie nur polieren kann. In Wunsiedel gab es so viel von diesem echten Marmor, dass man hier einst sogar die Stadtmauer daraus errichtet hat, was ihr den Beinamen „Stadt mit der marmelsteiner-nen Mauer" eingebracht hat. Im Mittelalter wurde Marmor als Marmel bezeichnet. Und weil Murmeln zu dieser Zeit meist aus Marmor gefertigt waren, leitet sich der Name für dieses beliebte Spielgerät eben auch von Marmel ab. Gerade die gute Mo-dellierbarkeit des Marmors ist neben seiner hellen Farbe Grund dafür, dass er jahrhundertelang als Bildhauerstein und für die Anfertigung von Epita-phien verwendet wurde. Lohnenswert ist ein Besuch der Epitaphien-Ausstellung auf dem Wunsiedler Stadtfriedhof.

Neugierig geworden auf die Steinvielfalt des Fichtel-gebirges? Das Fichtelgebirgsmuseum in Wunsiedel beherbergt die regional bedeutendste Gesteinssamm-lung des Fichtelgebirges.

Steintor am Fuß der Kösseine – eines von vielen Objekten im öffentlichen Raum, die das Granitwerk Ludwig Popp gefertigt hat. Gerhard Kuchenreuther (unten rechts) führt den Betrieb in dritter Generation.

Rund um den Kösseine-Granit

Materialbewusste Bauherren wissen, was sie an Granit aus dem Fichtelgebirge haben, insbesondere vom blaufarbigen Granit, der in Steinbrüchen auf der Kösseine gewonnen wird.

**Granitwerk
Ludwig Popp GmbH**
Kleinwendener Str. 11
95679 Waldershof-
Schurbach
Tel. 09234 / 718
www.
koesseine-granit.de
info@
koesseine-granit.de

Öffnungszeiten Büro:
Montag – Freitag
8 – 12 Uhr
Montag – Donnerstag
13 – 17 Uhr
Oder nach telefonischer Vereinbarung

Das Granitwerk Ludwig Popp, das hier einen eigenen Abbau und eine Produktion betreibt, ist es gewohnt, beim Einsatz des Steins in Generationen zu denken. Schließlich ist die Haltbarkeit des Kösseine-Granits kaum zu überbieten. Da der Stein absolut frostsicher und zudem säurebeständig ist, kann er in jeder Umgebung seine Eigenschaften optimal zur Geltung bringen.

Das Granitwerk Ludwig Popp wurde 1932 in Schurbach gegründet. Seit 1990 führt es in dritter Familiengeneration der Enkelsohn des Firmengründers, Gerhard Kuchenreuther. Und mit dessen Sohn Johannes steht die vierte Generation schon bereit, um den Betrieb zu übernehmen. Die Natur gibt die Qualität des Materials vor. Der Kösseine-Granit ist unwahrscheinlich dicht, nimmt fast kein Wasser auf und ist daher neben dem Wunsiedler Marmor immer auch bei Künstlern der Region die erste Wahl. Nach deren Entwürfen hat das Granitwerk bereits

viele schöne Werke ausgeführt. Auftraggeber war hier sehr oft die Kommune, in anderen Fällen die Kirche oder Privatpersonen. Grabmale, Naturstein für den Gartenbau, hochwertige Innenausstattung in Küchen und Bädern und sonstige Bauprodukte gehören zu dem Leistungsspektrum des Unternehmens.

Der Kösseine-Granit ist der wichtigste, jedoch bei Weitem nicht der einzige Stein, mit dem das Granitwerk Ludwig Popp arbeitet. Die Rohstoffe kommen aus dem Fichtelgebirge, Sachsen und dem Bayerischen Wald sowie aus der weiten Welt. Die Kunden sitzen in ganz Deutschland, denn der gute Ruf des Fichtelgebirgs-Granits reicht weit.

Meilensteine im Steinzentrum

Wenn man sich für Steine und Steinbearbeitung interessiert, lohnt sich nicht nur ein Gang zu den großen Sehenswürdigkeiten wie dem Felsenlabyrinth, sondern auch ein Blick auf den eher versteckt gelegenen „Luxus" der steinreichen Ecke Bayerns. Das Steinzentrum in Wunsiedel vereint unter einem Dach ein umfassendes Spektrum an Ausbildung, Dokumentation und Information. Werkschauen und Steinhauerkurse für Laien runden das Profil ab.

Europäisches Fortbildungszentrum

Deutsches Naturstein-Archiv

Staatl. Berufsschule Marktredwitz Wunsiedel

Staatl. Fachschule für Steintechnik am

Steinzentrum Wunsiedel

Marktredwitzer Str. 60
95632 Wunsiedel
Tel. 09232 / 1038
www.efbz.de

Meisterstück von Nina Schumann.

Wolfgang Stefan hat sich als freischaffender Künstler ausdrucksstarker Skulpturen einen Namen gemacht. Im Steinzentrum arbeitet er als Lehrer im Bereich Gestaltung.

Als Ende des 19. Jahrhunderts die Eisenbahn ins Fichtelgebirge vordrang, erlebte der Granitabbau in der Region seine Blütezeit. Hier liegen auch die Anfänge des Steinzentrums, das 1900 gegründet wurde und zu dem Zentrum für Hartgesteine in Deutschland aufstieg, schließlich wurden hier die Maschinen zum Schleifen und Polieren von Hartgestein erfunden und hergestellt. In der Fachwelt ist das Steinzentrum seit langem Begriff. Vier Einrichtungen haben sich an dem Standort, ausgestattet mit neuester Technik, niedergelassen. Die Berufsschule Marktredwitz-Wunsiedel setzt mit dem Fachbereich Steintechnik die lange Tradition der Ausbildung in Sachen

Meisterstück von Thomas Feuerer aus Granit.

Naturstein aus dem Anfang des 19. Jahrhunderts fort.
Die Fachschule für Steintechnik bildet Führungskräfte für die Steinindustrie aus und bereitet sie im Rahmen der Technikerausbildung auch auf die Meisterprüfung im Steinmetz- und Steinbildhauerhandwerk vor.
Im Europäischen Fortbildungszentrum für das Steinmetz- und Steinbildhauer-

Laien können bei einem Einsteigerkurs eigene Werkstücke gestalten (li.). Der Skulpturengarten präsentiert viele sehenswerte Werke, u.a. von Wolfgang Stefan.

handwerk (EFBZ) werden Lehrlinge überbetrieblich ausgebildet. Zahlreiche Fortbildungskurse erweitern das Angebot. Eine herausragende Stellung haben hierbei die Kurse zum „Geprüften Restaurator im Stein- und Steinbildhauerhandwerk" sowie die Denkmalpflegekurse für Gesellen, die zum Titel „Steinmetz und Steinbildhauer in der Denkmalpflege" führen.

Offen für Besucher

Im Steinzentrum befindet sich zudem das Deutsche Natursteinarchiv, eine beeindruckende Sammlung von gut 6000 Steinmustern aus aller Welt. Friedrich Müller, von dem die Bezeichnung des Fichtelgebirges als „steinreiche Ecke Bayerns" stammt, hat es in den 60er Jahren gegründet. Das Archiv wird ständig um aktuelle Werksteine ergänzt und dient der Dokumentation wie auch der Information. Nicht nur Experten, sondern auch Privatpersonen können sich hier beraten lassen (nach Terminvereinbarung).

Meisterstück von Nick Steinmetz: Maßwerk aus Sandstein.

Das Steinzentrum ist auch darüber hinaus für die Öffentlichkeit zugänglich: Jedes Jahr im Juli sind hier eine Woche lang die Meisterstücke der Fachschulabsolventen zu sehen. Mitunter lassen sich die formschönen Exponate erwerben. Anfragen sind erlaubt.
Großen Anklang findet auch das jährliche Bildhauersymposium des EFBZ, bei dem jedes Jahr im Juni Künstler aus Welt zusammentreffen. Die Werke bleiben mindestens ein Jahr lang in Wunsiedel stehen. Aus Verbundenheit mit der Stadt wird daraus jedoch oft eine „Dauerleihgabe". Nicht nur in Wunsiedel-City, sondern vor allem auch im sehenswerten Skulpturengarten des Steinzentrums haben viele Werke einen Platz gefunden.

Wer als Laie in die Steinbearbeitung einsteigen will, kann bei einem dreitägigen Seminar im Fortbildungszentrum aktiv werden. Die Teilnehmer arbeiten unter fachkundiger Anleitung und gestalten Werkstücke nach eigenen Ideen.

Wertschöpfung für alle

Die Energiekosten sind für viele Unternehmen und Haushalte zu einer zweiten Miete geworden. Um sich von rapide steigenden Preisen und der althergebrachten Ölversorgung unabhängig zu machen, setzen die Stadtwerke aus Wunsiedel und Weißenstadt auf eine saubere Alternative: Energieversorgung mit Biomasse.

GELO Holzwerke GmbH
Sparnecker Str. 1
95163 Weißenstadt
Tel. 09253 / 9550
www.gelo.de

Öffnungszeiten GELO Werksverkauf:
Freitag 11 – 17 Uhr sowie jeden 1. und 3. Samstag im Monat von 9 – 13 Uhr
holzkiste.gelo.de

ZARELO GmbH
Scherdelstr. 2
95615 Marktredwitz
Tel. 09231 / 603836
www.zarelo.de

WUN Bioenergie GmbH
Am Energiepark 1
95632 Wunsiedel
Tel. 09232 / 88 77 00
www.
wun-bioenergie.de

Lieferant der Energieträger und Keimzelle der Initiative ist ein Unternehmen, das als größter holzverarbeitender Industriebetrieb Oberfrankens seit Generationen im Fichtelgebirge verwurzelt ist. Mit wegweisenden Energieprojekten macht sich GELO für Wertschöpfung aus der Region für die Region stark.
Bei den 1898 gegründeten Holzwerken ist man es gewohnt, nachhaltig zu denken. Bereits der Vater des heutigen Geschäftsführers Wolf-Christian Küspert hat erste Anläufe zum Aufbau eines Nahwärmenetzes gestartet. Inzwischen ist das Konzept ausgereift. Heizöfen, in denen Waldabfälle bzw. Pellets verbrannt werden, sorgen dafür, dass am Ende warmes Wasser fließt und Strom aus der Dose kommt. Die nicht benötigte Energie setzt GELO unter anderem wieder für die Trocknung von Hölzern ein – ein geschlossener Kreislauf.

„Wir sehen unser Engagement nicht unter dem Aspekt der Gewinnmaximierung, sondern als Investition in die Zukunft, um die Energiewende zu schultern", so Wolf-Christian Küspert über den Hintergrund des Energieprojektes. Das Hauptgeschäft der GELO Holzwerke liegt dabei in der Verarbeitung von Rundholz, pro Tag sind es über 1000 Kubikmeter. GELO verwertet überwiegend Fichtenholz der Region und damit eine außergewöhnlich stabile Holzart, die vor allem als Konstruktionsvollholz, z.B. für Dachstühle oder als Unterkonstruktion für energetische Fassadensanierung, eingesetzt wird. Hobelprodukte, hier vor allem Terrassendielen aus sibirischer Lärche, machen einen anderen Teil des Umsatzes aus. Über Fach- und Großhändler geht das Holz an Kunden in der ganzen Welt.
Die regionale Wertschöpfung ist GELO bei alldem wichtig. Genau da setzen wei-

Nachhaltiges Wirtschaften musste GELO, im Bild oben Geschäftsführer Wolf-Christian Küspert, nicht erst erfinden. Es stand in dem holzverarbeitenden Betrieb schon immer auf der Tagesordnung. In Zusammenarbeit mit den Stadtwerken Wunsiedel und Weißenstadt liefert GELO auch Energieträger für viele Haushalte im Fichtelgebirge, vor allem in Form von Pellets. Die Grill- und Ofenanzünder mit Namen ZARELO (linke Seite) entstanden ebenfalls aus einer regionalen Kooperation. Kerngeschäft ist für GELO jedoch die Verarbeitung von Holz zu Konstruktionselementen.

tere Kooperationen an. Jüngstes Beispiel: die Ofen- und Grillanzünder unter der Marke „ZARELO". Beteiligt ist daran das Marktredwitzer Unternehmen ZARIAN, das zur Scherdel-Gruppe gehört, und das wie GELO auch an Diversifizierung seiner Geschäftsfelder interessiert ist. Seit 2013

werden die lockenähnlichen Anzünder in Supermärkten sowie über den Werksverkauf bei GELO vertrieben. Der mit Wachs überzogene „ZARELO" brennt heißer als andere Anzünder, ist frei von Chemie, stinkt nicht, bröselt nicht und ist der erste umweltzertifizierte Anzünder überhaupt, also eine echte Innovation.

„GELO Wald" ist ein weiteres Engagement für nachhaltige Wertschöpfung im Fichtelgebirge. Mit dieser hauseigenen Service-Division bietet man privaten Waldbesitzern einen Rund-um-Service in Sachen Holzernte und Forstdienstleistungen an.

Direktverkauf

Für Holzliebhaber, Bastler und Schnäppchenjäger öffnet GELO seinen Direktverkauf in Weißenstadt immer am Freitagnachmittag. Terrassendielen, Latten, ZARELOs, Briketts und viele andere Sortimente lassen sich dort direkt ab Werk erwerben.

Seine Tradition hält GELO im Betriebsmuseum hoch. Auch wenn das Holzwerk ein Industrieunternehmen ist, hat die Arbeit mit dem natürlichen Rohstoff bis heute etwas Schönes, dank des Holzgeruchs, der das Werk durchzieht, sogar etwas sehr Sinnliches. Die Mitarbeiter wissen hier noch andere Vorzüge sehr zu schätzen. So bildet GELO über Bedarf aus und unterstützt gezielt die Gesundheit der Arbeitskräfte, unter anderem mit Sportangeboten im hauseigenen Fitnessraum.

Im Münchner Umland bliebe so etwas auch für viele Doppelverdiener ein Traum. Die Naturnähe und die bezahlbaren Hauspreise waren jedoch nicht die einzigen Gründe für die Familie Rojahn, von der Großstadt ins Fichtelgebirge zurückzukehren.

Rückkehrer und Zuzügler

Begegnung mit der alten neuen Heimat

von Herbert Scharf

Immer mehr Menschen zieht es nach Jahren in der Ferne in die alte Heimat ins Fichtelgebirge zurück , während andere die Region als neuen Lebensmittelpunkt für sich entdecken. Dieser Trend wird seit einigen Jahren in mehreren Einwohnermeldeämtern des Landkreises Wunsiedel registriert. In manchen Kommunen ist bereits eine Trendwende von mehr Zu- als Wegzügen festzustellen.

Verstärkt haben junge Familien, aber auch ältere Menschen hohe Mieten oder Immobilienpreise sowie die Hektik in den Ballungszentren satt. Sie ziehen ins Fichtelgebirge, wo sich eine intakte Natur mit günstigen Mieten bzw. preiswerten Immobilien vereint. Sie schätzen auch die Bedingungen für Kinderbetreuung, Schulbildung, Freizeitgestaltung bzw. das selbstbestimmte Leben im Alter. Im Folgenden zwei einmalige Geschichten, die zugleich für eine beispielhafte Entwicklung stehen.

Von Stuttgart nach Marktredwitz

2010, nach 30 Jahren in Schwaben kehren Ingrid und Norbert Stelter in die Heimat, das Fichtelgebirge, zurück. Aus dem Schwabenland in der Nähe der Metropole Stuttgart ins beschauliche Marktredwitz, und die beiden haben noch keinen Tag ihren Entschluss bereut.

Ein Rückblick: Das Ehepaar, inzwischen sind beide im Ruhestand, wuchs in Marktredwitz auf. Nach dem Abitur, 1970, fährt Norbert Stelter zum Studium nach Erlangen. Die Frau verdient das Geld als kaufmännische Angestellte. Im gleichen Jahr heiraten die beiden in der Marktredwitzer Pfarrkirche Sankt Bartholomäus. Auch während des Studiums engagiert sich Norbert Stelter beim Marktredwitzer Motorsportclub, richtet die legendäre Winterrallye mit aus. Vorher saß er mitunter auf dem Beifahrersitz bei verschiedenen Rallyes.

Eigentlich wollten die beiden in der Heimat bleiben. Aber gerade als aus dem Studenten ein Diplomingenieur der Elektrotechnik wurde, nach einem Abschluss mit Auszeichnung, sieht es hier schlecht aus auf dem Arbeitsmarkt. Die Ölkrise im Jahr 1975 hatte die ganze Wirtschaft ins Stocken gebracht. Statt Öl war Sand im Getriebe und kaum ein Betrieb stellte Personal ein.

Es war eine Anzeige in der Zeitschrift „Auto, Motor und Sport", auf die ihn ein Freund aus dem Motorsportclub aufmerksam machte. „Das riecht nach Porsche", vermutete der völlig zu Recht. Der schwäbische Hersteller legendärer Sportwagen suchte einen Elektroingenieur.

Das Profil passte. Im Februar 1976 begann Norbert Stelter seine Arbeit in der Entwicklungsabteilung des Sportwagenherstellers in Weissach. Seine Frau begann kurz darauf in der gleichen Firma im Einkauf. Die beiden machten Karriere bei dem Sportwagenbauer. Nach kurzem Gastspiel in Pforzheim griffen sie zu, als ein Reihenhaus in Weissach zum Verkauf stand.

Nach drei Jahrzehnten, die Altersteilzeit war ausgelaufen, stellte sich für das Ehepaar die Frage, was nun? Verbleiben in der neuen Heimat, wo man sich inzwischen bestens eingelebt und viele, auch heute noch gepflegte Freundschaften geschlossen hat? Wieder zurück in die alte Heimat, zu der die Verbindung nie ganz abgerissen ist?

Es waren Wochen des Grübelns, des Abwägens und vieler Gespräche. Bis die Frau eines Tages bemerkte, dass sich der Mann eingehend mit Immobilienangeboten befasste. Als dann auch noch ein schönes Einfamilienhäuschen in einer schönen Wohngegend in Stadtnähe gefunden wurde, war die Entscheidung getroffen. Der Verkauf des Reihenhauses in Weissach und der Kauf des Hauses in Marktredwitz waren nur noch Formsache. 2011 folgte der Umzug in die neue alte Heimat ins Fichtelgebirge. Schnell hatte sich das Ehepaar wieder eingerichtet und eingewöhnt im Fichtelgebirge, alte Freundschaften aufgefrischt, neue geschlossen. Als begeisterte Fahrradfahrer und Spaziergänger wissen sie die Vorzüge der Rad- und Wanderwege zu schätzen.

Auch die Vorzüge der Einkaufsstadt Marktredwitz bemerken die beiden, die beruflich und privat in der Welt viel herumgekommen sind. „Wir finden fast alles für den täglichen Gebrauch vor Ort," sagen sie und vermissen auch große und unübersichtliche Geschäfte in und um Stuttgart nicht. Sie kaufen ohnehin lieber in kleineren Boutiquen ein. Das war schon zu Stuttgarter Zeiten so. Da wurde man mit Schuhen eher in Marktredwitz oder mit Bekleidung in Fachgeschäften mit persönlichem Service oder im örtlichen Kaufhaus fündig.

Inzwischen fragt sich das Ehepaar, ob es wirklich 30 Jahre weg war. Längst sind sie im Fichtelgebirge wieder daheim und fühlen sich in einer überschaubaren Stadt wie Marktredwitz sehr wohl.

Nicht einmal am Wetter, dem angeblich rauen Mittelgebirgsklima, haben die beiden etwas auszusetzen. Und was das kulturelle Angebot angeht, da sind dem Ehepaar die beiden Konzerte in der Glasschleif, darunter der „Messias" unvergessen. Die Luisenburg-Festspiele auf Deutschlands größter Naturbühne sind ein Muss.

Und in absolut erreichbarer Nähe, im Rosenthal-Theater in Selb, der Freiheitshalle in Hof oder in Bayreuth oder Weiden werde in einer Entfernung von 50 Kilometern reichlich gutes Kulturprogramm angeboten. In einer Entfernung, die manchmal in kürzerer Zeit zu bewältigen sei als eine Fahrt durch die verstopften Straßen Stuttgarts oder Münchens. Ob es auch etwas gibt, das Ingrid und Norbert Stelter im Fichtelgebirge stört? Die beiden überlegen nicht lange: „Wir verstehen einfach nicht, warum viele Einheimische hier nur das Negative in der Region sehen und weniger die vielen Vorteile," sagen sie.

Aus München nach Bad Alexandersbad

Aber auch Menschen, die mitten im Berufsleben stehen, schätzen zunehmend die Vorzüge des Lebens im Fichtelgebirge. Für das Ehepaar Ralf und Stefanie Rojahn waren es ähnliche Gründe, die sie zurück in die Heimat führten.

Wie viele Junglehrer, so erhielt auch Stefanie Rojahn ihre erste Stelle im kinderreichen Oberbayern. Ralf Rojahn folgte ihr nach Beendigung seines Studiums der Elektrotechnik, Elektronik und Informationstechnologie nach München. Der Mann bekam einen Job als Elektroingenieur, die Frau unterrichtete an der Grundschule in Hallbergmoos. Leben und Arbeiten in der Schwarmstadt München – ein Traum? Die

Wohnung, 75 qm in einem Vorort vor München, kostete stattliche 900 Euro.

Auch wenn es nur 40 Kilometer zur Arbeitsstelle waren, 45 Minuten war der Mann immer unterwegs. Der Rekord mit Stau lag bei drei Stunden, erzählt er. Vergeudete Lebenszeit, die man besser nutzen könnte. Auch beim Ausgehen und Einkaufen sei alles sehr überlaufen.

Beiden war bald klar, dass sie langfristig nicht im Großraum München bleiben wollten. Die Gründe: „Wir wollten Raum zum Leben, wir wollten unsere Kinder nicht in einer Zwei-Zimmer-Wohnung in einem Häusermeer aufwachsen lassen, sondern in einer natürlichen Umgebung. Ein Haus mit Grundstück nach unseren Vorstellungen hätten wir uns im Großraum München nie leisten können. Und – wir wollten eine echte Wahlfreiheit in der Art der Kinderbetreuung!" Warum also dauerhaft im „gehetzten München" mit einer schlechteren Lebensqualität leben und auf die guten Rahmenbedingungen für junge Familien im Fichtelgebirge verzichten?

Während die Frau sich nach Weiden versetzen ließ, suchte der Mann nach neuen beruflichen Perspektiven. Und das Eigenheim war auch bald gefunden. Zu einem Preis, für den sie in München gerade mal eine Drei-Zimmer-Wohnung bekommen hätten, erstanden sie ihr Traumhaus in Bad Alexandersbad.

Schon die erste Bewerbung des Elektroingenieurs bei seiner hiesigen Wunschfirma hatte Erfolg, und das zu keinem schlechteren Gehalt als in München. „In München gibt es ohne Zweifel eine größere Anzahl an beruflichen Möglichkeiten – sie sind jedoch nicht grundsätzlich besser!", stellt Ralf Rojahn fest. „Gut qualifizierte Leute haben auch im Fichtelgebirge gute berufliche Chancen. Nach den alten Monostrukturen Porzellan und Textil bildet heute ein dichtes Netz an hochinnovativen Unternehmen – teils Weltmarktführer – u.a. in den Bereichen Green-Tech, Neue Materialien, Automotive und Logistik zusammen mit dem Handwerk das Rückgrat der Wirtschaft. Auch der Tourismus hat sich zu einem bedeutenden Wirtschaftsfaktor entwickelt. Somit stehen Stellen in einem breiten Branchenmix zur Verfügung."

Der 2014 geborene Nachwuchs sollte im Bad Alexandersbader Kindergarten bestens aufgehoben sein, die Großeltern wohnen nicht weit entfernt. Leicht hat das Ehepaar wieder Anschluss gefunden.

Und was vermissen die beiden aus dem früheren Wohnort bei München? „Da fällt uns wirklich nichts ein," ist die einhellige Antwort.

Ingrid und Norbert Stelter kamen als Ruheständler von Stuttgart nach Marktredwitz und leben gerne wieder im Fichtelgebirge.

Kunst
Kultur
Natur

Kostbare Güter

Architektur-Rundgänge zwischen Marktredwitz und Eger

von Johannes Kottjé

Durch nichts anderes gestaltet der Mensch Landschaften so sehr wie durch Architektur. Bauwerke und Baustile prägen das Ambiente von Städten und Regionen und erzählen aus deren Geschichte.
Grund genug, einen Blick auf die architektonisch besonders interessante Gegend von Marktredwitz bis Eger/Cheb zu werfen!

In den beiden historisch eng verbundenen Städten Marktredwitz und Eger/Cheb entstanden in den zurückliegenden Jahrhunderten bis heute etliche sehenswerte Bauwerke. Mal historisch bedeutsam, mal Zeugen des Alltags, gebaut von Kirche und Herrschaft, Industrie und Volk, prägen sie die ehemalige freie Stadt Eger – heute Cheb – und deren frühere Enklave in Bayern. Begeben wir uns also auf Rundgänge durch beide Städte und schauen wir uns auf dem Weg von hier nach dort den ein oder anderen baulichen Höhepunkt an.

Wir starten unkonventionell an einem Kleinod, das selbst in Marktredwitz vielen unbekannt ist: Im Ortsteil Pfaffenreuth, bestehend aus nur wenigen Häusern und Höfen, findet sich eine Kirche, die mancher Großstadtpfarrei alle Ehre machen würde. Der barocke Hallenbau mit zwei umlaufenden Emporenebenen bietet gut 400 Besuchern Platz. Zu erklären ist dieses scheinbare Kuriosum vermutlich durch die großteils im Dunkeln liegende, sagenumwobene Geschichte des faszinierenden, gedrungen wirkenden Bauwerks: ursprünglich den 14 Nothelfern geweiht, musste es als Wallfahrtskirche auch größeren Besucherströmen gewachsen sein. Noch heute finden sich im Chorraum Reste eines Freskos, das vermutlich die Nothelfer darstellt. Die baufällig gewordene Kirche aus dem 13. Jahrhundert wurde

wohl vier Jahrhunderte später von Grund auf renoviert und erweitert oder sogar neu errichtet. Genaues hierzu weiß man nicht.
In die Altstadt wählen wir den kleinen Umweg über das historische Dorfensemble Manzenberg, dessen großteils liebevoll sanierte Bauernhäuser sich idyllisch im Waldsaum an den Hang schmiegen.

Altstadt Marktredwitz

Kern der Altstadt ist der lang gezogene Markt. Hinter den meist gründerzeitlichen und modernen Fassaden der Bürger- und Geschäftshäuser verbergen sich teilweise jahrhundertealte Bauten, die um die markanten Türme des alten Rathauses und der Stadtpfarrkirche St. Bartholomäus entstanden. Beide gingen wohl aus dem mittelalterlichen Schloss hervor, das 1384 zum Rathaus umgebaut wurde. Noch immer lassen die dicken Steinmauern des überwölbten Erdgeschosses, seine niedrigen Türen und kleinen Fenster oder der zweiläufige Treppenaufgang das ursprüngliche Alter des Hauses erahnen. Die Schlosskapelle ging im Chor der Stadtpfarrkirche auf, der um 1480 gotisch gestaltet wurde. Das 1522 fertiggestellte Langhaus mit floralen Deckenmalereien und einer wertvollen hölzernen Kanzel ist bereits der Renaissance zuzurechnen. Nicht recht ins Bild zu passen scheint der kleine Turm an der Nordwestecke: Aus

Blick vom Turm der Stadtpfarrkirche St. Bartholomäus Richtung Süd-Westen: vorne das Kirchendach und das historische Rathaus, dahinter die Theresienkirche. Das städtische Gefüge geht nahtlos in die rings um die Stadt hügelige Landschaft über.

Abgesehen von einzelnen barocken Elementen wie dem Hochaltar gibt sich die Kirche in Paffenreuth als puristische Hallenkirche.

feingliedrigen Stahl-Fachwerkbindern in sogenannter „Polonceau-Bauweise" getragen, entlang des Firsts war es verglast. Heute steht die Halle leer und wird gelegentlich für Veranstaltungen genutzt. Über ihre zukünftige Nutzung wird intensiv diskutiert.

Vor der Industrialisierung prägten Handwerksbetriebe die Stadt, so etwa die heute noch stehende Troglauer Mühle in der Ottostraße. Mindestens fünf Jahrhunderte wurde ihr Mühlrad vom Wasserstrom der Kösseine angetrieben. Noch heute befinden sich die Mahlmaschinen aus den 1950er Jahren im Mühlenhaus im hinteren Teil des Anwesens scheinbar in einen Dornröschenschlaf gefallen. Zur Straße hin prägt der rot-weiße Fachwerkgiebel das Erscheinungsbild des schiefergedeckten Wohnhauses mit anschließendem gemauertem Torbogen.

dem 14. Jahrhundert stammend, war auch er Bestandteil des Schlosses und ist heute als „Lug-ins-Land" das älteste bekannte Bauwerk in Marktredwitz.
Unter den weiteren Kirchen der Stadt besonders sehenswert sind die Heilig-Geist-Kirche in Oberredwitz, ehemals Kapelle des abgebrochenen Schlosses, sowie die Theresienkirche am Markt, ein spätbarockes Wahrzeichen Marktredwitz'. Sie wurde 1776 von Kaiserin Maria Theresia für die im evangelischen Redwitz stationierten, katholischen österreichischen Soldaten gestiftet.

Fabrik Glasschleif

Die größte Halle ist allerdings keine Kirche, sondern ein ehemaliges Fabrikgebäude, die sogenannte „Glasschleif". Errichtet wurde der inzwischen denkmalgeschützte Industriebau mit seiner markanten, dreiteiligen Rundbogenfassade in den Jahren 1912 bis 1913 im Rahmen der Erweiterung der Marktredwitzer Niederlassung des Fürther Spiegelglasunternehmens Seligmann Bendit und Söhne. Ineinander verwobene, teils eher noch dem Historismus, teils eher dem Jugendstil zuzuordnende Elemente prägen die Giebelseiten als „Gesicht des Gebäudes". Die Grundfläche der Halle entspricht mit etwa 2000 qm ungefähr der des Regensburger Domes. Das weit spannende Satteldach wurde von

Bevor wir Marktredwitz verlassen, kehren wir auf der anderen Seite der Kösseine in den historischen Gasthof „Zum goldenen Löwen" ein. Vor Kopf des Zipprothplatzes gelegen, wurde das ehemalige Schloss wohl im 16. Jahrhundert im damals eigenständigen, heutigen Stadtteil Dörflas errichtet. Im Laufe der Zeit wurde das Gebäude mehrfach verändert, doch viele Zeugnisse der Baugeschichte blieben erhalten. Besonders bemerkenswert ist etwa die aus der Renaissance stammende Bohlen-Balken-Decke in der Gaststube. Enttäuscht wird nur, wer sich unter einem Schloss ein deutlich prunkvolleres Bauwerk, womöglich mit Türmen vorstellt, denn in der Region wurde der Begriff auch für viele deutlich schlichtere Herrenhäuser verwendet.

Schloss Brand

Deutlich mehr der heutigen Vorstellung von einem Schloss entspricht der ehemalige Adelswohnsitz in Brand bei Marktredwitz, an dem wir auf der Weiterfahrt Richtung Eger noch kurz Halt machen. Schloss Brand hat eine wechselvolle Geschichte hinter sich: Sein Kern geht auf das Jahr 1384 zurück, 1592 und um das Jahr 1900 wurden wesentliche Umbau- und Erweiterungsmaßnahmen vorgenommen. Bis 1682 lebten hier Mitglieder der Familie von Brand, bis Mitte des 20. Jahrhunderts

Das imposante Dachtragwerk der „Glasschleif" bilden ebenso weit spannende wie filigrane Stahl-Fachwerkträger. Zur Straße zeigt das größte Gebäude der Marktredwitzer Innenstadt einen ornamentalen Ziergiebel, der die Fabrikhalle in Maßstab und Proportionen harmonisch ins Stadtbild einfügt.

andere Adelsfamilien. Zuletzt diente das Schloss als Brauerei, heute sind lediglich noch einige, zu Wohnungen umgebaute Räume bewohnt. 2007 pachtete das „Markgräfliche Collegium Historiae" die historische Anlage vom Bistum Regensburg. Der Verein möchte hier nach erfolgter Sanierung ein kulturelles Zentrum entstehen lassen.

Doch nicht nur Herren- und Gotteshäuser verdienen Beachtung, auch einfache Bauern- und Handwerkerwohnbauten können beeindrucken. Bedauerlicherweise wurde auch in dieser Gegend manch erhaltenswertes historisches Haus seit den 1950er Jahren seines Charmes beraubt und mit der Absicht, es modernen Zeiten anzupassen, verunstaltet. Verkannt wird dabei unter anderem die Gestaltungskraft der Fenster – gerade in historischen Bauten – als „Augen des Hauses". Ihre klassische Unterteilung gibt der Fassade ihre Maßstäblichkeit. Doch es gibt auch positive Beispiele für den Umgang mit alten Wohnhäusern am Wegesrand, die nach liebevoller, sorgsamer Sanierung zu kleinen Pretiosen naiver Baukunst vergangener Zeiten werden. So etwa das Haus Spitalstraße 5 in Arzberg von 1728, das älteste erhaltene Haus der Stadt: Hier wurden etwa die alten Holzfenster restauriert und durch neu angefertigte Außenflügel zu ins Bild passenden Kastenfenstern ausgebaut.

Waldsassen

Ein Abstecher vom kürzesten Weg führt uns in die nördliche Oberpfalz zum Kloster Waldsassen. Der um zwei Innenhöfe gruppierte, weitläufige Komplex wurde ab 1685 nach Plänen der Baumeisterfamilie Dientzenhofer gebaut. Die barocke Stiftsbasilika gilt mit ihrer reichen Stuck- und Freskenausstattung, der Vierungskuppel und den zahlreichen Seitenkapellen als eine der bedeutendsten Barockkirchen nördlich der Alpen. Unter ihr findet sich Deutschlands größte Gruft, auf den Seitenaltären im Hauptschiff zehn geschmückte Skelette aus römischen Katakomben. Eine sechsstellige Besucherzahl zieht jährlich die Stiftsbibliothek aus dem 18. Jahrhundert an. Unter dem mit Fresken ausgemalten Deckengewölbe tragen zehn

Im kunstvoll gefassten Tabernakel der Stiftsbasilika Waldsassen spiegelt sich der Kirchenraum.

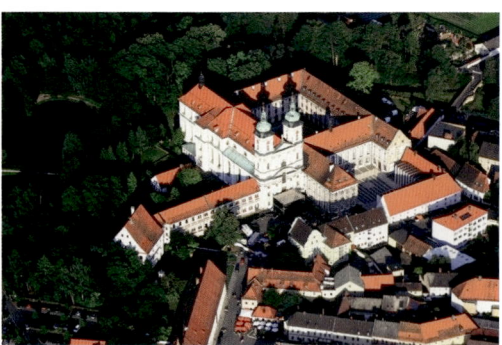

Aus der Vogelperspektive lassen sich die Anlage des Klosters Waldsassen und die Eigentümlichkeit der Wallfahrtskirche auf der Kappl besonders deutlich erkennen.

kunstvoll geschnitzte Figuren die umlaufende Galerie mit hölzernem Balustradengeländer.

Historisch mit Waldassen verbunden war die ab 1685 von Georg Dientzenhofer errichtete Wallfahrtskirche Kappl bei Münchenreuth. Ihr Patrozinium der Heiligsten Dreifaltigkeit wurde in dem höchst ungewöhnlichen Kirchengebäude architektonisch umgesetzt. Außen wie innen ist die Zahl Drei baulich präsent, am markantesten in Form dreier Rundtürme und dreier Apsiden, die die ansonsten dreieckige Grundfläche abschließen.

Von Maria Loreto zu St. Nikolaus

Kurz hinter der deutsch-tschechischen Grenze lässt sich in Starý Hrozňatov seit zwei Jahrzehnten wieder eine weitere barocke Wallfahrtskirche mit umfangreichen Nebenanlagen bewundern: Maria Loreto stand nach Öffnung des Eisernen Vorhangs bloß noch als Ruine; einem engagierten Förderverein, gegründet von vertriebenen ehemaligen Egerländern, ist der sorgsame Wiederaufbau zu verdanken.

Auf dem weiteren Weg kommen wir durch Egerländer Dörfer und vorbei an erhalten gebliebenen, für die Region seinerzeit typischen Höfen. Unseren Rundgang durch Eger beginnen wir am Kostelní náměstí, heute ein Parkplatz mit wunderbarem Blick auf die oberhalb aufragende Kirche St. Nikolaus. Ein zweifach geschwungener Kirchsteig führt hinauf zur prägnantesten Kirche der Stadt, die von der Romanik bis zum Barock Elemente jeder Epoche aufweist.

Mystisch wirkt der gedrungene Innenraum der Muttergottes-kapelle, in der das Gnadenbild der Wallfahrtsstätte Maria Loreto ausgestellt ist. Die Kapelle steht im Zentrum des Kreuz-ganges der Anlage.

Deutlich größer und ihrem Patrozinium zum Heiligen Geist ent-sprechend wesentlich lichtdurchfluteter als die Muttergottes-kapelle: die eigentliche Wallfahrtskirche vor Kopf des Gebäude-komplexes.

So stammen etwa die oberen Stockwerke der beiden Türme vom Würzburger Baumeister Balthasar Neumann.

Durch eine schmale Gasse gegenüber dem Südportal gelangt man zum Markt mit seinen prachtvollen, nach Erbauern oder einstigen Besitzern benannten Bürgerhäusern aus mehreren Jahrhunderten. Nach wenigen Metern fällt linker Hand das Gablerhaus mit verzierter Rokokofassade auf, direkt daneben sticht das Schirndingerhaus mit gotischem Treppengiebel aus der sonst durchweg traufständigen Marktumbau-ung hervor. Erbaut im 14. Jahrhundert, stellt es ein letztes Zeugnis des gotischen Egers dar. In seinem imposanten Renaissance-Arkadenhof bietet ein Café die Möglichkeit zu verweilen. Im überwölbten Tor-durchgang sollte man dem steinernen Treppenhaus Beachtung schenken.

Das „Stöckl" (links im Bild) inmitten jüngerer Bürgerhäuser, die den Egerer Marktplatz umstehen.

Die faszinierende Doppelkapelle St. Erhard in der Egerer Kaiserpfalz weist ein gotisch-feingliedriges Obergeschoss über einem monumental-massiven Erdgeschoss auf.

Unmittelbar gegenüber steht inmitten des Marktplatzes das wohl bekannteste architektonische Ensemble Egers, nochmals älter als das Schirndingerhaus. Das sogenannte Stöckl entstand, je nach Quelle, vor oder kurz nach dem großen Stadtbrand im Jahr 1270. Die in zwei dicht aneinander stehenden Reihen errichteten ehemaligen Kaufmannshäuser wirken durch ihre für die Bauzeit ungewöhnliche Höhe von bis zu fünf Geschossen auf geringer Grundfläche teilweise fast turmartig.

Altstadt Eger

Hinter dem Stöckl, an der Nordseite des Marktes, findet sich im ehemaligen Stadt- oder Pachelbelhaus das Stadtmuseum (Chebské muzeum). 1634 wurde hier Wallenstein ermordet, Erinnerungen an ihn bildeten die Grundlage des Museums. Sehenswert ist auch der große Innenhof mit Galerieumgang.
Einige der übrigen Häuser sind über Ladenlokale, Cafés oder Restaurants im Erdgeschoss zu besichtigen, wurden dort jedoch oft modern überformt. Anders beim Neuen Rathaus, dessen Fassade und Uhrturm die umliegende Bebauung deutlich überragen. In den 1720er Jahren durch den italienischen Barockbaumeister Giovanni Battista Alliprandi erbaut, beherbergt es heute die Galerie der bildenden Künste.

Wir verlassen den Markt wieder in Richtung Norden und passieren das ehemalige Kreuzherrenkloster. Der gotische Komplex wurde 1945 durch Sprengung einer benachbarten Brücke stark beschädigt. Heute beherbergt die rekonstruierte Klosterkirche St. Bartholomäus eine Galerie, ist mit Sternengewölbe und Fresken jedoch auch selbst einen Besuch wert.

St. Erhard

Von der Kaiserpfalz auf einem Felsen im Nordosten fällt der Blick noch einmal zurück auf die Altstadt. Die einst stolze Anlage ließ Kaiser Friedrich I. Barbarossa als Zeichen seiner Macht errichten, nachdem er 1167 das Egerland erworben hatte. Noch heute ragt der Bergfried aus Buckelquadermauerwerk, der Schwarze Turm, machtvoll in die Höhe. Vom Palas stehen nur noch die unteren Geschosse der Außenmauern mit romanischen Rundbogenfenstern, erhalten blieb dagegen die Doppelkapelle St. Erhard, ein einzigartiges Bauwerk, das einen beeindruckenden Abschluss unseres Rundganges bildet. 1188 vollendet, gingen hier ein romanisches Kreuzgewölbe auf Granitsäulen im Erdgeschoss und ein frühgotisches Kreuzrippengewölbe auf Marmorsäulen im Obergeschoss eine symbiotische Verbindung in einer nach außen homogenen, schlichten Bruchsteinhülle ein.

Blick über die Kaiserpfalz: links die Ruinen des Pallas, anschließend die Doppelkapelle und der Schwarze Turm. Im Hintergrund ganz rechts liegt die Altstadt mit den Türmen von St. Nikolaus.

Sprechende Löwen und sprudelnde Steine

Wer weiß, was ein Sprudelstein ist? Eine Kochkiste? Und was bitte ist ein Gnawrick? Um das und mehr herauszufinden, lohnt ein Besuch des Egerland-Museums in Marktredwitz. Hier erhalten Besucher einen lebendigen Eindruck von der Erinnerung der Egerländer an ihre verlorene Heimat. Das modern gestaltete Museum überzeugt mit seinem Konzept: die Emotion, die Erinnerung ist ebenso wichtig wie die kulturhistorische Bedeutung wertvoller Ausstellungsstücke. Das Museum wird zum „musée sentimentale". Ein goldener Rahmen kennzeichnet Objekte von hoher emotionaler Bedeutung. Smartphones und Tablets kommen im Egerland-Museum als „Zeitmaschinen" zum Einsatz: Hautnah wird Geschichte „erlebt". Beim Rundgang mittels App inspirieren spannende Kurzfilme und Dokus die Phantasie. Ein Brunnenlöwe aus Karlsbad erzählt von den Sprudelsteinen, zwei von der Landkarte verschwundene Dörfer des Egerlands erwachen mittels GPS-Navigation zum Leben. In Workshops können tschechische und deutsche Schüler gemeinsam alte Handwerkskunst erlernen oder eine Kochkiste bauen. In der Dauerausstellung finden sich Trachten, Porzellan, Gläser, Zeugnisse der religiösen Volkskultur, Musikinstrumente,

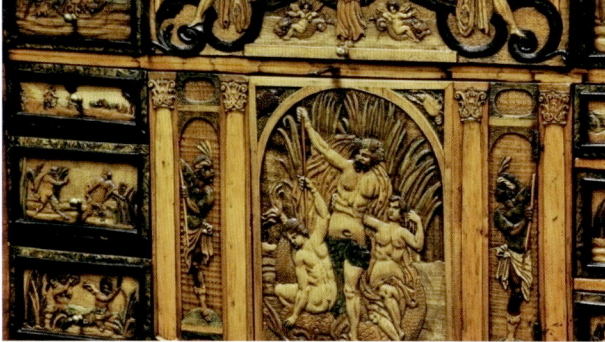

Ein Zeugnis hochstehender Tischlerkunst in der einstigen Reichsstadt Eger: Der Kabinettschrank aus der ersten Hälfte des 17. Jahrhunderts ist mit Reliefintarsien reich verziert. Die mythologischen Szenen beschäftigen sich mit dem Thema Liebe.

eine böhmische Kirchenkrippe und vieles mehr. Sonderausstellungen beleuchten spannende Themen wie Egerländer Fachwerkhöfe, ein Reliefintarsienkabinett, Wanderharfinistinnen aus Böhmen, das Kurleben im böhmischen Bäderdreieck oder Goethe in Marktredwitz.
Neben dem Museum selbst sind im Egerland-Kulturhaus untergebracht: die Egerländer Studienbibliothek mit einem einzigartigen Buchbestand zur Kulturgeschichte des Egerlandes und die Egerländer Kunstgalerie. Sie zeigt einen Querschnitt durch das Kunstschaffen von Egerländer Künstlern im 20. Jahrhundert.

Egerland-Museum
Fikentscherstr. 24
95615 Marktredwitz
Egerländer
Kunstgalerie,
Egerländer
Studienbibliothek
Tel. 0 92 31 / 39 07
www.
egerlandmuseum.de
info@
egerlandmuseum.de

Die Perle im Stiftland

Abtei Waldsassen
Basilikaplatz 2
95652 Waldsassen
Tel. 09632 / 92000
www.
abtei-waldsassen.de
info@
abtei-waldsassen.de

**Gästehaus
St. Joseph**
Tel. 09632 / 923880
www.
haus-sankt-jospeh.de

**Öffnungszeiten
Bibliothek**
Palmsonntag bis
31. Oktober:
Dienstag bis Freitag:
11 Uhr – 16 Uhr
Samstag
10 Uhr – 16 Uhr
Sonntag
11 Uhr – 16 Uhr
Geschlossen:
Karfreitag

1. November bis
Palmsonntag
Mittwoch bis Sonntag
13 – 16 Uhr
Vom 2. Advent bis
einschl. 25.12.
geschlossen

24./25.12 geschlossen

**Öffnungszeiten
Klosterladen**
Palmsonntag bis 31.
Oktober:
Dienstag bis Freitag
10.30 – 16.30 Uhr
Samstag
9.30 – 16.30 Uhr
Sonntag
10.30 – 16.30 Uhr
Geschlossen:
Karfreitag

1. November bis
Palmsonntag:
Dienstag bis Sonntag
13 – 16 Uhr

Das Kloster Waldsassen im Stiftland hat eine weit über die Region reichende Ausstrahlung, zum einen durch die Gegebenheiten des Gebäudes, das ab 1995 völlig restauriert und zuletzt um das Gästehaus St. Joseph erweitert wurde.

Zum anderen durch die Spiritualität der Zisterzienserinnen, die durch einen kleinen, auch vom Altersdurchschnitt her jungen Konvent lebendig gehalten wird. Das Erbe und die Gegenwart vereinigen sich zu einem Gesamtkunstwerk, das jeden in den Bann zieht.
Das Kloster wurde 1133 als erste der fünf bayerischen Zisterzienserabteien gegründet. Während die Benediktiner sich auf Bergen niederließen, nahmen die

Ein Glanzstück neben der Basilika – das Gästehaus St. Joseph mit Klosterladen, Hotel und Restaurant steht für alle Besucher offen. Im Bild oben: Glasfassade mit Adventskalender der Waldsassener Firma Lamberts Glas. Unten: Konzert in der Klosterbibliothek.

Zisterzienser als Reform-Orden ihren Sitz in Tälern ein, um die Wasserversorgung für andere Klöster zu erschließen. Darauf gehen wegweisende Errungenschaften zurück: der Bau von Mühlen, das waagrechte Wasserrad und hydraulische Erfindungen, im Stiftland (dem gestifteten Land) zudem markante Spezialitäten der oberpfälzischen Genusskultur, denn die Teichwirtschaft in der nördlichen Oberpfalz und das Zoigl-Bier nahmen im Kloster ihren Anfang.
Der Dreißigjährige Krieg und die Säkularisation brachten das Klosterleben zum Erliegen.

Wasser und Heilkräuter begegnen dem Besucher auf Schritt und Tritt – im Kräutergarten (links), auf dem Wasser-Erlebnispfad (unten), auf der alten Brücke im Park (im Bild mit den Schwestern).

1864 jedoch zog eine Gruppe von Pionierschwestern in das barocke Gemäuer ein, um die Mädchenbildung voran zu bringen – und blieb. 2014 feierte das Frauenkloster 150-jähriges Bestehen.

Wasser ist das Element alles Lebendigen, ein wesentlicher Bestandteil der Schöpfung und somit auch als spirituelles Thema im Kloster von großer Bedeutung. Im Mittelpunkt steht der Mensch im Einklang mit Gott und seiner natürlichen Umwelt. Wie relevant diese Zielsetzung in lebenspraktischer Hinsicht ist, offenbart die „staatlich anerkannte Umweltstation". Hier dreht sich alles um Kräuter, Hildegard von Bingen, Kneipp, Bienen, Wetter, einen Bauerngarten und natürlich Wasser.

Angeschoben wurde dieses Pionierunternehmen der jüngsten Geschichte von Sr. M. Laetitia Fech OCist., die 1995, mit damals 37 Jahren, zur Äbtissin gewählt wurde. Es bildete den Keim für das Kultur- und Begegnungszentrum, das mit einem umfangreichen Angebot an Führungen, Diskussionen, Gebets- und Besin-

Die Zimmer des Gästehauses St. Joseph sind angenehm klar und sauber, mit hochwertigen Materialien und liebevollen architektonischen Details ausgestattet.

nungswegen jedem offen steht (Programm s. Webseite). Im prächtigen Barocksaal finden in Zusammenarbeit mit dem Waldsassener Kammermusikkreis hochkarätige Veranstaltungen statt, so auch in der wunderschönen Basilika, die allein einen Besuch lohnt, wie auch die überaus prachtvolle Bibliothek. Die Räumlichkeiten stehen auch für Tagungen, Hochzeiten und Ausstellungen zur Verfügung.

Zum Kloster gehört eine Mädchenrealschule, die seit 2002 als sechsstufige Realschule geführt wird und seit jeher einen guten Ruf genießt. Die unter Federführung von Mt. M. Laetitia umgesetzte Generalsanierung (1995-2011), der Umstieg auf eine nachhaltige Energieversorgung mittels topmoderner Hackschnitzelanlage und das 2008 eröffnete Gästehaus setzten die erfolgreiche Entwicklung fort.

Beten, arbeiten und lesen bestimmen getreu den Regeln des heiligen Benedikts das Leben der elf Schwestern (Stand: 2014). Die Gäste können unabhängig von ihrer Konfession am Stundengebet – 7 mal pro Tag – teilnehmen, zuhören, den Wellenschlag spüren, aber auch wie ein normaler Hotelgast, umgeben von der speziellen Kloster-Atmosphäre, dem Alltagsstress entfliehen und Ruhe finden. Das Restaurant verwöhnt mit Zutaten aus dem Klostergarten und tschechisch inspirierter Küche – das Egerland liegt ja praktisch vor der Haustür. An Leib und Seele gleichermaßen wendet sich der Klosterladen mit Spezialitäten, Devotionalien und Literatur. Die Magie des Ortes setzt sich auch im Kleinen fort.

Szegediner Gulasch

von Benjamin Standfest,
Gästehaus St. Joseph, Waldsassen

Zubereitung Knödel
Die ganzen Zutaten in eine Schüssel geben und zu
einem lockeren Hefeteig verrühren. 20 Minuten gehen
lassen, aus dem Teig zwei gleich große Laibe formen und
nochmals 20 Minuten gehen lassen
Die Laibe in ein Geschirrtuch wickeln und 20 Minuten
in Salzwasser ziehen lassen.
Danach aus dem Wasser nehmen. Die Knödel mit der
Gabel einstechen, damit die Luft entweicht, den Laib in
Scheiben schneiden.

Zubereitung Gulasch
Die gewürfelten Zwiebeln in Butterschmalz anbraten,
danach die 1 cm großen Schulterstücke dazugeben und
anbraten. Das Tomatenmark dazugeben und kurz mit-
rösten, danach das Mehl, Knoblauch und die Gewürze
dazugeben und mit 1 l Rinderbrühe aufgießen.
Eine ¾ Stunde zugedeckt schmoren lassen.
Das Sauerkraut dazugeben und noch mal 10 Minuten
weiterkochen lassen. Das Gulasch abschmecken, mit
Sauerrahm verfeinern und mit den Knödeln servieren.

Zutaten für 10 Personen
1 kg Schweineschulter
300 g Zwiebeln
300 g Sauerkraut
1 EL Tomantenmark
1 EL Mehl
80 g Butterschmalz
2 Knoblauchzehen
2 EL Sauerrahm
1 l Rinderbrühe
Salz, Pfeffer, Paprika edelsüß, Majoran, Lorbeer, Wachholder, Nelken

Zutaten Böhmische Knödel:
850 g Spätzlemehl
650 ml Milch
20 g Eigelb
20 g Hefe
20 g Salz
20 g frische Hefe
180 g gewürfelte altbackene Semmeln

Farbiger Ton, weihnachtlicher Klang

Die Marktredwitzer Krippenkultur

Krippen gehören unabdingbar zur Weihnachtszeit. Seit Jahrhunderten zieren sie Kirchen, Privathäuser und öffentliche Plätze. Auch die Stadt Marktredwitz verfügt über eine eigene Krippenkultur.

Dabei stellt die Marktredwitzer Krippentradition eine für die Region einzigartige Besonderheit dar. Der jährliche Krippenweg setzt diese fort. Marktredwitzer Krippen sind aus feinem Hafenton gefertigt. Die ersten Figuren entstanden Mitte des 19. Jahrhunderts, als das heimische Töpferhandwerk starker Konkurrenz durch das neue Emaille- und Porzellangeschirr ausgesetzt war. Industriell gefertigtes Gebrauchsporzellan war auch für den kleinen Geldbeutel erschwinglich, irdene Töpferwaren wenig gefragt. Die Töpfer schauten sich nach neuen Erwerbsquellen um und fanden sie in der Herstellung von Krippenfiguren. Sie begannen, Figürchen aus Ton zu formen, zu brennen und bunt zu bemalen. Damit war die Marktredwitzer Landschaftskrippe geboren.

Noch heute erinnert man sich an einzelne Hafnerfamilien, die durch die Vielfalt und Qualität ihrer Krippenfiguren berühmt geworden sind. Dazu gehört insbesondere die Hafnerfamilie Meyer, genannt die „Dammhafner". Der Hausname geht zurück auf Kaspar Meyer (1820-1886), der aus der Innenstadt an den Stadtrand zog. Seine Nachfahren folgten dem Beispiel des Vaters, so dass hier über Generationen

Szenerien aus Marktredwitzer Landschaftskrippen – Oben: Krippe der Familie Dick. Darunter: „Der Holzdiebstahl" als Teil der Löwenbrunnenkrippe am Marktplatz. Dr. Armin Leppert baut die Krippe seit 1988 auf. Sie ist vererbter Familienbesitz in der dritten Generation. Viele Figuren sind über 100 Jahre alt.

Krippenfiguren hergestellt wurden. Daneben gab es noch andere Hersteller, wie die Familie Patz oder Max Völkel aus Brand.
Die Bezeichnung „Landschaftskrippe" kommt nicht von ungefähr. Die Marktredwitzer Krippen nehmen mehrere Quadratmeter große Flächen ein, oft ganze

Nicht nur die Figuren, sondern auch die Maße der Marktredwitzer Landschaftskrippen sind besonders. Manchmal nehmen sie ganze Zimmer ein. Im Bild: Krippe der Familie Dick. Unten: Krippe der Familie Kolb.

Zimmer. Das eigentliche Krippengeschehen tritt dabei optisch eher in den Hintergrund. Die Krippen werden vielmehr bestimmt von Szenen bürgerlichen und bäuerlichen Lebens. Oft ist die eigentliche Geburtsszene Christi nicht gleich zu entdecken. Sie ist nur ein Teil in einer kunstvoll gestalteten Alpenkulisse, die unverkennbar mit der einstigen Zugehörigkeit zu Österreich (Böhmen) und der Lage im Egerland zusammenhängt.

Insbesondere die Vielfalt der Marktredwitzer Krippenfiguren trug zu ihrem Erfolg bei. Schufen die Töpfer zunächst die heilige Familie, Engel, Hirten und Schafe, wurden die Szenen rasch erweitert um zahlreiche Figuren und Tiere aus der alpenländischen Lebenswelt. Die Marktredwitzer Krippen sind bevölkert von Bauern, Jägern, Hirten, Männern und Frauen in oberbayerischen Trachten sowie heimischer Kleidung z.B. Egerländer Tracht. Oft stehen die Figuren in Szenen zusammen, in Marktredwitzer

Mundart „Stickla" genannt. Hier werden kleine Geschichten aus dem Alltag erzählt: Jäger stellen einen Wilderer, der Dorfschmied repariert eine gebrochene Radachse, ein Schwein wird geschlachtet, die Musik spielt zum Tanz auf. Auch Szenen aus dem Jahres- und Lebenskreis wie Fronleichnamsprozessionen und Hochzeitsbäuche sind in den Krippen dargestellt.

Vorbild Münchener Schule

Als Vorbilder für die Figuren und Szenen dienten dabei Zeichnungen und Gemälde der Münchener Schule – Defregger, Leibl, Gritzner und andere – ebenso wie Motive aus Zeitschriften und Büchern. Dabei fertigten die Töpfer ihre Figuren durchaus auch nach Wünschen der Kundschaft an. Davon zeugen zahlreiche Marktredwitzer Originale, die die Marktredwitzer Krippen bereichern. Dazu gehören der Klempnermeister Georg Meyer, genannt „Hemmärml-Schorsch", der Polizeidiener Küspert, der Förster Grießhammer, der Baumeister Mühlhöfer und der Töpfermeister Karl Meyer. Auch Personen der Zeitgeschichte fanden Eingang in die Krippen, so der deutsche Kaiser Wilhelm II., der österreichische Kaiser Franz Joseph II. oder der populäre Prinzregent Luitpold von Bayern. Selbst Marktredwitzer Oberbürgermeister sollen schon als Krippenfiguren gesehen worden sein.
Ihre große Zeit hatten die Marktredwitzer Krippen um die Jahrhundertwende. Die Industrialisierung hatte gerade in den bürgerlichen Kreisen die Sehnsucht nach einem einfachen, ruhigen Leben in überlieferter Ordnung geweckt. Das Leben

Die Geburt Christi steht nicht immer im Zentrum der Landschaftskrippe. Im Bild: Krippe der Familie Kolb.

auf dem Land, bestimmt durch die Gesetzmäßigkeit der Natur, schien diesem Bild zu entsprechen. Damit trugen die Szenen der Marktredwitzer Landschaftskrippen gleichermaßen einem romantisch verklärten Blick wie der allgemeinen Alpensehnsucht Rechnung.

Auch heute sind die „Kripperer" vor Weihnachten wochenlang mit dem Krippenaufstellen beschäftigt. Schon im Herbst wird Material gesammelt für die Landschaften, die aus Steinen, Wurzeln, Holzkisten, Baumrinde und Polstern aus Moos gestaltet werden. Zum Ehrgeiz des engagierten „Kripperers" gehört es, seiner Krippe jedes Jahr ein neues Thema und ein anderes Aussehen zu geben.
Aus dem fast vergessenen Brauch des gegenseitigen Besuchens und „Krippenschauens" entstand 1989 der „Marktredwitzer Krippenweg", der inzwischen

25 Stationen umfasst und neben den Kirchen auch in zahlreiche Privathäuser führt. Er findet alljährlich zwischen dem zweiten Weihnachtsfeiertag und dem Dreikönigstag statt. Der Besucher wird dort gastfreundlich empfangen, über Geschichte, Umfang und Motive der einzelnen Krippen aufgeklärt und bekommt hin und wieder sogar ein Schnäpschen angeboten.

Edith Kalbskopf

Als Info-Stelle ist die Tourist-Information ein guter Anlaufpunkt: Tourist Information · Markt 29
95615 Marktredwitz · Tel. 09231 / 501128
www.tourismus-marktredwitz.de

Begegnung in der Werkstatt

Das private Wohnhaus der Familie Artmann liegt nicht an der Hauptroute des Marktredwitzer Krippenwegs, ist für Neugierige, Sammler und Experten jedoch umso interessanter. Albin Artmann ist wie Alfred Geyer aus Brandt einer der wenigen Krippenfreunde, der noch eigene Figuren aus Ton und Keramik herstellt. Die Besucher können bei ihm nicht nur eine gut 12 qm große Krippe, sondern auch die Werkstatt und das umfangreiche Figurenkabinett bestaunen.
Zu Artmanns Sammlung gehören auch alte Figuren, die zwischen 1850 und 1890 von Kaspar und Wilhelm Meyer geschaffen wurden. Während manche Plastiken früher noch direkt aus dem Ton gestochen wurden, gießt Albin Artmann seine Figuren in der Regel aus Gipsmodeln, wobei das Ergebnis zuvor mit einer Silikon-Model getestet wurde. Manchmal verwendet er auch Schnitzrohlinge, die er zurechtfeilt und dann in eine Gussform überführt. Der Marktredwitzer Kunsthandwerker bietet einige seiner Eigenkreationen zum Verkauf an.

Kontakt Krippenfreunde Marktredwitz
Albin Artmann · Wegenerstr. 2j · 95615 Marktredwitz
Tel. 09231 / 8363 · E-Mail: Albin.Artmann@t-online.de

In seiner Werkstatt gibt Krippenbauer Albin Artmann den Tonfiguren eine Gestalt.

Faszination Mittelalter

In Bad Berneck lässt sich die Geschichte des mittelalterlichen Burgenbaus auf schattigen Waldpfaden mit romantischen Aussichtspunkten erleben

von Sandra Schiffel und Claus Rabsahl

Es klingt fast wie im Märchen: Sieben Hügel umgeben das Städtchen Bad Berneck im Fichtelgebirge, sieben Flüsse und Bäche durchfließen den Ort – und sieben Burgen auf den Höhen um die Stadt zeugen nicht nur von einer bewegten Vergangenheit, sondern geben auch noch einen tiefen Einblick in die Geschichte des Burgenbaus Deutschlands. Zwar finden sich entlang des Weges mit einer Ausnahme, der Burg Stein, „nur" noch Ruinen. Diese sind jedoch hervorragende Zeugen der Geschichte des Burgenbaus, da sie alle nur relativ kurze Zeit genutzt wurden und deshalb ihre

bauzeittypischen Merkmale behalten haben. So lässt sich die Entwicklung der Burgenkultur anhand von sieben Wehrbauten auf einer großen Wanderung oder mehreren kleinen Wanderungen über die Höhen um Bad Berneck wunderbar nachvollziehen.

Hohe Warte – eine frühmittelalterliche Wallburg

Begeben wir uns zurück in die sogenannten „dark ages", als noch kaum schriftliche Urkunden den Lauf der Geschichte erhellen. Das fränkische Reich der Karolinger und Ottonen war noch lange nicht gefestigt. Im 10. Jahrhundert bedrohen vor allem die Ungarn oder Hunnen, wie sie damals fälschlicherweise genannt wurden, das junge Reich. Ein vorausschauender Kaiser, Heinrich I., verschaffte damals seinem Volk eine Atempause. Er vereinbarte einen Waffenstillstand und Tributzahlungen mit den Ungarn und nutzte die so gewonnene Zeit klug: Er forderte die Bevölkerung auf, überall in seinem Reich Burgen zum Schutz von Mensch und Tier zu errichten. Aus dieser Zeit dürfte auch die älteste Burg auf dem Hausberg Bad Bernecks, der Hohen Warte, stammen. Diese Wehrbauten hatten jedoch noch keinerlei Ähnlichkeit mit dem Bild, das wir heute von Burgen haben. So fehlten in der Regel Türme wie auch größere Bauten innerhalb der Burg. Die Hauptverteidigungsanlagen bestanden aus einem Hauptwall und einer Reihe vorgelagerter Wälle; deshalb auch der Name Wallburg. Diese Burgen waren ungleich größer als die späteren Adelsburgen und besaßen oft eine Grundfläche von mehreren Hektar. Sie dienten der Grenzbefestigung, aber auch als Truppensammelstelle für den Heerbann des Königs oder als Fluchtburgen für die nahegelegenen Dörfer. Der Standort auf der Hohen Warte war durchaus strategisch gewählt. Eine der wichtigsten Handelsstraßen zwischen Mittelmeer und Ostsee, die später so genannte via imperii, querte unterhalb der Hohen Warte über eine Furt den Main und erklomm von dort durch das Rimlastal die Höhen des damals noch unbesiedelten Fichtelgebirges.

Alt-Berneck – eine hochmittelalterliche Turmburg des Hochadels

Während der nächsten Jahrzehnte bzw. Jahrhunderte wuchs die Bevölkerung. Dieser Bevölkerungsdruck führte dazu, dass auch das Fichtelgebirge allmählich aufgesiedelt wurde. Durch Rodungen entstanden neue Wirtschaftsflächen. Zahlreiche Orte in Oberfranken, deren Namen auf „-reuth" enden, zeugen davon. In diese Zeit und in die Gegend um das Dörfchen Bärnreuth dürften die Ursprünge Bad Bernecks fallen. Der dort erhaltene Flurname Alt-Berneck und eine frühe Turmburg hoch über dem Ölschnitztal verweisen darauf. Errichtet wurde die Burg von dem Adelsgeschlecht der Walpoten („Gewaltboten", Träger der Staatsgewalt).

Heute wie damals betritt der Besucher das Burgareal über einen schmalen Felsgrat, der den Halsgraben quert. Im Spätmittelalter hätte man hier sicherlich eine Zugbrücke errichtet. Wenn wir uns nach dem Halsgraben links auf gleicher Höhe halten, erreichen wir den Bereich der Vorburg. Von dieser führte eine noch erkennbare Rampe – vermutlich durch einen Torturm – in die Hauptburg. Innerhalb der wohl von Palisaden geschützten Vorburg standen lediglich hölzerne Bauten. Etwas weiter finden wir zwei Vorwälle, die vor Angriffen aus dem Ölschnitztal schützten.

Vor allem im Winter sind die gestaffelten Wälle, die den Bergsporn auf der Angriffsseite schützten, noch heute gut erkennbar. Der oberste, innere Hauptwall weist immer noch eine Höhe von bis zu 5 Metern auf. Im Zentrum des dahinter liegenden Burgareals steht heute ein Aussichtsturm. In Richtung des Steilabfalls zum Maintal fehlen dagegen jegliche Verteidigungsanlagen. Dies sowie die tiefe Staffelung der Wälle könnten ein Hinweis auf die Nutzung als Ungarnburg sein, die ja vornehmlich dem Schutz vor berittenen Reitern dienen sollte.

Alt-Berneck: Die Grundanlage dieser für ihre Zeit hochmodernen Burg ist heute noch gut erkennbar: Auf einem Bergsporn erhob sich über dem kreisrunden Fundament ein steinerner Wohnturm. Mit seinem Durchmesser von 11 Metern ergaben sich bei einer Mauerstärke von rund 2,5 Metern Wohnräume von knapp 30 Quadratmetern auf mehreren Stockwerken. Der Eingang befand sich vermutlich hoch über der Erde. Aus Grabungsfunden wissen wir, dass es sich um einen repräsentativen Bau mit Tür- bzw. Fenstergewänden, geschmückt mit profiliertem Sandstein, gehandelt hat. Ob das oberste Stockwerk in Fachwerk ausgeführt war, darüber haben wir ebenso wenig Kenntnis wie über die Höhe des Turms. Er dürfte jedoch in etwa die Höhe des doppelten Durchmessers – also beachtliche 22 Meter – besessen haben. Der Wohnturm war neben der zeittypisch sehr eng um den Turm gebauten Ringmauer und einem etwaigen Torbau oftmals das einzige steinerne Bauteil der frühen Adelsburg.

Altes Schloss: Bestimmend ist der noch heute erhaltene Bergfried des alten Schlosses, der die Wehrfunktion des außer Mode gekommenen Wohnturms übernahm. Die Wohnfunktion übernahm dagegen ein eigenes Gebäude, der Palas. Den gesamten Komplex umgab eine Ringmauer.

Die kurz nach der Jahrtausendwende errichtete Alt-Berneck gehört als Steinburg mit den selten nachgewiesenen profilierten Fenstergewänden zu den frühesten und hochrangigsten Vertretern dieses Bautyps, von dem in Deutschland nur noch etwa 60 bis 70 Anlagen zu finden sind. Selbst die Gaugrafen des Gebiets, die Grafen von Abenberg, bewohnten zu dieser Zeit noch eine hölzerne Burg. Und selbst im burgenreichen England wurde erst 1077 die steinerne Burg des Königs, der Tower of London, errichtet. Natürlich war der durchschnittliche Adlige keineswegs so steinreich, dass er sich auch eine steinerne Burg auf den Bergeshöhen leisten konnte. Der niedere Adel lebte noch lange im Dorfverbund und errichtete dort hölzerne, von Palisaden geschützte Wohntürme. Ein solcher befand sich im Weiler Hermersreuth auf der heute als Bodendenkmal geschützten Insel im dortigen Dorfteich.

Die Walpotenburg – Umzug in eine verkehrsgünstige Lage

Wenden wir uns aber wieder den Geschicken der Walpoten zu. Mitte des 12. Jahrhunderts wurde immer deutlicher, dass die Lage der Burg Alt-Berneck den modernen Erfordernissen, insbesondere auch der Zunahme des Handelsverkehrs, nicht mehr gewachsen war. Auf der Straße steppte der Bär, und im stillen Winkel des Ölschnitztals konnte man kaum davon profitieren. Eine neue Burg mußte her, und zwar direkt an der Straße! Damals wurde die Trasse der via imperii auf den Schloßberg verlegt. Und genau dort – nämlich an der Stelle der heutigen Hohenberneck – errichtete das Adelsgeschlecht der Walpoten seine neue Burg, die sogenannte Walpotenburg.

Das Alte Schloss – die klassische Adelsburg

Im frühen 13. Jahrhundert verloren die Walpoten Berneck an die aufstrebenden Grafen von Andechs-Meranien. Man kann sich leicht vorstellen, dass die mittlerweile in den Besitz des Bamberger Bistums gelangte Walpotenburg nicht gerade nach dem Ge-

Die älteste Abbildung des Schlossberg von 1767.

schmack der Grafen war. Daher errichteten sie bereits im zweiten Viertel des 13. Jahrhunderts das Alte Schloss – sozusagen als „Gegenburg", provokanterweise gleich unterhalb der bischöflichen Walpotenburg.

Wir befinden uns zur Bauzeit des Alten Schlosses in der hohen Zeit des Rittertums, der mittelalterlichen Dichtung und der Minnesänger. Walther von der Vogelweide hätte die Grundsteinlegung dieser Burg besingen können. Das Alte Schloss zeigt die Bauform der klassischen, stauferzeitlichen Burg mit Bergfried und Palas.

Sehen wir uns etwas auf der Burg um. An der westlichen Wand des Bergfrieds entdecken wir den alten Hocheingang. Einen derart hoch gelegenen, über eine schnell zerstörbare Holzkonstruktion oder Leiter erreichbaren Zugang finden wir bei fast allen Bergfrieden dieser Zeit. Rechts, etwas unterhalb dieses Eingangs, zeigt sich als Loch im Mauerwerk ein „Balkenschuh", der uns die beachtliche Höhe der ehemaligen inneren Ringmauer zeigt. An derselben Seite, zwischen Ecke und heutigem Eingang, sehen wir Wetzrillen. Die Bedeutung dieser Rillen ist unklar, doch dürfte das Schärfen von Waffen oder Werkzeugen die wahrscheinlichste Erklärung dieser Struktur sein. Die Schießkammer im nördlichen Teil der Burg Richtung Freilichtbühne ist noch gut erhalten. Wer dort kurz Platz nimmt, sieht, dass der alte, hoch über der via imperii gelegene Zugang zur Burg ebenso gut im Schußfeld lag wie die Reichsstraße.

Zwei bedeutende Änderungen entstammen jedoch dem historisierenden 19. Jahrhundert, in dem auch die touristische Erschließung Bernecks begann: Das verteidigungstechnisch unsinnige, gotische Fenster, das auf den ehemaligen Zwinger schaut. Es entstammt eventuell dem Vorgängerbau der heutigen Pfarrkirche der Stadt. Der ehemalige Burggraben Richtung Stadt wurde verfüllt, um dort Spazierwege anlegen zu können. Erhalten ist jedoch der Halsgraben, in dem sich heute der Unterbau der kurz nach 1900 angelegten Freilichtbühne befindet.

Den Zugang zur Hohenberneck prägt die spätgotische Zugbrücke. Das wallenrodische Wappen des Burgherrn über dem Eingang nimmt bereits das stilistische Empfinden der Renaissance vorweg.

Die Hohenberneck – eine Burg im Spannungsfeld zwischen Festung und Schloss

Offensichtlich empfanden die von Wallenrode, die mittlerweile als Amtmänner (markgräfliche Verwalter) das Alte Schloß bewohnten, dieses als veraltet, denn im Jahre 1478 erhielt Veit von Wallenrode von dem Markgraf die Erlaubnis, auf dem Burgstall der Walpotenburg eine neue Burg zu bauen. Er nannte diese Neuwallenrode, die Markgrafen nannten sie später Hohenberneck. Die Zeit der Minnesänger war längst vergessen, die aufstrebenden Städte und der Handel prägten das Reich, das an der Schwelle zur Neuzeit stand. Albrecht Dürer hätte die Fertigstellung der Burg porträtieren können.

Im ausgehenden Mittelalter waren Feuerwaffen längst Standard. Der ehemals dominierende Bergfried – einst weit sichtbares Machtsymbol, jetzt ein reizvolles Ziel für Kanonen – hatte ausgedient. Er wurde durch niedrigere, in die Burgmauer integrierte Kanonentürme ersetzt. Verteidigungstechnisch relevante Burgen wurden zu Festungen ausgebaut, der Adel realisierte seine Vorstellungen von Wohnkultur dagegen in Schlössern.

So ist die Hohenberneck – die wohl von allen Bernecker Burgen am meisten dem Klischee einer „Ritterburg" entspricht – eine der letzten ihrer Art in Deutschland.

Die Hohenberneck weist eine Reihe von Merkmalen sowohl des Festungs- als auch des Schlossbaus auf: Die mit modernen

Der ehemalige spätgotische Palas der Hohenberneck steht noch heute zwei Stockwerke hoch an. Die unregelmäßige Anordnung der zahlreichen Maueröffnungen entspricht noch dem mittelalterlichen Stilempfinden, der Wohnkomfort ist jedoch bereits neuzeitlich.

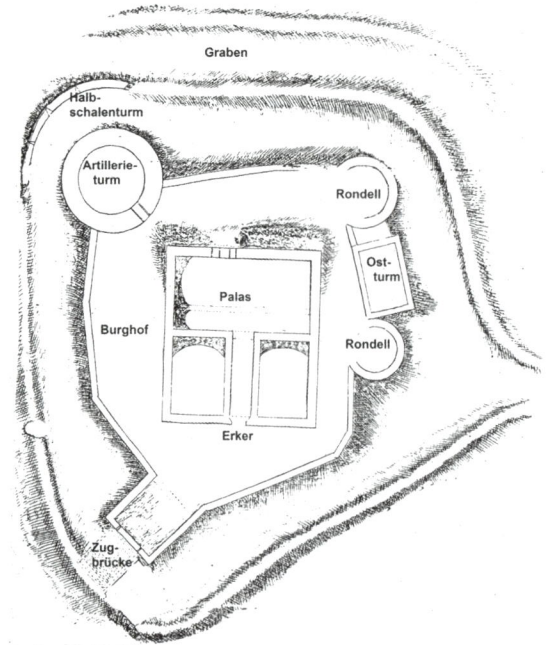

Grundriss Burg Hohenberneck.

Senkscharten ausgestattete Burgmauer ergänzt im Nordwesten Richtung via imperii ein mächtiger Kanonenturm. Vorgelagert sind der Burg drei mächtige Wallanlagen, hinter denen die Burg von Norden fast verschwindet. Dies war auch so gewollt, denn um dem Beschuss von Feuerwaffen zu entgehen, war es am sinnvollsten, den Kanonen Erdwälle entgegenzusetzen, die dem Beschuss sehr gut widerstehen konnten. Die nach außen gezeigte Wehrhaftigkeit muss aber etwas relativiert werden. Zur Verteidigung war die Burg lediglich mit sechs Doppelhaken (Mittelding zwischen Gewehr und Kanone), vier einfechtigen Hakenbüchsen, 20 Bleikugeln und etwas Pulver ausgestattet. Damit war man vergleichsweise sogar gut aufgestellt, denn es konnten zumindest einige Schüsse abgegeben werden. Dies war auf anderen Burgen nicht immer der Fall – auch damals verstand man schon etwas von psychologischer Kriegsführung.

Das dominierende Bauwerk innerhalb der Burg ist der Wohnbau. Er besitzt noch zwei Stockwerke, Kragsteine weisen auf ein mögliches drittes Stockwerk hin. Dieses Gebäude könnte durchaus als Schloss gelten. Ein gotischer Prunkerker und Sitzbänke in den Fensternischen des großen Saales boten einen herrlichen Ausblick auf die Stadt und das Ölschnitztal. Auffällig sind die vielen Aussparungen in den Wänden. Dies waren die Wandschränke und die Regale des späten Mittelalters. Ein Ausgussstein im ersten Stock deutet die Lage der ehemaligen Burgküche an. Der Ausguss entwässerte direkt in den Burghof. Funde von Ofenkacheln deuten darauf, dass die Räume mit Kachelöfen geheizt wurden. Ein 1506 nachträglich eingebauter Röhrenbrunnen sorgte für fließendes Wasser.

Die Marienkapelle – eine der wehrhaftesten Burgkapellen Bayerns

Zwischen Altem Schloss und der Hohenberneck liegt die Ruine der Marienkapelle, der ehemaligen Burgkapelle. Sie ist eine der wehrhaftesten Kapellen Bayerns. Maulscharten unterstreichen diese Wehrhaftigkeit gegenüber der hier vorbeiführenden via imperii. Veit von Wallenrode legte 1480 den Grundstein zur Burgkapelle, und zwar angeblich auf-

Hoch über der via imperii liegt der Eingang zur spätgotischen Burgkapelle der Hohenberneck, der Marienkapelle.

grund eines Gelöbnisses: Bei einer seiner zwei Jerusalemreisen gelobte Veit von Wallenrode, einen Kreuzweg zu errichten, den er an der Marienkapelle enden ließ.

Burgkapelle Stein – von der Steinburg zum Sakralbau

Die einzige der vorgestellten Burgen, die sich noch unter Dach befindet, wird heute als Kapelle genutzt. Der heute sichtbare Bau wurde ab dem Jahr 1342 als Amtsburg in bischöflichem Lehnsbesitz an der Stelle eines älteren Baus errichtet. Diese Burg sollte wohl den Expansionsbestrebungen der Burg- und späteren Markgrafen einen Riegel vorschieben. Sehr deutlich wird an dieser bis heute genutzten Burg, wie die Bausubstanz sich im Laufe der Jahrhunderte veränderte. So sieht man auch als Laie zahlreiche Änderungen in der Fassade, wie vermauerte Fenster bzw. Türen. Das einzige Schlitzfenster dürfte noch bauzeitlich sein.

Die wunderschöne, in der Barockzeit geweihte Kapelle in der ehemaligen Burgkemenate gehört heute zur Kirchengemeinde Bad Berneck und ist nicht nur eine beliebte Hochzeitskapelle, sondern wird auch für kulturelle Veranstaltungen genutzt.

Die einsam gelegene Halbruine Stein liegt auf einem verwunschenen Bergsporn im Ölschnitztal. Sie ist ein schönes Beispiel für die im 14. Jahrhundert oftmals wieder aufgenommene Tradition der Wohntürme.

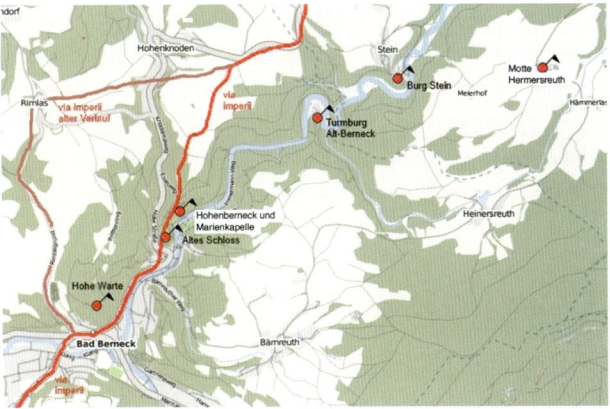

Die Übersichtskarte zeigt die beschriebenen Wehranlagen und die beiden Trassenverläufe der via imperii.

Museen einer sagenhaft sehenswerten Kulturregion

Das Fichtelgebirge war im Mittelalter das „Ruhrgebiet" Deutschlands. Man förderte über- und untertage Eisenerz, Zinn, Gold, Silber und zahllose Gesteine und Mineralien.

Fichtelgebirgs-
museum Wunsiedel
Spitalhof
95632 Wunsiedel
Tel. 09232 / 2032
www.
fichtelgebirgsmuseum.
de
info@
fichtelgebirgmuseum.
de

Volkskundliches
Gerätemuseum
Wunsiedler Str. 12-14
95659 Arzberg-
Bergnersreuth
Tel. 09233 / 5225
www.
bergnersreuth.de
museum@
bergnersreuth.de

Öffnungszeiten:
Dienstag bis Sonntag
10 – 17 Uhr

Verschiedenste Grund- und Landesherren rissen sich verständlicherweise um die Regentschaft über die Region. Eine wechselvolle Regionalgeschichte war die Folge. Diese ist in Wunsiedel im Fichtelgebirgsmuseum, dem größten bayerischen Regionalmuseum auf 3100 Quadratmetern Ausstellungsfläche umfassend erlebbar.

Fichtelgebirgsmuseum

Das Bauensemble besteht aus insgesamt neun Gebäuden, gruppiert um einen romantischen Innenhof. Den Kern bildet das Sigmund Wann-Spital mit zugehöriger Spitalkirche, das 1456 errichtet wurde. Initiiert hat es der „Fugger" Oberfrankens, Sigmund Wann. Er erwarb mit einem damals als „High-Tech" geltenden Verfahren, der Blechverzinnung, enormen Reichtum. Das Spital existierte als Altersheim für verarmte Handwerksmeister bis 1961. Im Anschluss begann der Umbau zum Regionalmuseum, das zuvor seit 1908 im Lyzeum in Wunsiedel untergebracht war. Heute erwartet den Besucher

ein Streifzug durch die Kultur- und Regionalgeschichte der Region. Mineralien und Bodenschätze, kunstgewerbliche Objekte, historische Kleidung, Fotografie, Handwerk, Spielzeug, Industrie und Bergbau, aber auch regionale Künstler sind Themen der Präsentation. Im Innenhof finden sich Schauwerkstätten, in denen Meister ihres Könnens die Verarbeitung regionaltypischer Werkstoffe zeigen. Zahlreiche Veranstaltungen, Feste und Märkte begeistern jedes Jahr die Besucher. Ein Highlight sind die Luisenburg-Festspiele, die den Innenhof als Spielort nutzen. Das Café im Spital ist nicht nur im Sommer eine Oase der Ruhe, die zum Entspannen und Genießen einlädt.

Volkskundliches Gerätemuseum

Das Volkskundliche Gerätemuseum in Arzberg-Bergnersreuth ergänzt die Präsentation in Wunsiedel um den bäuerlich-landwirtschaftlichen Aspekt. Es ist in einem ehemaligen Bauernhof aus den 1920er Jahren untergebracht. Zu sehen

Volkskundliche Gerätemuseum feiert gerne mit Gästen, insbesondere die Haus- und Hofmesse und das Volksmusikfest treffen auf ein begeistertes Publikum. Frisch gebackenes Holzofenbrot aus dem eigenen Ofen gibt es zu festen Terminen. Kurse zu altem Handwerk, Ernährung und Gartenpflege treffen stets auf großes Interesse.

In den Fichtelgebirgsmuseen werden regelmäßig überregional interessante Sonderausstellungen gezeigt. Das Themenspektrum ist hier schier unendlich. Auf Wunsch werden auch Führungen angeboten oder Themenpakete für Gruppenreisende für einen Tag mit Begleitung vermittelt.

Kultur erleben – lebendig, aktiv und zeitgemäß, dafür stehen die Fichtelgebirgsmuseen. In Ausstellungen oder bei Veranstaltungen wird die Lebensart im Fichtelgebirge in Vergangenheit und Gegenwart greifbar.

sind das Wohnhaus, eine große Scheune und ein Stall. Von besonderem Interesse sind auch die Freiflächen mit bestelltem Acker, Gemüse-, Obst- und Ziergarten. In einem modernen Verwaltungsbau sind Veranstaltungsräume und eine Lehrküche untergebracht. Das Wohnhaus und der Stall verdeutlichen beispielhaft den Wandel der Landwirtschaft zu Beginn des 20. Jahrhunderts. Ein Alleinstellungsmerkmal des Museums sind die aufwendigen Schablonenmalereien an Wänden und auf den Böden. In der Dauerausstellung werden der Wandel der Landwirtschaft in der Region, das Transportwesen und die Konservierung von Lebensmitteln in Inszenierungen dargestellt.

Seit 2005 wird in der obersten Etage die Weißsche Krippe mit orientalischem und abendländischem Teil gezeigt. Sie umfasst 1800 Figuren und gehört zu den größten Marktredwitzer Landschaftskrippen, die ganzjährig gezeigt werden. Auch das

Der Künstler David Kampfmeier in seinem Reich.

Frei vagabundierende Phantasie

So viele Dinge! Alte Zeitungen, Schubladen, Stoff-Fetzen, Puppen, Koffer, ganze Hausräte aus weggeworfenen und gefundenen Zeitdokumenten gehören zu dem kleinen Reich im Hinterhof eines Schwarzenbacher Malerbetriebs.

David Kampfmeier
Würschum 5
95126 Schwarzenbach
Tel. 09284 / 7773
www.david
-kampfmeier.de
art@david
-kampfmeier.de

Termine nach
Vereinbarung

David Kampfmeier kann als studierter Textildesigner, Unternehmer und Inhaber des Malerbetriebs auch in seinem Beruf kreativ sein. Da er die Kunst als Steckenpferd ausübt, genießt er die Freiheit, die sich ihm hier eröffnet, allerdings umso mehr.

Schon im Studium, das der gebürtige Hanauer von 1985 bis 1989 in Münchberg absolvierte, begann er zu malen und frei zu gestalten. Er wandte sich der Art Brut zu, jener von Jean Dubuffet geprägten Kunstrichtung, die mit dem abbildhaften Kunstbetrieb bricht. Brut steht dabei für pur, ungekünstelt, echt. Die eigentliche Thematik bildet sich erst im Schaffensprozess. Die Ergebnisse ähneln eher den Produkten unbedarfter Kinder als Arbeiten didaktisch geformter bzw. ausgebildeter Künstler. Um es mit David Kampfmeier zu sagen: „Es ist, wie wenn Sie ein Auto volltanken und einfach mal losfahren, ohne zu wissen wohin."

Was voraussetzt, dass man fahren, sprich gestalten kann. Der Schwarzenbacher besitzt die Ausdrucksmittel und hat sich eine eigentümliche, inspirierende Formenwelt geschaffen. Zwischen 1990 und 2014 hat der Kreative, der dem Kunstverein Hochfranken als Mitglied angehört, an rund 60 Ausstellungen teilgenommen. Er ist Initiator der „Schwarzenbacher Fischflut", die 40 Skulpturen umfasst. Sein Augenmerk richtet er bei seinen Werken bevorzugt auf Kleinigkeiten und Zwischenmenschliches. Wie in dem Guckkasten-Bild „Schön, dass du noch kommen konntest", bei dem der Betrachter von einer Tischgesellschaft begrüßt wird, die sich ihm aus dem Bild heraus zuwenden. Bei den Skulpturen treten politische und soziale Themen in den Vordergrund: die Ausbeutung des Urwalds etwa („Sie wollten nur eine Straße bauen") oder das Streben nach Ruhm („Deutschland sucht"). Oft braucht der Betrachter Erklärungen, um die suggestive Botschaft zu verstehen. Assoziationen lösen die Dinge immer aus, mitunter einen regelrechten Assoziationswirbel.

**Automobil- und
Motorradmuseum
Fichtelberg**

Nagler Weg 9-10
95686 Fichtelberg
Tel. 09272 / 6066
www.amf-museum.de
info@amf-museum.de

Öffnungszeiten:
Täglich 10 – 17 Uhr
Außerhalb der
Ferienzeiten montags
geschlossen

Lebendige Mobilität

Große Zeitgeschichte im kleinen Fichtelberg – Während Jahr für Jahr unzählige Autos und Motorräder verschrottet werden, hat es sich die Unternehmerfamilie Eckert zur Aufgabe gemacht, motorisierte Schätze und Erinnerungsstücke zu sammeln, zu restaurieren, zu pflegen und auszustellen.

Das 1992 eröffnete Museum überrascht durch ein riesiges Spektrum. Die Sammlung reicht von Klassikern auf zwei und vier Rädern über Prototypen und Exoten bis zu Dampfmaschinen, Hubschraubern und mehr.

Man muss kein Autonarr sein, um manche Gefährte als Kunstwerke betrachten zu können, allen voran die italienischen Sportwagen, die sehr an Skulpturen erinnern. Der legendäre Sportwagen Typ ISO Grifo 7 Litri ist als ein Gesamtkunstwerk zu erleben. Mit Leder, Armaturen, Schaltern und Lenker wie bei einem seltenen Möbelstück, Spitzengeschwindigkeit 300 km/h. Dabei sind hier nicht nur High-End-Objekte

Über 200 Exponate rund um das Thema Mobilität sind im Automobilmuseum zu bestaunen. Sogar eine komplette Werkstatt ist dabei. Unten: das Museums-Team.

zu sehen, sondern auch ganz volksnahe Modelle – wie die Sportwagen auch Teil der Kultur eines Landes und der jeweiligen Zeit sind. Das Thema Mobilität zieht: Besucher kommen aus ganz Deutschland und nicht selten aus dem Ausland in das Museum, das inzwischen das größte und interessanteste Museum des Fichtelgebirges ist und immer noch mit enormen persönlichem Engagement der Gründer betrieben wird.

Auf drei Etagen in Halle I, der Halle II und im Freigelände der ehemaligen Fabrik präsentiert die Ausstellung nach Schwerpunkten geordnet insgesamt über 200 Exponate, das älteste ein Modell aus dem Jahr 1896, das jüngste aus dem 21. Jahrhundert. Auch im Motorradbereich gibt es Außergewöhnliches zu sehen. So etwa einen Roten Baron mit Neunzylinder-Sternmotor aus den 1920er Jahren. Oder eine NSU-Rennmaschine getriebelos aus dem Jahr 1910 mit Lederriemenantrieb und Schnüffelventil. Motoren und Dampfmaschinen, Schlitten und Kutschen zeigen zusätzlich zu Hubschraubern und Flugzeugen weitere Formen der Mobilität. Pro Jahr werden rund 20 Modelle durch Neuzugänge aus allen Bereichen ausgetauscht, Sonderausstellungen kommen hinzu. Der Museumsshop wartet mit kleinen Sammlerstücken, Souvenirs, einem Ausstellungskatalog und Fachliteratur auf. Zum empfehlenswerten Restaurant Museo sind es nur ein paar Schritte.

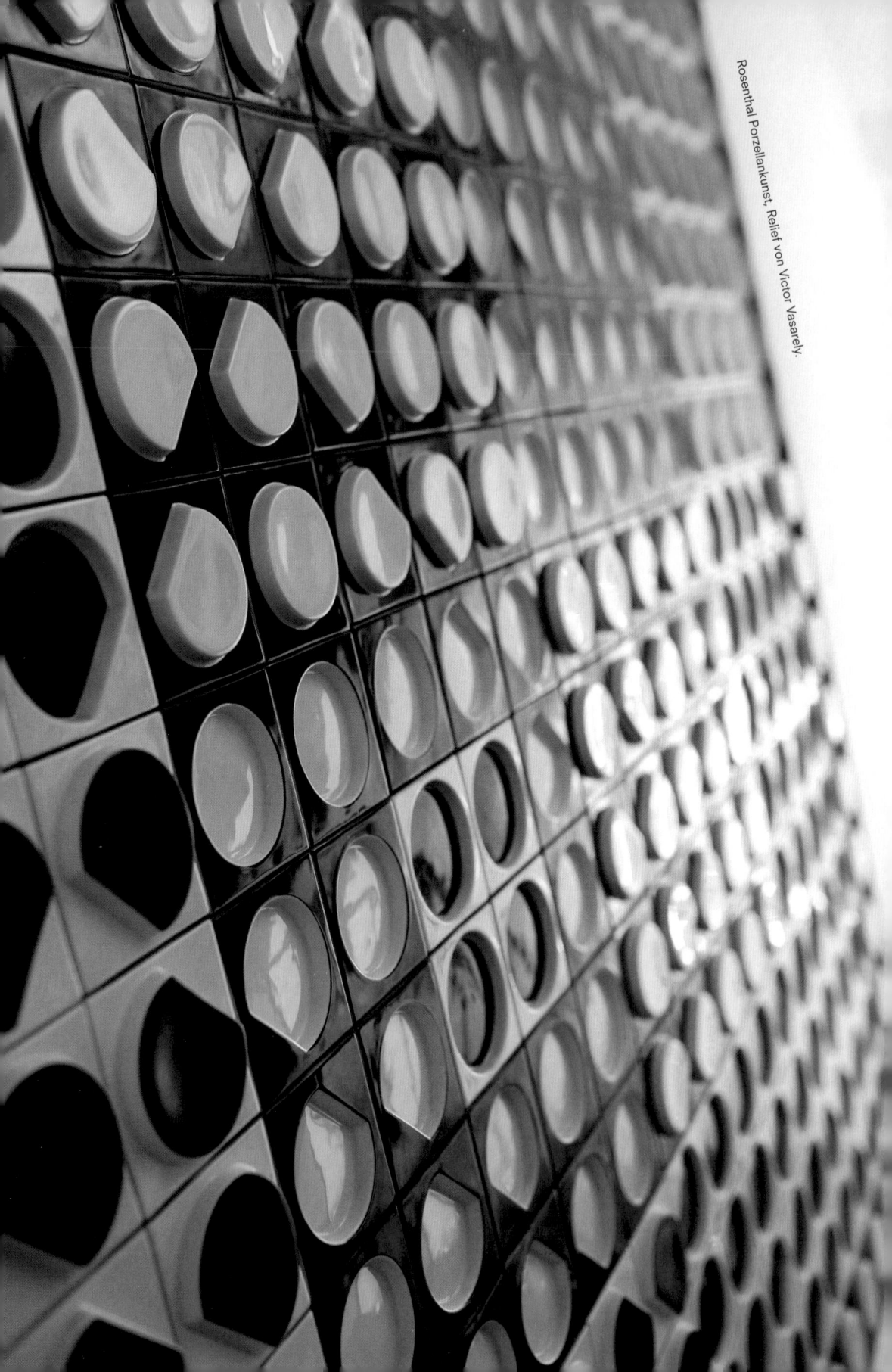

Weltkunst in der Provinz

Philip Rosenthal, die Kunst und das Kunsthaus Rehau

von Eugen Gomringer

Eugen Gomringer im Skulpturengarten Rehau.

Im Jahr 1967 trat Philip Rosenthal in mein Leben. Es schien vieles darauf hin zu weisen, dass ich mich als Geschäftsführer des Rates für Formgebung bei Rosenthal ausgesprochen eignen würde. Ich war nach Darmstadt eingeladen zu einer Vorstellung und gab einige Einsichten in meine Vergangenheit: Bolivien, Mehrsprachigkeit, Studium in Bern und Rom, Ludwig Curtius, Leo Bruhns, die Konkrete Poesie, Max Bill und Ulm, Anthony van Hoboken in Ascona und die Schweizer Schmirgel- und Schleifindustrie sowie den Werkbund. Und dann kam mit einem Glas Rotwein ein langer Mann auf mich zu und sagte, so einen wie mich könne er gut für seinen Konzern gebrauchen. Schon lange wusste ich, dass in einem fernen Winkel des Landes Porzellan hergestellt wurde. Fragte man nach, wo dieser ferne Teil denn eigentlich sei, hieß es ziemlich ungenau, er läge hoch im Nor-

den und weit im Osten und ein Gebirge läge gleichsam schützend davor. Es sei das Fichtelgebirge. Dieser Name löste bei mir den Eindruck von märchenhaft verträumter Abgelegenheit aus, von Waldschraten, moosbehangenen Bäumen, Nebelwetter und Einsamkeit sowie Erfindung der Mondschein-Romantik. Mein Interesse war geweckt und ich fuhr mit einem alten Gefährt viele Stunden, bis ich die ersten Höhen des Gebirges sah. Eine Mischung

Unternehmer mit Kunstsinn, Philip Rosenthal.

Oben: Philip Rosenthal und Andy Warhol – Der New Yorker Pop Art Künstler kam am Flughafen Hof an und wurde statusgerecht wie ein Popstar empfangen. Mit dem Jaguar ging es nach Selb. Unten: Rosenthal-Jury für neue Entwicklungen im Design.

Interessen erweitern, die für das Leben in der Abgeschiedenheit im Osten wichtig waren, um neue Mitarbeiter zu gewinnen und zu halten. Er hatte schon mit einem Kulturprogramm begonnen, aber es sollte noch mehr getan werden – konzernweit. Die Aufgabe reizte mich und ich sagte meine Mitarbeit zu.

Leitbild „Kultur für alle"

Es waren im Prinzip zwei Bereiche, denen ich vorstand. Der erste war der Heimatbereich: Es sollte in Selb für die Arbeitnehmer die Möglichkeit geschaffen werden, Theatererlebnisse zu haben, wozu das bestehende Grenzlandtheater zur Verfügung stand. Wiederholt trug Philip Rosenthal mir und anderen leitenden Personen vor, wie wichtig es sei, dass Mitarbeiter mit ihren jungen Frauen sich alle paar Wochen in eine andere Garderobe kleiden könnten und in den Genuss von Konzerten, Theaterstücken und vor allem von so genannten „Weltereignissen" kämen. Alles sollte Niveau haben und dennoch gut verständlich sein, eben „Kultur für alle".

Ein besonderes Kapitel bei Rosenthal war für mich die Aufgabe, auch Salvador Dalí für die Mitarbeit zu gewinnen. Ich folgte Dalí von Cadaques ins Hotel Ritz in Barcelona, ins Hotel Meurice in Paris und ins St. Regis nach New York. Oft bedeutete dies einige Tage des Wartens, aber bei jeder Begegnung, meist in Gegenwart seiner sehr ironischen Ehefrau Gala, war Dalí die vollendete Höflichkeit, stets besorgt um meine Wünsche nach Tee oder sonst einem Getränk. Vom aufgeplusterten Surrealisten war da keine Spur. Spannend war der erste Kontakt in Barcelona, vor der spontanen Fertigstellung eines Vertrags im Hotel. Es war mir von seinem Sekretär schon bedeutet worden, dass unter einer Anzahlung von 100.000 Dollar nichts ginge. Die Summe wurde vom Finanzchef von Rosenthal in wenigen Tagen zusammen gesammelt, so dass ich mit einem Köfferchen voller Dollarnoten und einem Köfferchen mit meinen persönlichen Utensilien über die Grenzen reiste, unbehelligt, und Gala den Inhalt des

aus Monotonie und Feierlichkeit lagerte über der Landschaft und weit und breit war keine Menschenseele zu sehen. Schließlich kam ich nach Selb, hart an die Grenze des Eisernen Vorhangs und auch an die der Tschechoslowakei.

Dalí-Teller für Rosenthal.

Zu Rosenthal hatte der Werkbund eher eine kritische Einstellung. Designförderung war zwar lobenswert, aber die Produkte der Nachkriegszeit konnten noch nicht recht überzeugen. Der Werkbund war für Arzberg und Philip Rosenthal noch ein unbeschriebenes Blatt, nur Eingeweihten ein Begriff. Er überraschte mich. Er wollte seine kulturellen

Künstlerportraits im IKKP, Rehau. Unten: Schloss Erkersreuth, ehemaliger privater Wohnsitz von Philip Rosenthal.

ersten Koffers mit mir zählen konnte. Dalí selbst, im dunkelgrauen Flanellanzug, versorgte mich – wie auch später – immer mit Tee. Ein Künstlerteller und ein Service waren die Ausbeute. Der Name Salvador Dalí aber war seither bei den Rosenthal-Mitarbeitern in aller Munde.

Kunstwerke in Porzellan

Der zweite Bereich meiner Tätigkeit betraf also die Kunst. Was Arnold Bode in den 1960er Jahren schon eingeleitet hatte, nämlich mit Rosenthal-Porzellan Kunstwerke in Auflagen herzustellen, weitete sich nach der ersten großen Präsentation einer Reliefreihe in Porzellan schließlich zur Proklamation „Hundert Künstler für Rosenthal" aus. Es sind nicht 100 Künstler gewonnen worden, aber vorerst zählten die gewichtigen Namen, denn nur mit solchen ließ sich in den Studiohäusern Kunst in Porzellan, das neue Thema, überhaupt einführen. Philip Rosenthal ließ sich die neu gewonnenen Künstler gerne vorstellen. Uecker hatte ihm schon immer gefallen, solange er mit dem Nagel arbeitete, und das tat er denn auch ausgiebig für die Rosenthal-Kunst. Otto Piene passte nur deshalb gut ins Konzept, weil er, als er gerade seine Regenbogen-Aktionen in Verbindung mit der Olympiade in München zum Erfolg führte, auch einen Regenbogen für die Fassade des alten Verwaltungsgebäudes der Rosenthal

191

Otto Herbert Hajek
„Wegzeichen".

AG entwarf. Der leuchtende, 200 m lange Regenbogen bewährte sich auf manche Weise, nicht zuletzt wurde dem weithin sichtbaren Motiv nachgesagt, dass es auch drüben in der Tschechoslowakei noch sichtbar sei.

Weil der Kulturbeauftragte des Konzerns mit Philip Rosenthal im Schloss Erkersreuth wohnen sollte, zogen wir dort ein. Eigentlich war es weniger ein Schloss als ein kräftiger Gutsherrensitz aus dem 18. Jahrhundert, im Landbarock Oberfrankens. Philip Rosenthal und seine schottische Frau Lavinia hatten es nach dem Krieg fast von Grund auf neu einrichten müssen. Vor allem war der Ausbau des Kellergewölbes mit Schwimmbad mit Unterwasserbeleuchtung eine echte Attraktion, die selbst einen so kühlen Mann wie den alten Gropius den Wunsch ausdrücken ließ, hier einmal eine Orgie erleben zu dürfen.

Im ersten Stock waren drei Räume, die Philip Rosenthal für sich beanspruchte und die er auch erworben hatte. Der ganze restliche Bau gehörte der Firma und wer darin wohnte, hatte eine Dienstwohnung.

Ein sinnenfreudiger Konzernchef

Philip liebte es, gemütlich bei einem Wein, den er gerade wieder auf einer Reise entdeckt hatte und der dann einige Monate gehorsamst vom Management gekostet wurde, rustikal zu essen. Von seinen Kindern war mehr die Rede als dass man sie zu Gesicht bekam, aber die ganze Familie war auf eine unkomplizierte Weise nett.

Auf unseren Reisen trafen wir oft zusammen, so zum Beispiel in Paris, wo ich an der Rue Papillon das billigste Hotelzimmer ausgemacht hatte. Die Firma war immer darauf aus, die billigsten Zimmer zu entdecken. Ich landete einen Treffer mit meiner Entdeckung an der Rue Papillon und beide Rosenthals logierten ebenfalls dort in einem absolut hellhörigen Zimmer, das später aber nicht mehr auf der Liste stand. Sie luden mich in das kleine gute Restaurant gegenüber vom Hotel ein. Als es ans Zahlen ging, lachte Philip laut, weil ihm aufgefallen war: „Sie sind Schweizer, Lavinia ist Schottin und ich bin Halbjude. Wer zahlt denn nun?" Natürlich zahlte er, aber der Scherz war typisch für Philip und sicher ungewöhnlich für einen Konzernchef.

Regenbogenhaus
der Firma Rosenthal
in Selb.

Das Kunsthaus Rehau – Eine „Insel des Konkreten"

Schon immer hatte ich Kunst gesammelt und sowohl in Erkersreuth als auch in meinem Landhaus in Wurlitz waren wir von Kunst umgeben. Meine Sammlung von Bildern Konkreter Kunst bot einen qualitativen Querschnitt dieser Kunst und trat erstmals an die Kunstöffentlichkeit, als die Stadt Ingolstadt sie zum Fundament des ersten Museums für Konkrete Kunst in Deutschland machte.

Zur Sammlung gehörten auch Skulpturen, z.B. von Max Bill, Artur Trantenroth und Heinz Günter Prager, die im großen Gelände am Wohnhaus in Wurlitz standen. Zudem hatten sich im Lauf der Jahre Gegenstände vielerlei Beziehungen angesammelt, von einer Bibliothek experimenteller Konkreter Poesie aller Kontinente bis zu den Künstlermappen mit meinen Beiträgen. Es stand eine bauliche Veränderung an und wir suchten das Gespräch mit Edgar Pöpel, dem damaligen verdienten Bürgermeister der Stadt Rehau. Er schlug vor, die Sammlung aus dem Ortsteil Wurlitz nach Rehau umzusiedeln in ein altes würdiges Schulhaus von 1868.

Der Umzug vom großzügigen ehemaligen Landgasthof „Zum grünen Baum" in Wurlitz in das renovierte Schulhaus in Rehau an der Kirchgasse ließ eine neue Perspektive entstehen. Die zahlreichen Sammlerstücke und die Bibliothek sollten der Öffentlichkeit zugänglich gemacht werden, zusammen mit den jahrzehntelangen Erfahrungen in der Lehre an Kunstakademien und Einladungen zu Gastprofessuren in Nord- und Südamerika. Im Jahr 2000 gründeten wir das IKKP, Institut für konstruktive Kunst

Oben: Blick ins „poema", Rehau.
Unten: Skulpturen von Jörg Sander.

Pavillon-Skulptur von Max Bill. Unten: topologische Skulptur von Karl Herrmann.

Kunsthaus Rehau / IKKP

Kirchgasse 4
95111 Rehau
Tel. 09283 / 899485
www.kunsthaus
-rehau.de
info@kunsthaus
-rehau.de

Öffnungszeiten
Galerie:
Mittwoch bis
Samstag 14 – 18 Uhr

und Konkrete Poesie. „Wir" – das sind meine Frau Nortrud, eine promovierte Germanistin, der Sohn Stefan als Kurator und ich. Durch unsere regelmäßigen Ausstellungen und die Besucher aus dem In- und Ausland ist das IKKP mittlerweile über die Grenzen hinaus zum Stützpunkt konstruktiver Kunst geworden und die Bibliothek wurde eine Fundgrube für nicht wenige Literaturstudenten und Doktoranden.

Die Stadt Rehau schenkte mir zum 80. Geburtstag einen Raum, in dem speziell die klassischen Werke der Konkreten Poesie an den Wänden zu sehen sind. Wir nennen ihn „poema". Er vervollständigt mit den Skulpturen und den Ausstellungsräumen das Gesamtbild einer „Insel des Konkreten" in der Region.

Werfen wir einen Blick in die zweite Etage mit den drei ansprechenden Räumen für wechselnde Kunstausstellungen, so wird bereits im Treppenhaus mit der

Besichtigung begonnen. Begrüßt wird der Besucher eingangs mit signierten Plänen der Pavillon-Skulptur von Max Bill, die vor dem Kunsthaus als sichtbares Zeichen eine Symbolfunktion für Sinn und Zweck des IKKP Rehau ausübt. Es gibt wenige Orte in Deutschland, die diese wichtige Skulptur besitzen und sie mit Erlaubnis des Künstlers präsentieren dürfen. Im Treppenhaus begegnen wir drei Schrifttafeln, die kurz und eindringlich

an den Wert von Kultur und Konkreter Kunst erinnern bzw. zu ihrer Beachtung auffordern. Dies leistet hier vor allem auch die 2 mal 2 Meter große Porzellanwand von Victor Vasarely, bestehend aus 400 schwarzen und weißen Porzellanplättchen, die wohl das größte künstlerische Porzellankunstwerk sein dürfte. Beim Eintritt in die eigentliche Galerie, d.h. in die drei Räume für Ausstellungen, Büro und Magazin, fällt dem Besucher eine ansehnliche Fotowand auf. Auf ihr sind über 100 Portraitaufnahmen von Künstlerinnen und Künstlern der Konkreten und Konstruktiven Kunst in alphabetischer, doch loser Hängung vereinigt. Dabei wird man auch Salvador Dalí entdecken mit einem Teller von Rosenthal in der Hand und seinem berühmt-berüchtigten Sekretär. Jedermann staunt vor dieser Wand, weil einige Künstler sowohl in ihren jungen als auch in ihren älteren Jahren verewigt sind.

Zum festen Bestand der Einrichtung gehören einige besondere „Leckerbissen", auf die aufmerksam zu machen ist. Sie werden von Kennern auch ohne weiteres selbst entdeckt. Ein Beispiel sind die in einem Großplakat versammelten sämtlichen Werke des Schweizer Konkreten Camille Graeser. Das Plakat existiert nur in zwei Exemplaren und ist ein Schulbeispiel

Poesie um den Weißenstädter See

Wer sich für die Konkrete Poesie besonders interessiert und sich mit ihr näher vertraut machen möchte, empfehlen wir den Meditationsweg rund um den Weißenstädter See. Er zeigt auf 14 Granitstelen den vollständigen Text von Eugen Gomringers „stundenbuch", einem opus magnum der Konkreten Poesie. An diesem einmaligen Werk von einem einzigen Gedicht auf 14 Stelen rund um einen See lernt man nebenbei auch etwas über den Reichtum an Granit des Fichtelgebirges und die Sorgfalt, mit Poesie umzugehen.

der chronologischen Entwicklung eines bekannten Werks. Auch ein kleiner, aber intensiver Shop ist angegliedert. Er beinhaltet das eigene Schrifttum sowie Kunstmappen und Grafiken. Einiges im Angebot ist nur noch an dieser Geburtsstätte des Konkreten erhältlich.

Führungen

Zu den festen Einrichtungen gehört auch ein Bild von Marcel Wyss, Bern. Es stammt aus dem Jahr 1953/54 und ist ein Schlüsselwerk der jungen Generation der Konkreten Kunst nach dem Zweiten Weltkrieg. Das Bild, das wir alle stets mit Genuss erklären, ist so gut ein Symbol wie die Pavillonskulptur von Max Bill vor dem Haus und das große Porzellankunstwerk von Victor Vasarely im Treppenhaus. Wenn Stefan Gomringer, unser Kurator und Medienversorger, anderweitig beansprucht ist durch Besuchergespräche oder die Organisation einer Ausstellung, stehen auch Dr. Nortrud und Prof. Eugen Gomringer für kürzere Führungen bereit.

Skulptur von Hardy Rensch.

Der goldene Faden

Die Tapisserie-Künstlerin
Ursula Benker-Schirmer

von Oliver van Essenberg

Auf dem Gelände der ehemaligen mechanischen Buntweberei Benker in Marktredwitz, in der in Höchstzeiten 1500 Menschen beschäftigt waren, rattern längst keine Maschinen mehr im Hochfrequenz-Takt.

Fränkische Gobelin Manufaktur
Fabrikstr. 12
95615 Marktredwitz
Tel. 09231 / 667789
www.gobelin
-manufaktur.de

Öffnungszeiten:
Montag bis Freitag
10 – 13 Uhr
15 – 18 Uhr

Bei Sonderausstellungen zu den genannten Zeiten auch am Wochenende geöffnet.

Das alteingesessene Unternehmen der Textilindustrie ist fort und hat eine Brache hinterlassen, die einer neuen Nutzung als Fläche für Dienstleistung, Bildung und Wohnen entgegenblickt. Schon vor Jahrzehnten hat sich hier die Fränkische Gobelin Manufaktur (FGM) niedergelassen. Sie hat alle Wechselfälle der Geschichte überstanden. Mit ihr lebt die Kunst der Tapisserie in Marktredwitz weiter.

Es ist wie so häufig: Auch wenn der Erfolg von Unternehmungen auch von den Umständen abhängig ist, kommt es gerade in der Kunst sehr auf das Engagement eines Einzelnen oder eines kleinen Kreises von besonderen Engagierten an, damit ein Werk gedeihen kann. Im Falle von Ursula Benker-Schirmer, die 1927 in Ragnit/Ostpreußen zur Welt kam und 1975 die Fränkische Gobelin Manufaktur in Marktredwitz gründete, ist der Titel „Erfolgreiche bzw. engagierte Künstlerin" freilich noch sehr untertrieben. Als Inhaberin der Fränkischen Gobelin Manufaktur hat sie Bildteppiche in einem Farben- und Formenreichtum gestaltet, der von anderen Vertretern dieser Kunst kaum erreicht wurde.

Der Weg zum internationalen Durchbruch war lang: Ursula Schirmer ging nach ihrer Ausbildung (Meisterschule für Kunsthandwerk in Berlin Charlottenburg) Anfang der 1950er Jahre nach Aubusson, die französische Hochburg der Bildweberei, anschließend nach Paris. Die Handwebstühle in ihrer Manufaktur hat sie teilweise in Entsprechung zur dort entwickelten Technik nachbauen lassen. „In Aubusson konnte ich das Beste erleben, was es in dieser Hinsicht gab," betont sie, wohl wissend, dass sich ihre eigene Arbeit durchaus mit den Werken der berühmtesten Schule messen kann. Die Künstlerin lässt sich nicht nur als selbstbewusste, sondern auch als ebenso freundliche wie furchtlose Frau beschreiben, die unter Umständen kein Blatt vor den Mund nimmt. Während so manche ihrer Altersgenossen wie in Tarnfarben gekleidet durch die Welt gehen, wirkt Ursula Benker-Schirmer mit ihrer starken Persönlichkeit und ihrer Ausstrahlung auch mit Ende 80 noch vergleichsweise jung.

Ursula Benker-Schirmer im Frühjahr 2014. Die 1927 geborene Künstlerin ist noch regelmäßig in der Manufaktur, arbeitet am Webstuhl, lernt Nachwuchs an, bereitet Ausstellungen mit vor und flirtet, wenn sie guter Laune ist, noch mit der Kamera.
Linke Seite:
Blick in die Werkstatt, im Hintergrund: Entwürfe für Gobelins mit geometrischen Formen.

Kraft und Farbe

Sie ist auch in künstlerischer Hinsicht ein farbenreicher Typ. Kreativität und handwerkliches Können gehen dabei Hand in Hand. Sie entwickelte eine eigene Webtechnik, mit der sie bis zu 12 Fäden unterschiedlicher Farbe zu einem Schussfaden vereinen kann. „Auf diese Weise erweitert sie die ihr zur Verfügung stehende Farbpalette außerordentlich", bemerkt die Regionalhistorikerin Beatrix Münzer-Glas (in: Die Kunst der Tapisserie, hg. von der Stadt Marktredwitz). „So gelingt es ihr, gepaart mit den Finessen der Gobelin-Technik, auch dem nuancenreichen malerischen Duktus eines Entwurfs gerecht zu werden und das Kunstwerk durch ihre Interpretation zu prägen."

Das Benker-Areal zwischen Innenstadt und dem Auenpark, der im Zuge der grenzübergreifenden Landesgartenschau 2006 entstanden ist.

Für die Serie „Elektrizität" arbeitete Ursula Benker-Schirmer mit Fotos als Vorlage, die sie collagenartig übereinanderlegte. Daraus entstand das gezeigte Bild: Energy, 1991, Entwurf auf Papier, spätere Ausführung: Öl und Leinwand, 220 x 220 cm.

In Bauhaus-Tradition: Roter Kegel auf schwarzem Grund, 1999/Entwurf 1958, klass. Gobelintechnik, 136 x 136 cm.

Ihre Verdienste um die Tapisserie sind groß: 1980 erhält Ursula Benker-Schirmer die Gelegenheit, in England Entwürfe des weltweit renommierten Malers und Bildhauers Henry Moore umzusetzen. Damit nicht genug: Zwischen 1981 und 1983 übernimmt sie die künstlerische Leitung der „Moore Tapestry Studios" am West Dean College in Sussex. Vor der webtechnischen Ausfertigung müssen die Entwürfe wie stets üblich, auf weißem Kartonpapier konturiert, übertragen werden. Die auf das Zwanzig- bis Hundertfache vergrößerten Entwürfe sind Werkzeichnungen für die Mitarbeiter an den Webstühlen, „die Partitur", wie Ursula Benker-Schirmer es formuliert. In ihrer Marktredwitzer Manufaktur hat sie viele Aufträge für Entwürfe weiterer namhafter Künstler erhalten, so etwa von Herbert Bayer und Georg Meistermann.

Ihr eigenes Werk kommt indes nicht zu kurz. Einen Glanzpunkt ihres Schaffens, das hier nur grob skizziert werden kann, bildet der dreiteilige Gobelin für die Kathedrale von Chichester, der 1981/82 entworfen und 1985 fertig gestellt wurde. Die 42 Quadratmeter umfassende Tapisserie, die in unmittelbarer Nähe zu Marc Chagalls Kirchenfenster hängt, trug maßgeblich zur herausragenden Prominenz der Künstlerin bei.

Vielfache Ehrungen und Auszeichnungen folgten in den weiteren Jahren. Ihre Vielschichtigkeit und ihr Facettenreichtum überrascht immer wieder, bei den profanen wie auch bei den sakralen Themen. Hier wie dort verbindet sich eine beinahe barocke Formen- und Farbenpracht mit einem konstruktivistischen Auf-

Der Glanzpunkt im Schaffen der Künstlerin ist der 42 Quadratmeter große Wandteppich in der Kathedrale von Chichester, Entwurf: 1981-82, Fertigstellung: 1985, klassische Gobelintechnik. Der kristalline Stil, der für viele ihrer Werke kennzeichnend ist, lässt sich in der eindrucksvollen Komposition besonders gut erkennen. Das graphische Werk stand bislang selten im Licht der Öffentlichkeit, verdient jedoch ebenfalls Beachtung. Unten: Der Rabe, Federzeichnung.

bau. Eugen Gomringer, der diese Eigentümlichkeit in mehreren Aufsätzen treffend beschrieben hat, spricht zu Recht davon, dass Ursula Benker-Schirmer aus der Fränkischen Gobelin Manufaktur einen Ort gemacht hat, „dessen Beitrag zur Moderne nicht in Vergessenheit geraten darf".

Präsentation und Vermittlung

Der Ort dient nicht nur der Präsentation, sondern auch der Vermittlung handwerklichen Wissens. Ursula Benker-Schirmer hat hier viele Kurse gegeben und künstlerischen Nachwuchs rekrutiert. Angesehene Künstler waren und sind zu Gast, ihre Werke werden in Sonderausstellungen präsentiert und zueinander in Beziehung gesetzt. Zu den festen Öffnungszeiten kann der Besucher Werkstattatmosphäre atmen, Arbeitstechniken kennenlernen und durch den Mikrokosmos der Bildweberei wandeln, dazu Entwürfe sehen, und auch Bilder der Künstlerin aus dem sehr beachtlichen graphischen Werk kennenlernen. Ihre virtuose Technik, das Spiel mit Formen und Farben, die Ausstrahlung und die eigene Handschrift zeugen von hohem Können und außergewöhnlicher Reife.

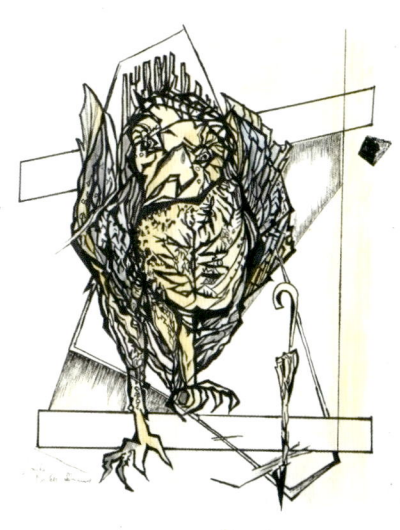

Reine Abstraktion

Das Kleine Museum
Kultur auf der Peunt
Museum für
zeitgenössische Kunst

Goethestr. 15
95163 Weißenstadt
Tel. 09253 / 954672
www.
kulturaufderpeunt.de
info@
kulturaufderpeunt.de

Öffnungszeiten:
Dienstag bis Samstag
10 – 17 Uhr

Kunst braucht guten Boden – Von diesem Gedanken ließ sich Dr. Laura Krainz-Leupoldt bei der Namenswahl für „Das Kleine Museum" leiten, das sie 2007 in Weißenstadt eröffnete.

Denn der Beiname des Museums „Kultur auf der Peunt" greift den alten Flurnamen des Standortes auf. Wo heute ein überregional angesehenes Museum für zeitgenössische Kunst die Besucher empfängt, befand sich zur Vorzeit eine blühende und ertragreiche Wiese, die Milchkühen aromatisches Heu lieferte. Solche idyllische Szenerien sind indes nicht Gegenstand der Bilder und Objekte, die in den Räumen zu sehen sind. Für „Das Kleine Museum" muss sich der Betrachter mit anderen Blickwinkeln befassen.

Programmatisch steht die konsequent nicht figurative Kunst im Mittelpunkt, die je nach Zusammenhang „abstrakt" bzw. auch „konkret" genannt wird – konkret im Sinne der streng geometrischen Grundformen, auf die die Darstellung oft reduziert wird. Diese wirft ganz andere Fragen auf, als die nach dem eigentlichen Gegenstand des Bildes: Was sagt mir diese Form? Was empfinde ich bei dieser Farbe? Wie ist das Verhältnis zwischen Formen und Farben? Dahinter steckt mitunter eine mathematische Spielerei, oft auch ein

Ausstellung „Zu Gast bei einem imaginären Kunstsammler": Werke von Julia Mangold, Hartmut Böhm, Deborah Berke, Mike Meiré, Anna Dickinson, Beat Zoderer, Kate Shepherd, Henrik Eiben.

eleganter oder witziger Konstruktionsgedanke, immer jedoch
etwas, über das sich meditieren lässt. Und nicht selten kippt
irgendwann die nüchterne Sachlichkeit in reine Sinnlichkeit.
Die Museumsgründerin Dr. Laura Krainz-Leupoldt konnte
für den Umbau des Hauses den italienischen Architekten Prof.
Marcello Morandini gewinnen. Die Grundsätze der „Konkre-
ten Kunst" wurden in die Fassadengestaltung einbezogen und
setzen sich innen fort. In einem Tagungsraum begegnet man
Entwicklungsstadien aus Morandinis eigenem Werk, für den
Kunst, Design und Architektur stets ineinander greifen. Der
Ausstellungsraum präsentiert jährlich drei Ausstellungen mit
Werken international renommierter Künstler. Der Großteil wird

Skulptur von Marcello Morandini vor dem Kleinen
Museum.

Ausstellung „Zu Gast bei einem imaginären Kunstsammler": Stefana McClure,
Joan Waltemath, Mike Meiré.

Eingang des Kleinen Museums.
Bild unten: Werke von Beat Zoderer.

ergänzt um Leihgaben aus Galerien, die hier ihre Werke in einem
ungewöhnlichen Kontext, in Verbindung mit anderen Künstlern,
die sie nicht vertreten, ausstellen können. Daraus entstehen Beziehungen zwischen verschiedenen Standpunkten, ein „perma-
nentes Suchen und Entdecken", wie es die Initiatorin formuliert.
Die auf hohem Niveau angesiedelten Ausstellungen bringen viele
prominente Vertreter der Kunst nach Weißenstadt. Führungen,
Versammlungen und Lesungen begleiten die Präsentationen. Das
Museum dokumentiert daneben auch das Lebenswerk der Familie Leupoldt, der das Unternehmen PEMA Vollkorn-Spezialitäten
und die Leupoldt Lebkuchenmanufaktur gehört. Die Frage, was
PEMA und moderne Kunst verbindet, lässt sich auf zweifache
Weise beantworten. Zum einen personenbezogenen: Dr. Laura
Krainz-Leupoldt teilt sich die Leitung des Unternehmens mit
ihrem Mann Franz H. Leupoldt. Zum anderen, und das ist der
wesentliche Grund, gibt es eine sachliche Verbindung. Präzision, Reinheit und Einfachheit ist für die Produkte hier wie dort
von größter Bedeutung. „Das Kleine Museum" ermöglicht viele
Blickwinkel – auf die Kunst und von der Kunst aus in die Welt.

Von einer ehemaligen Poststelle zum Museum – Marcello Morandini schuf die
Fassade für das Haus, das konkrete Kunst mit internationaler Ausstrahlung zeigt.

Bildende Kunst im Gegenlicht

1989 – Schon das ganze Jahr über prickelte aufgrund der weltpoliti-
schen Entwicklung eine Aufbruchstimmung in Teilen der Bevölkerung,
auch in Selb an der deutsch-tschechischen Grenze.

**Kunstverein
Hochfranken**

Vorsitzender Dr. Claus
Triebel
Bei der Linde 22
95100 Selb
Tel. 09287 / 68201
www.kunstverein-
hochfrankenselb.de

Galerie Goller

Ringstraße 52
95100 Selb
Tel. 09287 / 4347

Der Besuch der
Galerie ist nur nach
Anmeldung möglich.

Die Bildende Kunst spielte im Bewusstsein der Menschen allerdings nur eine
zurückgesetzte Rolle. Eine Gruppe
Gleichgesinnter beschloss, daran etwas zu
ändern. Denn der Wert der Kunst für die
Entwicklung der Kreativität und die Förderung ästhetischer Erfahrungen stand
außer Zweifel.

Im März 1990 kamen auf Einladung des
damaligen ehrenamtlichen Kulturde-
zernenten der Stadt Selb, Hans-Joachim
Goller, 40 Interessierte zusammen und
gründeten den Kunstverein Selb e.V.,
der sich fünf Jahre später in Kunstverein
Hochfranken Selb e.V. umbenannte.
Bereits in der Gründungsversammlung
legten die Mitglieder fest, dass aufgrund
der Lage Selbs und Hochfrankens die
Zusammenarbeit und der Austausch mit
tschechischen Künstlern und Kunstein-
richtungen eine herausgehobene Rolle
einnehmen solle. Dies äußert sich seitdem
in Ausstellungen, Exkursionen, Vor-

trägen und Workshops, letztere auch mit
Kindern.

Als sehr brauchbarer Ausstellungsort
dient das Foyer des Rosenthal-Theaters
Selb, das die Stadt dem Kunstverein
jährlich einmal im Frühjahr und einmal
im Herbst überlässt. Zusätzlich entstand
eine Kooperation mit der Galerie Goller,
Selb, die üblicherweise vier Ausstellungen
im Jahr präsentiert. Im konsequenten
Wechsel folgt ein deutscher auf einen
tschechischen Künstler. Und außerdem
finden alle eineinhalb Jahre Ausstellungen
der Mitgliedskünstler statt, abwechselnd
in Selb, Wunsiedel und Marktredwitz.

Deutsch-tschechische Kunstprojekte

Einen besonderen Stellenwert nehmen die
zum Teil recht umfangreichen deutsch-
tschechischen Kunstprojekte ein. Die
bisher meist im Zweijahresrhythmus
durchgeführten Veranstaltungen sind
willkommene Anlässe, um Menschen

Zwei Besucherinnen sind in der Galerie Goller vor einer Stellwand mit Arbeiten aus dem Workshop „Glas –
Gläser – Amgläsersten" ins Gespräch gekommen.

beidseits der Grenze zusammenzuführen. Ausstellungen, Symposien und Gesprächsforen, üblicherweise paritätisch deutsch und tschechisch besetzt, bestimmen die Programme. Die Reihe begann 1999/2000 mit dem Millenniumsprojekt „Grenzüberschreitungen". Vier namhafte Künstler und vier Nachwuchskräfte aus den Großstädten Prag, Berlin, Frankfurt, München, die von Selb aus gesehen in vier Himmelsrichtungen liegen, erlebten gemeinsam eine Woche lang die Region, zusammen mit einer Literatin und einem Komponisten. Die Ergebnisse wurden im Jahr darauf präsentiert. In 2004, dem Jahr des Beitritts der Tschechischen Republik zur EU, fand das Projekt „Annäherungen" statt, außerdem „Technik – Kunst – Kirche", eine Aktion, bei der „Konkrete Kunst" in einem Großlabor und in einem Gotteshaus einander gegenübergestellt wurden.

„Grenzenlos?" war das Thema des Jahres 2006. Das Projekt 2008 trug den Titel „Annäherungen" und 2010 „Verknüpfungen". Mit „Kultur – Stadt – Nachhaltigkeit" wurde 2014 die zukunftsfähige Entwicklung und gegenseitige Wirkung

von Kultur in einer Stadt beleuchtet. Nennenswert sind auch zwei Workshops in der Glashütte Lamberts, Waldsassen, in denen mit beachtlichen Ergebnissen neue Gestaltungsmöglichkeiten mit mundgeblasenem, farbigem Flachglas erprobt wurden. Finanzielle Förderung erfahren der Kunstverein bzw. seine Projekte durch die Europäische Union, Ziel 3, INTERREG IV, den Deutsch-Tschechischen Zukunftsfonds, den Kulturfonds Bayern und die Oberfrankenstiftung sowie Firmen aus der Region.

Der Kunstverein Hochfranken Selb bleibt auch in Zukunft seinen Leitbildern verpflichtet, Kreativität, ein breit angelegtes ästhetisches Empfinden und Toleranz zu fördern. Schrittweise sollen in die Projekte noch weitere Länder der Europäischen Union eingebunden werden.

Mit großer Begeisterung malen Kinder ihre Einfälle zum interplanetarischen Zusammenleben im „Raumschiff OREUPA" (Workshop im Juni 2008).

Die Ehrengäste bei der Eröffnung des Projektes „Kultur – Stadt – Nachhaltigkeit" im Rosenthal-Theater Selb (Februar 2014) vor dem Bild „Das Wettrennen" (1942) von Josef Liesler (v. l.): Hans-Joachim Goller, Projektleiter; Dr. Claus Triebel, Vorsitzender; Jan Samec, Direktor der Galerie umení Karlovy Vary; Dr. Oleg Kalaš, stellv. Hauptmann des Bezirks Karlovy Vary; Petra Platzgummer-Martin, Regierungsvizepräsidentin Oberfranken; Zdenka Cepeláková, Kunsthistorikerin; Ulrich Pötzsch, Oberbürgermeister Selb; Pavel Klepácek, 2. Bürgermeister von Aš; Dr. Karl Döhler, Landrat Wunsiedel.

Eine Imkerei und die Kleinkunst blühen auf

Das alternative Leben auf dem Land – Diese Zukunftsvision schwebte Juliane Tietz und ihrem Mann Helmut, die über die Bienen zueinander fanden, einst vor.

Kulturhammer e.V. und Bienenschwarm

Schulweg 2
95199 Thierstein
Kaiserhammer
Tel. 09235 / 1532
www.kulturhammer.de
info@kulturhammer.de

Saison von September bis November und Januar bis Mai
www.tanzsaal
-kulturhammer.de
www.
bienenschwarm.de
info@
bienenschwarm.de

Öffnungszeiten
Laden:
Montag bis Freitag
14 – 18 Uhr

Café und Biergarten Egertal

Schloßstr. 3
95199 Thierstein
Kaiserhammer
Tel. 09235 / 981521
Öffnungszeiten:
Samstag und Sonntag

In den 1970er Jahren träumte das Paar wie so viele „Aussteiger" dieser Generation von einem Leben im Grünen mit Gärten, guten Freunden, harmonischer Atmosphäre und selbstbestimmten Tätigkeiten. 1983 konnte diese Idee wahr werden, als ein Freund das leer stehende Schloss im 150-Einwohner-Dorf Kaiserhammer erbte und Gleichgesinnte fand. Der aussterbende Ort wurde, unter anderem mit Festen und viel Musik, belebt.

1994 erwarb die Familie Tietz den gegenüber liegenden Tanzsaal, alles Weitere ergab sich wie von selbst. Denn der Geist des Ortes riss nicht nur die neuen Hausbesitzer, sondern auch viele Freunde und Bekannte mit. Ins Erdgeschoss zog der „Bienenschwarm" ein, ein Verkaufsraum für Honig und Imkereibedarf, während der alte Tanzsaal im ersten Stock Strom, Wasser, Heizung, neue Fenster und frische

Farben erhielt. Jetzt durfte er wieder als Veranstaltungssaal dienen, so wie einst in den 1920ern bis in die 60er Jahre.

1996 wurde „Kulturhammer e.V." geboren. „Der Verein ist ebenfalls eine

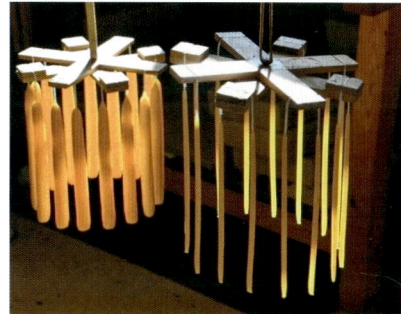

Die Eleganz des frühen 20. Jahrhunderts strahlt der Veranstaltungssaal des Kulturhammers aus (linke Seite), in dem schon Harry Rowohlt von Pu, dem Bären, las und viele Hochzeitspaare den Weg in ein gemeinsames Leben feierten. Im Café Egertal gegenüber genießen Gäste selbstgebackenen Kuchen im idyllischen Garten. (Bild oben). Duftendes und Leckeres rund um Honig bietet der Bienenschwarm-Laden. Bienenwachskerzen aus Kaiserhammer gehen in die ganze Welt.

Gemeinschaft, mit sehr viel Lebensqualität und gemeinsamen Unternehmungen", erzählt Helmut Tietz. In den folgenden 20 Jahren gingen fast 400 Veranstaltungen über die Bühne. Der gemütliche Saal, der über 100 Personen Platz bietet, erlebte namhafte Kabarettisten, Musiker, Theatergruppen, einheimische Größen und internationale Preisträger, sogar ein 50-köpfiges Sinfonieorchester: TBC, Harry Rowohlt, Maartin Allcock von Jethro Tull, um nur einige Beispiele zu nennen – dazu wunderbare Konzerte wie die von den Stars der Tango-Formation Quadro Nuevo. Und immer wieder Tanz. Legendär ist der „Tanz in den Mai", von Anfang an fester Bestandteil im Sommerprogramm.

Zum Zauber des Veranstaltungsortes trägt das Ambiente bei. Zu jeder Vorstellung kocht Juliane Tietz mit ihrem Team passende Speisen für die Gäste. Inzwischen ist der Tanzsaal auch für Geburtstagsfeiern und Hochzeiten eine gute Adresse. Frisch vermählte Paare können die Nacht in einem renovierten Zirkuswagen verbringen.

Eine weitere wirtschaftliche Basis des Familienbetriebs ist das Geschäft mit

Honig, Kerzen und Imkereibedarf. Besonders die Bienenwachskerzen aus der eigenen Werkstatt gehen in die ganze Welt. Im Laden lässt sich alles rund um die Naturprodukte der Bienen entdecken und einkaufen: Kerzen, Met, Honigartikel für das Genießen (z.B. Honigschokolade), Artikel für Kosmetik und Wohlbefinden.

Mit Café am Radweg

Dank der 2006 eingeläuteten Dorferneuerung wird die Historie des Ortes mit Schildern noch besser als bislang sichtbar. Markgraf Friedrich ging in Kaiserhammer einst auf Parforcejagd und ließ 1755 eigens dafür ein Schloss erbauen. Das Haupthaus wurde abgerissen, Fundament und die Flügel stehen noch. In jüngster Zeit wurden die Wege und Plätze des Dorfes verschönert. Der Radweg auf der alten Bahnstrecke zwischen Wunsiedel und Asch ist fertiggestellt. Und auch das charmante Café Egertal schräg gegenüber, im Nordflügel des ehemaligen Jagdschlosses präsentiert sich mit einer frischen Ausrichtung. Die selbstgebackenen Kuchen sind weithin bekannt. Im Garten genießt man, zusammen mit Radlern oder auch bei einem Radler, die Ruhe. Kaiserhammer entpuppt sich als echter Geheimtipp, und die Entwicklung geht weiter.

Helmut, Juliane und Christoph Tietz (v.l.) im Bienenschwarm-Laden. Im Saal servieren sie zu Kabarett und Tanz kulinarische Spezialitäten.

Himbeertraum

von Juliane Tietz, Café Egertal, Kaiserhammer

Zutaten für 10 Personen

300 g Himbeeren
2 EL Cointreau
3 EL Zucker
½ TL gemahlene Vanille
3 EL Haferflocken
3 EL gehackte Haselnüsse
250 g Sahne
250 g Mascarpone
500 g Joghurt

Zubereitung

Die Himbeeren in einen Kochtopf geben, mit Cointreau und Zucker aufkochen, durch ein feines Sieb passieren und abkühlen lassen.

Die Haferflocken in der Pfanne ohne Fett rösten und in eine Schüssel geben. Die gehackten Haselnüsse ebenfalls ohne Fett rösten. Wenn diese duften, mit einem gestrichenem EL Zucker karamellisieren, die Haferflocken und Nüsse mischen.

Mischung aus Mascarpone, Zucker, Vanille und Joghurt herstellen, Sahne steif schlagen und unter die Mischung geben, verrühren und auf 10 Gläser verteilen. Darauf die Himbeeren füllen.

Kurz vor dem Servieren die Crunchies verteilen und auf Wunsch mit einem Sahnetupfer und einer Himbeere verzieren.

Kreatives Netzwerk

**Informationen,
Ideen, Aktuelles:**
www.
kueko-fichtelgebirge.
de

Die Künstlerkolonie Fichtelgebirge, kurz ‚KüKo', wirkt auf Außenstehende immer ein wenig verwirrend. Eine Kommunikationsplattform, die es Kreativen aus dem gesamten Fichtelgebirge erlaubt, miteinander in kreative Prozesse zu treten, ist nicht einfach zu vermitteln. Aber der Grundgedanke ist eigentlich ziemlich simpel.

Ähnlich wie in bekannten Künstlerkolonien wie Worpswede, Wilmersdorf oder Dachau geht es um die Vernetzung von Künstlern, um direkten Austausch, gegenseitige Inspiration. Denn Kreativität und Innovation sind keine Privilegien urbaner Lebensräume. In einem ländlichen Raum wie dem Fichtelgebirge bietet sich dazu das Internet an, das durch soziale Netzwerke, gemeinsame virtuelle Arbeitsräume mit IPTV die Möglichkeiten zum schnellen und direkten Austausch schafft. KüKo ist also eine Kolonie, die nicht eingeschränkt wird durch Räume oder Disziplinen. Die digitale Vernetzung ersetzt die gemeinsamen Wohn- und Arbeitsstätten. Die KüKo ist globales Dorf und regionales Netzwerk.

Initiiert wurde die KüKo von der Kreativagentur „It's About Time" in Bad Berneck, als treibende Kraft wirkte Sabine Gollner, die individuell, eigensinnig, manchmal sperrig, aber immer liebenswert neue Perspektiven für die Region erarbeitet. Sie lässt die kreativen Potentiale der Region deutlich werden und stellt sie in überregionale Kontexte.

Die KüKo vereint alle Kreativen der Region: Da sind bildende Künstler, Filmemacher, Designer, Texter, Musiker und Architekten. Durch die Vielfalt der künstlerischen Disziplinen und Mitglieder entsteht dabei kontinuierlich Neues. Nicht zuletzt, weil der kreative Austausch untereinander durch regelmäßige Workshops und Treffen geweckt wird, die sowohl im Internet wie auch ganz klassisch vor Ort – quasi analog – veranstaltet werden. Daraus entstehen gemeinsame Aktionen, die dann auf digitalen Wegen kommuniziert werden. Bildhaft gesprochen: Die KüKo lebt digital im weltweiten Netz und analog in der Galerie nebenan. KüKo ist ein lebendiger Organismus, der aus sich heraus immer wieder Neues entstehen lässt. Und für die Wirtschaft der Region einen riesigen Pool an Kreativität darstellt. Der den Blick in die Ballungsräume auf der Suche nach Designern, Textern oder Grafikern überflüssig macht.

Grenzübergreifendes Projekt „PappenStil" – die teilnehmenden Künstler überraschten sich selbst und andere. Eine leerstehende Fabriketage in Bad Alexandersbad wurde durch PappenStil wieder mit Leben gefüllt.

Schwarzenbach ist Entenhausen

Die Übersetzerin Erika Fuchs, Micky Maus und die fantastische Welt des Fichtelgebirges

von Alexandra Hentschel

Wer Bobengrün, Schnarchenreuth oder Kleinschloppen kennt, hat vermutlich als Kind intensiv die Micky Maus gelesen. Und wer einen lauten Knall mit „Krawumm!" umschreibt, einen unangenehmen Auftrag mit „seufz" kommentiert, oder eine Kurznachricht mit „knuddel" beendet, ist sich wohl kaum bewusst, dass diese Sprachformen noch vor gut 60 Jahren im Deutschen kaum vorkamen. Dass sie heute Allgemeingut sind, ist einer außergewöhnlichen Frau zu verdanken. Dr. Erika Fuchs (1906-2005) übersetzte von 1951 bis 1988 als Chefredakteurin die Geschichten aus Entenhausen. Sie schuf dabei eine neue Sprachwelt und verortete Entenhausen nicht in Amerika, wie manch einer denken mag, sondern in Oberfranken.

Die Grande Dame des deutschen Comics

Erika Fuchs wurde 1906 als Johanna Theodolinde Erika Petri in Rostock geboren. Sie wuchs in Belgard an der Persante in einem großbürgerlichen Haushalt auf, in dem großer Wert auf Bildung und Kultur gelegt wurde. Als Jugendliche setzte sie durch, als erstes Mädchen das Knabengymnasium zu besuchen. Ihr Studium der Kunstgeschichte, Archäologie und mittelalterlichen Geschichte führte sie nach München, Lausanne und London. 1931 promovierte sie über den Barock-Bildhauer Johann Michael Feichtmayr. Nach der Heirat mit ihrem Studienfreund Günter Fuchs zog sie zu ihm nach Schwarzenbach.

Eine qualifizierte Tätigkeit als promovierte Kunsthistorikerin konnte sie dort nicht ausüben. So begann sie – anfangs vor allem zum eigenen Vergnügen – zu übersetzen. Nach dem Krieg fand sie eine Anstellung als Übersetzerin bei Reader's Digest. Um neue Aufträge zu holen, fuhr sie eines Tages wieder einmal zum Verlag

nach Stuttgart. Dort traf es sich, dass gerade Manuskripte eingetroffen waren, wie sie bis dahin in Deutschland noch nicht gesehen wurden – Hefte voller Zeichnungen von Mäusen und Enten, die sich mittels Sprechblasen unterhielten. Die hochgebildete Erika Fuchs war entsetzt. Zum Glück nahm sie aber doch einige Exemplare mit nach Hause, wo ihr Mann sie von der künstlerischen Qualität der Zeichnungen und den Erfolgschancen dieser Hefte überzeugte.

So wurde Erika Fuchs beim ehapa-Verlag Übersetzerin und Chefredakteurin des Micky-Maus-Magazins. 1951 erschien das erste Heft, zunächst monatlich und sehr bald wöchentlich. Diesen Erfolg verdankt die Zeitschrift nicht zuletzt der Sprachkunst von Erika Fuchs. Sie übersetzte nicht einfach die vorgegebenen Texte, sondern

Dr. Erika Fuchs (1906–2005) gilt als die große Dame der deutschen Comicgeschichte. Als Chefredakteurin des Micky-Maus-Magazins übersetzte sie von 1951 bis 1988 die Geschichten aus Entenhausen ins Deutsche. Mit ihrem Wortwitz und Sprachspielereien prägte sie die deutsche Sprache und befreite Comics von ihrem Image als Schundliteratur. Von 1933 bis 1984 lebte sie in Schwarzenbach an der Saale am Nordrand des Fichtelgebirges. Im Alter von 98 Jahren ist Erika Fuchs in München gestorben und wurde in Schwarzenbach neben ihrem Mann beerdigt.

ihrer Schöpferin auch „Erikativ" genannt – heute aus keiner Kurznachricht mehr wegzudenken. Berühmt auch ihre Lautmalereien: Mögen „zack", „bumm" und „peng" noch Standard sein, so zeugen „schnirrrch" (ein Boot knirscht über Kiesboden) oder „Grkztrrrschwrzkajaaaa!" (der Ruf des Ostsibirischen Korjakenknackers, eine nur in Entenhausen vorkommende Tierart, wie auch der Gurkenmurkser oder der Gemeine Duckmäuser) schon von besonderem Sprachgefühl. Eine ihrer bekanntesten Lautmalereien, „Klickeradoms", entlieh sie dagegen bei einem anderen deutschen Sprachvirtuosen: Wilhelm Busch.

schuf eine neue Sprachwelt für die Zeichnungen. Mit Wortwitz, Sinn für Ironie, eigenen Wortschöpfungen sowie der Einbeziehung klassischer Zitate hat sie es geschafft, dass die ‚Schundliteratur' Comic nun als eigenständige Kunstform anerkannt ist.

Kreative Sprachschöpfungen

Dabei prägte sie nachhaltig die deutsche Sprache. Erika Fuchs machte den Inflektiv populär, die Verkürzung von Verben auf ihren Stamm: „Grübel, grübel und studier", „ächz" und „stöhn". Obwohl in der deutschen Grammatik eigentlich nicht vorgesehen, ist diese Form – zu Ehren

Überhaupt hatte die promovierte Kunsthistorikerin keine Scheu vor den Klassikern. So zitiert Donald Duck Goethe: „Über allen Wipfeln ist Ruh". Daniel Düsentrieb kennt seinen Shakespeare, wenn er zu Oma Duck sagt: „Es gibt mehr Dinge im Himmel und auf Erden, als unsere Schulweisheit sich träumen lässt" (in Gedanken fügt er gleich hinzu: „Hamlet, 1. Akt"). Selbst Tick, Trick und Track schwören frei nach Schiller „Wir wollen sein ein einig Volk von Brüdern, in keiner Not uns waschen und Gefahr!". „Dem Ingeniör ist nichts zu schwör" aus Heinrich Seidels Ingenieurlied von 1871 ging dank Erika Fuchs gar in die Umgangssprache ein.

Sprachfärbungen zur Chrarakterzeichnung

Dabei fällt der Schwur der Neffen deutlich aus ihrem üblichen Sprachstil heraus. Normalerweise bedienen die drei sich einer schnellen, flotten Jugendsprache. Erika Fuchs lauschte noch im hohen Alter aufmerksam in der Straßenbahn und notierte sich die Ausdrücke der Jugendlichen, um dem Zeitgeist nahe zu bleiben. Ganz anders Onkel Dagobert. Der distinguierte alte Herr, immer korrekt mit Gehrock und Gamaschen gekleidet, spricht auch korrekt. Er setzt jeden Konjunktiv und beherrscht den Genitiv so perfekt wie Erika Fuchs selbst. Die Panzerknacker dagegen verwenden einen Ganovenjargon mit Berliner

Einschlag: „Werd' nicht poetisch, Ede, die Pinke kommt!" Der Sprachstil der einzelnen Figuren – die im amerikanischen Original alle die gleiche Umgangssprache verwenden – diente Erika Fuchs zur genaueren Charakterzeichnung.

Ob die Nähe zu Bayreuth sie inspirierte, ist nicht bekannt. Jedenfalls alliterierte Erika Fuchs, dass Richard Wagner vor Neid erblasst wäre. In einer Geschichte stellt sich eine geschmacklose Vase als wertvoller „Hallersteiner Henkelhumpen" heraus. Das Gefäß wird im Laufe der Geschichte auch als „mickrige Molle", „kümmerliche Kruke", „popliger Pott" und „prächtiger Pokal" bezeichnet. Und Donald schwärmt über Daisy:
„Patente Puppe! Picobello! Wie sie mit dem Pürzel plänkelt! Echt pikant."
Für Ihre Sprachkunst erhielt Erika Fuchs zahlreiche Auszeichnungen: die Morenhovener Lupe, den Heimito von Doderer-Literaturpreis und den Roswitha-Preis der Stadt Bad Gandersheim.

Onkel Dagobert und der Ochsenkopf
Dabei verlegte Erika Fuchs Entenhausen konsequent ins Fichtelgebirge. Onkel Dagobert besitzt einen Skilift am Ochsenkopf. Und das Wiesenfest, wie es im Sommer in zahlreichen Orten im Fichtelgebirge gefeiert wird, findet selbstverständlich auch in Entenhausen statt. Eine Schatzkarte entpuppt sich als Wanderkarte rund um den Waldstein, deren Route unter anderem über Quakenbrück (allerdings nicht im Fichtelgebirge), Kleinschloppen und das Felsenlabyrinth führt. Urlaub macht die Entenfamilie am Fichtelsee. Die Panzerknacker flüchten nach einem missglückten Einbruch nach Marktredwitz, um nicht gefasst zu werden. Per Eisenbahn erreicht man Entenhausen über die „Schiefe Ebene" – wo im 19. Jahrhundert tatsächlich eine eisenbahntechnische Pionierleistung die Fränkische Linie überwand, den Anstieg zwischen Neuenmarkt

und Marktschorgast. Am Eisenbahnknotenpunkt Oberkotzau hält der Expresszug „Groschlatten-grün – Schnarchenreuth".

Doch lässt sich Entenhausen noch genauer verorten. Tick, Trick und Track rodeln im Paulahölzchen und auf dem Fuchshügel und baden im Schiedateich. Donald führt Daisy nach Fletschenreuth aus, Gustav lädt sie nach Quel-lenreuth ein. Alles Ortsteile von Schwarzenbach, genau wie Hallerstein (wo der wertvolle Humpen herstammt). Und während durch viele Städte eine Marienstraße führt, sind Schübelsgässchen, Gollersberg oder Hühnergasse außerhalb Schwar-zenbachs sicher seltener.

Erika Fuchs erfand Firmen wie die „Geflügelfarm Piepmeier" im benachbarten Rehau oder die „Kirchenlamitzer Kanonenkugel-Gießerei". Einen drohenden Absturz mit dem fliegenden Teppich kann jedoch nur der Aufprall auf weichen Grund mildern, „am besten auf die Wattefabrik Sandler". Die existiert übrigens sehr wohl in Schwarzen-bach und zählt heute zu den Weltmarktführern in der Vliesstoffherstellung.

Auch anderen Menschen und Geschäften ihrer Nachbarschaft setzte Erika Fuchs ein Denkmal: ihrem Zahnarzt Dr. Hermann, dem Schmied Strobel, dem Eisenwarenhändler Schaff, dem Café Rheingold – einst das erste Lokal am Platz, heute leider geschlossen – oder der Metzgerei Fuchs (weder verwandt noch verschwägert). Die Bäcke-rei Köppel stellt heute noch die Anisplätzchen her, mit deren Hilfe der böse Wolf einst den drei kleinen Schweinchen eine Falle stellen wollte. Bei einem Rundgang durch Schwarzen-bach kann man zahlreiche Hinweise in Schaufenstern oder auf Theken entdecken, die auf Entenhausen verweisen. Und wer steht dort mitten in der Saale? Emil Erpel, der Gründer von Entenhausen. Gestiftet

vom Sammler und Mäzen Gerhard Severin und aus 250-jährigem Eichenholz geschnitzt vom Schwarzenbacher Bildhauer Jochen Strobel. Das gleiche Denkmal steht übrigens gleich mehrfach in Entenhausen, gestiftet von Dagobert Duck und dem Maharadscha von Zasterabad in ihrem Wettstreit, wer der reichste Mann der Welt sei. Das alles lässt nur einen Schluss zu: Schwarzen-bach ist Entenhausen.

Doch den Namen ihres Heimatorts zitiert Erika Fuchs nie. Warum? Zu banal! Allein im Landkreis Hof gibt es zwei Orte dieses Namens (durch die Zusätze „am Walde" und „an der Saale" unter-schieden), mit gleichnamigen Gemeinden in Österreich und der Schweiz unterhält Schwarzen-bach/Saale Städtepartnerschaften. Erika Fuchs suchte das Besondere, das Ausgefallene.

Die Stadt trägt ihr diese Missach-tung aber nicht nach. Vielmehr hat sie erkannt, welcher Schatz da jahrelang ungeahnt in ihrer Mitte schlummerte. Zu Ehren von Erika Fuchs hat Schwarzenbach ein Museum errichtet. Ab Anfang 2015 erfahren Besucher im „Erika-Fuchs-Haus | Museum für Comic und Sprachkunst" alles über Leben und Werk dieser bemerkenswerten Frau.

Denkmal für Emil Erpel, Gründervater von Entenhausen, gestaltet von Jochen Strobel

Dr. Erika Fuchs, Übersetzerin und Chefredakteurin des Micky-Maus-Magazins, lebte 50 Jahre lang in Schwarzenbach an der Saale. Mit ihren Wortschöpfungen, Lautmalereien und Sprachspielen prägte sie nachhaltig die deutsche Sprache.

Ihr Werk bildet den Mittelpunkt einer mitreißend inszenierten Ausstellung über Comicgeschichte, die Welt von Entenhausen, Sprachkunst und heutiges Comicschaffen.
Das „Erika-Fuchs-Haus | Museum für Comic und Sprachkunst" öffnet Anfang 2015 seine Pforten als erstes Comicmuseum Deutschlands. Gleich zu Beginn der Ausstellung grüßen aus einer Vitrine die Bewohner von Entenhausen.
Der Museumsrundgang beginnt mit einer Einführung in die Comicgeschichte. Ein animierter Kurzfilm zeigt die Anfänge dieser Kunstform und weist auf die wichtigsten Werke hin.

Anschließend tauchen Besucher ein in die Welt von Entenhausen. Sie können ein Talerbad im Geldspeicher nehmen, wo Onkel Dagobert seinen unermesslichen Reichtum hütet, auf Oma Ducks Bauernhof Ferien machen oder Daniel Düsentrieb in seiner Erfinderwerkstatt über die Schulter schauen. Über einen interaktiven Stadtplan erfährt man spannende Details über Geografie und Architektur der Stadt und über das gesellschaftliche Leben in

Wo Micky Maus und Erika Fuchs sich begegnen

*Deutschlands erstes Comicmuseum
in Schwarzenbach an der Saale*

Entenhausen. Wo liegen in die Comics eingestreute Orte und Geschäfte in der realen Welt?
Im mittleren Raum illustriert ein raumhoher Comic das Leben von Erika Fuchs. Der preisgekrönte Comiczeichner Simon Schwartz hat ihn exklusiv für das Museum verfasst. Weitere namhafte Comickünstler erweisen Frau Fuchs ihre Reverenz in eigens für das Museum gezeichneten Geschichten. Handkorrigierte Manuskripte, Fotos sowie Hilfsmittel wie Zeilenzähler und Wörterbuch geben einen authentischen Einblick in ihre Arbeit. Zahlreiche interaktive Stationen laden dazu ein, die Sprachkunst von Dr. Erika Fuchs spielerisch zu erkunden. Hier kann man Sprechblasen übersetzen, um die Wette alliterieren, Zitate raten, Erikative bilden oder die schönsten Lautmalereien erfinden. Wie erreichen Zeichner die einfachen und doch so aussagekräftigen Gesichtsausdrücke?

Zum Abschluss lädt eine umfangreiche Bibliothek zum ernsthaften Studium oder entspannten Schmökern ein.
Das großzügige, freundliche Foyer, ein interessanter Museumsshop sowie Räume für Sonderausstellungen und Gruppenarbeit machen das „Erika-Fuchs-Haus | Museum für Comic und Sprachkunst" zu einem einladenden, lebendigen Treffpunkt für Jung und Alt. Führungen, Workshops, Aktionstage, Kindergeburtstage und Lesungen ergänzen das Angebot. Wer nach dem Museumsbesuch weiter auf den Spuren von Erika Fuchs und Entenhausen wandeln möchte, findet mit thematischen Wander- und Radwegen sowie Geocaches in Schwarzenbach und Umgebung zahlreiche Möglichkeiten.

**Erika-Fuchs-Haus |
Museum für Comic
und Sprachkunst**
Bahnhofstr. 12
95126 Schwarzenbach
a.d. Saale
Tel. 09284/933-13
www.erika-fuchs.de
info@erika-fuchs.de

Öffnungszeiten
Dienstag – Sonntag
10 – 18 Uhr
Eintritt 5 Euro
Ermäßigung für Kinder,
Familien und Gruppen.

Die schönste Bühne der Welt

„Die schönste Bühne der Welt", zu diesem Superlativ ließ sich eine Journalistin der Süddeutschen Zeitung im Sommer 2013 hinreißen, nachdem sie zwei Tage lang die Arbeit der Schauspieler zwischen Felsen und Fichten begleitet hatte.

**Luisenburg-
Festspiele**
Luisenburg 2
95632 Wunsiedel
www.luisenburg
-aktuell.de

Kartenverkauf:
Jean-Paul-Str. 5
95632 Wunsiedel
Tel. 09232 / 602162
touristinfo@
wunsiedel.de

Und in der Tat ist diese Naturbühne einzigartig! Ursprünglich ein Teil des schon von Goethe durchkletterten Felsenlabyrinths, wurde die Luisenburg 1890 von theaterbegeisterten Wunsiedlern als Spielstätte ausgebaut. – Schon damals kamen, durch Zeitungen ganz Europas auf die unvergleichliche Landschaftskulisse hingewiesen, Tausende Schaulustiger von nah und fern. Ein frühes Wunder. Und so bildete die Luisenburg die Keimzelle für alle anderen in den Folgejahren gegründeten Bühnenfestspiele unter freiem Himmel. Kein Geringerer als Fritz Basil vom kgl. Hoftheater München, war es, der sie erstmals im Sommer 1914 als sogenannte „Künstlerfestspiele" organisierte. Und mit Werner Krauss und Helene Thimig, der späteren Frau von Max Reinhardt, dem Begründer der Salzburger Festspiele, standen damals zwei junge, hochbegabte Schauspieler im Ensemble, die in Folge zu

den ganz Großen der deutschen Theaterlandschaft gehören sollten. Vielleicht war es sogar die Thimig selbst und ihre beglückende auf der Luisenburg gemachte Erfahrung, die Max Reinhardt in Salzburg Felsenreitschule und Domplatz als besondere Spielorte entdecken ließ.

Höhepunkte im Kulturleben

Nicht einmal der Erste Weltkrieg und die Weltwirtschaftskrise konnten die jungen Luisenburg-Festspiele gefährden, so schnell waren sie zu einem Höhepunkt im Kulturleben Nordbayerns gewachsen. In den 30er Jahren kamen aus Sachsen bereits Sonderzüge voller Theaterbegeisterter, die mit Blaskapelle vom Bahnhof abgeholt, durch die Festspielstadt den Berg hinauf zur Luisenburg begleitet wurden. Die Zuschauerzahlen schnellten in die Höhe und im Sommer 1937 waren es zum ersten Mal über 100.000.

Seit nun mehr über 100 Jahren begeistert die Felsenbühne (Bild links) mit professioneller Bespielung. Von 2011 bis 2013 zudem mit neuen Erweiterungsbauten ergänzt, bietet die Luisenburg als eine der traditionsreichsten und modernsten Freilichtspielstätten breitaufgestelltes Programm: Kinder- und Familienstücke, Musical, Volkstheater, Schauspiel-Klassiker, Operette, Oper, Konzertprogramm.

Mehr als 138.000 Zuschauer begeistern sich heute jeden Sommer an den vier Eigeninszenierungen und zwei Musiktheatergastspielen, fast ein Viertel davon Kinder. Sie, die hier „Robin Hood" oder „Jim Knopf" zujubeln, erfahren auf der Luisenburg ihr zumeist erstes, prägendes Theatererlebnis. Und waren es früher die großen Sprechtheater-Klassiker, die den Spielplan dominierten, so sind es heute spektakuläre Musicals wie „Anatevka", „Rocky Horror Show", „Blues Brothers" oder die erste Open-Air-Inszenierung von „Spamalot", die für Aufsehen sorgen.

Schon zwischen den Kriegen als besonders geeignet für die Stücke der süddeutschen und österreichischen Dialektliteratur erkannt, verfügt dieses „Volkstheater" unter Intendant Michael Lerchenberg inzwischen über ein Alleinstellungsmerkmal in der gesamten bayerischen Theaterlandschaft. „Die Geierwally", Ludwig Thomas „Der Wittiber", Orffs „Bernauerin", „Tannöd", der legendäre „Brandner Kaspar" oder die Wiederentdeckung von Ruederers „Die Fahnenweihe" – letztere sogar vom Bayerischen Fernsehen aufgezeichnet – haben heute den Ruf der Luisenburg-Festspiele für anspruchsvolles, herausragendes Volkstheater überregional etabliert und lassen tausende begeisterter Schaulustiger aus München und Oberbayern alljährlich ins malerische Fichtelgebirge fahren. So hat sich herumgesprochen, was der Münchner Merkur mit „Die Luisenburg – ein Theaterwunder!" jubelnd umschreibt.

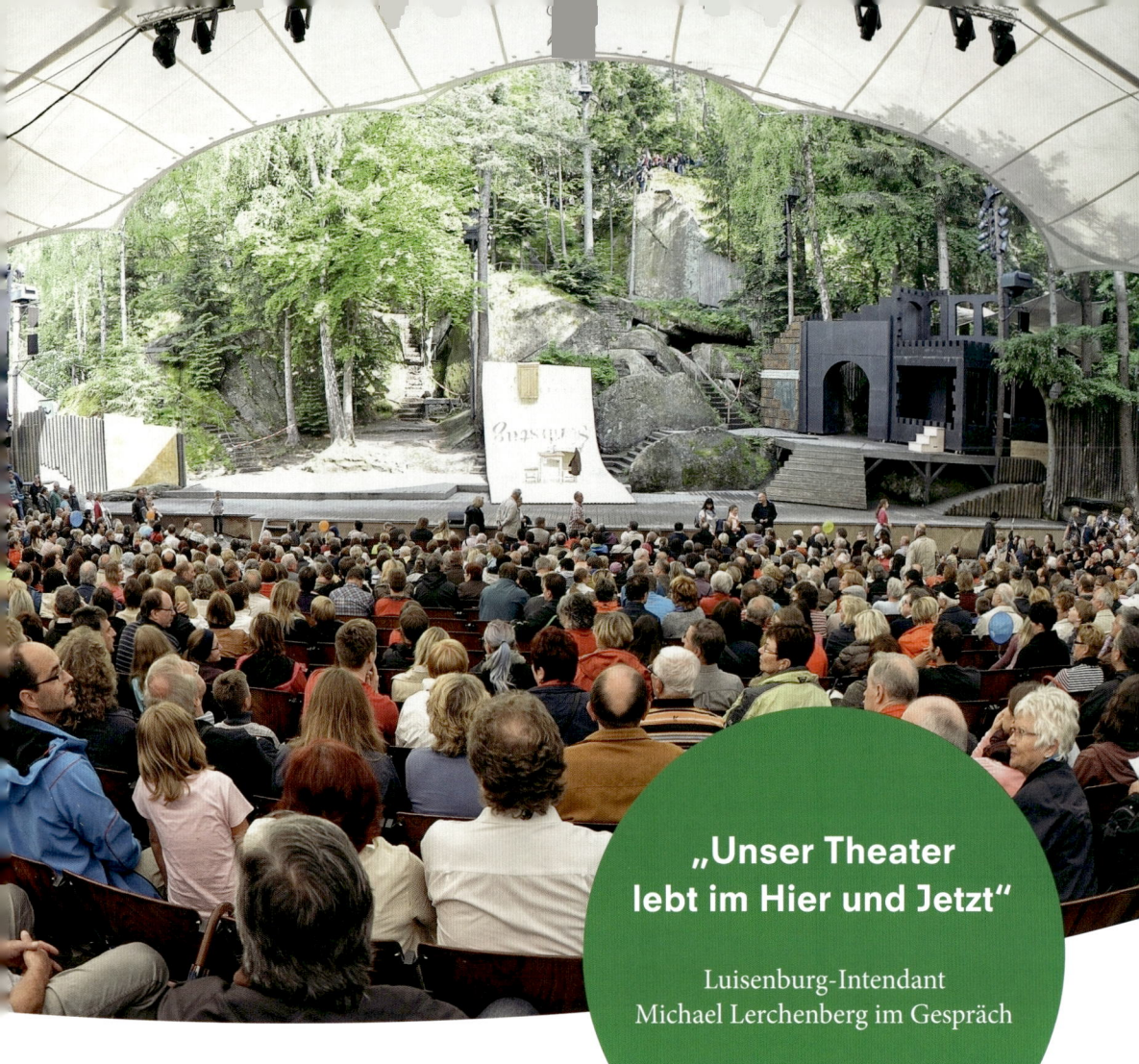

„Unser Theater lebt im Hier und Jetzt"

Luisenburg-Intendant
Michael Lerchenberg im Gespräch

Interview:
Oliver van Essenberg

Als ganz junges, frisches Mitglied im Deutschen Alpenverein hat Michael Lerchenberg das Fichtelgebirge 1970 zum ersten Mal besucht. Die Bühne der Luisenburg und das Felsenlabyrinth haben ihn schon damals tief beeindruckt. Es war der erste folgenschwere Kontakt mit der Region. Seit 2004 leitet der Münchner die Luisenburg-Festspiele, die er zu neuer Blüte brachte. Im Interview spricht er über die Passion des Schauspielers, über Einflüsse des Volkstheaters und seine Liebe zum Fichtelgebirge.

› *1980 haben Sie auf der Luisenburg zum ersten Mal Theater gespielt. Was sind Ihre Erinnerungen an diese Zeit?*
Lerchenberg: In der Zeit habe ich zum ersten Mal die Bühne, das Publikum und die Region kennengelernt, weil man als Schauspieler ja hier ein Vierteljahr lebt. Wenn man so will, war das eine Liebe auf den ersten Blick. Ich war wie alle Schauspieler zunächst erschlagen von der Natur,

von dieser gewaltigen Bühne, aber auf der anderen Seite auch unglaublich begeistert von ihrer Intimität. Wie leise man hier sein konnte! Wie wunderschön man hier Theater spielen konnte! Ich hatte im Jahr zuvor ja schon das Erlebnis der großen Bühne bei den Festspielen in Bad Hersfeld. Das ist eine große alte Kirchenruine eines romanischen Doms, auch gewaltig, riesengroß, aber trotzdem nicht mit dieser sympathischen Intimität, die unsere Bühne trotz der räumlichen Dimension und der Millionen Jahre alten Steine hat.

> *Ist Liebe maßgeblich für Ihren Beruf?*

Lerchenberg: Ja. Ich nenne es auch Leidenschaft oder Passion. Das gilt generell für den Beruf, unabhängig davon, ob das jetzt die Luisenburg ist, wo man auch mal schwitzt oder friert oder von Mücken zerstochen wird. Der Beruf bedarf grundsätzlich der Passion. Und Passion heißt nicht nur Leidenschaft, sondern auch Leidensfähigkeit – ein ganz wichtiger Aspekt. Denn die Schauspielerei hat viele Härten. In der Öffentlichkeit nimmt man meistens nur Stars und Traumgagen wahr und vergisst, wie viele hervorragende und hochqualifizierte Schauspieler es gibt, die bei Weitem nicht das verdienen, was sie wert sind. Wegen der ganzen Unsicherheiten und Abhängigkeiten, die dazu kommen, bedarf es unbedingt der Passion. Ich sage für mich als Intendant auch immer: Ich bin Triebtäter. Anders geht es nicht.

> *Hat das Volkstheater Sie damals schon interessiert?*

Lerchenberg: Ja, mit Sicherheit. Ich bin mit renommierten Volksschauspielern groß geworden, vor allem beim Hörfunk und im Fernsehen, später mit vielen alten Kollegen auf der Bühne. Volkstheater wurde da noch sehr gepflegt, in München an den großen Theatern, eigentlich überhaupt in Bayern. In meiner Karriere war diese Kultur wichtig als schönes, zweites Standbein. Es stehen einem da immer auch wunderbare Rollen und interessante Stücke offen.

> *Wie verhält sich das Volkstheater zur Gegenwart? Das Wort Volkstheater klingt ja erst einmal etwas gestrig.*

Lerchenberg: Man denkt das auch, weil die Menschen in vielen dieser Stücke keine heutigen Kostüme tragen. Auf der Luisenburg holen wir die „Die Fahnenweihe" auf die Bühne, ein wiederentdecktes Volkstheaterstück, 120 Jahre alt. Es markiert in der bayerischen Literaturgeschichte den Beginn des satirischen Volkstheaters, noch lange vor Ludwig Thoma.

Das Sensationelle ist: Wir spielen das Stück vor dem Hintergrund seiner Zeit, modernisieren gar nichts und es ist hochaktuell. Es ist eine ganz böse Komödie über Moral, Geldgier und die Radikalität, mit der Geldgier effektiv ausgelebt wird. Als Zuschauer reibt man sich verwundert die Augen, wie ein Autor 1894 so ein Stück schreiben könnte. Wir haben zwar Kostüme aus dem Jahr 1905 an, erreichen aber die Leute unmittelbar. Es gab aufschlussreiche Rückmeldungen, insbesondere bei der Eröffnungspremiere. Wir haben da im Publikum stets 30 bis 40 Bürgermeister sitzen, mal abgesehen von anderen Politikern wie dem Ministerpräsidenten. Die sagten: Das ist unglaublich, da hat sich gar nichts geändert.
Ein Jahr davor brachten wir das Schicksal eines behinderten Buben auf die Bühne, das zeigt, wie dieser Mensch ausgegrenzt wird. 2014 spielten wir „Glaube und Heimat" von Karl Schönherr, der 1910 ein Stück geschrieben hat über die Vertreibung der Protestanten in Österreich im Zuge der Gegenreformation. Ein brennend aktuelles Thema. Wir haben heute ständig die Diskussion über religiöse Toleranz und über die Frage, wie wir mit Menschen umgehen, die versuchen, ihren eigenen Glauben zu leben.

> *Meinen Sie, dass es heute wieder reaktionäre Tendenzen gibt, gerade unter jungen Menschen?*

Lerchenberg: Absolut. Die Menschen suchen Halt und finden ihn im Glauben. Wobei sich die Frage stellt: Was ist der richtige Glaube? Da geht das Problem los. Wir leben zwar in einer Zeit, in der viel von Toleranz geredet wird und jeder Toleranz einfordert, aber immer nur für seine eigene Meinung. Eigentlich leben wir daher genau gesehen in einer sehr intoleranten Zeit, weil es häufig nur um die eigene Meinung geht, die gefälligst zu respektieren ist, während davon abweichende Meinungen allzu schnell angegriffen und

„Ich muss Theater machen, das die Menschen interessiert, und ich habe hier zum Glück ein sehr begeisterungsfähiges Publikum." – Michael Lerchenberg, Intendant der Luisenburg-Festspiele.

Hier ging's auch mal rein – Inzwischen strömen die Gäste über eine breite Treppe von der Rückseite aus in den Zuschauerraum (rechte Seite).

verurteilt werden. Da ist so ein Stück wie „Glaube und Heimat" hochspannend. Natürlich spielen wir auch Stücke wie den „Brandner Kasper". Das ist ein großer Klassiker und eine Geschichte über die ewig-menschliche Frage, was nach dem Tod passiert. Wir wissen von vielen Besuchern, dass das Theater mit so einem Stück auch Trost gibt.

> *Vielleicht kann es sogar ein bisschen die Neugier auf den Übergang wecken.*
Lerchenberg: Auch das. Das ist das große Geheimnis gerade dieses Stückes, und das macht Theater für mich spannend. Wir sind kein Theatermuseum, obwohl wir das älteste Freilufttheater im deutschsprachigen Raum sind. Das ist mir ein ganz wichtiger Punkt. Unser Theater lebt im Hier und Jetzt.

> *Herbert Achternbusch hat gesagt: Die Bayern sind alle Anarchisten und wählen trotzdem CSU. Würden Sie das auch unterschreiben? Wohnen in der Brust des Bayern zwei Seelen?*
Lerchenberg: Das unterschreibe ich sofort. Ich würde die Anmerkung zur CSU noch ergänzen: Der Bayer, der Franke weniger, aber der Altbayer ist zu einem guten Teil seines Wesens Monarchist. Darum hat der Ministerpräsident bei uns eine königgleiche Stellung, so wie bei Weitem kein anderer Ministerpräsident im deutschen Staatsgefüge. Wir haben mit der CSU ja auch so eine Art Erbmonarchie. Auf der anderen Seite kann der Bayer, wenn sich

dessen Zorn entlädt, revolutionär bis anarchisch-wild auftreten. Allerdings sollte man, wie gesagt, schon unterscheiden. Der Franke würde sich anders definieren als der Altbayer.

> *Viele bayerische Stücke spiegeln genau das, diese Lebensart wider.*
Lerchenberg: Diese Lebensart ist eigentlich eine Lebenslust, das katholische Bayern unterscheidet sich darin recht deutlich vom evangelischen Teil. Der katholische Mensch sündigt mit Freude, weil er beichten kann. Das ist dem Protestanten verwehrt. Er muss seine Sünde auf Erden abarbeiten durch Wohlgefallen. Das ist der Schlüssel zu vielen Phänomenen. Ich habe im Fichtelgebirge lange gebraucht, um zu verstehen, warum hier manche Wirtshäuser so unzugänglich aussehen: mit Gardinen, gefärbten Scheiben und womöglich noch Blumenkästen vor dem Fenster. Es hat mit dem religiösen Hintergrund zu tun. Im Evangelischen ist Müßiggang aller Laster Anfang. Wer im Wirtshaus oder im Café sitzt, möchte nicht von außen gesehen werden. In der Oberpfalz zum Beispiel käme kaum ein Wirt auf die Idee, Gardinen an sein Fenster zu hängen und die Scheiben einzufärben.

> *Ein altes Jammer-Thema der Franken, aber ich möchte es trotzdem ansprechen: Man hat immer wieder den Eindruck, dass Franken vielen Südbayern egal ist. Der Münchner Oberbürgermeister Christian Ude hat die Luisenburg schon einmal im Erzgebirge statt im Fichtelgebirge verortet. Zuvor hat er Aschaffenburg fälschlicherweise Oberfranken zugeordnet.*
Lerchenberg: Diese Verwechslungen betreffen nicht nur Herrn Ude. Sie zeigen ein ganz anderes Problem, das das Marketing dieser Region betrifft. Man hat hier 40 bis 50 Jahre lang geschlafen, sich auf Grenzlandhilfen verlassen, von Verhältnissen gelebt, die durch den Eisernen Vorhang zementiert wurden: Es gab Vollbeschäftigung, Niedriglohnarbeit, die Berliner sind aus ihrem Gefängnis geflüchtet hin zu den ersten grünen Lungen, die sie erwischt haben, dem Harz und das Fichtelgebirge. Daran hat man sich gewöhnt. 1989 kam die Wende und

damit ein böses Erwachen. Da hat letztlich auch die regierende CSU aufgrund stabiler Verhältnisse viel verschlafen – man denke nur, wie lange der Ausbau der A93 gedauert hat, die Bahnverbindung von München nach Hof ist 2014 schlechter als 1910. Die gestiegene Mobilität spüren wir umgekehrt auch in der Entwicklung der Luisenburg-Festspiele. Ohne die A93 hätten wir heute keine 150.000 Zuschauer in einer Saison, darunter Zehntausende aus dem Großraum München. Wir steuern also schon dagegen. Aber was man in 50 Jahren verpennt hat, lässt sich in 10 nicht aufholen.

> *Theater in einem ländlichen Raum steht vor anderen Herausforderungen als Theater in der Stadt. Was hat das konkret für Auswirkungen, zum Beispiel auf das Programm?*

Lerchenberg: Eins ist klar: Ich mache Theater nicht für das Feuilleton. Das geht gar nicht, weil das Verhältnis zwischen Einnahmen und Subvention ein ganz anderes ist. Ich muss 75 Prozent der Ausgaben selber erwirtschaften. Das ist an einem Theater normalerweise genau andersrum. Ich muss Theater machen, das die Menschen interessiert, und ich habe hier zum Glück ein sehr begeisterungsfähiges Publikum für Volkstheater, wobei Volkstheater nicht Dialekttheater ist. Wir locken mit unserem Programm auch Großstädter, aber weniger den typischen Abo-Gänger. Unsere treuesten Gäste sind diejenigen, die sonst nicht ins Theater gehen, außer vielleicht zu einer Aufführung in das Kolping-Haus oder in den Sportverein. Wir machen also weder ein Großstadt- noch ein Minderheitentheater. Das ist schon eine klare Ansage.

> *Ein sehr populäres Theater?*

Lerchenberg: Na ja, populär. Es muss die Menschen interessieren. Das Schwierigste ist oft der Stücktitel, weil ein sehr großer Prozentsatz unserer Karten über den Vorverkauf weggeht. Wir haben zwar inzwischen einen großen Vertrauensvorschuss seitens der Gäste, merken es aber immer noch, ob unsere Stücke den Menschen von vornherein etwas sagen.

> *Stellt die Naturbühne Sie vor eine besondere Herausforderung?*

Lerchenberg: Die Naturbühne ist ein irrsinnig kreativer Raum. Das würden viele den Felsen gar nicht zutrauen. Die Bühne ist unser erster Co-Regisseur, unser Partner. Man muss mit ihr, nicht gegen sie arbeiten, sich ihr stellen, dann fängt sie einen auf wunderbare Weise auf.

> *Was außer der Luisenburg hat Sie am Fichtelgebirge noch positiv überrascht?*

Lerchenberg: Natürlich schon diese besondere Form der Geologie. Als jemand, der in jungen Jahren Bergsteiger war, kannte ich natürlich das Gebirge, das Hochgebirge und den Granit, aber in einer ganz anderen Form. Ich habe das 2012 beim Dreh zum BR-Film „Bergheimat" gemerkt. So peinlich bin ich noch nie am Felsen raufgekrochen. Diese runden, gewölbten, merkwürdigen Granitformationen fordern einen gewaltigen Respekt. Die wilde, raue Natur ist für mich das Charmante am Fichtelgebirge. Es ist letztlich nicht so überlaufen, manchmal eine ganz einsame Natur. Man findet hier immer seine stillen Fleckerl und Rückzugsorte für die Seele, wo man wunderbar eine halbe Stunde lang sitzen kann.

Naturschätze für Tier und Mensch

Der Naturpark Fichtelgebirge

von
Ronald Ledermüller

Bevor die Frühlingssonne die letzten Schneereste dahingeschmolzen hat, beginnt im Fichtelgebirge ein urtümliches Schauspiel. Die Auerhähne haben sich wie auf ein geheimes Zeichen am versteckt gelegenen Balzplatz im Bergwald versammelt. In den Kronen wetterzerzauster Fichten sitzen sie und singen im frühen Morgengrauen ihre eigentümliche Arie: „Klack-Klack, Klack-Klack". Kaum hörbar ist sie für menschliche Ohren und doch lockt sie die Auerhennen aus weitem Umkreis zu der Arena auf den Berg. Jedes Jahr. Seit Jahrtausenden.

Rehe gehören zu den häufigsten Wildtieren im Fichtelgebirge. Trotzdem kann man sie meist nur in der Morgen- und Abenddämmerung beobachten. Durch schonende Nutzung der natürlichen Ressourcen soll die uralte Kulturlandschaft des Fichtelgebirges erhalten werden. Der Naturpark Fichtelgebirge unterstützt dabei als Landschaftspflegeverband Landwirte und Gemeinden.
Rechts: Sonnentau und Violetter Feuerfalter.

Im Fichtelgebirge, im Bayerischen Wald und in den Alpen leben die letzten Auerhühner Bayerns. Sie sind einer der großen Naturschätze, die das granitene Hufeisen bis heute bewahren konnte. Und wo die urigen Hühnervögel leben, fühlen sich auch andere Tiere wohl, die andernorts längst ausgestorben sind: Dreizehenspecht, Sperlingskauz und Ringdrossel sind nur einige weitere Stellvertreter einer Gesellschaft von Tieren, die sonst eher in den Hochgebirgen zu Hause sind. Im Fichtelgebirge haben sie eine Insel gefunden, die ihnen in der Mitte Europas eine Heimat bietet. Denn oben auf den höchsten Bergen Frankens ist das Klima rau. Immerhin knapp über 1000 Meter ragen Schneeberg und Ochsenkopf über

Meereshöhe auf. Nusshardt und Kösseine, Waldstein, Epprechtstein und Kornberg bleiben nur knapp darunter. Wer durch diese Höhen wandert, fühlt sich oft unweigerlich, als hätte er einen Abstecher nach Norwegen oder Schweden unternommen. Allein die Weite der Wälder, die man an einem Stück durchwandern kann, oft stundenlang, ohne anderen Menschen zu begegnen, ist ein Erlebnis, für das man sonst weit reisen müsste.

Geschützte Landschaft

Für Besucher erschlossen ist die Landschaft des Fichtelgebirges schon lange. Seit 1888 baut und pflegt der Fichtelgebirgsverein Wanderwege und Aussichtstürme auf den Felsengipfeln. Damit wurden

beste Voraussetzungen geschaffen, damit Menschen sich in dieser einzigartigen Landschaft erholen können. Seit 1990 ist das Fichtelgebirge ein Naturpark, eine offiziell wegen ihrer Schönheit und Einzigartigkeit gesetzlich geschützte Landschaft also. Ziel ist es, die über Jahrhunderte entstandene Kulturlandschaft zu erhalten und gleichzeitig eine sanfte, naturnahe Erholung für den Menschen zu ermöglichen. Mehrere moderne Infostellen bieten für Einheimische und Touristen Gelegenheit, die Bergbaugeschichte zu erkunden, das Leben der Bergbauern nachzuempfinden oder die Wildtiere des Fichtelgebirges live zu erleben. Und gerade davon verbirgt sich nicht nur in den weiten Wäldern eine sagenhafte Vielfalt. Denn neben der bewaldeten Gebirgskette bieten die tiefer gelegenen Gebiete am Rand und im Inneren des „granitenen Hufeisens" unterschiedlichste Lebensräume. Wie eine Kreuzung verbindet das Fichtelgebirge außerdem die Mittelgebirgszüge Europas miteinander. Wer also auf vier Beinen Europa entlang der bewaldeten Gebirge durchqueren will, muss irgendwann auch das Fichtelgebirge passieren. Mit seinen rund 1000 Quadratkilometern ist es zwar vergleichsweise klein. Für die Natur in Deutschland und Europa ist das Fichtelgebirge aber von unschätzbarem Wert. Über 400 Tier- und Pflanzenarten sind nachgewiesen, die in Bayern und Europa sonst längst verschwunden oder vom Aussterben bedroht sind.

Besondere Tier- und Pflanzenwelt

Die Wälder sind Lebensraum des größten heimischen Wildtieres, des Rothirsches. In den Flussauen leben Fischotter, Wasseramsel und Eisvogel. Biber bauen ihre Burgen und Dämme und gestalten sich so ihren Lebensraum nach ihren Wünschen. Verborgen am Grund der Bäche und Flüsse leben die seltenen Flussperlmuscheln. Über 200 Jahre können diese Tiere alt werden, vorausgesetzt, das Wasser ist von bester Qualität und der Lauf des Gewässers natürlich und unverbaut. In den satten Auwiesen finden Weiß- und Schwarzstörche reiche Beute an Fröschen und Insekten. Auf den Bergwiesen wachsen Wildkräuter wie die Arnika und die Bärwurz. Zahlreiche Orchideenarten wie das gefleckte Knabenkraut oder das Zweiblatt bilden dazwischen leuchtend bunte Farbtupfer.

Die Blütenvielfalt ernährt eine reiche Insektenwelt. Viele Schmetterlinge brauchen ganz bestimmte Futterpflanzen in den Wiesen. Der Violette Feuerfalter zum Beispiel kann ohne den kleinen Sauerampfer nicht überleben. Und der wiederum braucht offene Bodenstellen, um wachsen zu können. Damit das Überleben seltener Tier- und Pflanzenarten gesichert wird,

Vom größten Wildtier Deutschlands, dem Rothirsch, über die samtpfötigen Luchse bis zu kleinen fliegenden Juwelen bietet das granitene Hufeisen einer verblüffenden Zahl sonst selten gewordener Tiere und Pflanzen wertvollen Lebensraum.

organisiert der Naturpark Fichtelgebirge gezielte Landschaftspflegemaßnahmen. Im Fall des Feuerfalters zum Beispiel eine Beweidung mit Pferden, die mit ihren Hufen die Grasnarbe öffnen und damit dem kleinen Ampfer ein Keimbett schaffen. Andernorts sind es Rinder, die die wertvollen Wiesen offen halten und gleichzeitig dem Landwirt ein Einkommen sichern. Ganz besondere Rindviecher kommen dabei teilweise zum Einsatz: Das Rote Höhenvieh war bis zu Beginn des 20. Jahrhunderts die typische Rinderrasse des Fichtelgebirges. Als „Sechsämtervieh" – benannt nach der Landschaft der Sechsämter im heutigen Landkreis Wunsiedel – war es weithin bekannt. Neben Fleisch und Milch war es vor allem die Zugleistung der gutmütigen Ochsen, mit der die roten Rinder den Fichtelgebirgsbauern gleich dreifachen Nutzen brachten.

Früher mussten die Bauern ihr Vieh in den Wald zur Weide treiben. Die Wiesen

Wildpark Waldhaus Mehlmeisel

Wildpark Waldhaus Mehlmeisel

Waldhausstraße 100, 95694 Mehlmeisel Tel. 09272 / 909812

www.waldhaus -mehlmeisel.de

Öffnungszeiten: April bis Oktober täglich 10 – 18 Uhr November bis März täglich 10 – 16 Uhr

Wildtiere des Fichtelgebirges kann man im Wildpark Waldhaus Mehlmeisel in natürlicher Umgebung und aus ungewöhnlicher Perspektive beobachten. Ein 250 Meter langer Besuchersteg führt mit sanfter, sogar rollstuhlgerechter Steigung bis in 3 Meter Höhe durch den Wald. Ohne durch störende Zäune blicken zu müssen, können Erwachsene und Kinder beobachten, wie die Luchse auf ihren Samtpfoten über Felsen klettern und durchs Gebüsch pirschen. Rothirsche, die größten heimischen Wildtiere, äsen

auf der Wiese. Die Wildschweine nehmen gerne ein kühles Bad im Teich oder durchwühlen den Boden nach Fressbarem. Einer der seltensten Vögel Bayerns lebt in den Bergwäldern des Fichtelgebirges: das Auerhuhn. Im Frühjahr können Wildparkbesucher die urtümliche Balz dieser großen und prächtigen Vögel aus nächster Nähe beobachten. Wildkatzen und Füchse sind ebenfalls in Gehegen am Wegesrand zu entdecken. Im Streichelgehege können Kinder Ziegen und Schafe, Hasen und Meerschweinchen kennen lernen. Wer mehr über den Wald des Fichtelgebirges erfahren will, dem bietet die Dauerausstellung im Waldhaus ein Erlebnis für alle Sinne. Riechen, fühlen, hören und sehen kann man den Wald; seine Geschichte, die spannenden Zusammenhänge in der Natur erleben und entdecken. Um das Haus und den Wildpark bietet der rund einen Kilometer lange Entdeckerpfad ebenfalls erlebnisreiche Stationen: die Lauschhütte, das Heidelbeerquiz, der Pirschpfad und der über 40 Meter hohe Klausenturm bieten spannende Ein- und Ausblicke in die Waldlandschaft des Fichtelgebirges.

waren zu wertvoll. Damit trieben sie Schafe, Ziegen, Schweine und Rinder den einst im Fichtelgebirge häufigen Beutegreifern Luchs, Wolf und Braunbär direkt vor die Nase. Die bedienten sich nicht selten dieser leichten Beute. Das war der Hauptgrund dafür, dass diese Tiere stark bejagt und schließlich ausgerottet wurden. Auf dem Waldstein zeugt eine der letzten erhaltenen Bärenfallen Deutschlands von dieser Zeit. Luchs und Wolf kehren langsam ins Fichtelgebirge zurück. Einzelne Tiere wurden bereits nachgewiesen. Ein kleinerer Jäger hat sich seine alte angestammte Heimat ebenfalls zurückerobert: Die Europäische Wildkatze, eines der seltensten Säugetiere Europas, lebt gerne in alten Mischwäldern, wo sie ihre Jungen in hohlen Baumstämmen oder Felsspalten großziehen kann. Vor ihr muss sich der Gartenschläfer in Acht nehmen. Der Verwandte des Siebenschläfers lebt in den Höhen des Fichtelgebirges, besonders gerne in den Blockhalden. Diese Überreste der in der Eiszeit zu Trümmern zersprengten Granitgipfel sind ein einzigartiger Lebensraum. Insekten, Moose und Flechten haben hier letzte Rückzugsgebiete, nachdem das Klima vor 12.000 Jahren wärmer wurde und ihre Verwandten sich bis in die Polarregion zurückziehen mussten. Seit dieser Zeit sind auch große Moore im Fichtelgebirge gewachsen, mit einer einzigartigen Pflanzenwelt. Um im nährstoffarmen Moor überleben zu können, hat sich der Sonnentau darauf verlegt unvorsichtige Insekten mit seinen klebri-

Wildkatzen lieben weite, alte und ruhige Wälder – und natürlich Mäuse. Als Kreuzungspunkt der Artenvielfalt erfüllt das Fichtelgebirge in der Mitte Europas eine zentrale Funktion, damit Wildtiere wandern und sich wieder neue Lebensräume erschließen können.

Freilandmuseum Grassemann

Seit über 300 Jahren trotzt der aus Holzbalken gebaute Hof im Warmensteinacher Ortsteil Grassemann Wind und Wetter. Bergleute waren es, die der Bayreuther Markgraf hier oben auf über 700 Meter Meereshöhe Mitte des 17. Jahrhunderts ansiedelte. Von einem ergiebigen Stollen, in der Sprache der Bergleute einem „großen Mann", rührt wohl der ungewöhnliche Ortsname her. Wie eine Insel im Wald liegt die Siedlung am Berghang.

Kaum etwas hat sich an der Struktur dieses Dorfes geändert. Das Haus Grassemann Nr. 3, der so genannte Schwärzerhof, ist eines der letzten erhalten gebliebenen Blockbohlenhäuser des Fichtelgebirges. Es erzählt mit jedem Winkel die Geschichte seiner Bewohner, die hier am Westhang des Ochsenkopfes lebten. Ein Granitstein in der Tür, mit dem Namen des damaligen Hausherren und der Jahreszahl 1760 versehen, erinnert an den Einbau der original erhaltenen Schwarzen Küche mit Brotbackofen, Schürloch und Kellergewölbe. Bis dahin hatten die Bewohner auf einer offenen Feuerstelle in der Stube gekocht und sich an diesem kargen Feuer gewärmt. Ohne Kamin zog der Rauch durch das ganze Haus und färbte die hölzernen Balkenwände kohlrabenschwarz.

Rund um das Haus können Besucher entdecken und erleben, wie die Menschen die Landschaft um ihre Höfe formten, um überleben zu können. Bäche wurden umgeleitet, Raine angelegt, Obstgärten gepflegt. Um das Haus liegen kräuterreiche Bergwiesen, auf denen Bärwurz, Meisterwurz und Glockenblumen blühen. Die beeindruckende Allee von Buchen, Ahornen und Eschen diente als Schutz vor Funkenflug. Ein Lehrpfad erklärt anschaulich diese „Stationen in der Kulturlandschaft". Ein Wiesenlabyrinth lädt Besucher auf eine Reise zu sich selbst ein.

Grassemann Nr. 3
95485 Warmensteinach
Tel. 09277 / 6105
www.warmensteinach.de

Öffnungszeiten
Mai bis Oktober:
Mittwoch bis Sonntag
11 – 16 Uhr
Januar bis April:
Samstag bis Sonntag
14 – 16 Uhr

Gruppen ab 15 Personen nach Vereinbarung auch außerhalb der regelmäßigen Öffnungszeiten

gen Blättern zu fangen und zu vertilgen. In den Teichen und Tümpeln quaken im Frühling die blau gefärbten Männchen der Moorfrösche und bunte Libellen zischen pfeilschnell über das Wasser.

Auch im Winter hat der Naturpark Fichtelgebirge besondere Erlebnisse zu bieten. Die Natur aber macht nun Pause. Wer den Winter nicht verschläft wie der Gartenschläfer oder in wärmere Gebiete gezogen ist wie der Schwarzstorch, der muss sich gut einrichten, damit er die kalte Zeit übersteht. Die Wildtiere brau-

chen Ruhe vor den Menschen. Wege und Loipen sind im Naturpark Fichtelgebirge deshalb so angelegt, dass Wintersportler die Lebensräume der Wildtiere mög-lichst nicht stören. Sie müssen mit ihren Kräften haushalten und sich mit karger Kost begnügen. Nur die sperrigen Nadeln der Fichten und Kiefern bleiben zum Beispiel den Auerhühnern als Winterkost. Kein Problem für die Urhähne, sie sind das gewohnt. Seit Jahrtausenden. Bis die Frühlingssonne sie wieder zum Balzplatz ruft.

Die Teichbiotope des Bundes Naturschutz im Egertal sind wahre Perlen der Natur. Die Gelbe Teichrose (Mummel) bildet breite Pflanzenteppiche.

Weben am ökologischen Netzwerk

Sie mähen Orchideenwiesen, lichten Feuchtflächen und Tümpel aus, kümmern sich um Teichbiotope und betreuen liebevoll Nistkästen. Die rund 40 Ak-tivisten des Bundes Naturschutz (BN) im Landkreis Wunsiedel leisten Jahr für Jahr ein großes Pensum, um die Artenvielfalt im Fichtelgebirge zu bewahren.

Der Verband hat im Landkreis Wunsiedel 50 schutz-würdige Biotope in seiner Obhut. Dazu gehören Perlen der Natur wie die BN-Teichbiotope im Egertal bei Marktleuthen, geheimnisvolle Moore mit seltenen Libellen bei Großwendern und traumhafte Auen im Grünen Band des bayerisch-böhmischen Grenzstreifens bei Hohenberg. In den Feuchtwiesen des BN leuchten Wollgräser und rotviolette Knaben-kräuter. Seltene Arten wie Fischotter, Eisvogel und Schwarzstorch finden Nahrungs- und Lebensraum. Die Naturschutzarbeit des BN liegt in den bewährten

Händen von Karl Paulus. Der Diplom-Ingenieur für Landespflege und langjährige Geschäftsführer des Verbands spricht gern von „Kristallisations-punkten" des Artenschutzes. „Wir weben beharrlich am ökologischen Netzwerk." Doch es geht um weit mehr als um Artenschutz. Naturnahe Lebensräume steigern die Erlebnisvielfalt und Erholungsqualität der Naturparklandschaft. Diese Arbeit kommt auch dem Tourismus zugute.

Und wenn schutzwürdige Landschaften in Gefahr sind, ist es der Bund Naturschutz, der den Finger öffentlich in die Wunde legt. Der BN ist eine starke Stimme für die Natur. Die Liste der Erfolge ist lang.

Bund Naturschutz, Kreisgruppe Wunsiedel
Schlößlein 1 · 95199 Thierstein
www.wunsiedel.bund-naturschutz.de
wunsiedel@bund-naturschutz.de

Nicht mehr nur die Fichte allein prägt das Fichtelgebirge. Vielerorts entwickeln sich artenreiche Mischwälder.

Namensspender „Vichtelberg"

Die Steine und die in ihnen ruhenden Bodenschätze waren es, die die Menschen schon früh in das waldreiche, bergige Fichtelgebirge zogen. Am Feuerberg bei Leupoldsdorf fand sogar einer der ältesten Abbaue von Gesteinen in Nordbayern überhaupt statt. Bereits vor mehr als 11.000 Jahren wurde hier ein besonderer Feuerstein, der Feuerberg-Jaspis, gewonnen und weit über das Gebiet des Fichtelgebirges hinaus verbreitet. Eine intensivere Suche nach Erzen begann jedoch erst vor rund 1000 Jahren. Es sollen aus Norditalien stammende Bergleute, die Venediger, gewesen sein, die als erste die Erzadern ausgebeutet haben. Diesen Fremden, geheimnisvolle Wichtel und Berggeister, wird einer These nach die Herkunft des Namens Fichtelgebirge zugeschrieben.

Vielerorts gehen die Ortsgründungen auf den frühen Bergbau zurück. Anfangs blieben die Bergleute in der unwirtlichen Umgebung des Fichtelgebirges nur während der Sommermonate, doch zwischen dem 11. und 13. Jahrhundert begann man, den Wald zu roden und sich dauerhaft anzusiedeln. Der über Jahrhunderte während Bergbau mit seinem enormen Bedarf an Holz für die Verhüttung und Verarbeitung der Erze nahm einen großen Einfluss auf die einstigen Urwälder des Fichtelgebirges. Diese waren ursprünglich durch einen artenreichen Bergmischwald mit einer Vorherrschaft durch die Buche geprägt. Heute dominieren jedoch die Fichtenwälder, die häufig

sinnbildlich für das Fichtelgebirge stehen. Sie sind jedoch das Ergebnis der Tätigkeit des Menschen und übrigens erst lange nach der Erstnennung des „Vichtelberges", dem heutigen Ochsenkopf, entstanden. Die Fichten sind daher auch nicht Namensgeber für das „Fichtel"gebirge.

Gegen Ende des Mittelalters war der Waldbestand im Fichtelgebirge so weit reduziert, dass gelegentlich in der Literatur schon über das „Ödland Fichtelgebirge" geschrieben wurde. Etwa ab 1800 begann man mit einer systematischen Aufforstung, setzte dabei allerdings auf rasch wachsende Fichtenbestände. Sie versprachen die höchsten durchschnittlichen Gelderträge in der Waldnutzung. Schon in der Mitte des 20. Jahrhunderts, vor allem seit den 1980er Jahren, begann man im Fichtelgebirge im Rahmen von Walderneuerungs- und Waldumbaumaßnahmen mit einer deutlichen Erhöhung des Laubholzanteils. In den Hoch- und Kammlagen wird der Fichtenanteil zugunsten von Vogelbeere, Bergahorn und Buche verringert. In Hochlagen bringt man als typischen Bestandteil des Bergmischwaldes wieder die Tanne ein. Gerade vor dem Hintergrund des Klimawandels kommt diesem Waldumbau große Bedeutung zu. Er ist vielerorts schon sichtbar. Die großen Waldgebiete sind heute ein wesentlicher Bestandteil der Erholungslandschaft Fichtelgebirge.

Andreas Peterek

**Bürgerpark
Katharinenberg,
Rotwildgehege und
Umweltstation
Lernort Natur-Kultur**

WUN Infrastruktur KU
Grün- und Forst-
betrieb

Hubert Steinberger

Rot-Kreuz-Str. 4
95632 Wunsiedel

Tel. 09232 / 9199950

www.buergerpark
-katharinenberg.de

kontakt@lernort
-buergerpark.de

Ganzjährig geöffnet,
Termine und
Führungen nach
Vereinbarung

**Greifvogelpark
Katharinenberg**

Katharinenberg 1
95632 Wunsiedel

Tel. 09232 / 8819999

www.falknerei
-katharinenberg.de

info@falknerei
-katharinenberg.de

Öffnungszeiten:
1. April bis
1. November

Täglich außer Montag
10 bis 18 Uhr

Am Feiertag (auch
montags) geöffnet

Flugvorführung 15 Uhr

Die Öffnungszeiten
des Bistro und Biergar-
tens sind identisch mit
dem Greifvogelpark.

Zum Schauen bestellt

Hausberg der Wunsiedler, Bayerns erster und damit ältester Bürgerpark, ein Naturdenkmal im Fichtelgebirge – Der „Katharinenberg" ist reich an Geschichte. Anfang des 21. Jahrhunderts wurde mit einem neuen Konzept für den im Jahr 1811 eingeweihten Bürgerpark zugleich ein neues Kapitel aufgeschlagen: der Park als Ort der Begegnung, der Entdeckung und der Vielfalt.

Der Ausflug führt zu Felsenkellern, einem Rotwildgehege, zur staatlichen anerkannten Umweltstation „Lernort Natur-Kultur" und dem Greifvogelpark als neuen Besuchermagneten.

Die Geologie des Parks ist charakteristisch für das Fichtelgebirge. Die Höhen bestehen aus Granit, in den tieferen Lagen aus 470 Millionen Jahre altem Glimmerschiefer. Aufgrund der geologischen und historischen Vielfalt ist der Park jedoch ein Unikat. 2005 standen das Parkpflegewerk und die Landschaftsarchitektin Marion Dubler vor einer großen Aufgabe. Wildwuchs hatte sich breit gemacht. Es galt, die in über 100 Jahren gewachsene Grundstruktur wieder erlebbar zu machen. Stadtförster Hubert Steinberger war es ein wichtiges Anliegen, die Anforderungen der Denkmalpflege mit einer touristisch nachhaltigen Nutzung zu vereinen. Dass dies vorbildlich gelang,

Bei der Umweltstation „Lernort Natur-Kultur" sind die Kleinsten oft mit größter Begeisterung bei der Sache.

Die Keller am Katharinenberg sind ein Rückzugsort für Fledermäuse und können in Führungen besichtigt werden.

unterstreicht zum einen die Auszeichnung mit der Bayerischen Denkmalschutzmedaille, zum anderen auch die erfolgreiche Resonanz in der Öffentlichkeit. Ein Herzstück ist der Pavillon „Lernort Natur-Kultur". Die Umweltstation dient als Schulungszentrum und Raum für Experimente, aber auch als Treffpunkt für Führungen und Exkursionen. Kinder und Erwachsene, Laien und wissenschaftlich Interessierte können hier mit der Spurensuche beginnen. Mitarbeiter des Lernortes, die in der Regel auch im Stadtforst tätig sind, leiten und begleiten sie altersgerecht. Die Entdeckungsreise führt durch die Natur und zugleich durch die Geschichte. Auf dem gut 600 Meter hohen Gipfel ragen die Überreste des einstigen

Wahrzeichens auf: der Turm und die Mauerreste der um 1350 errichteten Wallfahrtskirche St. Katharina. Sie gilt als ältestes Bauwerk Wunsiedels, mit dessen Geschichte sich die Bürger noch heute identifizieren können. Zwei Mal schlugen Wunsiedler Bürger am Katharinenberg Feinde heldenhaft in die Flucht: 1430 zunächst die Hussiten, 1462 sodann die Böhmen.

Das verbindende Thema des „Lernortes Natur-Kultur" ist der Mensch. Der Bürgerpark ist selbst das beste Beispiel dafür, dass eine maßvolle menschliche Nutzung positive Auswirkungen auf das Ökosystem hat. Denn der Park ist nicht zuletzt dank der Pflege ein Schatzkästchen, das die wohl regional höchste Artenvielfalt an Laub- und Nadelhölzern, Sträuchern und Kleinstlebewesen bietet und bedrohten Arten ein Zuhause gibt. Ein Refugium der besonderen Art sind auch die einst als Lagerstätte genutzten Keller an der Auffahrt zum Berg. Denn hier befindet sich das bedeutendste Fledermausquartier Nordbayerns.

Greifvogelpark

Die Natur wird zur Bühne. Auf dem Berg bietet sich an allen Ecken und Enden ein optischer Genuss, so vor allem bei einer Flugschau im Greifvogelpark, für viele das Highlight des Parks. Das Panorama, das sich der Wiesenbühne, mit Blick zur Luisenburg eröffnet, ist allein eine

Die ehemalige Wallfahrtskirche St. Katharina auf dem Gipfel des Bürgerparks (links), heute eine Ruine, erzählt viel Geschichte. Der in unmittelbarer Nachbarschaft gelegene Greifvogelpark mit Falknerei ist eine der modernsten Einrichtungen seiner Art und bietet spektakuläre Flugschauen. Unten im Bild: Falkner Eckard Mickisch. Darunter: ein Kauz.

„Könige des Waldes" in Aktion

Die Jagd hat Tradition in und um Wunsiedel. Forstbetriebe und Jagdaufseher sind hier schon seit dem 16. Jahrhundert im Dienst, so lange wie nirgends sonst im Fichtelgebirge. Das Rotwildgehege am Bürgerpark und die benachbarte Landesjagdschule setzen mehr als 500 Jahre später die kontinuierliche Tradition fort. Beide Einrichtungen standen am Anfang des neu gestalteten Bürgerparks, der zwischen 2006 und 2008 neu in Wert gesetzt wurde.

Rotwild ist die größte freilebende Wildart in Deutschland, wobei ihr Bestand in jüngster Zeit stark dezimiert wurde. Die Tiere im Gehege des Katharinenbergs sind mit den frei lebenden Artgenossen weitgehend identisch. Jäger können hier Erfahrungen für die freie Natur sammeln und in Verbindung mit der Landesjagdschule ihre Kenntnisse in der Vermarktung und im Umgang mit dem toten Wild vertiefen. Die Landesjagdschule verfügt über einen vorbildlichen Schlachthof und ist die bestbesuchte Ausbildungsstätte ihrer Art in ganz Deutschland (zu Produkten aus Rotwild siehe auch S. 42).

Zum anderen kommen pro Jahr gut 3000 Besucher zum Gehege, um das Rotwild in Aktion zu erleben. Obwohl Hirsche als „Könige des Waldes" bezeichnet werden, bevorzugen sie offene und halboffene Flächen. Im Sommer brauchen sie ein Wasserbecken zum Suhlen und Kühlen. All das bietet ihnen das 4 Hektar große, neue Zuhause am Katharinenberg – mit herrlichem Blick auf die kleine lichte Stadt. Die Tiere, mit einem Grundbestand von 2 Hirschen und maximal 12 Alttieren, ziehen pro Jahr bis zu 8 Kälber auf und beschnuppern Kinder wie Erwachsene gerne – natürlich in der Hoffnung, dass dabei das eine oder andere „Leckerli" abfällt. Der Bürgerpark bietet das geeignete Futter in einem Automaten an. Führungen sind (auch in Kombination mit den anderen Attraktivitäten des Bürgerparks) ganzjährig möglich.

Schau. Über 50 verschiedene Vögel zählt die Falknerei, darunter mehr als 20 Arten. Die Einrichtung wurde 2008 als einer der modernsten Greifvogelparks in Europa eröffnet. Mit Eckard Mickisch konnte ein erfahrener Falkner als Hauptpächter gewonnen werden, der auch außergewöhnliche, exotisch anmutende Vögel mitbrachte. Der amerikanische Seeadler ist mit einer Spannweite von bis zu 240 Zentimetern das größte Exemplar, der Schopf-Karakara das seltenste – nachgezüchtet wird dieser Vogel in Europa auch nur hier.

Ebenfalls außergewöhnlich: der hohe technische Standard. Die Wohnhäuser der Vögel, die so genannten Volieren, sind zwei Mal so groß wie üblich. Die Bepflanzung im Inneren wurde liebevoll dem Heimatstandort der Tiere angepasst. Es gibt begehbare Volieren und „Multi-Media-Präsentationen", mit denen die Besucher die Nachzucht am Bildschirm mitverfolgen können. Sogar für Sehbehinderte eignet sich ein spezielles Angebot, bei dem alles um Fühlen, Tasten, Hören, Riechen geht. Die Falkner bringen die in einem jahrelangen Prozess dressierten Tiere zum Anfassen nahe.

Zwei Mal täglich sind die Räuber der Lüfte in Aktion zu sehen. Wenn sie voller Anmut, Präzision und Kraft über den Köpfen der Zuschauer gleiten, ist das Staunen jedes Mal groß. Beim Jagdspiel kommen vielerlei Attrappen und sogar Modellflugzeuge zum Einsatz.

Schulen, Familien, Vereine und Busgruppen können hier einen ganzen Tag „Erlebnis- und Naturerfahrung" buchen oder nach Lust und Laune durch den Park wandeln. Verlängerung nach Belieben: Ein Landschaftslehrpfad und Wanderwege führen vom Park in die Umgebung und wieder zurück. Eine Gaststätte auf dem Berg bietet Erfrischung und Stärkung.

Veranstaltungshighlights

Osterrallye, Ostereier suchen • Maifeuer • Vorletztes Augustwochenende: Mittelalterfest „Der Berg ruft"• Letztes Augustwochenende: Deutsch-tschechisches Jägerfest • Oktoberfest • Vor dem ersten Adventswochenende: Adventsmarkt

Hoch über dem Fichtelgebirge

Der Traum vom Fliegen ist uralt. Als er Ende des 19. Jahrhunderts Wirklichkeit wurde, kamen nur wenige kühne Luftfahrer in den Genuss, wie ein Vogel durch die Lüfte zu schweben.

Luftsport-Vereinigung Schönbrunn-Wunsiedel e.V.

Adalbert-Stifter-Weg 10
95632 Wunsiedel
Tel. 09232 / 5400
www.
flugplatz-troestau.de
info@
flugplatz-troestau.de

Rundflüge für Gäste etwa von Mitte April bis 1. November
Samstag ab 13 Uhr
Sonntag ab 10 Uhr

Der Preis für einen Motorflug liegt, je nach Länge, bei ca. 40 Euro pro Person.

Wie große weiße Vögel wirken aus der Ferne auch die Flugzeuge, die über dem Fichtelgebirge kreisen. Auf dem Flugplatz Tröstau, dem einzigen im Landkreis Wunsiedel, ist das Fliegen heute eine weitaus praktischere Angelegenheit als in den Pionierzeiten. Aber für die Mitglieder des Vereins und für Gäste, die hier von hier zu Rundflügen starten können, erfüllt sich noch oft ein Traum.

Der 1930 gegründete Verein ist seit 1955 in Tröstau ansässig und bietet Touren in Motorseglern und Segelflugzeugen an. Im Motorsegler dauert der Flug mit Gästen 20 Minuten und mehr. Wer zuvor anruft und einen Termin vereinbart, muss nicht mehr als eine halbe Stunde für alles einplanen. Es stehen zwei Motor-Segler mit Platz für je einen Fluggast zur Verfügung. Ein wenig Nervosität am Anfang ist normal. Aber selbst extrem nervöse Gäste seien schon mit strahlenden Augen

zurückgekommen, berichtet der Vereinsvorsitzende Bernd Hilpert. Eine ältere Frau sagte ihm: „Wenn ich gewusst hätte, dass es so schön ist, hätte ich es schon 30 Jahre vorher gemacht."

Von der Vogelperspektive aus über 1000 Metern Höhe betrachtet, weitet sich der Blick. Die nach Osten geöffnete Hufeisenform des Fichtelgebirges ist im Ganzen zu sehen. Beeindruckend: die großen geschlossen Waldflächen. Dagegen wirken die Menschen und die Häuser wie Miniaturen, und auch die Probleme werden kleiner.

Alternativ stehen drei doppelsitzige Segelflugzeuge für Gästeflüge bereit: Flott geht es an einer Schleppwinde nach oben, in 30 Sekunden ist man schon 300 bis 400 Meter über dem Erdboden. Man hört nur die umströmende Luft und kreist etwa fünf bis sechs Minuten lang, bis der Boden wieder erreicht ist. Bei geeigneter Thermik, also aufsteigenden Warmluftströmen kann das auch Stunden dauern. Zuschauer machen es sich auf der bewirtschafteten Terrasse bequem. Auch Gäste können, sofern sie verweilen, bestellen: nachmittags Kaffee und Kuchen, abends Gegrilltes und Bier. Wer tiefer in die Faszination Fliegen einsteigen will, kann im Verein das Segelfliegen erlernen. Mitglieder des Vereins waren mit Motorseglern und Ultraleichtflugzeugen schon in ganz Europa unterwegs. Umgekehrt können auch Gäste von außerhalb mit entsprechenden Maschinen in Tröstau landen.

„Himmlisches Vergnügen", Fliegen in Tröstau.

**GEOPARK
Bayern-Böhmen**
Marktplatz 1
92711 Parkstein
Tel. 09602 / 9398-166

www.
geopark-bayern.de
info@
geopark-bayern.de

Führungen für
Gruppen auf Anfrage

Aufbruch ins Erdinnere

Eine Zeitreise zu den geologischen Anfängen Europas? Zurück in
die Zeit, in der die Dinosaurier die Erde beherrschten, Europa unter
einem tropisch-warmen Meer verschwunden war oder Vulkane die
Landschaft prägten?

Kaum eine andere Region in Europa bietet dazu bessere Möglichkeiten wie die des grenzüberschreitenden Geoparks Bayern-Böhmen, zu dem auch das Fichtelgebirge gehört. Den vielfältigen geologischen Besonderheiten der Region und der Qualität des Angebots im Rahmen eines Naturtourismus verdankt der Geopark seine Anerkennung als „Nationaler Geopark" sowohl in Deutschland als auch auf tschechischer Seite.

Eine ganz besondere Region also, der Geopark, der seine Besucher unter dem Motto „Aufbruch ins Erdinnere" mitnimmt auf eine Reise durch 500 Millionen Jahre rund um die geologische Mitte Europas von der Fränkischen Schweiz über das Fichtelgebirge und den Oberpfälzer Wald bis hinüber nach Böhmen. Der Geopark macht Erdgeschichte sichtbar und begreifbar und informiert über einzigartige Geotope, mit Lehr- und Erlebnispfaden und jüngst auch mit Hilfe moderner Informationssysteme wie Smartphones über die Entstehung der heutigen Landschaft. Infostellen im gesamten Geoparkgebiet greifen regionale geologische Besonderheiten auf und bieten reichlich Informationsmaterial zu seinen Naturattraktionen. Das Hohe Fichtelgebirge, das hufeisenförmig die

Selb-Wunsiedler Hochfläche, historisch auch Sechsämterland genannt, umgibt, besteht aus mehreren Granitstöcken. Im Sechsämterland sind neben Graniten auch Schiefer bzw. Phyllite, Marmore und Quarzite zu finden. Über das typische Fichtelgebirgs-Gestein informiert das neue Infozentrum „Granit im Fichtelgebirge" in Weißenstadt. Hier werden in der Ruine eines ehemaligen Steinschleiferbetriebs die unterschiedlichen Aspekte des Granits von seiner Entstehung bis zur Veredelung seiner Oberflächen dargestellt.

Bei Kirchenlamitz verbindet der Steinbruchwanderweg am Epprechtstein viele ehemalige Steinbrüche und gibt Einblick in die für das Fichtelgebirge bedeutende Wirtschafts- und Sozialgeschichte rund um den Granit, dessen Abbau mit harten Arbeitsbedingungen für die Beschäftigten verbunden war.

Wer sich gerne führen lässt und dabei in kurzer Zeit reichlich Wissenswertes und Interessantes über das Fichtelgebirge und seine Naturgeschichte erfahren möchte, der ist bei einer Tour der „Geopark-Ranger" gut aufgehoben. Allgemein verständlich und unterhaltend begleiten diese speziell ausgebildeten „Geo"-Naturführer ihre Gäste auf spannende Entdeckungsreisen durch die Erdgeschichte und lassen auch Kulturgeschichtliches nicht zu kurz kommen. Für Gruppen bietet der Geopark auch Führungen zum Wunschtermin an. Programme und Informationen zu den Geoparktouren gibt es in den Infostellen des Geoparks, in den Touristinformationen im Geoparkgebiet oder auf der Homepage.

GEO-Tipps im Fichtelgebirge:

- Drei-Brüder-Felsen und Rudolfstein
- Europas größtes Felsenlabyrinth der Luisenburg
- Röslauschlucht G'steinigt bei Arzberg
- Themenweg „Großer Waldstein"
- Montanhistorischer Themenweg am Mittelberg in Warmensteinach
- Natur-Kultur-Erlebnis-Pfad in Röslau
- Ochsenkopf im Hohen Fichtelgebirge
- Geologisch-historischer Themenweg Tröstau
- Steinbruchwanderweg am Epprechtstein und Granitlabyrinth Kirchenlamitz
- Schausteinbruch „Häusellohe" bei Selb
- Porzellanikon in Selb und Hohenberg an der Eger
- Fichtelgebirgsmuseum Wunsiedel mit Mineralien- und Gesteinausstellung

- Naturpark- und Geopark-Infostelle „Bergbau und Geologie" in Arzberg
- Granit-Zentrum Weißenstadt und Eger-Lebenspfad rund um den Weißenstädter See
- Goldbergbaumuseum und Besucherbergwerke „Schmutzler-Stollen" und „Name Gottes" in Goldkronach
- Besucherbergwerk Gleissinger Fels
- Stollenmundloch „Beständiges Glück" und Dendrologischer Garten in Bad Berneck
- Carolinenquelle in Hohenburg an der Eger
- Luisenquelle Bad Alexandersbad
- Quellen der Flüsse Weißmain, Eger, Saale und Fichtelnaab

Ein Erlebnis besonderer Art: Eine „Einfahrt", wie es in der Sprache der Bergleute heißt, in das Silbereisen- und Besucherbergwerk Gleissinger Fels in Fichtelberg. Es ist mit über 500 Jahren das älteste Bergwerk Nordbayerns, das noch begangen werden kann. Aber nicht nur Eisen hat man hier aus dem tiefen Untergrund des Ochsenkopfes herausgeholt, auch Gold hat es gegeben. Wer will, kann sich bei einem Besuch des Bergwerks auch als Goldwäscher versuchen.

Ebenfalls auf diesen Seiten: Felsenlabyrinth Luisenburg (linke Seite oben), Kellereingänge Weißenstadt (linke Seite Mitte), Burgruine Epprechtstein (diese Seite oben).

Erfahrungsfeld mit Geschichte

Eine trutzige Burg aus der Stauferzeit, ein hochaktuelles pädagogisches Konzept und all dies in Kombination mit begeisterten und bewegenden Menschen vor Ort.

Burg Hohenberg

Burg 1
95691 Hohenberg
a.d. Eger
Tel. 09233 / 77260
www.
burghohenberg.de
info@
burghohenberg.de

Öffnungszeiten Büro:
Montag bis Freitag
10 – 19 Uhr

Learning Campus
VEZ e.V.
Zessau 56
92724 Trabitz
Tel. 09644 / 6809770
www.
learningcampus.de
info@
learningcampus.de

Das Ergebnis? Ein Lernort für Menschen jeden Alters: die Burg Hohenberg an der Eger. Seit 2005 belebt das Team von Learning Campus, einem Projekt des VEZ e.V., das Burggeschehen – und dies nicht nur beim Abseilen von der Burgmauer. Es geht um „Erfahrungen ganz anderer Art", von denen Geschäftsführer Stephan Müller spricht.

Erlebnispädagogik grenzenlos

Ein großes Netzwerk auf der einen und eine Menge innovativer und mutiger Ideen auf der anderen Seite haben den schon weit gereisten Sozialpädagogen mitten hinein in die Erlebnispädagogik geführt. Ergänzt durch Inhalte aus der Natur-, Werte- und Energiepädagogik trifft das umfangreiche Programm von Learning Campus gruppenübergreifend ins Schwarze. 15 feste Mitarbeiter und über 40 freie Trainer, vom passionierten

Umweltwissenschaftler über kreative Erlebnispädagogen bis zum souveränen Kanuguide, begleiten Menschen aller Generationen bei „spannenden Grenzsprüngen".

Mit den nachhaltigen und alltagsnahen Angeboten greift das Team um Stephan Müller genau das auf, was heutige Bildung der Bayrischen Verfassung nach zu leisten hat: neben der Vermittlung von Wissen und Können auch „Geist und Körper, Herz und Charakter" zu bilden.

Wer auf Burg Hohenberg über die Schwelle tritt, ist willkommen. Hoch über der Eger im Fichtelgebirge gelegen, an der Grenze zum alten Böhmen werden hier Grenzen überwunden – zwischen Ländern und Menschen gleichermaßen. Jahrhundertelang lebten hier Ritter und Markgrafen. Heute werden die Türme, Stübchen und ritterlichen Räume von Kindern, Jugendlichen, Familien und

Ob beim abenteuerlichen Gang durch den Geisterkeller, abends am knisternden Lagerfeuer im Burghof oder mit dem Kanu sportlich unterwegs auf dem Egerstausee:
Burg Hohenberg verspricht ein Erlebnis mit Mehrwert.

diversen Gruppen mit Leben erfüllt. Ein großer Burghof mit Lagerfeuerplätzen & Co., geschichtsträchtige Räume vom Burgturm bis zur Folterkammer und gemütliche Gästezimmer und Seminarräume mit umfangreicher Medienausstattung: Burg Hohenberg bietet Raum für Gruppen aller Art. Die einstige Stauferburg wurde 1222 erstmals erwähnt und diente nach 1945 unter anderem als Trutzburg der Sudetendeutschen. Heute fungiert die Stiftung sudetendeutsches Sozial- und Bildungswerk als Träger der Burg, Besitzer ist der Freistaat Bayern. Vor Ort sorgt ein herzliches Burgteam dafür, dass die Burgzeit eine unvergessliche ist.

Erfahrung ist das Programm

Learning Campus setzt dort an, wo das Schulbuch aufhört oder Meetings nicht weiterhelfen. Die historische Umgebung tut ihr Übriges dazu und schon entsteht ein Erfahrungsfeld mit Aktivitäten aller Art: kooperative Abenteuerspiele, GPS-Geocaching, Bogenschießen, Niedrigseilparcours, Hochseilgarten, Kanufahrten, Floßbau und Floßfahrt – die Palette reicht weit und hilft Menschen gezielt dabei, Barrieren zu überwinden. Es geht um Selbstvertrauen, Umgang mit Grenzen und Vertrauen in die Gruppe – und dies von der Schulklasse bis zum Führungskräfteteam. Ob auf dem Weg durch den

Hochseilgarten oder mit dem selbstgebauten Floß in den Fluten unterwegs: Ziel ist es, die Erfahrungen auch auf andere Lebensbereiche zu übertragen. „Letztlich können wir mit unseren Programmen alles veranschaulichen, was mit Kommunikation, Problemen und Lösungsansätzen zu tun hat", weiß Stephan Müller. Und er weiß vor allem auch das: Gelernt wird nicht beim Zuhören. Lernen kann, wer anpacken und ausprobieren darf. Denn nur dann kommen Menschen mit Grenzen in Berührung und können diese auch überschreiten.

„Jede Minute, Mensch, sei dir ein volles Menschenleben …"

Der Jean-Paul-Weg
von Joditz bis Bad Berneck

von Karla Fohrbeck, Christian Kreipe,
Alexander Popp
und Michael Stumpf

Der 200 km lange literarisch-philosophische Jean-Paul-Weg im Arkadienland Oberfranken führt von Joditz bis Sanspareil und wurde pünktlich zum Jubiläumsjahr 2013 fertig. Mit seinen grünen und weißen Texttafeln (auf dem Land) und den dreisteligen Großstationen (im Stadtgebiet Bayreuth), gedruckten Führern, Büchern und einer App ist er inzwischen eine touristisch-kulturelle Besonderheit. Insgesamt verbindet er 22 Gemeinden, vier Landkreise, alle vier markgräflichen Schlossparks auf der Südschiene und zwei Naturparks zu einer attraktiven Energielinie, die den biografischen Heimatorten des Dichters und der imaginären Lebensader des einstigen Fürstentums Brandenburg-Bayreuth entsprechen. Hier widmen wir uns der „Nordschiene" von Joditz bis Bad Berneck.

Der Dichter und Wanderer Jean Paul unterscheidet 1793 in seinem Roman „Die unsichtbare Loge" – („wie die Ostindier") vier Wanderkasten:

„– *In der I. Kaste* laufen die jämmerlichsten, die es aus Eitelkeit und Mode tun und entweder ihr Gefühl oder ihre Kleidung oder ihren Gang zeigen wollen.
– *In der II. Kaste* rennen die Gelehrten und Fetten, um sich eine Motion zu machen, und weniger, um zu genießen, als um zu verdauen, was sie schon genossen haben; in dieses passive unschuldige Fach sind auch die zu werfen, die es tun ohne Ursache und ohne Genuß, oder als Begleiter, oder aus einem tierischen Wohlbehagen am schönen Wetter.
– *Die III. Kaste* nehmen diejenigen ein, in deren Kopfe die Augen des Landschaftsmalers stehen, in

deren Herz die großen Umrisse des Weltall dringen, und die der unermeßlichen Schönheitslinie nachblicken, welche mit Efeufasern um alle Wesen fließet und welche die Sonne und den Bluttropfen und die Erbse ründet und alle Blätter und Früchte zu Zirkeln ausschneidet. – O wie wenig solcher Augen ruhen auf den Gebirgen und auf der sinkenden Sonne und auf der sinkenden Blume!

– *Eine IV. bessere Kaste,* dächte man, könnt' es nach der dritten gar nicht geben: aber es gibt Menschen, die nicht bloß ein artistisches, sondern ein heiliges Auge auf die Schöpfung fallen lassen – die in diese blühende Welt die zweite verpflanzen und unter die Geschöpfe den Schöpfer – die unter dem Rauschen und Brausen des tausendzweigigen, dicht eingelaubten Lebensbaums niederknien und mit dem darin

wehenden Genius reden wollen, da sie selber nur geregte Blätter daran sind – die den tiefen Tempel der Natur nicht als eine Villa voll Gemälde und Statuen, sondern als eine heilige Stätte der Andacht brauchen – kurz, die nicht bloß mit dem Auge, sondern auch mit dem Herzen spazieren gehen."

Am *Waldstein,* auf der Stationstafel 38, ist dieser Text verewigt. Aber bis wir dort sind, müssen wir erst einmal an die 50 km zu Fuß gehen, etwa 3 Tagesetappen, vielleicht sogar 4, wenn man sich für die Stadt Hof oder den historischen Rundweg in Schwarzenbach an der Saale etwas mehr Zeit lassen will. Und wir entscheiden uns hier bestenfalls für die 3. Kaste, denn ein wenig versuchen wir, die Farben eines Landschaftsmalers mit der fränkisch-trockenen

Wegbeschreibung zu mischen. Und wir entscheiden uns auch für das Wandern ohne Gepäck, denn die Zentrale des *Fichtelgebirgs-tourismus* bietet Pauschalwochen mit bequemem Shuttle-Service an, damit wir, flügelleicht, womöglich in die Wanderkaste 4 aufsteigen können. Die vom Naturpark Fichtelgebirge heraus-gegebenen *Wanderflyer 1, 2 und 3* zur ersten Hälfte des 200 km langen Jean-Paul-Weges von Joditz bis Sanspareil helfen dabei, die Strecke geistig, gastronomisch und körperlich zu bewältigen. Das dazu gehörige, reich bebilderte Buch „Jean Paul in Oberfranken" mit allen Texten am Weg ist leider fast schon vergriffen.

Von Hukelum nach Kuhschnappel –

so heißt beim Dichter der etwa 12 km lange Fußweg entlang der Saale, den er als glückliches Dorfkind oft „mit dem Quersack auf dem Rücken" vom väterlichen Pfarrhof in *Joditz* zu den etwas besser betuchten Großeltern zunächst nach *Hof* und dann wieder zurück lief. Wir beginnen unsere Wanderung im romantisch-verwunschenen, hinter einer Steinmauer versteckten einstigen Pfarrgarten des privaten *Jean-Paul-Museums* von Karin und Eberhard Schmidt. So vergessen auch wir Zeit und Sorgen und tauchen – nach Voranmeldung – in dieses besondere Traumreich ein. Ein Katzensprung zur barocken Dorfkirche, in der Jean Pauls Vater als Pfarrer und Organist tätig war (mit Kanzelblick auf den nur ihm sichtbaren und wohl einzigartigen „Nackta...."-Christus) lohnt ebenfalls.

Mit Geist, Gott und Gerstensaft (also Bier) gestärkt, folgen wir nun der Markierung des Weges mit dem Bildnis des jungen Jean Paul im ovalen grünen Feld. Ein Blick vom hohen Jean-Paul-Felsen über Dorf und Flussaue zu Beginn erinnert uns daran, dass wir als „Mensch mit Flügeln" auf die Erde kamen. Die brauchen wir jetzt auch, denn noch sind wir vom Fichtelgebirge weit entfernt. So schön und verträumt die *Fattigsmühle* und das *Saaletal* bis Hof auch sein mögen; so interessant der *Jean-Paul-*

Ausgangspunkt der Wanderung: Die Scheune neben dem Eingang zum privaten Jean-Paul-Museum in Joditz von Karin und Eberhard Schmidt. Und natürlich will der Dichter aus der Luke blickend die Übersicht behalten über Besucher, Dorfplatz und Kirche.

Rundweg in Hof ist – der Stadt mit den zwei Brudertürmen, wo der junge Dichter „das Schlimmste gelitten … und das Beste geschrieben" hat – touristisch sind wir noch im Vogtland und in Hochfranken.

Schwarzenbach a.d. Saale: Da Jean Paul hier viele Jahre als Jugendlicher und Winkelschullehrer verbrachte, hat der Ort ihm einen ausführlichen und lohnenden Rundweg zu den authentischen biografischen Orten wie Pfarrhaus und Birkenprater gewidmet.

Der Waldstein aus der Vogelperspektive. Hier ist man mitten im Granitfelsengebirge.

Von Kuhschnappel (Hof) bis Birkenprater (Schwarzenbach a. d. Saale)

Die „drei Wege, glücklicher zu werden" (Station 16) kann man gleich darauf ausprobieren und dabei den besten wählen, der zwischen Flusstalwiesen und waldigen Höhen, Froschperspektive und Vogelschau wechselt … „Sonderbar, dass gerade die Tiefe so einsam ist wie die Höhe", schreibt er in den „Flegel- jahren". Erst nachdem wir – *Döhlau* streifend und in *Oberkotzau* vielleicht in der Jakobuskirche verweilend – an einem Hang oberhalb der Saale, im Schatten von Don Quixotes Windmühlenflügeln, auf einer Ruhe- bank Halt machen und den Blick über das Saaletal und das kleine Dorf *Fattigau* (Braukeller!) genießen, erblicken wir nun erstmals Jean Pauls geliebte Berge, die Höhenzüge des Fichtelgebirges am Horizont: „So sind mir die langen und fernen Fichtelgebirge lieber als die nahen Tyrolerberge bei München; nur jene lassen meine Phantasie über die Berge und hinter die Berge ziehen und in der Nebelwelt auf ihrem Nebel- rücken eine neue Morgenwelt erbauen," schwärmt der Dichter.

Einige abwechslungsreiche Kilometer weiter landen wir im „Marktflecken *Schwarzenbach*", wo schon „Rektor Fälbel" mit seinen Primanern Station machte, wo aber auch der „Wutz" und „Die unsichtbare Loge" in den Jahren 1790 bis 1794 geschrieben wurden, als Jean Paul dort bescheidener Winkelschullehrer war. Zuvor hatte er hier seinen ersten Kuss und seine Jugendjahre erlebt. Verlockend, einen Tag in der malerischen Altstadt an der Saale zu bleiben, im Jean- Paul-Hotel zu übernachten und den historischen Rundweg an Friedhof und Pfarramt sowie anderen biografisch wichtigen Orten vorbei zu schlendern, dabei vielleicht auch das Erika Fuchs Museum (siehe S. 214) zu entdecken oder die vielen bunt bemalten Stelzen-Karpfen.

Grün und oben etwas Blau … Auf zum Waldstein

Dem inzwischen vertrauten Fluss sagen wir jetzt Le- bewohl. Der Jean-Paul-Weg strebt nun – zusammen mit dem Höhenweg (weißes H auf rotem Grund) energisch dem Fichtelgebirge zu: Hinauf nach *Baumersreuth*, bergab zum Gasthof in *Völkenreuth*, steil bergauf ins malerische *Hallerstein* mit sehens-

1 Schneeberg 2 Ochsenkopff 3. der Nußhart. 4. die hohe Farmleüten.
5 Platten 6. der Silberanger 7 der Todten kopff. 8. hohe Mätte.
9. Öde- oder Ehe Wald 10 hohe Cösten. 11 Haber Stein auf der loosbürg.12 Fichtel See
dieses seind die Haüpt gebürge deß Fichtelbergs im prospect

pag. 66. e

Holzstich mit Panora-
mablick übers Fichtel-
gebirge aus der ersten
Hälfte des 18. Jh.
Drei Männer mit Fern-
rohr und Zeichenblock
betrachten über einen
Granitbruch hinweg
Schneeberg, Ochsen-
kopf, den Nußhardt bis
hinüber zur Kösseine
und der Luisenburg.

Rechte Seite oben:
Wunsiedel, 1797,
königlich-preußische
Hauptstadt im Sechs-
ämterland.

wertem Kirchlein und alter Dorflinde,
und weiter auf Wald- und Forstwegen bis
zur erfrischenden *Förmitzquelle*. Weiter
geht es nach *Sparneck*, wo die Kirche mit
dem typischen Taufengel zur geistigen
Erholung und der Jean-Paul-Lebkuchen
beim Bäcker zur körperlichen Stärkung
beitragen. Bis *Reinersreuth* hat sich der
Schwierigkeitsgrad noch nicht erhöht,
aber das „Rezept Heiterkeit und Freude"
(Station 37) sollte man sich mitnehmen,
denn ab da beginnt der 2 km lange steile
Aufstieg zum Waldstein. Und als wären
200 und mehr Jahre stehen geblieben:

„Die Felsen drängen sich einander entgegen und wollen sich mit den Gipfeln
berühren, und die Bäume darauf langen
wirklich einander die Arme zu. Keine Farbe ist da als Grün und oben etwas Blau.
Der Vogel singt und nistet und hüpft,
nie gestört auf dem Boden, außer von

mir. Kühle und Quellen wehen hier, kein
Lüftchen kann herein. Ein ewiger dunkler
Morgen ist da, jede Waldblume ist feucht,
und der Morgenthau lebt bis zum Abend-
thau. So heimlich eingebauet, so sicher
eingefasset ist das grüne Stillleben hier
und ohne Band mit der Schöpfung als
durch einige Sonnenstrahlen, die Mittags
die stille Stelle an den allgewaltigen Himmel knüpfen." (aus den „Flegeljahren")

„Die Welt von oben"… und hinunter zum Weißenstädter See

Hier heißt es Ausschnaufen im Schatten
der Burgruine und sich in der gemütlichen Atmosphäre des Biergartens oder in
der Gaststube niederlassen. Im *Waldstein-
haus* bietet der Fichtelgebirgsverein für
Wanderer auch einfache Übernachtungs-
unterkunft an. Über die vier Wanderkasten (Station 38) meditieren wir erst am
nächsten Morgen, wenn der Blick vom

Wunsiedel Königl. Preusische Haupt Stadt der Sechs Aemter in Franken Vom St. Catharinenberg anzusehen.

Gipfelfelsen uns das weite Gebirgspanorama offenbart samt dem am Fuße gelegenen Weißenstädter See, unserem nächsten Ziel.

Dass hier einst Bären hausten und gejagt wurden, beschäftigt jedes Kinderherz, das am Bärenfang mit der Bärenfalle im Boden vorbeiwandert. Und in dem kleinen Dorf *Ruppertsgrün*, in dem die Ahnen Jean Pauls als Bauern lebten, erinnert die grüne Tafel 40 an den mutigen Urahn, der beim Viehhüten verbotenerweise einen Bären erlegte und dafür vom Markgrafen belohnt und zum Förster ernannt wurde. Ob man Glück hat und die seltenen Cranberry-ähnlichen Moosbeeren schmecken darf, die beim gleichnamigen Fest als Torte serviert werden?

Preiselbeeren tun es natürlich auch, die man gut eine Stunde später in der *Konditorei Seel* (siehe Seite 32) in *Weißenstadt* mit Sahne verkosten kann, aber erst, nachdem wir den See mit seinen vielen Segelbooten umrandet und dort das „Stundenbuch" von Eugen Gomringer auf wenigstens einem Teil der imposanten Granitstelen betrachtet haben. Dass es direkt am Weg inzwischen sogar ein *Rogg-In-Museum* (siehe Seite 28) gibt, hätte Jean Paul erfreut. Denn Roggen, das „Gold des Fichtelgebirges", war zu seiner Zeit mit dem Hafer das Hauptgetreide. Und auch am Waldspielplatz des städtischen Kindergartens erinnern wir an ihn, denn der Dichter sinniert da: „Das Spiel ist die erste Poesie des Menschen … Im Tiere spielt nur der Körper, im Kinde die Seele … Spiele, das heißt Tätigkeit, nicht Genüsse, erhalten Kinder heiter." (Station 42)

„Du kleine, aber gute lichte Stadt"… nur noch 17 km bis Wunsiedel

Es folgt ein angenehmer Tagesmarsch durch die Ortschaft *Grub*, wo man Kartoffeln im sandigen Granitboden anbaut und das Wirtshaus Wunderlich am Wochenende ausgezeichnete Käse-Quärkla serviert, und dann überraschend im Wald der sogenannte *Thus*, ein Festplatz mit Wasserfall in freier Natur, ein Feiertag für die Seele. *Röslau*, „in der Mitte des Fichtelgebirges – mit 12-Gipfelblick", widmet dem Dichter in der Dorfmitte sogar einen eigenen Gedenkstein, und schon geht es weiter, schließlich

Die vier Quellflüsse im Fichtelgebirge als Kleeblatt: Naab, Eger, Saale und Weißer Main.
Postkarte um 1910. Bernd-Mayer-Stiftung Bayreuth.

Im Felsenlabyrinth der Luisenburg ...

„wie viel Dinge braucht der Mensch?" (Station 50) – beim Gehen möglichst wenig. Verhungern und verdursten können wir weder dort noch in *Bibersbach*. Aber danach machen wir einen kleinen Um-, Rund- und Höhenweg, den die Schüler des Luisenburg-Gymnasiums zu Jean Pauls Ehren angelegt haben, mit Witz und in Limerick-Reimen getextet: „Gehörte Jean Paul zu den Stoffeln? Gern speiste er Kartoffeln. Ob Kloß oder Purrée. Die Wahl tat ihm nie weh. Am liebsten aß er – in Pantoffeln."

Von dort oben reicht der Blick über die Geburtsstadt zum Katharinenberg und zur *Kösseine*. Aber vorher sind ein Besuch im *Fichtelgebirgsmuseum* (siehe Seite 184) mit der dortigen Jean-Paul-Stube und (Schlüssel mitnehmen!) des *Geburtszimmers* in der ehemaligen Schule nahe der Stadtkirche und der prominenten Bronze-Büste des Dichters eigentlich Pflicht.

„Heilkraft des Fichtelgebirges" ... Von Wunsiedel bis Nagel und zum Fichtelsee

„Das Kreuz mit den Wanderkarten" (Station 54) sparen wir uns, denn im allgemeinen ist die grün-ovale Markierung des Jean-Paul-Weges so gut sichtbar, dass man (fast) ohne Karten auskommt. Zum *Katharinenberg* (mit Falknerei und Greifvogelpark) weisen auch andere Wegweiser, danach steigen wir auf nach *Bad Alexandersbad,* wo eine Kaltwasserquelle noch heute Heilung verspricht. „Das Fichtelgebirge, fast die höchste Gegend Deutschlands, gibt seinen Anwohnern Gesundheit (sie können am ehesten das Alexandersbad entbehren) und einen schönen, hochgebauten Wuchs" (Station 60).

An der *Luisenburg* kommt auch der Jean-Paul-Wanderer vorbei. Der Dichter, der sonst nie reimte, hat sich zum Besuch der preußischen Königin Luise am 14. Juni 1805 sogar eine hochoffizielle Ode einfallen lassen, ein kleines musikalisches Festspiel mit viel „Höhenflug" (Station 63). Weiße Landschaftstafeln erklären uns, wie es früher hier einmal ausgesehen hat. Wald und Wiesen, Felsen und Bächlein, Heidelbeeren und Preiselbeeren begleiten uns an der Kösseine vorbei auf dem Weg zur Rodungsinsel *Nagel* und zum Nageler See. Dort laden Hütten am Wasser und Erlebnis-Kräutergärten zum Verweilen ein (siehe Seite 50).

Aber 14 km sind noch kein wirklicher Tagesmarsch und so wandern wir die 9 km, die auch in Nebel und Nieselregen ihren Reiz haben können, an der Hohen Matze und am (etwas entfernten, aber gastfreundlichen) Silberhaus vorbei zum Fichtelsee. „Gegenwärtig trägt man

Granitfelsen mit „Urnasen-Gesicht".

mich über den *Fichtelsee* und über zwei Stangen, die statt einer Brücke über diese bemooste Wüste bringen." (Station 69). Heute haben wir hier ein gut erschlossenes Naherholungsgebiet vor uns.

„Wie auf Wolken" …
über Bischofsgrün nach Bad Berneck

Im Fichtelgebirge entspringen auch die Saale und die Eger, aber die *Quellen* von Naab und (Weißem) Main liegen direkt am Jean-Paul-Weg, der zwischen dem 1024 m hohen *Ochsenkopf* linker Hand und dem 1053 m hohen *Schneeberg* rechter Hand durch Wald- und Gebirgslandschaften führt, die gleich von 3 grünen Texttafeln zum Thema „Gespensterfurcht" flankiert werden: „Ich bin nun auf dem

Schneeberg, aber noch in der Sänfte. Erhabene Paradiese liegen um mich ungesehen, wie um den eingemauerten Menschengeist…" (Station 78).

Die 10 km vom Fichtelsee bis zum idyllischen Kurort *Bischofsgrün* markieren erst die Halbzeit an diesem Wandertag. Denn die waldreiche Anschlusstrecke über Rangen, *Metzlersreuth* und die *Entenmühle* (in der man auch übernachten kann) und weiter über Stock und *Burg Stein* nach *Bad Berneck* beträgt noch einmal gute 12 km – „Große Mannichfaltigkeit, Felsen, Blumen und Kräuter" begegnen uns da nicht nur auf der weißen Landschaftstafel.
„In Berneck übernachteten sie zwi-

Ansicht von Ochsenkopf und Schneeberg , zwei Wanderer betrachten die Landschaft. Kolorierter Stahlstich von 1847.

schen den hohen Brückenpfeilern von Bergen", erzählt Jean Paul im Roman „Siebenkäs". Heute laden die Marktplatzwirte („Bad Bernecker Genusszentrum") in der verträumten Altstadt des Kurortes zu fränkisch-bayrischer Kost oder zur teuflisch guten Alternative des „essbaren Fichtelgebirges" ein (siehe Seite 52). Hier ist eine Erholungsrunde fällig, um im

Gedenk-Büste von Ludwig Schwanthaler (1802-1848) vor der Stadtkirche und nahe dem Geburtshaus in Wunsiedel, 1845 errichtet. Derselbe Bildhauer schuf auch am Jean-Paul-Platz in Bayreuth das Jean Paul-Denkmal 1841 im Auftrag des bayerischen Königs Max Joseph I. Aus seiner damals berühmten Werkstatt stammt zudem die Bavaria auf der Münchener Theresienwiese.

biedermeierlichen Kurpark zu meditieren, im Kneipp-Wasser die Beine zu vertreten oder – als krönenden Abschluss dieser Fichtelgebirgswanderung – den 4 km Berg- und Tal-*Rundweg* zu Ehren Jean Pauls in philosophischer Ruhe am Wildbach der Ölschnitz entlang und auf den alpinen Höhen mit Ludwigsfelsen und Jean-Paul-Platz zu genießen.

Wer auf der „Südschiene" des Jean-Paul-Weges" über Bayreuth bis zum Felsengarten Sanspareil bei Wonsees im Landkreis Kulmbach weiterwandern will, besorge sich das Buch „Jean Paul in & um Bayreuth" oder die Kurzfassung in „Lebensart genießen – in und um Bayreuth".

Informationen

🥾 Bei den Tourismuszentralen gibt es den Wanderflyer für die Gesamtstrecke sowie 4 Wanderflyer für die Teilstrecken des Jean-Paul-Weges.
🥾 Eine Hör-Doppel-CD mit Einführungstexten zu Jean Paul gibt es bei audiotransit, zwei weitere, von Hans-Jürgen Schatz besprochen, bei auricula.
🥾 Das umfangreiche Buch „Jean Paul in Oberfranken" mit den Texten am Weg, Chronologie zu den zentralen Orten

etc., ist leider – bis auf Restexemplare – vergriffen. Das Buch zur Südstrecke von Bad Berneck bis Sanspareil „Jean Paul in & um Bayreuth" ist lieferbar.

🎵 Die Bayerische Staatsbibliothek hat eine App *Dichterwege – Auf den Spuren von Jean Paul* herausgegeben.

🎵 Der Jean-Paul-Weg im Internet:
www.jeanpaul-oberfranken.de
www.jeanpaulweg,de
www.jean-paul-bad-berneck.de
www.literaturportal-bayern.de
www.tz-fichtelgebirge.de

Bad Berneck um 1740, heute fast so romantisch wie damals.

Durch Bayerns steinreiche Ecke

Wanderungen (2):
Fränkischer Gebirgsweg

von Dietmar Herrmann

Der Fränkische Gebirgsweg ist ein vom Deutschen Wanderverband zertifizierter Weitwanderweg mit einer Gesamtlänge von 420 km. Er beginnt in Untereichenstein bei Bad Steben, führt durch den Frankenwald (36 km), das Fichtelgebirge (220 km), die Fränkische Schweiz (132 km) und die Frankenalb (32 km) und endet in Hersbruck/Mittelfranken. Der höchste Punkt des Weges ist der 1051 m hohe Schneeberg im Fichtelgebirge. Die Markierung (Logo) ist ein rotes Aluminium-Plättchen mit einem symbolisch dargestellten Gebirgsweg und der Aufschrift Fränkischer Gebirgsweg. Im Abschnitt Fichtelgebirge (Münchberg bis Rotmainquelle) berührt er die Landkreise Hof, Wunsiedel, Tirschenreuth, Bayreuth und 30 Gemeinde- bzw. Stadtgebiete.

Der Volksmund nennt sie Druidenschüsseln und in Sagengeschichten liest man, dass hier keltische Priester blutige Opfer gebracht haben. Heute wissen wir, dass es sich um Verwitterungsmulden im Granit handelt. Auf den frei stehenden Granitblöcken im Fichtelgebirge gibt es eine Vielzahl solcher Druidenschüsseln.

Die Rucksäcke sind gepackt, die Schuhe geschnürt und die Wanderung kann beginnen. Während es die einen in den Frankenwald oder in die Fränkische Schweiz zieht, pilgern die anderen durch das Fichtelgebirge. Eine Teilstrecke des Fränkischen Gebirgswegs führt zu dem Kösseine-Luisenburg-Gebiet südlich von Wunsiedel, zu den schönsten Felsformationen im Fichtelgebirge, in die „steinreiche Ecke Bayerns", wie es der Steinexperte

und FGV-Kulturpreisträger Friedrich Müller in seinem Buch formuliert hat. Die Wanderung dauert bequem und auf einfachem Weg zwei Stunden. Die Hauptsehenswürdigkeit, das Felsenlabyrinth der Luisenburg, wird dabei nicht berührt. Diesem bürgerlichen Landschaftsgarten sollte man wegen seiner europäischen Einmaligkeit einen gesonderten Besuch abstatten.

Der Kaiser-Wilhelm-Felsen am Fränkischen Gebirgsweg im Luisenburggebiet – Bereits 1897 wurde der Felsen mit Holztreppen begehbar gemacht, zur Sicherung diente ein kunstvoll geschmiedetes Eisengeländer, das heute noch seinen Dienst versieht.

Start an der Luisenburg

Beim Luisenburg-Parkplatz zeigt eine Übersichtstafel den Wegeverlauf. Den Gebirgsweg erreichen wir westlich des Festspielareals, Zuwegzeichen führen dorthin. Wir folgen nun der Markierung auf bequemer Forststraße bergan und erreichen den Luisen-Brunnen. Die kleine Anlage mit Quellfassung, Ruhebänken und Teich verdanken wir dem damaligen Stadtförster Wolfram Höhne, unter Stadtförster Hubert Steinberger wurde die Anlage erweitert. Der Brunnen soll an Königin Luise von Preußen erinnern, die im Jahr 1805 hier anwesend war. Zu ihren Ehren wurde mit einem Festakt die Luxburg in Luisenburg umbenannt. Der Ahornbaum wurde 1976 von der FGV-Jugend Wunsiedel zum „Tag des Baumes" gepflanzt.

Der Gebirgsweg führt uns nun weiter bergan zu einem mächtigen Granitblock, dem „Kaiser-Wilhelm-Felsen", der in der Bevölkerung kurz Kaiserfelsen genannt wird. An der Südseite des gewaltigen Felsblocks lesen wir die schlichte Inschrift „Kaiser-Wilhelm-Felsen 1797-1897". Die Anbringung der Felsinschrift erfolgte zur Hundertjahrfeier Wilhelm I., die Kosten übernahm Konsul Ida Schmidt aus Hamburg, die einer alten Wunsiedler Familie entstammte, die sich damals der Erschließung des Felsenlabyrinths angenommen hatte. Eine kleine geschichtliche Rückblende, warum der Felsen dem deutschen Kaiser gewidmet wurde: Wilhelm I. wurde

am 1797 in Berlin geboren und starb 1888. Er war von 1861 bis zu seinem Tod König von Preußen, von 1871 bis 1888 Deutscher Kaiser. Er war der Sohn von König Friedrich Wilhelm III. und Königin Luise von Preußen – von daher ergibt sich die Verbindung zum Fichtelgebirge. Der Kaiserfelsen ist demnach nicht nur ein Naturdenkmal, sondern auch ein kleines Geschichtsdenkmal.

Das schmiedeeiserne Geländer um die Aussichtsplattform stammt noch aus dem Jahr 1897. Jahrzehnte war der Aussichtsfelsen in Vergessenheit geraten und alle Wege führten an ihm vorbei, bis 1973 der damalige Stadtförster von Wunsiedel, Wolfram Höhne, eine neue Zugangstreppe bauen ließ und die Ortsgruppe Wunsiedel des Fichtelgebirgsvereins einen markierten Wanderweg zum sehenswerten Felsen schuf. Die Stadt Wunsiedel hat 2007 die Wanderwege dorthin herrichten lassen. Vom Kaiserfelsen bietet sich ein sehr schöner Rundblick: Ochsenkopf, Schneeberg, Waldstein, Kornberg sind Fernziele, zu Füßen, in der inneren Fichtelgebirgshochfläche ist Wunsiedel mit seinen Ortsteilen und Bad Alexandersbad zu sehen.

Wir folgen der Markierung, die auf dem Kammweg verläuft und kommen zu einer kleinen Anhöhe, bei der rechts des Weges große Felsblöcke liegen, was in dieser Gegend eigentlich keine Seltenheit ist. Bei näherer Betrachtung der Oberfläche sehen wir mehrere, geheimnisvolle Verwitterungsmulden, die unsere Vorfahren als „Druidenschüssel" bezeichneten.

Der Große Haberstein ist eine gewaltige Granitfelsburg mit Treppen und Geländer, die zur Aussichtskanzel führen. Der Name wird von Namensforschern als „Ziegenbockstein" gedeutet. Vom Aussichtsfelsen genießt der Wanderer einen hervorragenden Rundblick zu den höchsten Bergen des Fichtelgebirges, in das Tal des Röslauflusses und weit hinein in das Egerland.

Auf zum Burgsteinfelsen

Doch weiter auf dem Wanderweg, der uns über den Burgsteinsattel hinauf zum Burgsteinfelsen führt. Die mächtige Granitfelsburg liegt auf dem 50. Breitengrad im Wunsiedler Stadtwald und ist ein geschütztes Geotop. Zur Felsenkanzel in 869 m führen seit 1790 Steinstufen und Holztreppen, gute Rundsicht besteht auch hier zu fast alle Bergen des Fichtelgebirges, nach Böhmen und zu den Gebirgszügen in der Oberpfalz.

Prominente Besucher auf dem Burgsteinfelsen waren 1785 Goethe, der eine Zeichnung davon anfertigte, die Romantiker Ludwig Tieck und Wilhelm Heinrich Wackenroder zu Pfingsten 1793 sowie 1805 Königin Luise und ihr Mann. Der Gipfel des eigentlichen Burgsteins (879 m) liegt etwas weiter südwestlich, zu ihm führen keine markierten Wanderwege. Eine Burganlage hat es beim Burgsteinfelsen oder auf dem Burgstein selbst nicht gegeben. Es ist aber anzunehmen, dass diese Erhebungen – allein schon im Hinblick auf den Namen Burgstein – für die Burgbesitzer der nahegelegenen Luxburg ein idealer Ausguck gewesen sind.

Auf dem Großen Haberstein

Das nächste Wanderziel in der „steinreichen Ecke Bayerns", das wir nun auf dem Fränkischen Gebirgsweg erreichen, ist der Große Haberstein. Er ist eine gewaltige Felsburg im Gebiet des Staatsforstes. Wenn der Wanderer den höchsten Felsen erklommen hat, steht er auf 848 m Höhe. Bei den Felsformationen sieht man besonders gut die matratzenartige Verwitterungsform des Kösseine-Randgranits mit deutlich waagrechter Klüftung. Der ursprüngliche Verband der Felsen ist im Gegensatz zum Felsenlabyrinth der nahegelegenen Luisenburg noch erhalten. Der Haberstein ist ein geschütztes Naturdenkmal mit einer Schutzzone im Umkreis von 200 Metern, was den Ausschluss von Steingewinnung gewährleisten soll. Außerdem wurde die Felsburg in das Geotop-Verzeichnis des Bayerischen Geologischen Landesamtes aufgenommen.

Urkundlich taucht der Name Haberstein erstmals 1393 auf, als der Waldbesitz und die Besitzgrenzen des damaligen Landesherren, des Burggrafen von Nürnberg, beschrieben werden: „… der haberstein, der auf dem hochstein in der Kozzeyn liget…".

Mit „Kozzeyn" ist die Kösseine gemeint. Das Wort Haberstein enthält als Erstglied „Haber-", ein altes deutsches Wort für „Ziegenbock", was somit „Ziegenbockstein" bedeutet. So erklärt es der Namensforscher Dr. Adolf Gütter.

Bereits 1879 führten Holztreppen zum höchsten Felsen des Habersteins, die von der damaligen Sektion Fichtelgebirge des Deutsch-Österreichischen Alpenvereins angebracht wurden. Auf dem Kupferstich in Dr. C. W. Gümbels Buch „Geognostische Beschreibung des Fichtelgebirges" sind diese Treppen zu sehen und sie führen auf den nördlichen Felsturm, der mit Namen „Kanzel" angegeben wird. 1883 wurde dann eine eiserne Tragekonstruktion für die Balkenlage angebracht. Die Eisenkonstruktion erfüllt bis zum heutigen Tage ihren Zweck, die Holzteile mussten witterungsbedingt wiederholt ausgebessert werden. Die Ortsgruppe Wunsiedel des Fichtelgebirgsvereins betreut die Anlage.

Auf dem obersten Felsen sehen wir wieder einige muldenartige Vertiefungen: Druidenschüsseln! Sie sind durch die Granitverwitterung entstanden und sie sind keine von Menschenhand geschaffenen Opferkessel für kultische Zwecke, wie unsere Vorfahren glaubten. Daneben sehen wir runde Löcher, die in den Fels gemeißelt wurden. Sie nahmen das Vermessungsgerüst auf, eine geodätische Einrichtung für die Landesvermessung. Genießen wir die schöne Aussicht vom Kanzelfelsen des Großen Habersteins. Unter uns das Tal der Rösla mit seinen Orten, sich anschließend die hügelige Innenfläche, im Hintergrund das wuchtige Schneebergmassiv.

Die Wanderung dauert bequem 2 Stunden. Eine Broschüre, eine App und Infos zum Fichtelgebirgsweg gibt es unter www.fraenkischer-gebirgsweg.de

Der Fichtelgebirgsverein besitzt fünf Unterkunftshäuser, eines davon ist das Seehaus (siehe Bild oben) im Schneebergmassiv. Es verdankt seine Entstehung dem Bergbau auf Zinnerz im 18. Jahrhundert. Als die Zinnseifen erschöpft waren und der Wandertourismus im Fichtelgebirge seinen Aufschwung nahm, kaufte der FGV das Areal und baute 1928 das jetzige Gebäude für Einkehr und Übernachtung.

Ein Erfolgsgeschichte seit über 125 Jahren

Einmalig in Bayern: Mit rund 18.000 Mitgliedern und 55 aktiven Ortsvereinen ist der Fichtelgebirgsverein der größte Wander- und Heimatverein des Freistaates. Bis auf die Beschäftigten der Hauptgeschäftstelle arbeiten alle Referenten ehrenamtlich.

Die Gründung des Fichtelgebirgsvereins (FGV) erfolgte 1888 in Wunsiedel, der Metropole des Fichtelgebirges, als die schon seit 1878 bestehende „Sektion Fichtelgebirge" des Alpenvereins aufgelöst bzw. in einen selbständigen Verein umgewandelt wurde. Die Erschließung des Mittelgebirges durch markierte Wanderwege, Aussichtstürme, Felsbesteigungsanlagen und Unterkunftshäuser war satzungsmäßiges Ziel. Aber auch die Naturschutz- und Kulturarbeit sowie das Wandern standen von Anfang an auf dem Programm. Der FGV ist Gründer des Fichtelgebirgsmuseums in Wunsiedel und des Mühlenmuseums in Weidenberg.

Heute sind im Besitz des FGV-Hauptvereins fünf Unterkunftshäuser und sechs Aussichtstürme, viele Felsbesteigungsanlagen und Aussichtspunkte. Zusammen mit den Ortsvereinen werden 3200 km markierte Wanderwege betreut, an denen auch viele Naturschönheiten, Quellfassungen und historische Bauwerke liegen. Ein „Qualitätswanderweg", der „Fränkische Gebirgsweg", wurde 2007 eingeweiht. Mit dem tschechischen Wanderverband pflegt der Verein grenzüberschreitend gute Beziehungen.
An Einzelpersonen oder Gruppen verleiht der FGV regelmäßig einen Kulturpreis,

der z.B. musikalische, schriftstellerische oder künstlerische Leistungen würdigt. Die FGV-Umweltmedaille erhalten Personen für ihren vorbildlichen Einsatz beim Umwelt- und Naturschutz.

In Wunsiedel besitzt der FGV-Hauptverein seit 2002 ein eigenes Gebäude, das „Haus des Fichtelgebirgsvereins" mit Hauptgeschäftstelle, FGV-Shop, Sitzungsräumen, Regionalbibliothek und Archiv. Die Vereinszeitschrift „Der Siebenstern" und die Schriftenreihen „Das Fichtelgebirge" und „Unser Fichtelgebirge" beinhalten interessante Aufsätze und Fotos aus der Fichtelgebirgsregion. Sie spiegeln das rege Vereinsleben der FGV-Ortsvereine wider.

Fichtelgebirgsverein
Theresienstr. 2
95632 Wunsiedel
Tel. 09232 / 700755
www.
fichtelgebirgsverein.de
info@fichtelgebirge.de

Öffnungszeiten
Hauptgeschäftstelle,
Shop und Regionalbibliothek:
Montag bis
Donnerstag
10 – 16 Uhr

Bei den Ausflugszielen weit oben – Der Gipfel der Kösseine mit dem Kösseinehaus des Fichtelgebirgsvereins, Aussichtsturm und Granitblockhalde.

Im Einklang

Wahlkreiswandern und Naturgenuss

von Hans-Peter Friedrich

„Entschleunigung" ist ein Modewort unserer Zeit. Nicht hetzen und jagen, nicht rasen und rennen, sondern Schritt für Schritt den Weg genießen, ohne das Ziel aus den Augen zu verlieren.

Wandern steht für Entschleunigung, für Genuss und körperliche Betätigung, gibt Raum für Gespräche und für Stille, schafft Platz für Gedanken und neue Ideen und öffnet den Blick für die Wunder der Natur.

Der Dichter und Generalgelehrte Goethe scheint überall gewesen zu sein, so auch im Fichtelgebirge. „Nur wo du zu Fuß warst, bist du auch wirklich gewesen", meinte er; dem kann ich nur zustimmen. Die Entfernung zwischen dem Ort, wo man ist, und dem Ort, wo man hingeht, wird beim Laufen viel bewusster wahrgenommen als auf dem Fahrrad oder gar mit dem Auto.

Die Wanderungen als Kind mit Eltern und Familie durch den Frankenwald und das Fichtelgebirge sind mir in bleibender Erinnerung. Und seit ich Abgeordneter bin, ist mir das Wandern durch den Wahlkreis Hof/Wunsiedel zu einer schönen Tradition geworden, mit der ich meiner Heimat ganz nah bin. Dabei entdecke ich immer neue, aber auch altbekannte

Orte wie neu. Ich nutze diese Gelegenheit, um mit möglichst vielen Menschen auf dem Weg ins Gespräch zu kommen. Das Wandern und die Natur vermitteln Gelassenheit und bieten die Gelegenheit, sich von der Schönheit und dem Reichtum der unterschiedlichen Städte, Dörfer, Gemeinden und der Natur wieder und wieder zu überzeugen. Gleichzeitig bietet es die Gelegenheit, viele Menschen zu treffen, die für die Heimat engagiert sind und vor Ort etwas bewegen wollen. Es ist schön, ein Teil dieser Bewegung zu sein und ich bin stolz darauf, die oberfränkische Heimat in Berlin zu vertreten.

Neue Offenheit

Das Fichtelgebirge ist ein besonderes Gebirge. Es verbindet Oberfranken und die Oberpfalz, Bayern und Tschechien. Junge Menschen haben leider kaum eine Vorstellung davon, was es bedeutet hat, am Eisernen Vorhang zu leben und durch ihn in seinem Lebensradius begrenzt zu sein. Bei den Wanderungen wurde einem das damals schmerzlich bewusst. Heute können wir einfach über die Grenze weiterwandern, so als habe es sie nie gegeben.

Über die Kösseine verläuft die Nahtstelle der beiden Regierungsbezirke Oberfranken und Oberpfalz. Auch die europäische Hauptwasserscheide zwischen Nordsee und Schwarzem Meer findet sich hier. Es ist ein ganz besonderes Bergmassiv, mit einem Doppelgipfel. Diesen konnte ich

mir bereits mehrfach auf schönen Ausflügen erwandern. Regelmäßig bin ich dann mit der wundervollen Aussicht belohnt worden.

Von unterschiedlichen Ausgangspunkten kann man sich die Kösseine mit Umgebung erschließen: sei es von Bad Alexandersbad, Wunsiedel, Kössain oder Nagel aus. Angenehme Wanderwege mit viel Natur und einem schönen Ziel locken. Besonders gut kann man nach getaner „Arbeit" im Kösseinehaus entspannen – oder besser davor: Die Sonne scheint, die Aussicht ist klar, das Bier schmeckt. Ein wundervoller Abschluss für den Aufstieg. Wenn man länger Kraft schöpfen möchte vor dem Abstieg, kann man auch im Kösseinehaus übernachten, um am nächsten Tag mit Anbruch des Tages das Wandern wieder aufzunehmen.

„Der Granit lässt mich nicht los!", berichtete Goethe an Charlotte von Stein von einer seiner Reisen ins Fichtelgebirge. Granit ist die vorherrschende Gesteinsart in dieser Gegend. Er ist hart, grau und abweisend; er prägt den ersten Blick auf das Fichtelgebirge. Aber auch hier gilt: genauer hinsehen. Er kann auch glitzern, funkeln und etwas Schönes verbergen.

Gerne erkunde ich auch weiterhin die Schönheiten meiner Heimat. Denn: „Was ich nicht erlernt habe, das habe ich erwandert", so der Dichterfürst Goethe. Nichts ist schöner, als durch Wandern zu lernen – zu lernen über die Natur, über die Heimat und am Ende über sich selbst.

Ski alpin ist sein Sport, seine größte Leidenschaft.
Aber nicht seine einzige Disziplin. Radfahren? Ein sehr gutes Grundlagentraining.
Fußball? Regelmäßig einmal pro Woche.
Rudern? Ein Super-Ganzkörper-Training.
Inline-Skaten? Sagen wir besser „Speed-Skaten". Golf? Perfekt um abzuschalten.
Joggen, segeln, tauchen … seine Hobbys.

Wege zum Gold

Der Spitzensportler
Gerd Schönfelder
und seine vielen Neigungen

von Oliver van Essenberg

Wer in seinem Sport zur Weltspitze gehören will, muss diesem Ziel viel unterordnen. Manchen fällt das leichter als anderen. Gerd Schönfelder ist so ein Mensch. Wer den durchaus kernigen, aber sympathisch lockeren Oberpfälzer im Gespräch erlebt, merkt, dass er Biss hat, ohne verbissen zu sein. Ohne Qual, den mitunter zähen Kampf gegen den inneren Schweinehund wäre er nicht der bislang erfolgreichste Athlet in der Geschichte der Paralympics und darüber hinaus 14-facher Weltmeister geworden. Eine verbreitete Ansicht zu Karrieren wie der von Gerd Schönfelder ist, dass sportliche Menschen nach einem Unfall wegen des Handicaps noch viel ehrgeiziger werden können. Das Handicap ist für Gerd Schönfelder, der 1989 seinen rechten Arm verlor, bestenfalls zweitrangig. Sicher, Sport zu treiben, ist für Menschen mit Handicap generell noch wichtiger. Sie bleiben beweglicher und können ihre Einschränkung leichter kompensieren. In erster Linie war für Gerd Schönfelder jedoch die Tatsache entscheidend, dass er auch nach seinem Unfall weiterhin Ski fahren und radeln konnte. Das wollte er sich und vor allem Freunden, die anfangs skeptisch waren, beweisen. Und so stand er fünf Monate nach seinem Unfall schon wieder auf den Brettern.

Paralympics-Champion Gerd Schönfelder fährt in Vancouver zum Sieg (linke Seite). Vor seiner Haustür trainiert der Kulmainer sehr viel auf dem Rad. Die Rennmaschine des Marktredwitzers Herstellers CUBE ist eine Spezialanfertigung. Da Gerd Schönfelder mit einer Hand lenken und bremsen muss, befindet sich am Oberrohr des Rahmens eine zweite Bremse, die er mit dem Knie bedient.

Stärke, Wille, Triumpherlebnisse – all das ist wichtig. Doch Gerd Schönfelder hat zudem jenes geheimnisvolle Quäntchen Talent. Schon als dreijähriger Bub brachte er sich das Radeln selbst bei. Die Stützräder, die sein Opa befestigt hatte, waren absolut verzichtbar, denn das eine berührte kaum die Straße und das andere brauchte der Anfänger dann auch nicht mehr. Bald fuhr Gerd Schönfelder über selbstgebaute Sprungschanzen, so lange, bis das Lager in der Mitte des Rads auf der Strasse aufging. Als andere ganz stolz auf ihr Moped waren, strampelte er weiter mit dem Rad durch die Gegend und besuchte damit auch seine Kumpels, viele im Fichtelgebirge.

Den ersten großen Titel – Bayerischer Vizemeister im zarten Alter von 12 Jahren – gewann Gerd Schönfelder aber nicht im Rad-, sondern im Skifahren, wo sein größtes Talent liegt. Seine Leidenschaft. „Skifahren finde ich einfach wahnsinnig geil", sagt er, und mit der Begeisterung und dem Oberpfälzer Dialekt, in dem er es sagt, klingt das wirklich mitreißend. „Es sind die ganzen Elemente…", fährt er fort, „die Geschwindigkeit, die Natur, die Fliehkräfte... Schon wenn ich im Sessel durch die weiße Landschaft fahre und die schneebedeckten Bäume sehe, beginnt das Erlebnis."

Das bietet auch das Fichtelgebirge. „Um Kurzschwünge zu üben und ein Gefühl für die Ski zu kriegen, sind die Verhältnisse gut." Noch besser findet er aus professioneller Sicht die Bedingungen für die nordischen Sportarten. Auf der präparierten Loipe in Neubau dreht Gerd Schönfelder im Winter flotte Runden, weniger klassisch, eher als Skater. Mit dem Rad ist er in der Region sehr häufig unterwegs. Gibt es Lieblingsstrecken? „Im Grunde gibt es hier nur Lieblingsstrecken. Kulmain liegt im Kessel zwischen Steinwald, Oberpfälzer Wald und Fichtelgebirge. Da ist es in jeder Richtung schön."

Mit dem Mountain-Bike fährt er sehr gerne zur Kösseine oder über Mehlmeisel rauf zum Ochsenkopf. Hier kann der Radler in Kreisen, auf dem Ringweg, oder relativ gerade nach oben fahren. „Am Gipfel gibt es auch immer kühle Getränke und man kann eine Kleinigkeit essen." Im Steinwald mag Gerd Schönfelder insbesondere die Strecke zwischen Friedenfelser

Brauerei und Marktredwitzer Haus. Auf der Straße, die mit dem Rennrad gut zu fahren ist, fanden früher Autorennen statt.

Mit dem Rad zur Zoigl-Wirtschaft

Regelrecht ins Schwärmen kommt er, wenn er vom Fichtelnaab-Radweg erzählt. „Man ist komplett weg vom Verkehr. Der Weg ist landschaftlich superschön: am Wasser entlang und geteert. Da kann ich auch mit der Familie fahren und die Kinder mitnehmen." Die flache Strecke führt von Bischofsgrün über Neusorg und Erbendorf nach Krummennaab. Von hier aus kann man den Fichtelnaab-Weg weiter Richtung Windischeschenbach fahren oder die Abzweigung Richtung Wiesau, zu den vielen Karpfenweihern nehmen. (Gesamtlänge zwischen 50 und 60 km) Zoigl-Wirtschaften warten in dem einen wie dem anderen Ausflugsziel. Gerd Schönfelders Tipp: „Informieren Sie sich vorher im Internet, welches Kommunbrauhaus offen hat. Es gibt kein schlechtes. Die Getränke und das Essen sind sehr lecker und sehr günstig." Von Erbendorf geht im Übrigen ein Shuttlebus ab, für den Fall, dass man nicht mehr radeln mag. Nach dem Ende seiner aktiven Karriere geht es Gerd Schönfelder, der gelernte Elektrotechniker, hoch-

leistungssportlich ruhiger an. Er engagiert sich stark als Trainer. Irgendeinen Sport treibt er im Grunde täglich. Sport sei für ihn lebensnotwendig und es wird ihm dank der vielen Sportarten, die er treibt, nicht langweilig. Jedes Mal lernt er seinen Körper von einer anderen Seite kennen. Das Skifahren trainiert vor allem die obere Beinmuskulatur, das Radfahren zusätzlich auch die hinteren Muskeln. Das Ziel ist der Ausgleich, ein trainierter Körper im Gleichgewicht. Das Rudern sei in dieser Hinsicht optimal, da es Beine, Arme, Bauch und Rücken gleichzeitig beanspruche. Dank eines Ergometers mit Seilzug kann Gerd Schönfelder auch das umsetzen. Mit zunehmendem Alter werde es immer wichtiger, die Koordination zu trainieren. Der Multi-Sportler nutzt hierfür das Einrad und balanciert auf der 20 Meter langen Slackline in seinem Garten. Das mit dem Einrad habe anfangs überhaupt nicht funktioniert, erinnert er sich. Irgendwann jedoch, als er abends mit dem Auto heimkam und das Rad im Scheinwerferlicht sah, das schon länger unbenutzt in der Garage gestanden hatte, packte er das Ding und fuhr damit in der Hofeinfahrt seine ersten 10 Meter. Auf einmal war das Gefühl da. Ohne bewusstes Zutun. Goldrichtig. Es stimmt schon: In jedem Sportler steckt ein Sieger.

Mountain-Biker-Herzen schlagen höher

Rund um den Ochsenkopf, dem Erlebnissportberg des Fichtelgebirges, sind Mountain-Biker in ihrem Element. Feld-, Wald- und Wiesenwege? Gibt es zuhauf. Ausgedehnte, aber nicht zu steile Gipfeltouren?

Wirtshaus, Pension, Bike-Verleih und Shop Bullhead House

Fleckl 13
95485
Warmensteinach
Tel. 09277 / 975379
www.
bullheadhouse.de
info@
bullheadhouse.de

Öffnungszeiten
Wirtshaus:
Mittwoch bis Sonntag
11 – 22 Uhr (durchgehend warme Küche)

Verleih und Shop:
Mittwoch bis Sonntag
9 – 18 Uhr
Während der
Schulferien täglich
geöffnet
Mitte März bis
Anfang April und im
November
geschlossen

MTB-Kurse, Camps
und Reisen
Franken Aktivurlaub /
Bullhead Bike
Tel. 09251 / 8509886
www.bullheadbike.de

Oh ja. Herausfordernde, sportliche Trails? Und wie! Dass sich dazu noch ein zentral gelegenes Haus findet für alles, was das Biker-Herz begehrt, macht die Sache perfekt. Das Bullhead House wartet mit einem Gesamtangebot auf, das deutschlandweit, ja sogar darüber hinaus seinesgleichen sucht: Pension, Wirtshaus, Bike-Verleih, Bike-Shop, Zentrum für Technikkurse und Bike-Camps und ein eigener Bike-Funpark mit Technikparcours – mehr können sich ambitionierte und sportbegeisterte Biker nicht wünschen. Die Erfolgsgeschichte ist schnell erzählt: Der aus Sparneck bei Münchberg stammende Sport- und Tourismus-Experte Peter Hanke kam 2006, nach beruflichen Auslandsjahren ins Fichtelgebirge zurück und wurde auf das leer stehende Haus aufmerksam. Fasziniert von dem Ort und seinen Möglichkeiten baute er das Domizil, das vorher dem Fichtelgebirgsverein gehörte, nach seinen Wünschen um. Die schlichten, freundlichen Zimmer ziehen auch Familien mit Kindern an, die nicht Mountain-Bike fahren wollen. Das gilt ebenso für das neu eingerichtete Wirtshaus und die Küche, die mit fränkischen Klassikern, Salaten, Wraps und Burgern

(mit exklusiven Bäcker-Brötchen) vielen Gästen einen Extra-Besuch wert ist – mit oder ohne Radtour.

Als exklusiven Kooperationspartner für den Shop und den Verleih konnte Peter Hanke den Marktredwitzer Fahrradhersteller CUBE gewinnen. Schwerpunkt der vielfältigen Aktivitäten, die das Bullhead House entwickelt hat, sind die Technikkurse. In vier Stufen vermitteln speziell geschulte Trainer hilfreiche Tricks und Tipps, sowohl für Einsteiger als auch Profis. Der ab 2010 entstandene Bike-Funpark und Technikparcours ist auf das Kurssystem abgestimmt. Bike-Camps, Kids-Camps, Gipfeltouren, Downhill-Fahrten ergänzen das Angebot. Im Winter arbeitet das Bullhead House mit einem Ski- und Snowboard-Verleih zusammen. Die Seilbahn liegt vor der Haustür. Das Vergnügen kann jederzeit beginnen.

Der Quelle ganz nah

Wasser, Badeseen,
Moore, Heilquellen

von
Ronald Ledermüller

Wenn das Wasser der Donau sich mit den Wellen des Schwarzen Meeres mischt und die Elbe sich wogend in der Nordsee verliert, dann tragen ihre Fluten immer auch ein Stück Fichtelgebirge mit sich. Denn über den Höhen des Fichtelgebirges scheiden sich die Wasserläufe Europas.

Wie an einem gigantischen Dach wird das Regenwasser geteilt und in alle vier Himmelsrichtungen abgeleitet. Über zahllose Bäche fließt das Wasser aus den bewaldeten Höhen in einen der vier bekannten Quellflüsse, die im Fichtelgebirge entspringen: Der Main fließt nach Westen dem Rhein zu. Die Saale nach Norden, wo sie in der Elbe mündet, ebenso wie, die nach Osten strömende Eger. Alle drei münden schließlich in der Nordsee. Die Naab, deren Hauptquelle am Ochsenkopf entspringt, fließt gemächlich nach Süden, mündet in die Donau und schließlich im Schwarzen Meer.

Seit Urzeiten prägen Bäche und Flüsse die Landschaft des Fichtelgebirges. Sie haben tiefe Täler eingeschnitten, weite Flussauen geschaffen – und wohl auch die Menschen ins Fichtelgebirge gebracht. Viele Bach- und Flussnamen sind keltischen oder slawischen Ursprungs. Flüsse und Bäche waren in frühester Zeit die Wegweiser, an denen sich die Jäger, Sammler und Siedler orientierten.

„Das teutsche Paradeiß"

Das Bild der vier Flüsse, die in alle vier Himmelsrichtungen dem Gebirge enteilen, regte in früheren Zeiten die Phantasie der Menschen an. Denn darin gleicht das Fichtelgebirge der biblischen Beschreibung des Garten Edens. Ein Chronist der rauen Gebirgsgegend, Magister Matthias Will aus Kemnath, brachte den Vergleich im 17. Jahrhundert auf den Punkt und gab dem Fichtelgebirge den Namen „das teutsche Paradeiß". Dass sich viele der Autoren damals nicht die Mühe machten, das Fichtelgebirge tatsächlich zu erkunden, um sich selbst vor Ort ein Bild der Lage zu machen, lässt sich leicht daran erkennen, dass die meisten auch verkündeten, Main, Eger, Naab und Saale würden aus einem großen, hoch gelegenen und unzugänglichen See entspringen: dem Fichtelsee. So schön die Vorstellung auch gewesen sein mag – das ist natürlich nicht wahr. Der heutige Fichtelsee wurde erst im 16. Jahrhundert künstlich aufgestaut, um auch im Sommer genug Wasser für talabwärts gelegene Mühlen und Hammerwerke zu haben. Viele solcher Stauweiher finden sich noch heute in den Wäldern und erinnern an die lange Bergbaugeschichte des Fichtelgebirges.

Neben den Hauptquellen sind es unzählige kleine Quellen, die die vier bekannten Flüsse des Fichtelgebirges speisen und auf ihrer Reise wachsen lassen. Weit über 1000 wurden von Wissenschaftlern der nahen Universität Bayreuth in den vergangenen Jahren untersucht. Viele verdanken es ihrer versteckten Lage in den Wäldern, dass sie bis heute so natürlich dem Boden entspringen, wie vor Tausenden von Jahren. Wo einst der Markgraf mit seinem Jagdgefolge seinen Durst stillte, wo Hirten ihr Vieh zur Tränke führten oder Wanderer romantischen Pfaden folgten, sind die Quellen oft gefasst worden, meist in Granit, oft kunstvoll, manchmal einfach, immer aber liebevoll und voller Respekt vor dem lebenswichtigen Nass, das hier in reinster Form so selbstverständlich und reichlich aus dem Boden sprudelt.

Handwerk, Lebensquell, Erholung

Wasser war im Fichtelgebirge immer schon ein wichtiger Faktor für den Wohlstand der Bevölkerung. Das Holz, vor allem Brennholz, wurde aus den Wäldern über die noch kleinen Bäche und Flüsse bis nach Bayreuth geflößt. Dazu wurde das Wasser in künstlichen Stauweihern gesammelt. War ausreichend Holz im Bachbett gelagert, wurden die Stauwehre geöffnet und der Wasserschwall transportierte das Brennmaterial bis weit hinunter in die Täler. Vor allem die Hammerwerke und ihre Hammerherren waren es, die ihren Reichtum dem Wasser aus den Bergen verdankten. Das Zinn wurde mit Hilfe von Wasser aus dem Granit gewaschen. In den Flüssen fand sich sogar Gold. Über 130 Mühlen und Hammerwerke bedienten sich der Kraft des Wassers, um das Erz, das tief aus den Bergen herausgeholt wurde, zu schmieden. Im Hammerschloss Leupoldsdorf – einer

Die meisten Fischteiche im Fichtelgebirge wurden bereits im Mittelalter angelegt. Besonders der Karpfen war ein wichtiges Nahrungsmittel. Hunderte davon haben sich in der Landschaft – teils versteckt im Wald gelegen – erhalten. Sie werden noch immer genutzt und sind wichtige Lebensräume für Insekten und Amphibien.

Infostelle des Naturparks Fichtelgebirge – kann man Macht und Reichtum der Hammerherren noch heute erahnen (siehe Seite 81).

Weitreichend sorgt der Wasserreichtum des Fichtelgebirges für das Wohl der Menschen. Im weiten Umland versorgt das Gebirge Tausende von Menschen noch heute mit Trinkwasser. Sogar die Städte Bayreuth und Hof beziehen einen guten Teil ihres Wassers aus dem Fichtelgebirge – und brauen damit ihr bekannt gutes Bier. Auch die Fischerei hat im Fichtelgebirge eine entsprechend lange Tradition. Tausende Teiche wurden dazu künstlich angelegt. Der größte davon, der Weißenstädter See, versorgte den Hof des Markgrafen in Bayreuth über Jahrhunderte mit Karpfen, Schleien und Hechten. Alle zwei Jahre wurde der See abgefischt und die Ernte mit 26 Ochsenfuhrwerken nach Bayreuth gebracht. Heute ist der See ein Eldorado für Segler, Surfer und Sonnenanbeter. In den Teichen, Bächen und Flüssen können Angler noch heute einen guten Fang machen: Bach- und Regenbogenforellen, Hechte, Aale und Aalrutten, Mühlkoppen, Brachsen und Barsche und sogar das seltene Bachneunauge sind in den klaren, kühlen Gewässern zuhause. Der Äsche mit ihrer schillernd bunten Rückenflosse verdankt die nahe Selb gelegene tschechische Stadt Asch wohl ihren Namen. Ein wahrer Schatz sind die Perlmuscheln, die in einigen wenigen Flüssen des Fichtelgebirges leben.

Wasser und Festkultur

Das landschaftlich sicher beeindruckendste Flusstal des Fichtelgebirges ist das Wellertal zwischen Neuhaus und Hohenberg, in dem Wanderer und Radfahrer auf einem gut ausgebauten und bequemen Weg die Eger ein Stück weit auf ihrer Reise begleiten können. Sie hat sich hier im Laufe von Jahrhunderttausenden an beiden Talseiten steile Granitklippen freigespült, die wie Monumente die Ufer säumen.

Einmal im Jahr wird der Mühlgraben bei Röslau geöffnet. Dazu pilgern die Einheimischen aus nah und fern herbei und feiern ein fröhliches Fest. Einst trieb das Wasser das Rad der nahen Thusmühle an. Der Name hat seinen Ursprung vermutlich im Tosen des Wassers, das über die Felsklippe stürzt. Die Quelle der Eger liegt hoch droben am Nordwesthang des Schneebergs (unten).

Flussaufwärts ist in den letzten Jahren wieder eine natürliche Flusslandschaft entstanden, wie sie in Deutschland selten geworden ist. Begradigungen und Verbauungen wurden entfernt. Fischotter, Biber, Libellen und seltene Vogelarten wie der Eisvogel haben wieder einen Lebensraum gefunden. Dem Flüsschen Rösla haben die Einheimischen bei Arzberg den Namen „G'steinigt" gegeben, dort wo das „ewige Rauschen" des Flusses über die Felsen strömt. Ein besonderes Schauspiel ist das alljährliche „Thusfest" in Röslau. An diesem Tag wird ein alter Mühlgraben geöffnet und das Wasser der Eger stürzt in einem Fall tosend ins Tal.

Bis in unsere Zeit ist das Wasser für die Menschen, die im Fichtelgebirge leben oder sich hier erholen, von großer Bedeutung. In vielen Dörfern verfügten die Bauernhöfe früher zwar nicht über große Erträge aus ihren Wiesen und Feldern, doch aber über den Luxus eines eigenen Brunnens. Die Achtung und den Wert des Wassers für die Menschen hat das Wunsiedler Brunnenfest bis heute bewahrt. 26 historische Brunnen finden sich im Stadtgebiet, die jedes Jahr am Samstag nach dem Johannistag mit Blumen geschmückt werden – als Dank und zur Erinnerung, dass sie nach einer langen Dürreperiode am Johannistag wieder zu fließen begonnen haben sollen.

Sagenhafte Moore

Die größten Moore Nordbayerns finden sich im Fichtelgebirge. Dazu gehören einerseits die uralten Hochmoore, andererseits große Niedermoore im Bereich der Flussauen. Zug um Zug werden die Moore renaturiert, damit sie ihre wichtigen Funktionen wieder erfüllen können. Denn sie sind ebenso wertvolle Lebensräume für seltene Tiere und Pflanzen wie effektive CO_2-Senken im Kampf gegen den Klimawandel. Zum Teil ist es möglich, bei Wanderungen diese einzigartigen Landschaften zu erleben. Ein direktes Betreten der Moorbereiche sollte man unbedingt vermeiden. Denn die dort lebenden Pflanzen sind sehr empfindlich und in intakten Moorbereichen kann man durchaus so tief einsinken, dass man ohne fremde Hilfe sich nur schwer wieder befreien kann.

Fichtelseemoor

Vom Wanderparkplatz Seehaus, direkt an der B 303 gelegen, führt ein Wanderweg direkt durch das Moor. Seine heute noch bis zu sechs Meter hohe Torfschicht lässt darauf schließen, dass das Moor rund 10.000 Jahre alt ist. Direkt am Wegrand sind Borstgrasrasen, Rausch- und Moosbeere, Wollgras, Orchideen und die seltenen Spirken – eine sehr seltene Kiefernart, die speziell an Hochmoore angepasst ist – zu sehen.

Zeitelmoos

Zwischen Wunsiedel, Vordorf und Röslau gelegen. Wanderparkplatz direkt an der Kreisstraße. Von dort führen mehrere Wanderwege mit schönen Ausbli-

cken durch das ehemals größte zusammenhängende Hochmoorgebiet. Um das Zeitelmoos ranken sich viele Sagen und Mythen, von Moosweiblein, Irrlichtern und vom „Wilden Jäger".

Ehewald

Zwischen Tröstau und Nagel fährt man direkt am Rand des Moores entlang. Das ehemals trocken gelegte Moor wird seit einigen Jahren wieder abgedichtet und vernässt. Teile des neu entstehenden Moores leuchten im Sommer rot durch dichte Teppiche des fleischfressenden Sonnentaus. Rund um Nagel führt der Rundweg „Das teutsche Paradeiß" mit Infotafeln über Tiere, Pflanzen und Geschichte durch die Kulturlandschaft und bietet auch Einblick in das Moor.

Häuselloh

Am südöstlichen Ortsrand von Selb liegt die Häuselloh. Bis in die 1970er Jahre wurde hier Torf für Heilanwendungen in Bad Alexandersbad abgebaut. Heute darf sich das Moor wieder natürlich entwickeln. Ein Schausteinbruch, Lehrpfade und Infotafeln informieren über den ehemaligen Granitabbau am Rand des Moores. Alljährlich findet ein großes Köhlerfest beim ehemaligen Forsthaus statt, bei dem eine Woche lang die Meiler qualmen wie vor Jahrhunderten üblich.

Moorbad Fleckl

Ein echter Geheimtipp für ein wirklich hautnahes Moorerlebnis ist das Moorbad in Fleckl. Es ist direkt von Fleckl oder von den Warmensteinacher Ortsteilen Grassemann oder Geiersberg zu erreichen. In einem abgegrenzten Bereich darf man hier direkt ins Moor steigen und sich genüsslich im Torf suhlen. Nebenan lädt ein Badeteich ein, um im dunklen Moorwasser zu schwimmen. Umkleidekabinen und Duschen, Liegewiese und Spielplatz sind vorhanden.

Seltene Pflanzen wie die Teichrose oder der Sonnentau finden sich in den Gewässern und Mooren des Fichtelgebirges. Ein hautnahes Moorerlebnis im wahrsten Sinne bietet das idyllisch gelegene Moorbad in Fleckl (unten).

Naturbadeteiche und Seen im Fichtelgebirge

Schwimmen wie ein Fisch, naturnahe Erholung, Wassersport – Im Fichtelgebirge ist das im Einklang mit schönster Natur möglich. Einige Highlights:

■ Fichtelsee: Sonnenplätze am naturbelassenen Ufer, Spielplatz im Wald, Restaurant mit Sonnenterrasse, Bootsverleih.

■ Nagler See: Liegewiesen, Kiosk, Wasserspielplatz, Bootsverleih, Umkleide.

■ Weißenstädter See: Liegewiesen, Beachvolleyball, Basketball, Sandstrand mit Wasserspielplatz, asphaltierter Weg rund um den See, Segel- und Surfmöglichkeit.

■ Waldbad Bad Alexandersbad: Liegewiesen, Beachvolleyball, Kleinkinderspielplatz, Kiosk, Duschen, Umkleide.

■ Kösseinebad Waldershof: Liegewiesen, Kiosk, Duschen und Umkleide, Spielplatz, Sprungtürme, Rutsche, Boccia, Beachvolleyball, Tret- und Ruderbootverleih.

■ Langer Teich in Selb: Liegewiesen, Sport- und Spielplätze, bewirtschafteter Kiosk, Duschen und Umkleide.

Nagler See und Fichtelsee waren einst Wasserspeicher für die zahlreichen Hammerwerke. Ihr Wasser stellte sicher, dass deren Räder sich auch im Sommer drehen konnten, um das Eisen aus den Bergen des Fichtelgebirges schmieden zu können. Heute sind es beliebte Ausflugsziele, wo man schwimmen und Boot fahren kann.

Zahlreiche Naturbade-seen und -teiche bieten Naturerlebnis und Badespaß bei bester Wasserqualität: Feisnitz-Speicher (rechts), Waldbad Schiedateich (Mitte links), Kipp (Mitte rechts), Weißenstädter See (unten).

■ Waldbad Tröstau (Petzelweiher): Liegewiesen, Umkleide, Kiosk – (noch?) ein Geheimtipp.

■ Feisnitz-Stausee bei Arzberg: Liegewiesen, Sandstrand, Kinderspielplatz, Umkleide, Gaststätte mit Sonnenterrasse.

■ Waldbad Schiedateich, Schwarzenbach/Saale: Wasserrutschen, Sprunganlage (1m und 3m), integrierte 50-Meter-Bahn, abgegrenzter Kinderbereich, große Spiel- und Liegewiese, Duschen und Umkleide, Abenteuerspielplatz mit Seilbahn, Spielbereich für Kleinkinder, Kiosk.

■ Waldbad „Kipp", Wiesau: Liegewiese, Sandstrand, Tischtennis, Beachvolleyball, Sprungbrett, Kiosk, Umkleide – eine Perle unter den Waldbädern, lohnt einen Abstecher in die Oberpfalz.

Heilquellen im Fichtelgebirge

Vulkanismus hat vor Millionen von Jahren die Grundlage für die Heilquellen im Fichtelgebirge geschaffen. Ihre wohltuende Wirkung lockt seit Jahrhunderten Besucher in die Region. In Bad Alexandersbad kurierte einst der europäische Hochadel seine großen und kleinen Wehwehchen. Das Schloss und der weitläufige Kurpark mit dem Brunnentempel wurden vom letzten Bayreuther Markgrafen Alexander geschaffen.

Das Massiv des Fichtelgebirges steht auf einer bewegten Scholle. Vor etwa 20 Millionen Jahren wurden die Alpen in die Höhe gedrückt. Mit ihnen wölbte sich auch ein langer Streifen der Erdkruste auf, der von der tschechisch-polnischen Grenze über Nordböhmen bis ins Egerland, das Fichtelgebirge und den Oberpfälzer Wald reicht. Tief im Inneren der Erde entstanden dabei Risse, an denen Magma aus dem Erdinneren emporstieg. Die südlich des Fichtelgebirges liegenden Vulkane, wie etwa der Raue Kulm, der Teichelberg oder der Parkstein entstanden.

Noch heute bewegt sich hier die Erde und fördert an einigen Stellen besondere Naturschätze zu Tage: Quellen, die mit Mineralien und Kohlensäure aus den Tiefen der vulkanisch bewegten Erde aufsteigen. Sie stehen geologisch in direktem Zusammenhang mit den weltberühmten Heilquellen im tschechischen Bäderdreieck Karlsbad, Marienbad und Franzensbad. Seit Jahrhunderten nutzen Einheimische und Gäste des Fichtelgebirges ihre Heilkraft. Besonders die Quellen in Bad Alexandersbad haben den Kur- und Gesundheitstourismus ins Fichtelgebirge gebracht.

Bad Alexandersbad

Entdeckt wurde die Heilquelle in Bad Alexandersbad am 19. Mai 1734 durch den Bauern Brodmerkel und seinen Knecht Lippert. Im Tal unterhalb des Dorfes Sichersreuth fanden sie das auffällig braun gefärbte und säuerlich schmeckende Wasser. Sie legten die Quelle frei und tranken daraus. Der kranke Bauer wurde dadurch gesund. Die Nachricht von der heilsamen Wirkung des Brunnens erreichte kurz darauf den Bayreuther Markgrafen Georg Friedrich. Ein erstes Brunnenhaus wurde errichtet. Erst sein Nach-

folger, Markgraf Alexander, der letzte Bayreuther Markgraf, baute den Kurort 1783 rund um die Quelle weiter aus, mit Schloss, Badehaus, Alleen und Parkanlagen, und verlieh dem neu entstandenen Ort seinen Namen. Das kleine Heilbad lockte daraufhin bis zum ersten Weltkrieg die Reichen und Schönen jener Zeit inklusive des europäischen Hochadels ins Fichtelgebirge. Am bekanntesten ist der mehrwöchige Aufenthalt des preußischen Königspaares Luise und Friedrich Wilhelm III. im Jahr 1805 mitsamt Kindern und Hofstaat. Oft kamen die Gäste zur Nachkur aus den böhmischen Bädern angereist. Den Aufenthalt in Bad Alexandersbad beschrieb ein Kurgast des 19. Jahrhunderts mit den Worten: „Es ist als wehete von ringsumher, ein süßer Friede Dir entgegen." Heute entwickelt sich das Heilbad rund um den historischen Ortskern aus der Markgrafenzeit zu einem modernen Gesundheits- und Tourismusort mit dem noch immer sprudelnden, stark eisenhaltigen Heilwasser und Naturmoor als Heilmittel (siehe Seite 270).

Carolinenquelle, Hohenberg an der Eger

Direkt am Ufer der Eger, am Fuße des steilen Burgberges, sprudelt in Hohenberg die Carolinenquelle aus dem Boden. Schon um 1600 war die Heilwirkung des ebenfalls stark eisenhaltigen und mit natürlicher Kohlensäure aus der Tiefe versetzten Wassers bekannt. Die Bayreuther Markgrafen, Kurfürsten und Könige genossen das Wasser. Anfang des 19. Jahrhunderts gab es sogar Pläne, einen Kurbetrieb aufzunehmen, die aber aus Geldmangel wieder fallen gelassen wurden. Das Wasser wurde bis 1979 in Krüge abgefüllt und als Hohenberger Sprudel vertrieben. Unter einem neu errichteten Holzpavillon können

Eine Radonquelle und die erst im Jahr 2014 erbohrte Thermalsolequelle bilden die Grundlage für den aufstrebenden Gesundheitstourismus in Weißenstadt. Das neue Kurzentrum am Ufer des Sees bietet modernste Kur- und Gesundheitseinrichtungen.

Besucher das Wasser heute frei und kostenlos zapfen und genießen.

Kothigenbibersbach

Ein weiterer „Sauerbrunnen", wie die kohlensäurehaltigen Heilquellen im Fichtelgebirge von den Einheimischen genannt werden, entspringt in einer flachen Talmulde am Rande des Thiersheimer Ortsteiles Kothigenbibersbach. Auch diese Quelle wird schon seit dem 17. Jahrhundert wegen ihrer Heilwirkung weit gerühmt. Ihr Mineralgehalt und die enthaltenen Gase lassen darauf schließen, dass sie in direktem Zusammenhang mit den Quellen in Hohenberg und Bad Alexandersbad steht.

Radonquellen

Radon ist ein radioaktives Edelgas. In Gebirgen mit Urgesteinen, wie dem Fichtelgebirge, Bayerischen Wald oder Erzgebirge, entsteht das Gas beim Zerfall des von Natur aus in geringen Mengen vorhandenen Uran. In bestimmten Quellen kann es sich anreichern und für Heilzwecke genutzt werden. Radon gilt als natürlicher Jungbrunnen, da es die Zellteilung anregt. Des Weiteren wird es zur Schmerzlinderung, bei Morbus Bechterew und zur Linderung bei Atemwegserkrankungen eingesetzt. Drei Quellen sind seit längerer Zeit wegen ihrer hohen nutzbaren Radonkonzentration bekannt: Die Ahornquelle am Ochsenkopf in der Nähe von Fichtelberg / Neubau, das „böse Wasser" am nördlichen Stadtrand von

Wunsiedel und schließlich die Radonquelle in Weißenstadt. Letztere gab den Ausschlag für den Bau des modernen „Kurzentrums Weißenstadt am See" im Jahr 2007 (siehe Seite 266).

Thermalquelle Weißenstadt

In 1835 Metern Tiefe war es soweit. Bei einer gezielten Bohrung am Westrand des Weißenstädter Sees, stießen Experten im Jahr 2014 auf eine mineralreiche Thermalquelle, die mit über 35 Grad Celsius die Oberfläche erreicht. Die Quelle soll ab Ende 2016 das neue Kurzentrum „Siebenstern" in Weißenstadt mit heilkräftigem Wasser versorgen (siehe Seite 266).

Bad Berneck

Aus den gesammelten Kräften der Fichtelgebirgsnatur speisen sich die heilenden Anwendungen, die in Bad Berneck seit dem Jahr 1857 angeboten werden: heilsame Stille in reiner, würziger Waldluft, klares Gebirgswasser in Fluss-, Wannen-, Loh-, Salz-, Stahl- und Fichtennadelbädern. Aus heimischen Heilkräutern wurde ein eigener Heiltrank, die so genannte Molke, hergestellt und den Gästen angeboten. Als anerkannter Kneipp-Kurort rundet der Traditionskurort am Westrand des Fichtelgebirges das Gesundheitsangebot der Region ab.

Mystische Quellen

Eine besondere Heilwirkung bei Kopf- und Zahnschmerzen sowie bei Augenleiden soll der Konradsbrunnen in der Nähe des Golfhotels Fahrenbach bei Tröstau haben – zumindest glaubten das die Einheimischen früher. Neben der noch heute vorhandenen Quelle stand bis ins 16. Jahrhundert die St. Conrads-Kapelle. Zu Kapelle und Quelle und zu einem alten Birnbaum daneben sollen Wallfahrten stattgefunden haben. Der Birnbaum galt den Einheimischen ebenfalls als abergläubische Wallfahrtsstätte und wurde mit Wunschzetteln, Pflöcken und Einritzungen versehen. Es scheint gut möglich zu sein, dass die Verehrung der Quelle und des Baumes auf vorchristliche Traditionen zurückging und der Bau der Kapelle ein Versuch war, die Verehrung auf das christliche Glaubensgebäude umzulenken.

Ankommen, Durchatmen, Wohlfühlen

Harmonisch bettet sich das Kurzentrum Weißenstadt am See in das Tal der Eger ein. Es ist ein Stimmungsbild, das die wohltuende Wirkung des ganzen Ortes spiegelt.

**Kurzentrum
Weißenstadt am See**

Im Quellenpark 1
95163 Weißenstadt
Tel. 09253 / 95450
www.kurzentrum.com
weissenstadt@
kurzentrum.com

Eröffnung
Herbst 2016:
Kurzentrum
Siebenstern
GmbH & Co. KG
Schillerstraße 27
95163 Weißenstadt
Tel. 09253 / 9540700

Gesund bleiben, Gesundheit fördern, Krankheit vorbeugen – Innehalten, sich auf sich selbst besinnen, sich verwöhnen lassen… Keine andere Destination im Fichtelgebirge widmet sich dem gesundheitsbewussten Gast so umfassend wie das Kurzentrum Weißenstadt am See.

Unter einem Dach bietet das 4-Sterne-Hotel alles rund um den Verwöhn- und Gesundheitsurlaub: behaglich eingerichtete Zimmer, regionale abwechslungsreiche Küche im Restaurant mit Blick auf den See sowie eine großzügige Schwimmbad- und Saunalandschaft zum Erholen und Kraft tanken. Der Gast kann aus vielfältigen Gesundheits- und Therapieangeboten wählen: Freiburger Naturfangopackungen, Massagen, Fußreflexzonenmassagen, Sprudelwannenbäder, Krankengymnastik, manuelle Therapie, Elektrotherapie u.v.m. Das ortsgebundene Naturheilmittel Radon kommt in Wannenbädern, bei Inhalationen, Trinkkuren und im deutschlandweit einmaligen Heilwasser-Bewegungsbecken

zum Einsatz. Die Ganzkörperkältekammer mit minus 110°C sorgt für einen kräftigen Energieschub und wird daher auch bei Leistungssportlern zur Leistungssteigerung sowie Regeneration genutzt. Aber auch lang andauernde Schmerzzustände, Hautirritationen, Schlafstörungen oder Rheumatiker erhalten hierbei Linderung. Die Angebotsvielfalt wird ergänzt durch die Carbovasal-Intensivtherapie, die bei Durchblutungsstörungen und auch

Naturfangopackungen, Wohlfühlbäder, Heilwasserbewegungstherapie – eine Vielfalt an Verwöhn- und Therapieangeboten stehen den Gästen im Kurzentrum Weißenstadt am See zur Verfügung.

zur Entschlackung eingesetzt wird. Für Unterstützung und Motivation stehen ein Ärzteteam, seelsorgerische-geistliche Hilfe und eine Ernährungsberaterin zur Seite.

Für die kleine Auszeit zwischendurch oder auch als Geschenk empfiehlt sich ein Verwöhnwochenende mit Wohlfühlmomenten und Candle-Light-Dinner im „Seeparée".

Wohlfühlen in neuer Dimension

Ob für einen Mehrtages- oder Wochenaufenthalt oder auch als Tagesausflug: Seit der Eröffnung 2007 steht das Kurzentrum Weißenstadt am See allen Gästen offen. Erweitert wird das vielfältige Angebot durch ein Gesundheitshotel einer neuen Dimension. Unweit vom Kurzentrum Weißenstadt am See entsteht bis Ende 2016 – so die Planungen – das Kurzentrum Siebenstern. In Kombination bilden beide Häuser den touristischen Leitbetrieb in der Wohlfühl- und Vitalregion Fichtelgebirge.
Schon heute dürfen sich die Gäste auf ein bundesweit einmaliges Balneo-Angebot freuen. Ein Außenbecken mit Wässern beider Heilquellen und die „Gesundzeitreise"– eine einzigartige Kombination aus Gesundheitsbädern und Anwendungen in einer Reise durch die Jahrhunderte – Licht, sanfte Klänge, wohlige Düfte und warme Heilbäder stellen die Entschleunigung noch mehr in den Vordergrund. Hinzu kommen ein Beauty- und Spa-Bereich mit Rasul und Hamam, Therapiebereich mit eigenem Thermal-Heilwasser, Innensaunen mit Innen- und Außenpool sowie Saunabistro, ein Saunadorf, 1000 qm zusammenhängende Wasserfläche im Thermalbad, Ruhebereiche, Fitness-Studio, Kochschule, à la carte Restaurant – eine Infrastruktur, die ihresgleichen sucht.

Auch dank des Netzwerkes, das die Betreiber mit Genussanbietern der Region geknüpft haben, u.a. mit Kräuterexperten und dem Weißenstädter Unternehmen PEMA, lässt sich die Wohlfühl- und Vitalregion hier von ihrer besten Seite erleben.

Ende 2016 wird das Kurzentrum Siebenstern eröffnet – ein einzigartiges Infrastrukturprojekt für das Fichtelgebirge, das keine Wünsche offen lässt. 4-Sterne-Gesundheitshotel mit à la carte Restaurant und Kaminlounge, Thermen- und Saunalandschaft, Fitness Studio, Therapieabteilung, Beauty- und Spabereich, Gesundzeitreise, Hamam und Rasul u.v.m.

Ofengemüse mit süßsaurem Avocadodip

von Markus Wenning, Kurzentrum Weißenstadt am See

Zutaten für 4 Personen

Ofengemüse:

½ Hokaidokürbis

1 Rote Beete

2 Süßkartoffeln

2 Fenchel

3 Paprika

1 Aubergine

2 Zucchini

Frischer Rosmarin

Frischer Thymian

Salz, Pfeffer, Olivenöl

Für den Avocadodip:

2 Avocado

1 Mango

Saft von 1 Limette

Frischer Koriander

Salz, Pfeffer

Zubereitung

Das Gemüse waschen und in mundgerechte Stücke schneiden, mit Olivenöl, Salz, Pfeffer, gehacktem Rosmarin und Thymian mischen. Das Ganze in eine Backform geben und bei ungefähr 200 Grad ca. 20 Min. garen lassen. Nach 20 Min. das Gemüse auf Bissfestigkeit prüfen.

Für den Dip die Avocado entkernen und das Fruchtfleisch mit einem Löffel aushöhlen. Das Fruchtfleisch mit einer Gabel zerdrücken. Die Mango schälen und den Kern entfernen. In feine Würfel schneiden. Den Limettensaft und die Mango zu der Avocado geben. Den Dip mit frischem gehackten Koriander sowie Salz und Pffer abschmecken. Den Dip in einer Schale zu dem Ofengemüse servieren.

Prävention pur

Wo könnte es in Nordbayern den am besten geeigneten Ort geben, um ein Kneipp- und Gesundheitshaus zu eröffnen, fragte sich Johanna Enache-Wigger, bis sie 2009 mit ihrem Mann, dem Sportphysio-Therapeuten Radu Enache, vor dem damals noch städtischen Kurmittelhaus in Bad Berneck stand.

Das Team des Gesundheitshauses „radus" im Fitnessraum. Kneipp-Anwendungen sind Johanna Enache-Wigger (2.v.l.) besonders wichtig.

Die einmalige landschaftliche Lage – eingebettet in das romantische Ölschnitztal zwischen Hoher Warte (547m) und Königsstuhl (565m) und umgeben von dichten Wäldern – mochte sie schon als Kind und Jugendliche. Durch ihre Ausbildung zur medizinischen Kneippbademeisterin und ihre Zeit am Bad Kissinger Klinikum hat sie sich ein fundiertes Wissen rund um die Themen Heilen, Kneippen und Kuren erarbeitet. Aus dem Wunsch dieses Wissen weiterzugeben, wagte sie mit ihrem Mann den Schritt, das Kurmittelhaus in ihrem Heimatort zu erwerben und zu renovieren, um es im Frühjahr 2010 als Kneipp- und Gesundheitshaus „radus" wiederzueröffnen.

„Unser Engagement hat sich gelohnt. Wir können uns keinen idealeren Ort für unsere Kunden vorstellen, Körper, Seele und Geist in Einklang zu bringen", lautet die Überzeugung der Masseurin. Man ist überrascht – hinter der Fassade des nüchternen 70er Jahre-Baus hat das Ehepaar einen echten Wohlfühlort geschaffen. Neben der physiotherapeutischen Praxis gibt es eine medizinische Sauna mit Außenatrium, Seminarräume und demnächst einen medizinischen Fitnessbereich. Die Kneipptherapie, die Johanna Enache-Wigger besonders am Herzen liegt, ist nicht nur nach 150 Jahren ein unverändert zeitloses und ganzheitliches Naturheilverfahren, sondern auch in ihren eigenen Worten „Prävention pur!" Die fünf Komponenten der Kneipp'schen Lehre – Wasseranwendungen, gesunde und angepasste Bewegung, Heilpflanzen, zeitgemäße Ernährung und ausgleichende Entspannung – zielen primär darauf, die Gesundheit des Menschen zu erhalten. Dementsprechend spiegeln sie sich im Angebot der Praxis wider: Kneippgüsse, Rückenmassagen mit Wacholderöl, Bernecker Fangopackungen, geführte Wanderungen z.B. durch den Dendrologischen Garten nach Goldmühl, spezielle Leberwickel im Rahmen einer Fastenwoche oder Heublumenfußbäder. Dabei nimmt sich das Team vom Kneipp- und Gesundheitshaus „radus" für seine Kunden vor allen Dingen Zeit, damit diese an einem Wohlfühlort inmitten einer einmaligen Landschaft vollkommen von der Hektik des Alltags abschalten und entspannen können.

Kneipp- und Gesundheitshaus „radus"

Selbständige Praxis für alle Kassen und Privatanwender
Maintalstraße 127
95460 Bad Berneck
Tel. 09273 / 5575
www.radus-gesundheit.de
info@radus-gesundheit.de

Termine nach Vereinbarung

„Die Natur ist die beste Apotheke"
– Sebastian Kneipp

Neustart mit großer Geschichte

Bad Alexandersbad ist das kleinste bayerische Heilbad, die Gemeinde zählt etwa 1200 Einwohner und lässt sich auf der Markgrafenstraße bequem in 15 Minuten durchqueren. Beim Durchfahren deutet im Sommer 2014 noch nicht viel darauf hin, dass hier ein Jahrhundert-Projekt im Gange ist, aber Bad Alexandersbad erfindet sich gerade neu. Ein modernes Kurmittelhaus, der Umstieg auf autarke Energieversorgung und der Wiederaufbau des Historischen Badehauses sind Meilensteine, die die gesamte Gemeinde optimistisch in die Zukunft blicken lassen.

Gemeinde- & Gästeservice

Kurverwaltung
Markgrafenstr. 28
95680
Bad Alexandersbad
Tel. 09232 / 99250
www.
badalexandersbad.de
info@
badalexandersbad.de

Das neue Kurmittelhaus ist wirtschaftlich betrachtet der wichtigste Part des Großprojektes. Es ist nach der Fertigstellung im Jahr 2016 direkt mit dem Alten Kurhaus, der ersten bayerischen „Kaltwasserheilanstalt" aus dem Jahr 1838, verbunden und ist mehr ein großes Wohlfühlhaus mit Wellness- und Therapieangeboten als eine „Heilanstalt". Wellness als Nervenbalsam und Kuranwendungen, zum Beispiel mit hochwirksamen Moorpackungen und Moorbädern, stehen im Mittelpunkt des auf Vorbeugung und Therapie ausgerichteten Angebotes.

Die Gemeinde präsentiert sich jedoch nicht nur als Bade- und Kurort. Sie macht auch durch überregional bedeutende Bildungs- und Tagungsstätten, ein umfangreiches Kulturprogramm und als

Mehrgenerationen-Ort auf sich aufmerksam.

Während Markgraf Friedrich Alexander als Gründer des Badeortes in die Geschichte einging – er baute die Anlage ab 1781 aus –, so ist Bürgermeister Peter Berek die Neuausrichtung des Ortes im 21. Jahrhundert gelungen. Der Verwaltungsfachwirt holte seit 2008 stattliche Fördermittel in den kleinen Ort und beteiligte die Bürgerschaft basisdemokratisch am Entscheidungsprozess. Die Alexandersbader redeten beim Masterplan mit und sind zudem Betreiber ihrer eigenen Energieversorgung.

Natürliche, nachwachsende Ressourcen sorgen für Strom und warmes Wasser: Eine topmoderne Heizanlage verfeuert Biogas und Hackschnitzel aus qualitativ

Bad Alexandersbad entwickelt sich vom historischen Kurort zum modernen Dienstleistungszentrum. An der zentralen Luisenburgallee, die bis zur Luisenburg führt, sind die Perlen des Kurortes aufgereiht. Der Kurbetrieb erlebt im 21. Jahrhundert eine Renaissance. Während ein Verein das alte Badehaus (im Bild auf Seite 270 unten links) wiedererrichtet, entsteht im ersten Bioenergie-Heilbad Deutschlands in unmittelbarer Nachbarschaft zum Alten Kurhaus bis 2016 das neue Kurmittelhaus (oben), ein Meilenstein der Gesundheits- und Wohlfühlregion Fichtelgebirge.

minderwertigem Holz des Fichtelgebirges. Sparsame LED-Leuchtmittel senkten die Energiekosten um 20.000 Euro jährlich und tragen dazu bei, dass die Allee mit den wie an einer Perlenkette aufgereihten Attraktionen stimmungsvoll illuminiert wird.

Auf der anderen Seite der Kuranlage renoviert die Gemeinde das Markgräfliche Schloss. Die Räume bieten Platz für die Akademie für Osteopathie. Der Stufengarten vor dem Schloss wird rundum erneuert, ebenso die Anlage auf der Rückseite mit ihren versteckt gelegenen Kleinodien: Musikpavillon, Schwanenweiher, Wanderwege, Ruheplätze. Da in einem Weiher das Froschkraut gedeiht, einmalig in ganz Bayern, wurde das idyllische Fleckchen als Naturparkfläche neu gestaltet. Hier unten befindet sich auch die wohltätig wirkende Heilquelle, in deren Wasser schon Königin Luise anno 1805 gebadet hat. Der Kohlensäure-Gehalt ist gut für den Stützapparat, bei rheumatischen Beschwerden, Herzschwäche und wird heute unter anderem auch für Wohlfühlbäder eingesetzt.

Das hinter der Quelle gelegene Badehaus, 1842 errichtet und 1965 abgebrochen, ist

Quelle und Badhäuser des Alexandersbads.

gerade den Bürgern eine Herzenssache. Ein Verein hat das Projekt angepackt, wertvolle Steine gesichert und Spenden für den Wiederaufbau, der bis 2016/2017 realisiert wird, gesammelt. Das Badehaus soll als Trink- und Wandelhalle dienen. In der Mitte des Hauses wird ein Altar für Hochzeiten seinen Platz finden. Damit kehrt, unter neuen Vorzeichen, etwas von der alten Magie zurück.

Historische Ansicht mit den alten Badehäuschen am Quellenplatz.

Bildung für den ganzen Menschen

Damit Menschen sich in ihren Fähigkeiten bestmöglich entfalten können, braucht es einen geeigneten Rahmen.

Evangelisches Bildungs- und Tagungszentrum Alexandersbad

Markgrafenstr. 34
95680
Bad Alexandersbad
Tel. 09232 / 99390
www.
ebz-alexandersbad.de
info@
ebz-alexandersbad.de

Der ehemalige Bremer Bürgermeister Dr. Henning Scherf spricht im Rahmen der „Sozialpolitischen Gespräche" über die Herausforderungen und Chancen einer älter werdenden Gesellschaft: „Grau ist bunt".

„Lernen im Grünen" ist eine der positiven Bedingungen, mit denen das Evangelische Bildungs- und Tagungszentrum Alexandersbad, kurz EBZ, eine förderliche Atmosphäre schafft. Durch seine vielfältige Arbeit gibt das EBZ Impulse zur Entfaltung des Lebens: für den Einzelnen und für das Gemeinwesen in Gesellschaft und Kirche. Die regionale Verwurzelung ist den Alexandersbadern dabei besonders wichtig.

Regionale Verantwortung

Die Verbindungen reichen zurück zu der 1958 eingeweihten evangelischen Volkshochschule und späteren Heimvolkshochschule. Die Entstehung wurde getragen von einer breiten Bevölkerungs-schicht im ländlichen Raum, darunter Bauern, Industriearbeiter und Kirchenvertreter, namentlich auch von dem Fabrikanten Ferdinand Winterling. Dieser Hintergrund prägt bis heute die regionale Verantwortung des EBZ, auch wenn sich gesellschaftlich viel verändert hat.

Mit dem Neubau und der Erweiterung wurde 1998 das jüngste Kapitel aufgeschlagen.

Ein zentrales Anliegen des Bildungszentrums ist der gut umsorgte Gast. Dem Anspruch wird das Haus mehr als gerecht: mit Blick auf die gute Küche (immer mehr regional, bio, fair), die moderne Tagungstechnik, durch großzügige Räumlichkeiten und die ebenso schlichte wie geschmackvolle Ausstattung. Das EBZ

steht für Tagungen offen und beherbergt als Tagungshaus viele kirchliche und institutionelle Gruppen. Des Weiteren wendet es sich mit Bildungsangeboten an die Allgemeinheit; Themen und Problemlösungen für die ländliche Bevölkerung setzen einen Schwerpunkt. Das Programm umfasst bis zu 100 Veranstaltungen pro Jahr, die wochenweise, am Wochenende oder an einem Tag stattfinden. Rhetorik, Tanz, Film, Fotografie, Persönlichkeitsbildung gehören dazu, aber auch geistliche Themen, Politik, Ökonomie und Ökologie, wobei die Vermittlung jeweils ganz konkret ausgerichtet ist auf die Fragen und Interessen der Teilnehmer. Für das Fichtelgebirge seien Themen wie demographischer Wandel, Energiegenossenschaften, erneuerbare Energien und Tourismus von großer Bedeutung, sagt der Leiter des EBZ, Pfarrer Andreas Beneker. „Wir tun, was der Region dienlich ist und bieten einen Raum, in dem Menschen mit Tiefgang und Leichtigkeit Wesentliches besprechen können."

Auch für Kreativität, Sport, Lesen und Andachten sowie Musik hat das EBZ gute Voraussetzungen geschaffen. Die Lage im Grünen lenkt nicht ab, sondern regt den Gedankenfluss an. Der stellvertretende Leiter Dr. Joachim Twisselmann drückt es so aus: „Zur Ruhe kommen, heißt auch zum Thema kommen."

Als Ort öffentlicher Verständigung arbeitet das EBZ grenzübergreifend, so etwa mit deutsch-tschechischen und ökumenischen Begegnungen, vielen Gästen aus den benachbarten Bundesländern Thüringen und Sachsen und immer auch an der Schnittstelle zwischen Kirche und säkularer Welt. Zwei evangelische Landessynoden tagten hier in den letzten Jahren, die Reihe prominenter Referenten aus Politik, Wissenschaft, Wirtschaft und Kultur ist lang. Gemeinsam mit der Region setzt sich das EBZ dafür ein, dass das Haus auch in Zukunft ein „Glücksort mit bundesweiter Ausstrahlung" bleibt, wie es Andreas Seiverth, der Geschäftsführer der Deutschen Ev. Arbeitsgemeinschaft für Erwachsenenbildung, einmal formulierte.

Lernen im Grünen: helle, freundliche Räume und eine hochwertige Ausstattung – das anspruchsvolle Konzept des EBZ zieht sich durch alle Räume des Hauses. Träger der Bildungseinrichtung ist der gemeinnützige „Verein der Evangelischen Bildungszentren im ländlichen Raum in Bayern". Die Bayerische Evangelische Landeskirche und das Landwirtschaftsministerium unterstützen die Arbeit.

Golfen im Herzen Europas

Während andernorts schon mal Bäume weichen müssen, bilden Golf und Natur auf der Anlage der Stiftländer eine harmonische Einheit. Im Herzen Europas, nahe der tschechischen Grenze, hat sich ein besonderer Golfclub etabliert.

Golfclub Stiftland e.V.
Ottengrün 50
95698 Neualbenreuth

Tel. 09638 / 1271
www.gc-stiftland.de
golf@gc-stiftland.de

Reizvolle Landschaft soweit das Auge reicht. Der Golfclub Stiftland ermöglicht optimale Entspannung.

Wer im Golfclub Stiftland seine Golfschuhe schnürt, kann sich beim Spielen Zeit lassen, die naturbelassene Landschaft zu genießen, denn hier gilt Golfen ohne Abschlagszeiten. Die ersten neun Bahnen wurden 1984 am Fuße des Tillenberges gebaut; sie sind wunderbar eingewachsen zwischen alten Bäumen. Mitten in die Natur wurden die Bahnen eingepasst und sind eine Herausforderung für jede Spielstärke. Die wunderschöne Aussicht auf das Erzgebirge und den Oberpfälzer Wald entschädigt dafür, dass die Bäume öfters mal die Tigerline versperren. Leicht ist der von Don Harradine geplante und von Brian Pierson auf 18-Loch erweiterte, fast 6,4 Kilometer lange Parcour, deshalb nicht – aber fair. Daneben steht noch ein 1400 Meter langer, gerateter 9-Loch-Kurzplatz zur Verfügung.

Im Zentrum der 80-Hektar-Anlage wartet das Clubhaus mit seiner schönen Sonnenterrasse auf die Golfer. Hier kann man bei kulinarischen Genüssen und romantischem Sonnenuntergang einen herrlichen Golftag angemessen ausklingen lassen. Entspannen kann man natürlich auch in den Badetempeln des nah beim Golfplatz Stiftland gelegenen Sibyllenbades, berühmt für sein radonhaltiges Heilwasser.
Der Golfclub Stiftsland ist ein idealer Ausgangspunkt für eine Golfsafari nach Tschechien ins nahe gelegene Marienbad oder einen Besuch der mittelalterlichen Stadt Eger (heute Cheb).

Grenzenloses Golfvergnügen

Schwungvoll schlängelt sich die Straße von Tröstau hinauf zum Golf-hotel. Jede Kurve eröffnet einen anderen Blick auf die Grünanlage mit Wasserläufen, kleinen Baumgruppen und Feuchtbiotopen. Die richtige Einstimmung auf ein Erlebnis in herrlicher Natur – Durchatmen, Kraft-schöpfen, Genießen. Das ist hier in vielerlei Hinsicht möglich, insbe-sondere für Golfspieler, die von hier aus ganz bequem einen schönen Platz nach dem anderen erkunden können.

**Golfhotel
Fahrenbach**
Fahrenbach 1
95709 Tröstau
Tel. 09232/8820
www.golfhotel
-fahrenbach.de
kontakt@golfhotel
-fahrenbach.de
www.golf-safari.de

Hotel und Restaurant
ganzjährig geöffnet

Die 18-Loch-Golfanlage zählt mit 104 Hektar zu den größten und dank der Lage am Fuß der Kösseine auch zu den schöns-ten Plätzen in Bayern. Als besondere At-traktion hat sich das grenzübergreifende Golfvergnügen, die Bayerisch-Böhmische Golfsafari etabliert. Die Teilnehmer kön-nen einen oder zwei Tage in Fahrenbach spielen, am nächsten Tag in Franzensbad (Distanz: 37 km) oder in Marienbad (67 km) golfen bzw. den Schläger im oberpfäl-zischen Stiftland (42 km) schwingen oder aber ganz nach Belieben auf einem der anderen Dutzend Golfplätze der Umge-bung. Ein Shuttleservice bringt sie von Ort zu Ort. Das Golfhotel kümmert sich um die Startzeitenreservierung und bietet das Komplettpaket (mit Halbpension, Übernachtung und Nutzung der Sauna-landschaft) zu einem günstigen Preis an. Zunehmend nutzen auch Geschäfts-reisende sowie Firmen das Hotel. Die Räumlichkeiten sind für Veranstaltun-gen hervorragend geeignet – es stehen mehrere freundliche und großzügige Konferenzräume von 40 bis 150 qm zur Auswahl. Die geräumigen, im Schnitt fast 40 qm großen Doppelzimmer machen das Hotel für Golfer und Urlauber attraktiv. Es bieten sich viele Gelegenheiten, um aktiv zu werden, innen wie außen, im Sommer und im Winter. Am Hotel führt ein gut erhaltener Pferdekutschen-Weg vorbei, der Tröstau mit Nagel verbindet. Zur Kösseine, die mit einem wunderbaren Fernblick lockt, ist es nicht weit.

Besonderes Angebot:
Beim Kauf einer „Golf ProSim Euregio Karte" erhalten Gäste bis zu 50 Prozent Greenfee-Ermäßigung bei den Partnerclubs der bayerisch-böh-mischen Golfvereinigung. Die Karte ist u.a. im Golfhotel Fahrenbach und beim Golfclub Stiftland (siehe S. 247) erhältlich. (www.golf-prosim.de)

Das Golfhotel Fahrenbach, zu dem u.a. ein Restaurant gehört, ist eine Anlaufstelle für ausgedehnte Golftouren, aber auch für Tagungsgäste sehr attraktiv.

Als der Schüler Otto Semmelmann aus Nürnberg im Jahr 1895 mit drei Freunden auf selbstgebauten Schneeschuhen von Bayreuth aus zu einer Tour ins Fichtelgebirge aufbrach, waren Wintersportler dort noch das Tagesgespräch.

Die Besitzerin der Gastwirtschaft Pfeiferhaus bei Warmensteinach erinnerte sich fast 40 Jahre später an die vier jungen Leute, die sich nach den Strapazen der Wanderung in ihrer Wirtsstube behaglich niederließen:
„Sowas war was Neues und das bleibt in bester Erinnerung, denn sie waren bereits vorgemeldet mit den Worten: *Es kummera no Viera aus der neuen Welt, die wo Körb an die Füß ghabt ham.*"

Die Reaktion der Einheimischen mag uns heute nur ein Schmunzeln entlocken – doch waren es lange Zeit vor allem die Schrecken der kalten Jahreszeit, mit denen besonders die Menschen in Gebirgsregionen zu kämpfen hatten. Nicht umsonst wurde in Märchen- und Geschichtsbüchern der Winter als bärtiger Grießgram und die unberührte Schneedecke als Leichentuch bezeichnet. So verwundert es kaum, dass die Freude am Wintersport nicht in den schneereichen Gebieten der Alpen oder der Mittelgebirge aufkam, sondern im bürgerlichen Milieu der Städte des Industriezeitalters. Nicht nur aufklärerisches Interesse an Flora und Fauna, wie es noch im 18. Jahrhundert vorgeherrscht hatte, sondern der Wunsch nach Erholung vom grauen Arbeitsalltag trieb viele Städter im ausgehenden 19. Jahrhundert auch im Winter in die Berge.

Germanen schwingen das „Eisbein"

Die Anfänge des Wintersports reichen allerdings viel weiter zurück. Die Fahrt mit Schlitten und der Eislauf waren in Mitteleu-

Impressionen aus zwei Jahrhunderten – Oben: Langläufer im Fichtelgebirge 2013. Unten: verschneiter Aussichtsturm am Ochsenkopf, um 1911, rechte Seite: „Skiamazonen", um 1900.

ropa schon lange bekannt – die alten Germanen banden sich nachweislich mit Lederriemen versehene Schweinefußknochen als Gleithilfen an die Füße, wovon auch die Bezeichnung „Eisbein" herrührt.

Der Skilauf wurde in Deutschland zuerst von Gerhard U.A. Vieth und Johann C. Guts Muths, in ihren Schriften (1794/1804) als „Leibesübung für die Jugend" propagiert. Sie blieben in ihrer Zeit aber weitgehend unbeachtet. Erst ein Norweger brachte den Stein ins Rollen. Das Buch des Polarforschers Fridtjof Nansen „Auf Schneeschuhen durch Grönland" (1891) wurde auch hierzulande zum Bestseller. In Nansens Heimat benutzte man Schneeschuhe und Skier schon lange als praktikables Fortbewegungsmittel. Das Wort „Ski" bedeutete dort ursprünglich soviel wie „Holzscheit" bzw. „gespaltenes Holz".

Anfänge ab 1892

1892, ein Jahr nach dem Erscheinen von Nansens Buch, begann auch im Fichtelgebirge die Geschichte des Wintersports auf Skiern, als der Lehrer Prell aus Wunsiedel erste Fahrversuche unternahm. Aus Bischofsgrün und Warmensteinach wurde noch vor 1900 von Skipionieren berichtet, die sich zunächst

Ein Skizentrum im Wandel der Zeit

Wintersport einst und heute

von Klaus Jahn

noch ohne Stöcke und mit uns heute abenteuerlich anmutenden Holzbrettern den Hang hinunterstürzten. Auch einige Frauen waren unter den ersten Skiläufern im Fichtelgebirge. Damals noch züchtig mit Röcken bekleidet, gaben die sogenannten Skiamazonen bei einem Sturz oft tiefere Einblicke preis, als es ihnen lieb gewesen sein könnte. Es sollte noch einige Jahre dauern, bis sich auch bei den Frauen die Hose als Skibekleidung durchsetzen konnte.

Die Erschließung des Fichtelgebirges durch die Eisenbahn war wohl die wichtigste Voraussetzung für die Erfolgsgeschichte des Wintersports in dieser Region. Nachdem 1877 die ersten Lokalbahnen in Betrieb genommen wurden (Wunsiedel-Hof und Fichtelberg-Neusorg), kam 1896 eine Schienenstrecke von Warmensteinach nach Bayreuth hinzu. Weitere Strecken nach Bischofsgrün, Weißenstadt und Gefrees folgten wenige Jahre später. Aufgrund des wachsenden Interesses am Wintersport richtete die Eisenbahndirektion Nürnberg ab der Wintersaison 1907/08 Sonderzüge ins Fichtelgebirge ein. Da zu dieser Zeit viele Wintersportbegeisterte auch mit Rodelschlitten verkehrten, wurden diese Züge im Volksmund Rodelzüge genannt.

Auftrieb wie in den Alpen

Vor dem Ersten Weltkrieg wuchs das Aufkommen an Wintersportlern so stark an, dass auch die Einheimischen das wirtschaftliche Potential erkannten. Es entwickelte sich eine touristische Infrastruktur, die mit der der Alpen durchaus Schritt halten konnte. Die Rodler und Skifahrer wurden bei der Ankunft in Warmensteinach mit Blaskapellen begrüßt und vor Ort gab es bald zahlreiche Gaststätten und Geschäfte, in denen man Skier und andere Wintersportartikel erwerben konnte.

1909 wurde in Bischofsgrün der erste Skiclub gegründet. 1911 folgte der fränkische Wintersportverein. Nur wenige Jahre nach Ankunft der ersten Skipioniere war der Wintersport im Fichtelgebirge so beliebt geworden, dass es zum Beispiel an der kostenpflichtigen Rodelbahn an der Luisenburg in Wunsiedel regelrechte Warteschlangen gab. Anfang der 1920er Jahre verkehrten bis zu 1200 Skiläufer jährlich mit den Wintersportzügen. In der Wintersaison 1925/26 wurden trotz schlechter Schneeverhältnisse schon fast 10.000 Personen befördert.

Mit dem Boom gelangte noch eine weitere Disziplin ins Fichtelgebirge: der Skisprung. Dieser stammte ebenfalls aus Norwegen und soll dort im 19. Jahrhundert von Soldaten erfunden worden sein, die im Winter auf Skiern durch unwegsames Gelände stapften und dann einige Hindernisse springend überwanden. Die erste Skisprungschanze im Fichtelgebirge entstand 1911 in Warmensteinach „am Hängweg". Das Skispringen, technisch schwierig und damit als Massensport nicht geeignet, entwickelte sich dennoch auch im Fichtelgebirge sehr rasch zum Publikumsrenner.

Oben: Die Ochsenkopf-Südabfahrt mit Seilbahn. Derartige technische Errungenschaften standen im frühen 20. Jahrhundert noch in den Sternen. Dafür gab es immerhin schon einen Wintersportzug. Im Bild: Ankunft in Warmensteinach.

die geringsten Fortschritte machte. Puchtler verpasste dem schon fast abgeschriebenen „Patienten" als letztes „Heilmittel" ein paar wesentlich kürzere alte Kinderski. Wie durch ein Wunder erlernte der das Skifahren daraufhin ohne Probleme und fuhr beim Abschlussrennen des Skikurses sogar die Bestzeit. Nach und nach verfeinerte der Skilehrer aus Bischofsgrün daraufhin seine Methode, bei der die Schüler zunächst mit ganz kurzen Skiern kurze Schwünge fuhren und sich dann über verschiedene Skilängen zum langen Schwung vorarbeiteten.

Im Februar 1969 wurden die beiden Sesselbahnen auf den Ochsenkopf fertiggestellt und damit auch die Verbindung der Nord- und Südpiste von Bischofsgrün nach Fleckl. Mit dem Klausenlift

1933 wurde in Bischofsgrün die Ochsenkopfschanze eingeweiht. Hier fanden bald zahlreiche gut besuchte Wettkämpfe statt. Im Winter 1936/37 betrug der Schanzenrekord immerhin schon 44 Meter, aufgestellt von Walter Koch aus Warmensteinach.

Mit der ersten Mattenschanze im westlichen Deutschland gelangte der Skisprung im Fichtelgebirge auch nach dem Zweiten Weltkrieg in die Schlagzeilen. Durch die guten Kontakte zum Wintersportort Oberhof in der damaligen DDR, wo es bereits seit 1956 eine Sommersprunganlage gab, konnte 1957 eine solche Schanze gebaut werden. Bei der Einweihung waren nicht weniger als 20.000 Zuschauer anwesend.

Aufschwung für die Kurzskimethode

Auch beim alpinen Skisport war man im Fichtelgebirge durchaus innovativ. So erfand 1967 der Bischofsgrüner Martin Puchtler, damals der Leiter der Skischule Nordbayern, die sogenannte Kurzskimethode. Er beschrieb später scherzhaft, dass ihm bei der Erfindung dieser Lehrmethode der ansteigenden Skilängen auch der Zufall zu Hilfe kam. So gab es in einem seiner Skikurse einen „schmächtigen, blassen jungen Mann aus der Großstadt", der trotz mehrerer Anfängerkurse nicht

Als Mattenschanze wird die Sprungschanze in Bischofsgrün inzwischen überwiegend im Sommer genutzt. Ganz anders früher – Mitte: Doppelsprung am Sprunghügel bei Warmensteinach, Februar 1914.
Unten: Ochsenkopfschanze Bischofsgrün.

in Mehlmeisel und den beiden kleineren Liften in Warmensteinach gibt es heute optimale Bedingungen für den alpinen Wintersport. Gerade für Skianfänger bieten die zahlreichen Skischulen gute Übungsmöglichkeiten.

Heimat von Spitzensportlern

Das Fichtelgebirge brachte im Lauf des 20. Jahrhunderts vor allem in den nordischen Skidisziplinen immer wieder auch überregional erfolgreiche Wintersportler hervor. So erinnert man sich im Skiclub Neubau gerne an den Langläufer Edgar Eckert, der 1970 Deutscher Meister über die 15 km Distanz wurde. Dabei schlug er sogar den damals schon legendären Walter Demel aus Bayreuth. 1971 nahm Eckert an den Weltmeisterschaften in der Hohen Tatra teil und stand ein Jahr später sogar im Aufgebot der Olympischen Spiele von Sapporo. Vier Jahre vorher erreichten schon der Bischofsgrüner Skispringer Henrik Ohlmeyer und die aus Wunsiedel stammende Langläuferin Barbara Barthel die Olympiateilnahme in Grenoble. Dank des Skirennfahrers Gerd Schönfelder aus Kulmain kam das Fichtelgebirge auch in jüngerer Zeit in die internationalen Schlagzeilen (Beitrag über Gerd Schönfelder auf Seite 254).

Mit dem DSV-Funktionär Horst Hüttel aus Wunsiedel gibt es zudem einen unermüdlichen Förderer des Wintersports in

Winterfreuden für Kinder und Erwachsene – Oben: Zipfelbobfahren in Nebau, Mitte: Rodelbahn zwischen Luisenburg und Wunsiedel, um 1910. Unten: im Schnee, um 1950.

der Region um den Ochsenkopf. Hüttel ist seit 2008 sportlicher Leiter der deutschen Skispringer und Kombinierer. In seiner Funktion setzt er sich für gute Trainingsbedingungen ein und holt auch international bekannte Sportler zu Wettkämpfen ins Fichtelgebirge. Als Vorsitzender im Exekutivkomitee Nordische Kombination des Weltverbandes FIS zählt er in dieser Disziplin international zu einem der einflussreichsten Männer. Mit dem Neubau neuer Trainingsschanzen versucht man in Bischofsgrün und Warmensteinach, den Skisprung-Nachwuchs im Fichtelgebirge

zu halten und damit wieder international konkurrenzfähige Sportler zu rekrutieren.

Was die touristische Entwicklung angeht, hat man schon längst erkannt, dass im Fichtelgebirge ein harter Wintertourismus nach dem Vorbild vieler Alpenregionen schon allein wegen der natürlichen Voraussetzungen nicht praktikabel ist. Vielmehr setzt man hier auf eine Klientel, die einen gemütlichen sowie günstigen Winterurlaub abseits des Rummels der großen Wintersportorte verbringen will. Gerade Familien und Rentner kommen im Fichtelgebirge voll auf ihre Kosten. Mit dem Nordic Park Fichtelgebirge findet man aber ein Loipensystem vor, dass auch anspruchsvollen Sportlern gerecht wird.

Trotzdem ist es auch im 21. Jahrhundert zwischen Ochsenkopf und Schneeberg noch möglich, wie es einst Otto Semmelmann als Schüler getan hat, zu Fuß oder auf Skiern durch eine unberührte verschneite Winterlandschaft zu wandeln. Gelangt man danach etwa zur Unterkunftshütte Seehaus, wo schon Johann Wolfgang von Goethe 1785 weilte, kann man sich ebenso wie unsere Schüler anno dazumal in der gemütlichen Wirtsstube von den „Strapazen der Wanderung" erholen. Natürlich ist auch hier die Zeit nicht vollends stehengeblieben: Die Wirtin empfängt den hungrigen und durstigen Gast nicht auf Oberfränkisch, sondern in breitem österreichischem Dialekt. Geschmeckt hat's uns trotzdem!

Eine Freude ganz eigener Art: die malerische Winterlandschaft (im Bild oben: Nußhardt). Unten: Skipioniere, um 1900.

Urlaub für ein Jahr

Gipfelglück im Fichtelgebirge

von Oliver van Essenberg

Es ist ein Herzklopf-Moment, nach dem man sich schon die ganze Zeit mit brennender Geduld gesehnt hat: Noch ein Schritt bis zur Aussichtsplattform auf dem Asenturm, hoch oben auf dem Ochsenkopf, und dann: durchatmen, die Weite genießen. Balsam für die Augen und, wenn man den Aufstieg zu Fuß oder ein gutes Stück mit dem Rad bewältigt hat, auch für die Beine.

Heute muss der Besucher dank Sessellift nicht mehr so viel schwitzen wie früher, um diesen Augenblick aufsaugen zu können. Aber was bedeutet schon müssen? Der Aufstieg zum Aussichtsturm ist eine Möglichkeit und um den Gipfel herum warten noch unzählige weitere. Um Kraft zu tanken, gibt es kaum etwas Besseres als Bewegung, und die Gegend um den 1024 Meter hohen Ochsenkopf ist das ganze Jahr über ein Hotspot für abwechslungsreiche Aktivitäten.

Die Gemeinden Bischofsgrün, Fichtelberg, Mehlmeisel und Warmensteinach schmiegen sich wie eine Kette in rund 600 Metern Höhe an den zweithöchsten Berg des Fichtelgebirges. Der Wintersport hat hier Tradition. Scharenweise kamen die Besucher einst

mit Zügen an, um ihrem Hobby zu frönen. Und auch heute wird bei Saisonbeginn am Nürnberger Hauptbahnhof die Ochsenkopf-Fahne hochgezogen. Bis Weidenberg im Fichtelgebirge fährt die Bahn, dann heißt es umsteigen in den Bus. Weiter fährt die Bahn nicht mehr – oder sollte man besser sagen: noch nicht wieder?

Im Winter steuern vor allem Skifahrer, Familien wie auch Winterwanderer das Ziel an. Vielfalt auf überschaubarem Raum ist angesagt: 10 Pistenkilometer, 100 Kilometer präparierte Loipen, zahlreiche geräumte Winterwanderwege, zwei Rodelbahnen, ein Snowboardpark, zwei Seilbahnen, 14 Schlepplifte sowie zwei große Skischulen mit insgesamt 140 Skilehrern inklusive Ski- und Snowboardverleih.

Das Panorama genießen, einkehren, runterbrettern, gemütlich wandern … Immer wieder ruft der Ochsenkopf.

Die Natur zeigt sich von ihrer schönsten Seite: Im Winter verwandelt sich der Wald in eine glitzernde Kristalllandschaft. Die Fichten tragen schwer am Schnee, sodass ihre Arme bis zum Boden reichen. Und wenn der Himmel einmal zu wenig Flocken schickt, sorgen neueste Beschneiungsanlagen für optimale Bedingungen. Die leichten bis mittelschweren Pisten versprechen gerade Familien mit Kindern und Anfängern Skispaß pur. Aber auch Jugendliche kommen, so etwa beim Snowboarden, voll auf ihre Kosten.

Die sanften Stärken des fränkischen Winters offenbaren sich insbesondere beim Skilanglauf und beim Schneeschuhwandern. Die Loipen liegen zwischen 600 und 1024 Meter Höhe und warten oft mit wunderbaren Panoramablicken und Winterwald-Zauber auf. Wie knirscht der Schnee unter den Füßen! Schritt für Schritt, mit Schneeschuhen noch mehr als beim Langlauf. Schneeschuhwanderungen führen durch eine unberührte Natur. Von einfachen Spaziergängen bis hin zu Tagestouren oder gar nachts lassen sich alleine oder mit ausgebildeten Führern schönste Impressionen genießen.
Der Ochsenkopf zeigt sich auch beim Schlittenfahren, Rodeln, Eislaufen, Eisstockschießen und Skispringen von seiner sportlichen Seite, und das an über 100

Wintertagen im Jahr. Ende November startet in der Regel die Saison und bis Ende März schwingen und skaten die letzten Skifahrer auf der Nordseite am Ochsenkopf.

Grandioses Radwegenetz

Schon bald zieht es die Bewegungshungrigen wieder hinaus. Der heilklimatische Kurort Bischofsgrün gilt als das Wanderzentrum: 300 km markierte Wanderwege rund um den Ort, viele herrliche Tages- und Halbtagestouren.
Die schönsten Flecken lassen sich auch vom Sattel aus erkunden. Mit Elektrofahrrädern, die sich Gäste in der Ochsenkopfregion mieten können, sind die „zwei Tausender" an einem Tag – erst der Schneeberg (1053 m), dann der Ochsenkopf (1024 m) – gut zu meistern. Für Mountain-Biker ist das Routennetz quer durch Wälder und Hügel mit leichten bis extremen Steigungen geeignet wie kaum eine andere Region in ganz Franken! Gut ausgebaute Straßen und flache Routen im Tal machen den Ochsenkopf aber auch für Rennradfahrer sowie Wellness-Radler zu einem attraktiven Ziel. Wagemutige können beim Downhill-Fahren (siehe Bullhead House Seite 257) einen Adrenalinkick finden oder bei einer aufregenden Tour im Hochseilgarten ihre Geschicklichkeit beweisen.

Der Spaßfaktor rund um den Ochsenkopf ist groß! Bei einer rasanten Fahrt auf der Sommerrodelbahn an der Nordseite bei Bischofsgrün oder mit den Déval-Karts in Oberwarmensteinach darf man sich den Wind um die Nase wehen lassen. Im Ziplinepark können die Gäste, begleitet von Guides, entlang der Skiabfahrt Süd unvergessliche Ausblicke auf neue Art genießen. Nach der Bergfahrt schwingt man sich auf 15 steilen Seilstrecken von einer Baumplattform zur nächsten, bis hinab zur Talstation.

Für leistungsorientierten Sport ist die Region im Winter dank Biathlon und Skispringen seit jeher ein Magnet, wobei beide Sportarten auch im Sommer ausgeübt werden. Als neue Breitenbewegung erfreut sich der Ausdauersport Laufen, neudeutsch Joggen, großen Zuspruchs – der anspruchsvolle Fichtelgebirgsmarathon Anfang Juli ist ein Highlight. Seit Herbst 2014 finden im Rahmen des „Fit for Life"-Programms Triathlon-Camps in der Ochsenkopf-Region statt.

Die Angebote der Ochsenkopfgemeinden sind so umfangreich, dass es schon eines Multi-Multi-Sport-Talents bedurfte, um alles abzudecken. Wo welche Highlights für die Bewegung in freier Natur warten, verraten die Tipps auf diesen Seiten.

Mehr Infos:

❯ www.erlebnis-ochsenkopf.de ❯ www.bischofsgruen.de
❯ www.fichtelberg.de ❯ www.mehlmeisel.de
❯ www.warmensteinach.de

Das Wahrzeichen des Berges – Dem in den Fels eingemeißelten Stierkopf verdankt der Berg aller Wahrscheinlichkeit nach auch seinen Namen.

Sommer-Highlights

✻ **Schwebeseilbahnen zum Ochsenkopf-Gipfel** von der Nord- und der Südseite (ganzjährig). Infos: www.seilbahn-ochsenkopf.de

✻ **Fränkischer Gebirgsweg:** zertifiziert als Qualitätsweg Wanderbares Deutschland des Deutschen Wanderverbandes (siehe Seite 248) Jean Paul Weg (siehe Seite 238) und bergbaugeschichtlicher Wanderweg (Start: Warmensteinach); Glaswanderweg von Weidenberg bis Bischofsgrün; Wellness-Wanderweg von Warmensteinach nach Bischofsgrün; Echowaldweg Mehlmeisel; mit Kindern besonders zu empfehlen: Märchenwanderweg und Walderlebnispfad Bischofsgrün.

✻ **Radfahren:** fantastisches Wegenetz und radfahrerfreundliche Betriebe (Verleihcenter mit modernsten CUBE Hybrid Bikes), sechs Mountain-Bike-Routen, Bullhead House in Fleckl (siehe Seite 257).

✻ **Kletterpark Ochsenkopf** in Bischofsgrün: Kletterwand und Hochseilgarten. Infos: www.oxenkopf.de

✻ **Ziplinepark** in Fleckl: Rasante, 2 km lange Fahrt auf 15 Seilstrecken (ab 12 Jahren). Info: www.ziplinepartk.info

✻ **Sommer-Rodeln:** Abfahrt in Bischofsgrün mit 10 Steilkurven. Ab 2015: Alpin-Coaster (auch bei Regen nutzbar).

✻ **Déval-Kart-Bahn** in Oberwarmensteinach: in rasanten Kisten mit bis zu 60 km/h ins Tal.

✻ **Biathlonzentrum** bei der Bleaml-Alm in Neubau: 2,5 km lange Skiroller- und Inlinerbahn.

✻ **Skisprungschanze** Bischofsgrün und Warmensteinach: Alljährlich der Saisonauftakt der deutschen Nationalmannschaft mit Spezial-Skispringen oder Nordische Kombination, jedes Jahr abwechselnd im Juni.

✻ **Schauen und Staunen:** **Wildpark Mehlmeisel** (siehe Seite 226), **Freilandmuseum Grassemann** (227), **Automobilmuseum Fichtelberg** (187), **Besucherbergwerk Fichtelberg** (235).

✻ **Naturbadespaß** im **Fichtelsee.**

Winter-Highlights

✳ **Ski alpin mit Nordbayerns längsten Pisten:** 2,3 km lange beschneite Nordabfahrt und 1,9 km lange Südabfahrt sowie zwei Anfängerlifte am Ochsenkopf. Beschneit und mit Flutlicht bis 22 Uhr: die Klausenlifte in Mehlmeisel, die Skischaukel Geiersberg- und Hempelsberglift (Oberwarmensteinach) und der Bleaml-Alm-Lift (Neubau bei Fichtelberg). Mit Flutlicht zudem: der Gehrenlift in Bischofsgrün.
Tipp: Günstige, zweitägige Verbundliftkarte.

✳ **Ski- und Snowboardkurse:** Skischule Hottenroth und Schneesportschule Nordbayern. Ski- und Snowboardverleih mit neuestem Equipment.
Infos: www.skischule-nordbayern.de und www.skischule-hottenroth.de

✳ **Tipps Skilanglauf:** mittelschwere 2,3 km lange Gipfelloipe mit herrlichen Aussichten; landschaftliche reizvolle, 11 km lange Königsheide-Loipe mit mehr als 400 Höhenmetern; die ca. 5 km lange Panoramaloipe in Wülfersreuth, Nachtlaufloipe auf der Südseite des Ochsenkopfes beim Langlaufzentrum Bleaml-Alm und im Wagenthal bei Warmensteinach.
Infos: www.nordic-park.de

✳ **Größter Snowboard-Park Nordbayerns** am Geiersberg und Hempelsberg (Oberwarmensteinach), Flutlicht bis 22 Uhr.
Infos: www.skilifte-devalkartbahn.de

✳ **Schneeschuhwanderungen:** In Kombination mit der Ochsenkopf-Seilbahn auch für große Etappen bestens geeignet. Zwei bis drei Mal pro Woche geführte Wintertouren.

Winterspaß mit und ohne Führung: beim Schneeschuhwandern und bei der Nachtwanderung. Sportliches Fahrvergnügen bieten die Klausenlifte in Mehlmeisel.

Tipp: Sonnenaufgangstour Richtung Ochsenkopf.
Infos: www.fichtelgebirgsverein-bischofsgruen.de
und www.derschneeschuhwanderer.de

✳ **Wintersportzentrum Bleaml-Alm:** Nordbayerns einzige Biathlon-Anlage Nordbayerns mit 2,5 km langer Langlaufbahn (im Winter beleuchtet und beschneit).
Infos: www.skiclub-neubau.de

✳ **Rodel-Tipp:** Hintergeiersberg (Warmensteinach), eine 1,2 km lange Naturrodelbahn durch den Wald.

✳ **Schneemannfest am Rosenmontag** mit Deutschlands größtem Natur-Schneemann in Bischofsgrün.

Bleibe doch, Augenblick!

Das Genießen
von Weite und Zeit

von Josef Schmidt

Genießen und Regionalität sind heute allgegenwärtig. Die Bedeutung des Wortes „Genießen" hat sich dabei gerade in jüngster Zeit stark erweitert. Genießen steht immer häufiger auch, beinahe neutral, für gebrauchen.

Genuss im engeren Sinn bezeichnet dagegen
etwas Außergewöhnliches und Kostbares.
Ja, genießen darf und sollte sogar ein Luxus sein.

Luxus und Fichtelgebirge? Luxushotels,
wo eine Übernachtung 9500 Euro kostet
(St. Moritz), ein Abendessen 500 und eine
Flasche Rotwein 700 bis 800 Euro, gibt es
hier nicht. Eine solche Verschwendung
darf mit dem einwandfreien Luxus des
Fichtelgebirges nicht verwechselt werden.
Sprechen wir also über den wunderbaren
Luxus für alle Gesellschaftsschichten: für
den Normalverdiener und den Hartz-IV-
Empfänger, den Arbeiter auf dem Bau,
den chronisch Kranken, den Rentner, den
Schüler, den Banker und den Manager.
Der Luxus, den das Fichtelgebirge für alle
Menschen bietet, ist körperlich und geis-
tig, maßvoll und ohne Maß, eine Sache
des Augenblicks und intensiver Momente.

Es ist ein Phänomen, das sich als „ge-
dehnte Zeit" umschreiben lässt. Wobei
Zeit für eine relative, subjektive Größe
steht und immer an den Raum gebunden
ist. Der gedehnten Zeit entspricht das
Erleben von Weite. Im Fichtelgebirge zu
leben oder nur seinen Urlaub zu verbringen, ist in dieser Hinsicht nicht nur
ein Hochgenuss, sondern auch richtige
Lebensökonomie. Wenn man Zeit haben
will, um diese dann auch zu genießen,
sollte man nicht versuchen Zeit zu sparen,
sondern Zeit sinnvoll einzusetzen. Ein
Vergleich mit der Betriebswirtschaftslehre
ist hier durchaus aufschlussreich. Die
Kunst der Betriebswirtschaftslehre besteht
ebenfalls nicht darin Geld zu sparen,
sondern Geld sinnvoll einzusetzen. Zeit

in das Genießen des Fichtelgebirges zu
investieren, bringt viel Gewinn.

Alles was uns begegnet, alles was wir erleben an Schwerem und Schönen, was uns
geschenkt wird an Glück und Seligkeit
müssen wir nur richtig verwerten und wir
werden beim Zuhören und Zusehen den
Atem der Schöpfung spüren, um es dann
in richtiger Weise anzunehmen.

Was können wir im Fichtelgebirge, in der
Natur allgemein verwerten und erleben?
Zunächst einmal uns die Zeit nehmen,
um das Fichtelgebirge in all seinen
Facetten zu betrachten. Zeit nehmen,
wo sie doch vermeintlich so knapp ist.
Zum Spazieren und Schweifen durch die
herrliche Landschaft, einmal über Dinge
nachzudenken, wie sie wirklich sind. Ein
häufig verwendeter Satz in vielen Teilen
der Welt lautet: „Ich habe keine Zeit."
Ist das auch bei uns wirklich so? Nein! Es
ist und bleibt, egal wie oft wir das auch
sagen, die Unwahrheit. Jeder Mensch
hat täglich 86.400 Sekunden Zeit, egal
wer er ist und was er tut. Ob Bundesprä-
sident oder Schäfer, einfach jeder. „Ich
habe keine Zeit" bedeutet nur „Ich habe
andere Prioritäten." Die Frage ist, wofür
wir unsere Zeit einsetzen wollen. Und
das ist schon ein sehr schönes Thema für
einen genüsslichen Spaziergang durch das
Luxusgebiet Fichtelgebirge.
Die Ruhe, die Schönheit und somit die
Atmosphäre des Fichtelgebirges bie-

ten uns das Umfeld, über solche Dinge nachzudenken. In vielen Jahren, besser Jahrzehnten durfte ich immer wieder erleben, dass Menschen, Gäste, Seminarteilnehmer hierher kamen, mit Sorgen und Problemen beladen, und hier, in der Ruhe, aber auch in der Schönheit der Gegend Gedanken und Ideen bekamen, die die Probleme lösten. Dabei geht es doch fast immer um das Verständnis, dass in jedem Problem der Keim der Verbesserung steckt und dieser Keim braucht Nahrung – auch von außen.

Der Mensch braucht Riten und Rituale in schlechten wie in guten Zeiten. Dazu ist es gut, sich in gewissen Zeitabständen Fragen zu beantworten, die man sich schon einmal beantwortet hat. Was möchte ich in meinem Leben erreichen? Welche immateriellen Werte sind für mich wichtig (Geborgenheit, Zugehörigkeit, Sicherheit)? Welche Bedeutung haben für mich Familie, Sport, Vereine? Welchen Nutzen biete ich der menschlichen Gemeinschaft? Wie wichtig sind mir Besitz und Vermögen? …

Und dazu braucht man das Fichtelgebirge? Nein! Um diese Fragen aber richtig zu beantworten, braucht man ein Umfeld, eine Stimmung, eine Atmosphäre. In der Pflanzenwelt würde man sagen, eine Flora. Eine Vegetation des Gedeihens um meinen Körper und Geist herum. Das bietet das Fichtelgebirge. Die Fichtelgebirgler sind steuerfreie Nutznießer dieses herrlichen Luxus.

Zum Philosophieren gehört aber auch die Wahrheit, dass es im Fichtelgebirge auch weniger Schönes gibt. Dazu fällt mir wahrscheinlich nichts ein.

Das Fichtelgebirge, der einzige Allround-Ort, wo man alles hat, was man zum Glücklichsein braucht? Nein, der einzige Ort nicht, aber einer von den allerbesten. Gute Ideen brauchen einen Ort, um zu gedeihen, zu blühen und um Früchte zu bringen. Diese Tatsachen sind wahrscheinlich auch die Ursache dafür, dass Menschen aus den anonymen Städten wieder in solche Regionen zurückkehren oder ein solches Umfeld suchen. Wesentliche Aspekte sind aber auch, dass die Argumente, die man für das Wegziehen benutzt hat, nicht mehr stimmen. Warum? Weil es hier hochwertige Arbeitsplätze gibt. Weil es hier erstklassige kulturelle Veranstaltungen gibt und mindestens genauso gute Möglichkeiten für Sport. Am meisten aber wird geschätzt, dass es hier für Kinder ein gedeihliches Umfeld in freier und frischer Luft gibt. Bei den Schulen bestehen im Vergleich zu den Ballungszentren kaum noch Unterschiede.

Mit Fug und Recht kann man behaupten, dass dies Luxus pur für anspruchsvolle Menschen ist. Ich behaupte, dass ein Leben in diesem Luxus besonders intensiv ist.

vielfalt
ist unser
markenzeichen

Heimat für Genießer

Genussregion Oberfranken
Land der Brauereien

oberfranken

Oberfranken Offensiv e. V.
www.oberfranken.de
www.genussregion.oberfranken.de

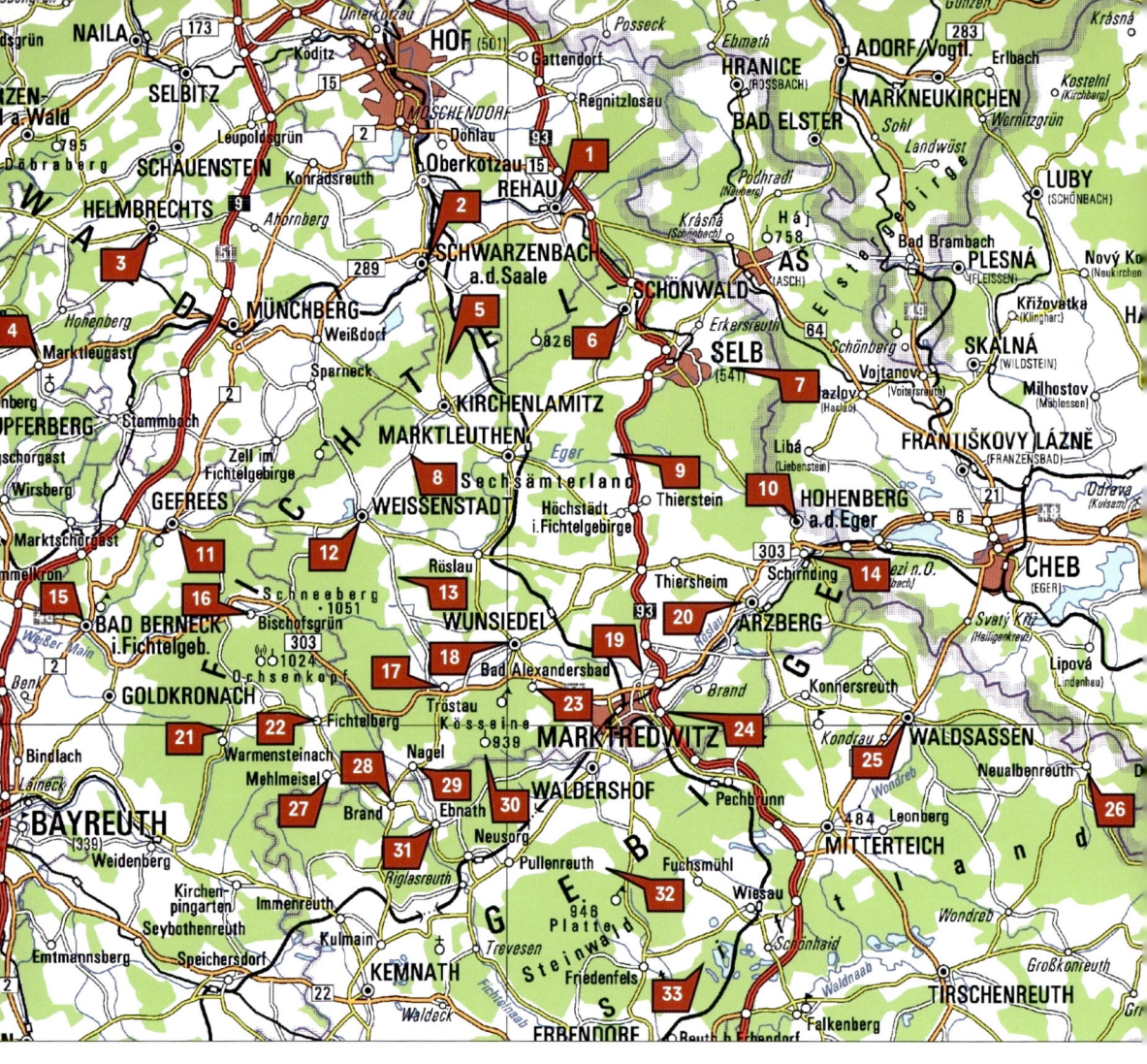

Ausgewählte Adressen

Fichtelgebirge und nähere Umgebung

Ausstattung Design Architektur

Viele weitere Adressen finden sich in den Rahmenbeiträgen dieses Buches.

Autoren

Christian Kreipe (2.v.l.) ist Geschäftsführer des Naturpark Fichtelgebirge und Regionalmanager im Landkreis Wunsiedel und organisierte mithilfe des Fichtelgebirgsvereins die Strecke vom Waldstein bis nach Bad Berneck. Er flankierte auch die anschließende Realisierung der „Südschiene" mit Rat und Tat, addierte die weißen Tafeln „Landschaft zur Zeit Jean Pauls" und sorgte für die Herausgabe der 5 Wanderflyer zum Weg.

Dr. Karla Fohrbeck (re.) ist Kulturwissenschaftlerin, Kulturpublizistin und Kulturpolitikerin (zuletzt Schul- und Kulturreferentin in Nürnberg). Sie hat ihr Büro bei der Agentur KulturPartner in Bayreuth und war von 2007 bis 2013 u.a. für Idee, Koordination und Vermarktung des Jean-Paul-Weges in Oberfranken verantwortlich und Autorin der beiden Bücher zum Weg.

Michael Stumpf (2.v.r.) war als Regionalmanager im Landkreis Hof (zusammen mit Herbert Rödel) für die Organisation des Jean-Paul-Weges von Joditz bis zum Waldstein zuständig.

Alexander Popp (li.) Regionalmanager im Landkreis Bayreuth, war – zusammen mit Dr. Clemens Lukas (Agentur KulturPartner) und Dr. Karla Fohrbeck – für die weitere Strecke bis Sanspareil und die Wegführung zwischen Eremitage und Fantaisie durch das Stadtgebiet Bayreuth federführend.

Textauswahl für die Stationstafeln am Weg: Karin und Eberhard Schmidt (Joditz bis Schwarzenbach a.d. Saale) sowie Dr. Karla Fohrbeck und Dr. Frank Piontek (von dort bis nach Sanspareil). Hauptsponsor auf der „Nordschiene" des Weges: NÜRNBERGER Versicherungsgruppe.

Dr. Oliver van Essenberg, Jahrgang 1970, arbeitete als Mitgründer eines Plattenlabels (Hyperium, Nürnberg) zunächst in der Musikbranche. Er studierte Germanistik mit Schwerpunkt Journalistik an der Universität Bamberg und promovierte 2003 in Literaturwissenschaft. Nach Tätigkeit in einer Agentur, wo er den Bereich Öffentlichkeitsarbeit verantwortete, machte er sich 2008 selbstständig und gründete 2010 den Verlag „selekt".

Dr. Hans-Peter Friedrich, geboren 1957, studierte Rechtswissenschaften in München und Augsburg. Seit 1998 ist der CSU-Politiker Mitglied des Deutschen Bundestages, seit 2002 vertritt er den Wahlkreis Hof als direkt gewählter Abgeordneter. Er war mehrmals Bundesminister im Kabinett Merkel, zur Zeit ist er Stellvertretender Vorsitzender der CDU/CSU-Fraktion im Deutschen Bundestag für Europapolitik und Europa-Koordination. Er engagiert sich zudem stark für eine zukunftsfähige Wirtschaftsregion Oberfranken bei hohem Freizeitwert.

Prof. Eugen Gomringer, geboren 1925 in Bolivien, studierte von 1944 bis 1952 Nationalökonomie und Kunstgeschichte in Bern und Rom. Der „Vater der konkreten Poesie" hatte zahlreiche Professuren und Gastprofessuren für Gestaltung, Kunst, und Ästhetik inne. 2000 gründete er das Institut für Konstruktive Kunst und Konkrete Poesie – IKKP – in Rehau, das er heute noch leitet. Eugen Gomringer schreibt in fünf Sprachen; er veröffentlichte zahlreiche literarische und literaturtheoretische Werke.

Dr. Alexandra Hentschel, Jahrgang 1969, studierte Ethnologie, Soziologie, Pädagogik und Museumsmanagement in Göttingen, Paris und Hamburg. Sie arbeitete als freie Mitarbeiterin im KL!CK Kindermuseum Hamburg und als Dozentin für Museumsmanagement an der Universität Hamburg. Seit 2013 ist sie Leiterin des Erika-Fuchs-Hauses, Museum für Comic und Sprachkunst, in Schwarzenbach a.d. Saale

Dietmar Herrmann, Jahrgang 1945, war bis zu seiner Pensionierung Bereichsleiter Firmenkunden in der AOK Bayern. Seit seinem 18. Lebensjahr betätigt er sich als Heimatforscher, ist aktiv im Fichtelgebirgsverein und Referent für Heimatgeschichte. Er schreibt seit 40 Jahren über alle Themengebiete der Heimat und veröffentlicht Sachbücher über das Fichtelgebirge. Nebenbei entstand eine umfangreiche Fotosammlung zur Fichtelgebirgsregion. 2003 erhielt er den Kulturpreis des Fichtelgebirgsvereins.

Klaus Jahn, Jahrgang 1966, arbeitete zunächst als Werbefotograf in München. Ab 1992 studierte er Ethnologie, Volkskunde und Religionswissenschaften in Bayreuth. Seit 1998 arbeitete er als wissenschaftlicher Mitarbeiter in Museen, zuletzt am Fränkische Schweiz-Museum Tüchersfeld. Er war an zahlreichen Ausstellungsprojekten beteiligt.

Johannes Kottjé, Dipl.-Ing. Architekt, lebt in Marktredwitz und Königswinter. Als Bausachverständiger und Berater unterstützt er deutschlandweit Architekten, Bauherren, Hauseigentümer und -käufer. Er ist Autor zahlreicher Bücher und Zeitschriftenbeiträge zu Themen der Architektur, Baukonstruktion und Innenraumgestaltung; zudem fotografiert er Gebäude und Innenräume mit Augenmerk auf dem architektonischen Konzept.

Dr. Laura Krainz-Leupoldt, geboren 1961 in Triest, studierte Sprachwissenschaften und Philosophie und arbeitete parallel im elterlichen Unternehmen, einem Planungsbüro für Passagierschiffselektrik. 1992 trat sie in das Unternehmen PEMA Vollkorn-Spezialitäten ein, seit 2014 ist sie geschäftsführende Gesellschafterin. Sie erhielt mehrere Preise für besondere Verdienste um die regionale bzw. europäische Wirtschaft.

Peter Kuchenreuther, Jahrgang 1967, erlernte das Steinmetzhandwerk im elterlichen Betrieb, bevor er in München an der TU Architektur studierte und für sein studentisches Werk mit dem „Döllgast-Preis" bedacht wurde. Seit 2000 arbeitet er im eigenem Büro in Marktredwitz und entwickelt eigene Beiträge zur aktuellen Baukultur in der Region. Dabei sind die Tätigkeitsfelder weit gefächert. Das überregionale Engagement zeigt sich im Mitwirken im Bund Deutscher Architekten, BDA Bayern und in der Bayerischen Architektenkammer.

Georg Lang, Jahrgang 1948, begann nach dem Abitur ein ausschweifendes „studium generale" und widmete sich daneben dem Brotstudium Architektur/Stadt- und Regionalplanung in München und Berlin. Seine Berufstätigkeit führte ihn nach Berlin, Lörrach (Südbaden) und Bamberg. Seit 2004 ist er Sympathisant der internationalen Slow Food-Bewegung.

Ronald Ledermüller, geboren 1974, studierte an der FH Weihenstephan Forstwirtschaft und absolvierte später noch ein Masterstudium zum Regionalmanagement. Er volontierte bei der Frankenpost und dem Hofer Anzeiger, arbeitete u.a. als Umwelt- und Museumspädagoge beim Naturpark Fichtelgebirge. Er ist Mitbegründer der Veranstaltungs- und Regionalmanagement-Agentur „LederKäs" in Wunsiedel und Marktredwitz. Seit 2008 ist er Gebietsbetreuer des Naturparks Fichtelgebirge, freier Journalist und selbständiger Berater für Kommunal- und Regionalentwicklung.

Michael Lerchenberg, 1953 geboren, in München aufgewachsen, studierte dort auch Theaterwissenschaft, Germanistik und Geschichte und wurde 1977 an der renommierten Otto-Falckenberg-Schule als Schauspielstudent aufgenommen. Er ist Schauspieler, Regisseur, Drehbuchautor, Autor und seit 2004 Intendant der Luisenburg-Festspiele in Wunsiedel. Vor allem seine Rolle als Edmund Stoiber und der Auftritt als Bruder Barnabas beim alljährlichen Starkbieranstich auf dem Nockherberg machten ihn bekannt. Für seine Verdienste um die Luisenburg-Festspiele und seine Rolle als „Botschafter Oberfrankens" erhielt er mehrere Auszeichnungen (Goldene Ehrenmedaille des Landkreises Wunsiedel, Ehrenmedaille des Bezirks Oberfranken, „Frankenrechen" der bayerischen SPD).

Dr. Andreas Peterek, Jahrgang 1959, ist seit 2006 Projektleiter im Geopark Bayern-Böhmen, mit Sitz der Geschäftsstelle in Parkstein bei Weiden. Seit vielen Jahren veröffentlicht der Diplom-Geologe sowohl in internationalen Fachzeitschriften als auch in populärwissenschaftlichen Büchern Beiträge zur Geologie und Reliefgeschichte des Fichtelgebirges. Ein weiterer Schwerpunkt ist dabei das angrenzende Nordwest-Böhmen. Er ist Lehrbeauftragter an der Universität Bayreuth.

Beate Roth, geboren 1962, studierte Design und Malerei, arbeitete von 1989–2005 im Gourmetrestaurant „Jägerstüberl" auf der Luisenburg/Wunsiedel und machte 2006 den Gesellenbrief zur Köchin. Sie betreut das Förderprojekt „essbares Fichtelgebirge". Aus der Beschäftigung mit Jean Pauls Werk entstanden literarische Vorträge mit Gesang und Essen. 2008 veröffentlichte sie mit Dr. Cosima Lutz „Hoppelpoppel und Schnepfendreck – Jean Paul häppchenweise". Sie bietet Schulungen zum Thema „Jean Paul und das Essen" an und arbeitet aktuell an einem Kochbuch.

Claus Rabsahl, geboren 1958, studierte in Nürnberg Betriebswirtschaftslehre, arbeitet heute selbständig und lebt seit 2000 in Bad Berneck im Fichtelgebirge. Er engagiert sich als Burgenreferent für den Förderverein historischer Stätten e.V. in Bad Berneck.

Herbert Scharf, Jahrgang 1948, arbeitete 42 Jahre als Redakteur, zuletzt als Redaktionsleiter in Marktredwitz für die Frankenpost. Heute arbeitet er als freier Autor und ist in seiner Freizeit gerne mit dem Mountainbike im Fichtelgebirge unterwegs.

Sandra Schiffel, geboren 1960, studierte in Nürnberg Betriebswirtschaftslehre, arbeitet heute selbständig und lebt seit 2000 in Bad Berneck im Fichtelgebirge. Sie ist Organisatorin der Bad Bernecker Kunststraße, die jährlich stattfindet.

Josef Schmidt, 1934 geboren, ist gelernter Handwerksmeister. Über den zweiten Bildungsweg absolvierte er eine kaufmännische Ausbildung und führte in der Folgezeit mehrere Unternehmen erfolgreich. Aus seinen jahrelangen Erfahrungen im Management entstanden seine Modelle Strategischer Unternehmensführung und Zeitplanung. 1985 gründete Josef Schmidt sein eigenes Lehrinstitut, das SchmidtColleg. Er trainiert Manager und Führungskräfte bedeutender Unternehmen.

Wilhelm Antonius Maria Siemen, 1955 geboren, studierte Mittlere und Neuere Geschichte und Publizistik in Münster. Schon 1985 kam er zum deutschen Porzellanmuseum und war als Museumsleiter für den Aufbau des Museums zunächst in Hohenberg und ab 1988 zusätzlich für den Standort in Selb-Plößberg verantwortlich. Der Porzellanspezialist konzipierte zahlreiche Ausstellungen, ist Gründungsmitglied des Porzellanikons in Selb, Herausgeber von Publikationsreihen zu Geschichte und Gegenwart des Porzellans, Lehrbeauftragter an Kunsthochschulen und erhielt schon in mehreren Ländern Kulturorden.

Impressum

Konzept, Redaktion, Porträttexte
Dr. Oliver van Essenberg

Mitarbeit (Porträttexte der Seiten)
Christina Drescher (64-65, 171, 274)
Isabelle Felderbauer-Raths (135, 269)
Dr. Karla Fohrbeck (22)
Jana Göbel (102-104)
Jochen Goller (202-203)
Dr. Alexandra Hentschel (214-215)
Edith Kalbskopf (175-177)
Dr. Alexander Peterek (234-235)
Sabine Reichel-Fröhlich (100-101)
Harald Scholl (207)
Folkert Streich (216-217)
Dr. Sabine Zehentmeier-Lang (184-185)

Fotografen
Martin Bursch / Genussregion Oberfranken (MB)
Eva Hagen / ADM Service, Bamberg (EH)
Josef Hagen / ADM Service, Bamberg (JH)
Dietmar Herrmann, Wunsiedel (DH)
Manfred Jahreiß / Fotostudio Jahreiß, Hohenberg (MJ)
Florian Miedl, Selb (FM)
Gerd Purrucker / 4c media, Weißenstadt (GP)

Layout und Grafik
Stephan Drescher / globaldigital.de

Druck
Druckkultur Späthling, Weißenstadt

Verlag
selekt Verlag
Untere Königstr. 19
96052 Bamberg
Tel. 0951 / 2975923
www.selekt.org
info@selekt.org

....

Mit freundlicher Unterstützung durch

Bildnachweise (Seite, Fotograf/Copyright, Platzierung)

4-9: MJ, 10: JH, 13: EH, 14-15: MJ, 16-17: GP, 18-19: MB, MJ (o.l.), 20: Jean Paul Museum Bayreuth (o.), Beate Roth (u.), 21: Th. von Oer / Die Gartenlaube, 22: Bayreuth Marketing & Tourismus GmbH, 23: Beate Roth, 24-25: MJ, 26-27: MB, PEMA Vollkorn-Spezialitäten (M.), 28-29: ROGG-IN, 30-31: PEMA Vollkorn-Spezialitäten, 32-33: Magnus Seel (u.r.), EH, 34: Purucker (o.), MJ, 35: Schafferhof, 36: Jana Groß (l.), JH (r.), 37: MJ, 38: Gudrun Frohmader-Heubeck / Naturpark Archiv, 39: MB (o.), Fichtelgebirgsmuseum (u.), 40: JH, 41: JH (u.r.), Metzgerei Reichel, 42: Severin Wejbora, 43-45: MJ, 46-47: Krugs Präsente, Oliver van Essenberg (u.r.) 48-49: MB, 50-51: Oliver van Essenberg, EH (u.r.), 53: MJ, 54: essbares Fichtelgebirge, 55: MJ, 56: essbares Fichtelgebirge, 57: MJ, 58-59: MJ, Sack's Destille (u.r.), 60-61: JH, Manfred Sperrer (61 o.), 62-63: MJ, 64-65: Helmut Groh / Fotostudio Groh, 66-67: MJ, FM (67 o.r., M.r.), 68-69: JH, 70: Robert Reith, Tirschenreuth, 71: Doris Köhler (u.r.), Bezirk Oberfranken (o.), Stadt Schwarzenbach/Saale (u.l.), 72-75: Beate Roth, 76-77: MJ, Marion Meyerhöfer (u.r.), 78-79: MJ, 80: MJ (li.), EH, 81: JH, 82-83: MJ, 84-85: Fotostudio Feig, 86: JH, 87-89: Rosenthal-Casino, MJ (88), 90-91: GP, 92: Porzellanikon, Thomas Meyerhöfer (o.), 93: Porzellanikon, Rosenthal GmbH (u.), 94: Porzellanikon / Thomas Meyerhöfer, 95: Rosenthal (o.), Porzellanikon / Thomas Meyerhöfer, 96: FM (o.), Rosenthal, 97: MJ, 98: Dibbern GmbH (o.), MJ, 99: Rosenthal, 100-101: Porzellanikon, MJ (u.r.), 102: Porzellanikon/Porzellanstraße e.V., 103: Tourismuszentrale Fichtelgebirge/Andreas Hub, 104: Porzellanikon (o.), MJ, 105-107: JH, 108-109: FARBWERK-Shop/Fotostudio Feig, 110: Beate Roth, 111: MJ, Marlene Kretzschmar (M.r.), 112-113: Staatl. Fachschule für Produktdesign, 114-115: whitepool, 116-118: Fotostudio Feig, 119: Marcus Weidlich (o.), Stefan Meyer (u.l.), REHAU, 120-121: Rosenthal, 122: RONA, 123: MJ, 124-125: Glashütte Lamberts, Benjamin Benschneider (125 M.r.), MJ (125 M.l.), 126: Rosenthal, 127: DH (o.), Fichtelgebirgsmuseum, 127: Das Kleine Museum (o.), Designblick (u.), Rosenthal, 129: Rosenthal (o.), Baderschneider, Sellinger, Satzinger, 130-131: Ernst Feiler GmbH, 132-133: V. FRAAS GmbH, 134: JH, 135: bleed, 136: JH, 137: Persico, 138-139: druck + design hofmann, JH (138 r.), 140-141: Hohenberger Tapetenmanufaktur, 142-143: MJ, Hans Frank (143 o.r.), 144-145: MJ, 146-147: Pretsch, MJ (147 o.r.), 148: Sabine Schüller (o.), MJ, 149: MJ (o.l.), Sabine Schüller, 150: JH, 151: wikimedia/Delphi Filmtheater, 152: Kur- & Tourist-Information Weißenstadt (o.), JH, 153: Granitwerk Popp (o.), JH, 154-155: EH, Wolfgang Stefan (154 u.l.), 156-157: GELO Holzwerke, 158: Matthias Standfest, 160: JH, 161-162: GP, 164-167: Johannes Kottjé, 168: Uwe Gaasch (o.), Franz X. Bogner (M.), MJ (u.), 169-171: Johannes Kottjé, MJ (169 u.), Egerland-Museum (171 u.), 172-173: Ferdinand Sperber, Glashütte Lamberts/Philipp Meindl (172 o.), JH (173 u.), 174: JH, 175-177: MJ, Armin Leppert (175 u.), 178: FrankenTourismus/Alexander Hub, 179-183: Sandra Schiffel, 184-185: Fichtelgebirgsmuseum, 186: JH, 187: AMF, 188-195: MJ, Rosenthal (189 u., 190, 191 u.), Fotostudio Feig (192 u.), EH (195 o.), 196-199: JH, MJ (197 u.), Ursula Benker-Schirmer (199 o.), 200-201: Das Kleine Museum, 202-203: Heike Arndt, 204-205: JH, Tietz (204 u., 205 o.l., u.), 206: JH, 207: FM (o.), Heidi Fachtan (u.), 208-213: Ehapa-Verlag, Stadt Schwarzenbach/Saale (213 u.), 214: Simon Schwartz, 215: Planungsbüro für Baukunst Dominik Burkard, 216-221: Luisenburg-Festspiele, FM (218, 221), 222-223: MJ, 224: FM, 225: Ronald Ledermüller (u.), 226-227: Tourismus & Marketing Ochsenkopf GmbH (226 o.), DH (226 u.), Simone Werner-Ney (227 o.), wikimedia/Michael Gäbler (227 u.), 228: Karl Paulus, 229: Tourismus & Marketing Ochsenkopf GmbH, 230-233: Bürgerpark Wunsiedel, DH (230 o., 231 o., 231 M.r.), 233: Bernd Hilpert, 234: DH (o.), Martina Gorny / Naturschutzarchiv LRA (u.), 235: DH (o.), Fotoclub Arzberg (u.), 236: MJ, 237: Learning Campus, 238-239: FM, 240-246: Archiv Jean Paul Weg, Stadt Schwarzenbach/Saale (240 u.), Franz X. Bogner (241), FM (243), EH (244), 248-252: DH, 253: Ute Schopka, 254: Gerd Schönfelder, 255: Martin Misere, 256: Gerd Schönfelder, 257: Bullhead House, 258: FM, 259: Franz X. Bogner, 250-251: DH, 252: EH (o.), MJ, 263: FM (o.,u.), Stadt Schwarzenbach/Saale 264: FM, 265: Kurzentrum Weißenstadt am See, DH (u.), 266-267: Kurzentrum Weißenstadt am See, 268: MJ, 269: Hannes Bessermann, 270-271: Gemeinde Bad Alexandersbad, 272-273: Ev. Bildungs- und Tagungszentrum Bad Alexandersbad, JH (273 l.o., M.), 274: Golfclub Stiftland, 275: Golfhotel Fahrenbach, 276-281: Fichtelgebirgsmuseum, Tourismus & Marketing Ochsenkopf GmbH/Andreas Munder (276 o., 279 o.), Simone Werner-Ney (278 o.), Archiv Alexander Munder (279 u.), FrankenTourismus/Alexander Hub (280 o.), Ronald Ledermüller (281 o.), 282-284: Tourismus & Marketing Ochsenkopf GmbH/Andreas Munder (282), Simone Werner-Ney (283), Manfred Sieber (285 o.l.), Tourist-Information Mehlmeisel (285 o.r.), FrankenTourismus/Alexander Hub (285 u.), 286-287: GP, 288-291: MJ, 296-297: Franz X. Bogner, 298-301: die Autoren.

Weitere Bücher der Serie *Lebensart genießen* sind im Medienfachhandel
und über die Internetseiten des Verlags erhältlich.

www.lebensart-bamberg.de

Lebensart *genießen*

IN UND UM **NÜRNBERG**

selekt³

www.lebensart-nuernberg.de

www.lebensart-wuerzburg.de

www.lebensart-bayreuth.de